Bescherelle

Chronologie de la littérature française

Du Moyen Âge à nos jours

Sous la direction de Johan Faerber

Alain Couprie
professeur émérite des universités

Johan Faerber
certifié de lettres modernes
docteur ès lettres

Nancy Oddo
maître de conférences

Laurence Rauline
agrégée de lettres modernes
docteur ès lettres

Les auteurs

Nancy Oddo, pour le Moyen Âge et le xvie siècle

Laurence Rauline, pour les xviie et xviiie siècles

Alain Couprie, pour le xixe siècle

Johan Faerber, pour les xxe et xxie siècles

Achevé d'imprimer en Italie par Rotolito Lombarda
Depôt légal n° 97727-5/01 Aout 2014

Conception graphique
et mise en page : Laurent Romano

Édition : Brigitte Brisse

Iconographie : Claire Venries

Relecture : Monika Gabbay

© Hatier, Paris 2014

ISBN 978221897727-5

Hatier s'engage pour
l'environnement en réduisant
l'empreinte carbone de ses livres.
Celle de cet exemplaire est de :
1.1 kg éq. CO_2

PAPIER À BASE DE   Rendez-vous sur
FIBRES CERTIFIÉES   www.hatier-durable.fr

Avant-propos

Écrire une chronologie est toujours un défi, dont la difficulté majeure réside dans la sélection des dates. Certaines, qui marquent l'avènement d'œuvres ou de faits littéraires majeurs, sont incontournables; d'autres, parfois moins attendues, s'imposent pourtant comme essentielles pour livrer le tableau le plus représentatif de la longue et riche histoire de la littérature française.

Ce que nous avons voulu faire

Cet ouvrage a pour ambition de donner une vision claire et cohérente de l'histoire de la littérature française à travers ses dates les plus importantes. Nous faisons débuter cette chronologie en 881-882 avec la *Séquence de sainte Eulalie*, premier texte transposé du latin dans ce qui deviendra le français moderne. Notre parcours s'achève en 2013 avec l'œuvre de Tanguy Viel qui témoigne de la vitalité de la littérature.

Nous avons tenté de faire un récit rigoureux et vivant de l'histoire littéraire. Notre but est d'apporter des réponses à chacun en intéressant le plus grand nombre et d'offrir une approche raisonnée de la littérature contemporaine.

Du roman à la poésie en passant par le théâtre, la plupart des dates retenues ont trait à des œuvres et à des auteurs fondateurs de la littérature française. L'histoire des idées est également convoquée à travers les essayistes dont la pensée joue un rôle décisif dans l'évolution de la littérature.

Comment l'ouvrage est organisé

L'ouvrage comprend sept parties correspondant aux grandes périodes de l'histoire de la littérature française: le Moyen Âge, le XVIe siècle de la Renaissance et de l'humanisme, le XVIIe siècle baroque et classique, le XVIIIe siècle des Lumières, le XIXe siècle du romantisme et du symbolisme, le XXe siècle qui remet la littérature en question et enfin le XXIe siècle qui consacre une ère nouvelle.

Chaque partie commence par une brève introduction suivie d'une frise chronologique récapitulant toutes les dates abordées.

À chaque date, nous avons consacré une double page qui s'ouvre sur un récit ordonné présentant l'auteur, les circonstances d'écriture et les enjeux de son œuvre. Des documents viennent illustrer ce propos factuel et critique, tandis qu'encadrés biographiques, bibliographiques ou thématiques apportent un nouvel éclairage. Chaque double page est accompagnée d'une frise qui récapitule l'essentiel des ouvrages de l'auteur. À intervalles réguliers, des dossiers permettent d'évoquer les mouvements littéraires majeurs de la période considérée.

Pour finir, l'ouvrage propose en annexe un index qui favorise une lecture croisée et des recherches plus ponctuelles.

Au terme de ce travail, nous tenons à remercier tous ceux qui nous ont apporté leur précieux concours et leur soutien. Nous vous souhaitons, à vous qui découvrez cet ouvrage, une excellente lecture.

Les auteurs

Sommaire

IXᵉ-XVᵉ siècle
Le Moyen Âge

Le XVIᵉ siècle
De la Renaissance à l'âge baroque

Le XVIIe siècle
Du baroque au classicisme

Le XVIIIᵉ siècle
Le siècle des Lumières

Le XIXe siècle
Du romantisme au symbolisme

Le XXᵉ siècle
La littérature en question

Le XXIe siècle
Une ère nouvelle?

IXᵉ – XVᵉ siècle

Le Moyen Âge

La littérature médiévale s'étend sur
cinq siècles, trop souvent résumés
à quelques grands mythes :
Tristan et Iseut, le roi Arthur
et les chevaliers de la Table ronde.
C'est pourtant dans cette longue
durée qu'il faut comprendre
l'élaboration d'une langue
qui naît avec la littérature.

En outre, au Moyen Âge, ni l'usage
de l'écrit, ni le mode de diffusion
des manuscrits, ni la nature
des textes ne correspondent
à ce que nous entendons aujourd'hui
par « littérature » : le mot n'existe
d'ailleurs pas à l'époque.

Néanmoins poésie et prose françaises
apparaissent au Moyen Âge :
toute notre littérature en découle.

Roman de Fauvel, attribué à Gervais du Bus,
1310-1316. Paris, BNF.

Au commencement était la langue

La littérature médiévale est d'abord du français
au cœur du latin : les *Serments de Strasbourg* en 842,
première attestation de la langue française dans
un texte officiel, ouvrent la voie aux langues d'oïl
au Nord, et d'oc au Sud.

Des affinités avec les matières littéraires naissent :
le récit épique sied mieux à la première, la poésie
amoureuse à la seconde.

Au XIIe siècle s'épanouit une littérature française
originale sous ses trois formes les plus anciennes
et les plus importantes : la chanson de geste,
le roman et la poésie lyrique qu'incarnent *La Chanson
de Roland*, le *Roman de Troie* et la *fin'amor*.

Écrire au Moyen Âge

L'écriture médiévale, qui fonde notre connaissance
de la littérature de cette période, est un travail
et un art : le scribe, appelé jusqu'au XIIIe siècle
« écrivain », copie dans des manuscrits des textes
mémorisés et déclamés. Ainsi chaque ouvrage est-il
unique et propose sa version d'une même œuvre,
parfois magnifiquement enluminée.

Le livre, destiné à une élite, est une rareté,
un vrai luxe. Même si sa diffusion est limitée,
il reste une autorité que la littérature orale
ne vient pas détrôner.

Mais l'oral demeure essentiel, nécessaire même
à l'accomplissement de l'œuvre médiévale qui
n'existe que mise en scène, chantée ou récitée,
partagée grâce aux jongleurs avec un public noble
ou populaire. Et pour nous, perdue à jamais !

Les œuvres, leur public et leurs milieux

Jusqu'au XIIIe siècle, la littérature n'est accessible
que pour l'Église, c'est-à-dire le monde des clercs,
et pour la cour, dont l'une des plus fameuses
est celle d'Henri II et d'Aliénor d'Aquitaine.
La ville joue progressivement un rôle prépondérant
dans le développement du théâtre : son public
enthousiaste, prêt à participer aux spectacles,
suscite des personnages farcesques, comme
le marchand Pathelin.
Dans l'apparition de l'œuvre littéraire,
le destinataire tient un rôle essentiel.
Le plus souvent la décision d'écrire au Moyen Âge
vient d'une commande, prière amicale ou ordre
d'un seigneur ou d'une grande dame, mais il arrive
aussi qu'elle soit l'expression d'un désir personnel.
Toujours demeure cependant le souci d'être rétribué
par un mécène.

L'émergence de l'auteur

La frontière entre copiste et auteur, d'abord
brouillée par le mode d'écriture et de transmission
des œuvres, reste longtemps poreuse même si
de grands noms comme Marie de France,
Chrétien de Troyes ou Jean de Meung s'affirment
comme créateurs soucieux de leur art.
Leur biographie est souvent inconnue,
leurs portraits rarissimes : ce sont les poètes
du XIVe siècle, François Villon en tête, qui élaborent
des fictions d'auteurs marginaux, loin des Muses
et du Parnasse.
Entre l'Antiquité et l'Époque moderne,
où triomphent génie et inspiration, la littérature
médiévale prône tout simplement le soin d'écrire
avec « entendement, mémoire, encre, papier
et écritoire, canif et plume taillée, et la volonté
en éveil » (Froissart).

Vers 881-882
Anonyme,
Séquence de sainte Eulalie

1098
Anonyme,
La Chanson de Roland

Les Carolingiens

751

768-814 : Règne de Charlemagne

987

1000-1200 (environ) : Art roman

Vers 1160
Benoît de Sainte-Maure,
Roman de Troie

1165-1170
Marie de France, *Lais*

1461-1462
François Villon, *Testament*

Vers 1170
Thomas d'Angleterre, *Tristan et Iseut*

Les Capétiens directs | Les Capétiens Valois

1328

1337-1453 : Guerre de Cent Ans

1095-1291 : Croisades en Orient

1100-1500 (environ) : Art gothique

**XIIᵉ-XIVᵉ siècle :
Les romans de la Table ronde-Le Cycle du Graal**

Fin XIIᵉ-XVᵉ siècle : Les fabliaux et les farces

1250-1274
Primat, *Les Grandes Chroniques de France*

1230-1270
Guillaume de Lorris,
Roman de la Rose

Vers 1225-1230
Anonyme, *Lancelot-Graal*
ou Lancelot en prose

1175-1250
Anonyme, *Roman de Renart*

1476
Jacques de Voragine,
La Légende dorée

La littérature française voit le jour

Anonyme

La *Séquence de sainte Eulalie* est une transposition du latin en langue d'oïl destinée à vulgariser le martyre de la sainte auprès des fidèles lors de la messe. Les vingt-neuf vers de la *Séquence de sainte Eulalie* marquent la naissance de la littérature française.

Une découverte tardive

Découverte en 1837 dans un manuscrit de la bibliothèque de Valenciennes, la *Cantilène* ou *Séquence de sainte Eulalie* est le premier texte poétique conservé qui soit rédigé en langue d'oïl. Cette langue, alors appelée « roman », est le dialecte, issu du latin, que l'on parle dans le nord de la France et qui évoluera vers le français moderne.

C'est pourquoi, bien qu'elle ne compte que vingt-neuf vers et que son auteur demeure incertain, la *Séquence* a pris une grande importance historique, linguistique et même musicologique.

▣ Le martyre de sainte Eulalie
Bréviaire de Martin d'Aragon,
Espagne, Catalogne, fin xive siècle.

La vie d'une sainte

Les reliques de sainte Eulalie avaient été placées en 878 dans l'abbaye de Saint-Amand, près de Valenciennes, où le manuscrit fut rédigé.

La *Cantilène* raconte comment Eulalie, à peine âgée de treize ans, refusa de renier sa foi et subit courageusement le martyre : on la brûla, mais « elle ne brûla point » et lorsqu'on la décapita, « en forme de colombe, [elle] s'envola au ciel ». Voilà une vie exemplaire pour catéchiser les fidèles lors de la liturgie !

De la liturgie à la littérature

Chanté lors de la messe, entre deux alléluias, le tout premier texte en langue romane est donc totalement intégré à la liturgie : son rôle pédagogique prime sur son aspect littéraire, même si le récit se caractérise par une belle énergie narrative : beaucoup de verbes, peu d'adjectifs et des effets de surprise pour stimuler l'imagination.

Dans cette lignée, on peut également citer la *Vie de saint Alexis* (1050) qui fournira le modèle des strophes de décasyllabes épiques pour les chansons de geste.

| vers 881-882 | *Séquence de sainte Eulalie* |

800   900   1000   1100

1098 : *La Chanson de Roland*

vers 1160 : *Roman de Troie*

1165-1170 : *Lan*

Le premier poème de la littérature française

Au sein du manuscrit, *La Cantilène* figure entre un poème latin et un poème allemand du même copiste, témoignant du milieu trilingue où elle est née.

Peut-être le contact avec la langue allemande, qui s'écrivait déjà à cette époque, a-t-il facilité le passage au français écrit.

Le manuscrit est conservé dans un ouvrage relié en peau de cerf, avec des traces de poils qui lui valent son nom de *liber pilosus*, livre poilu.

Manuscrit de *La Cantilène* ou *Séquence de sainte Eulalie*, IXᵉ siècle, Valenciennes, Bibliothèque municipale.

Du latin au français

Si le passage du latin parlé aux langues romanes s'est fait spontanément, celui de la langue romane parlée à son écriture a nécessité le savoir des clercs et l'aide des institutions religieuse et politique. L'Église joue ainsi un rôle clé dans l'expansion du français en invitant les prêtres, en 813, lors du Concile de Tours, à prêcher en langue vulgaire pour être compris des illettrés.

En 842, autre date décisive, les Serments de Strasbourg, qui scellent une alliance politique entre les petits-fils de Charlemagne, sont rédigés en français et en allemand.

> *Buona pulcella fut Eulalia,*
> *Bel auret corps, bellezour anima.* »

Eulalie était une jeune fille vertueuse,
Beau était son corps, plus belle son âme.

■ *Littérature française du Moyen Âge*,
Traduction de Michel Zink, © PUF, 1992.

Roland est le héros de la première chanson de geste

Anonyme

La plus ancienne chanson de geste est l'épopée de *La Chanson de Roland* : attaqué par les Sarrasins, le héros sonne du cor à Roncevaux, mais Charlemagne arrive trop tard pour le sauver. Seule la poésie a transmis cette défaite, oubliée des historiens.

La toute première chanson de geste

Dans la littérature médiévale, on appelle chanson de geste un poème *chanté* qui conte *la geste*, c'est-à-dire les exploits d'une lignée. Ces épopées ont en commun de se dérouler au temps de Charlemagne ou de ses fils, au IXᵉ siècle, mêlant sagas familiales et histoire féodale. La toute première est *La Chanson de Roland* dont sept manuscrits complets nous sont restés.

> *Roland sent que la mort le prend tout entier*
> *Et que de sa tête elle descend vers son cœur.*
> *Sous un pin il est allé en courant ;*
> *Sur l'herbe verte il s'est couché face contre terre,*
> *Il met sous lui son épée et l'olifant.* »

■ *La Chanson de Roland*, laisse 147, traduction de Jean Dufournet, © GF-Flammarion bilingue, 1993.

Un récit imaginaire inspiré de faits réels

La Chanson de Roland raconte l'attaque par les Sarrasins de l'arrière-garde de l'armée de Charlemagne, menée par son neveu Roland et douze pairs dont Olivier, l'indéfectible ami, au retour d'une victorieuse expédition en Espagne. Le héros et ses compagnons trouvent la mort dans les Pyrénées au col de Roncevaux, mais tous seront vengés : en sonnant de son cor, Roland a averti son oncle de sa digne défaite.

Cette bataille a vraiment eu lieu le 15 août 778, le reste du récit est purement imaginaire. Les chroniques carolingiennes taisent ce revers de l'empereur dont seuls les historiens arabes témoignent, ainsi que ce poème devenu rapidement très populaire. Même fictive, l'épopée sert la mémoire historique.

Une épopée mélodieuse

Le manuscrit de *La Chanson de Roland* est écrit en langue d'oïl, la langue romane alors parlée au nord de la France, la langue de l'épopée. Les effets littéraires y dominent la narration, au point que l'histoire est souvent oubliée au profit de développements poétiques, notamment sous la forme de laisses : ces strophes de décasyllabes, construites sur une même assonance, participent au caractère répétitif et mélodieux de l'épopée.

Un chevalier très chrétien

Mort en chrétien, Roland a donné son gant à Dieu, comme un vassal à son suzerain.

L'ange, à cheval et revêtu d'une armure, bénit le héros. Sans doute est-ce Olivier, le fidèle compagnon d'armes, recroquevillé aux côtés de Roland, leur amitié légendaire figurée par leurs deux montures.

Enluminure extraite d'un manuscrit italien du XIVe siècle. Venise, bibliothèque Marciana.

Qui a écrit les chansons de geste ?

À voir les variantes et les écarts de plus de cinq mille vers d'un manuscrit à l'autre, il n'y a pas d'auteur unique ! La propriété littéraire n'existant pas à cette époque, la chanson de geste vit de ses diverses performances, c'est-à-dire de ses mises en scène par des jongleurs chanteurs-récitants qui assurent sa diffusion orale. Et, lors de chaque transcription, les copistes l'adaptent au goût du jour.

Le gigantesque cycle de *Garin de Monglane* en vingt-quatre chansons s'étend ainsi de la *Chanson de Guillaume* (1110) à la *Prise d'Orange* (1165).

■ Les chanteurs-récitants
Troubadours, anonyme allemand, XIVe siècle.
Archiv für Kunst und Geschichte.

	1200	1300	1400
vers 1170 : *Tristan et Iseut*		1250-1274 : *Les Grandes Chroniques de France*	1461-1462 : *Testament*
1175-1250 : *Roman de Renart*			1476 : *La Légende dorée*
	1225-1230 : *Lancelot-Graal*		
	1230-1270 : *Roman de la Rose*		

Vers 1160

L'histoire de Troie est mise en roman

Benoît de Sainte-Maure
XIIᵉ siècle

Premier genre littéraire destiné à la lecture, le « roman », ainsi nommé car écrit en roman, s'inspire d'abord de la matière antique. Le *Roman de Troie* participe à la transmission des textes fondateurs grecs en Occident.

Un nouveau genre

Jusqu'en 1150, les textes sont chantés ou récités : le roman ouvre le règne de l'écrit destiné à être lu à voix haute, la lecture solitaire se développant au XIIIᵉ siècle. Détail étrange pour nous : le roman médiéval est versifié.

Traduction, transmission

Les premiers romans traduisent les épopées antiques en roman pour commémorer les œuvres antérieures et rivaliser avec elles. Quand Benoît de Sainte-Maure rédige vers 1160 le *Roman de Troie*, il inaugure la *translatio studii*, la transmission des savoirs de la Grèce antique vers l'Occident, en passant par Rome.

Sur plus de trente mille octosyllabes, le clerc adapte les épisodes de la guerre de Troie, y ajoutant la légende de Thèbes et celle des Argonautes, des récits de prodiges et de nombreuses aventures amoureuses.

L'amour, toujours l'amour !

Cette amplification du sentiment amoureux offre une place de choix aux personnages féminins, mais aussi aux épisodes courtois et merveilleux.

Le ravisseur d'Hélène de Troie, Pâris, débauché chez les auteurs antiques, devient en 1160 un gentilhomme très raffiné !

Le *Roman d'Alexandre* à l'origine de l'alexandrin

Les premiers romans médiévaux tournent le dos à l'univers carolingien des chansons de geste. Ainsi en est-il du *Roman d'Alexandre*, écrit par Alexandre de Paris vers 1160. À travers le récit fictif de la vie d'Alexandre le Grand, l'auteur évoque, outre les conquêtes du héros et les merveilles de son voyage en Orient, un nouveau modèle de société.

Le roman rencontre un vif succès, tant et si bien que les vers dodécasyllabes qui le composent ont été baptisés alexandrins en l'honneur de l'auteur, au début du XVᵉ siècle.

Roman de Troie **vers 1160**

800	900	1000	1100

881-882 : *Séquence de sainte Eulalie*

1098 : *La Chanson de Roland*

1160-1175 : *Lais*

Un nouveau cheval de Troie

Ce détail de l'enluminure souligne l'adaptation de la ruse du cheval de Troie à l'univers médiéval et à ses valeurs chevaleresques : plus d'entrée nocturne dans la ville assaillie par surprise, mais un combat frontal entre preux chevaliers à cottes de mailles !

Roman de Troie, manuscrit enluminé, 1330.

66 *Mout est l'estoire riche et granz*
E de grant ovre e de grant fait.
En maint lué l'avra hon retrait,
Saveir cum Troie fu perie,
Mais la verté est poi oïe. »

C'est une belle et noble histoire,
qui parle de grands exploits et de hauts faits.
Sans doute aura-t-on souvent raconté
comment Troie fut détruite,
mais ce qui s'est réellement passé,
on l'entend rarement dire.

■ Benoît de Sainte-Maure, Prologue du *Roman de Troie*,
vers 1160.

21

**Des éléphants présentés
à Alexandre**

Les enluminures représentent les merveilles du voyage en Orient autant que les combats épiques du héros.

Roman d'Alexandre, enluminure, XIVe siècle.

La poétesse Marie de France compose ses *Lais*

Dans ses *Lais*, qui sont des contes en vers, Marie de France adapte des sources légendaires celtiques qui l'inspirent : merveilleux, féerie et magie amoureuse fondent son univers courtois.

Marie
de France
? – vers 1189

« J'ai pour nom Marie... »

Outre les *Lais* qui ont assuré sa renommée, Marie nous a laissé le premier recueil français de fables, ainsi qu'une vie de saint, *L'Espurgatoire de saint Patrice*. Mais on ignore presque tout de cette poétesse, jusqu'à son nom. Celui de Marie de France lui a été donné en 1581 d'après ses *Fables* où elle mentionne : « J'ai pour nom Marie, et suis de France ». Originaire de Normandie, elle écrivait probablement en Angleterre à la cour des Plantagenêts.

Des contes pour tous

Les *Lais* sont un recueil de douze courts récits en octosyllabes à rimes plates, de dimensions variables (de 118 à 1184 vers). Le lai pourrait renvoyer à un texte destiné aux laïcs, public ignorant le latin contrairement aux clercs. Adaptant en français légendes celtiques et récits folkloriques, il était chanté au son d'instruments à cordes.

L'amour du lai

L'amour est le sujet principal des *Lais*, mais sous sa forme transgressive : ainsi neuf des douze lais racontent des adultères. Le plus court (cent dix-huit vers), le *Lai du chèvrefeuille*, et peut-être le plus connu, invente un épisode lié à l'histoire de Tristan et Iseut. Tout en gardant le monde réel pour toile de fond, le lai exprime les valeurs courtoises de la *fin'amor*.

Réunis et imprimés pour la première fois en 1819, les *Lais* de Marie de France, dispersés dans cinq manuscrits des XIIIe et XIVe siècles, ont été traduits en français moderne en 1982.

> *D'euls deus fu il [tut] autresi*
> *cume del chevrefoil esteit*
> *ki a la codre se perneit :*
> *quant il s'i est laciez e pris*
> *e tut entur le fust s'est mis,*
> *ensemble poënt bien durer.* »

Ils étaient tous deux
comme le chèvrefeuille
qui s'enroule autour du coudrier :
quand il s'y est enlacé
et qu'il entoure la tige,
ils peuvent ainsi vivre longtemps.

■ Extrait du *Lai du chèvrefeuille*, traduction L. Harf-Lancner, © GF-Flammarion, 1990.

22

La cour des Plantagenêts

Aliénor d'Aquitaine et son époux Henri II, roi d'Angleterre en 1154, à qui Marie de France dédie ses *Lais*, ont fait de la cour anglo-normande un centre littéraire brillant tant en français qu'en latin.

S'y sont épanouis les premiers romans français, la poésie des troubadours, mais aussi les sources historiques de la légende arthurienne. Les monastères des clercs ne sont pas les seuls milieux littéraires actifs au XIIᵉ siècle !

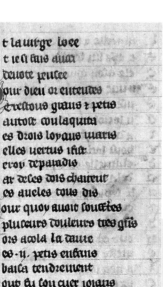

▨ Aliénor et Henri II écoutent l'histoire de Lancelot du Lac.
Miniature XIIᵉ siècle. Paris, bibliothèque de l'Arsenal.

Lai d'Yonec

Le *Lai d'Yonec* conte l'amour malheureux d'une femme mariée, mais éprise d'un chevalier-autour. Une fois leur amour dévoilé, l'amant-oiseau meurt tragiquement. *L'Oiseau bleu*, conte de fées du XVIIIᵉ siècle, s'inspire de ce récit.

Manuscrit de Marie de France, XIVᵉ siècle.

Tristan aime Iseut, la femme du roi Marc

Thomas
d'Angleterre
XIIe siècle

Tristan et Iseut s'aiment d'un amour profond mais coupable : seule la mort pourra les réunir. L'histoire des amants mythiques est mise en forme pour la première fois vers 1170-1173.

L'amour-passion de Tristan et Iseut

La sœur de Marc, roi de Cornouailles, meurt en donnant naissance à Tristan, qui grandit chez son oncle. Adolescent, Tristan s'illustre par des exploits épiques : blessé par le géant Morholt d'Irlande, il est soigné par Iseut aux cheveux d'or. Entre-temps, Marc décide d'épouser celle dont un cheveu d'or lui a été apporté par une hirondelle…

Tristan ramène Iseut à son oncle, mais durant la traversée, les deux jeunes gens boivent par erreur le philtre d'amour destiné à Marc. Envahis par une irrésistible passion l'un pour l'autre, ils s'aimeront d'un amour profond et devront se cacher jusqu'à leur mort.

> « *Il répéta : Amie, qu'est-ce donc qui vous tourmente ? Elle répondit : L'amour de vous. Alors il posa ses lèvres sur les siennes.* »
>
> ■ Joseph Bédier, *Le Roman de Tristan et Iseut*, 1900.

Un mythe de l'amour en Occident

Dès le XIIe siècle, l'histoire de ces amants de Bretagne remporte un immense succès et fonde un des mythes de l'amour en Occident. Elle exalte la passion contrariée de Tristan et Iseut qui, ne pouvant s'aimer de leur vivant, se rejoignent dans la mort.

Le lien entre l'amour, la souffrance et la mort est symbolisé par le philtre magique que les amants absorbent : « C'est votre mort que vous avez bue ! », s'écrie leur servante.

Des textes fragmentaires

Aucun manuscrit complet de l'histoire ne nous est parvenu. Vers 1170-1173, la version de Thomas d'Angleterre (trois mille octosyllabes) est mutilée ; vers 1180, celle de Béroul regroupe environ quatre mille cinq cents vers auxquels il manque le début et la fin ; d'autres textes courts, relatant des épisodes de l'histoire, ont été également retrouvés.

Joseph Bédier, l'un des pionniers des études médiévales, a rassemblé ces fragments pour réécrire la légende et constituer un texte complet. C'est généralement par son *Roman de Tristan et Iseut*, publié en 1900, que l'on aborde ce récit.

800	900	1000	1100

881-882 : *Séquence de sainte Eulalie*

1098 : *La Chanson de Roland*

vers 1160 : *Roman de Troie*

1165-1170 : *Lais*

Le tragique malentendu

Les deux amants boivent le philtre en pensant se rafraîchir. La souffrance d'amour est préfigurée par la mer agitée, mais aussi par le jeu d'échecs, occupation courtoise par excellence et métaphore du jeu amoureux.

Tristan et Iseut, enluminure, xive siècle. Paris, BNF.

Les suites de la légende

Adaptations et reprises de la légende sont à la mesure de son immense succès : innombrables ! Deux d'entre elles se démarquent : *Cligès* (1176) de Chrétien de Troyes oppose à l'amour adultère et non choisi de Tristan et d'Iseut, le couple idéal formé par Cligès et Fénice.

Vers 1230, dans le long roman intitulé *Tristan en prose,* le héros, devenu chevalier de la Table ronde en quête du Graal, rivalise avec Lancelot, mais demeure amant d'Iseut jusqu'à son dernier souffle.

L'amour fidèle

Le roi Marc surprend un rendez-vous entre Tristan et Iseut dans un verger, près d'une fontaine. Mais Iseut a aperçu le reflet de son époux dans l'eau : d'un geste, elle prévient Tristan.

Anonyme, sculpture en ivoire, 1340-1350. Paris, musée du Louvre.

Les romans de
la Table ronde

Dès 1155, avec le *Roman de Brut* de Wace, la légende du roi Arthur et de ses chevaliers de la Table ronde fait son apparition dans la littérature française. Toutefois, la création du roman courtois arthurien revient au seul Chrétien de Troyes.

La saga de la légende arthurienne

La « matière de Bretagne »

Tous les récits en vers et en prose centrés sur la saga du roi Arthur et des chevaliers de la Table ronde forment la matière de Bretagne.

À partir du XIIe siècle, cette légende est transcrite en vers français par Robert Wace dans le *Roman de Brut* – c'est-à-dire de Brutus, petit-fils d'Énée – qui relate la naissance d'Arthur, ses exploits, ainsi que ceux des chevaliers de la Table ronde. Jusqu'au XIVe siècle, différents auteurs ajoutent des aventures à cette trame : Chrétien de Troyes est le plus célèbre d'entre eux.

La légende aujourd'hui

Cependant, vers le milieu du XVIe siècle, la légende arthurienne tombe dans l'oubli. Il faut attendre les romantiques du XIXe siècle pour la voir resurgir puis reconquérir son public au cinéma (*Excalibur*, 1981) et même à la télévision sous forme de série parodique (*Kaamelott*, 2005).

De l'aventure merveilleuse à l'amour de Dieu

Le merveilleux

Le merveilleux domine les romans arthuriens peuplés d'êtres surnaturels, tels l'enchanteur Merlin ou les fées Viviane et Morgane. Les chevaliers vivent des aventures extraordinaires : ils combattent des dragons avec des armes magiques comme Excalibur, l'épée d'Arthur.

Ces phénomènes merveilleux sont christianisés et transformés en signes divins, voire en miracles lorsque le Christ enfant apparaît dans le Graal, au centre de la Table ronde.

Lancelot combattant les dragons du Val sans retour
Voici l'une des épreuves merveilleuses affrontées par les chevaliers de la Table ronde : pour libérer des prisonniers de la fée Morgane, Lancelot doit vaincre deux terribles dragons. « Sachez que nulle épée n'est assez tranchante pour pénétrer leur cuirasse », l'avertit la demoiselle.
Anonyme, *Lancelot-Graal*, vers 1404. Paris, BNF.

L'amour courtois

Exaltant un désir jamais comblé, l'amour courtois guide les héros. Comme la *fin'amor* (amour raffiné) n'est possible que hors mariage, les rencontres amoureuses sont malaisées et les exploits ardus.

Mais au XIIIe siècle, la doctrine chrétienne considère l'amour d'un humain comme un péché. Seuls les chastes peuvent accomplir la quête du Graal, seul l'amour de Dieu mérite que l'on s'y attache.

L'idéal chevaleresque

Témoignant d'un idéal aristocratique fondé sur la chevalerie et la féodalité, ces romans relèvent de la littérature militante. Contrairement aux rois capétiens et Plantagenêts, Arthur prend conseil auprès de ses chevaliers, tous égaux autour de la Table ronde, symbole de justice.

> *En souffrant le tourment qu'on prépara pour lui, il accomplit l'affreuse traversée. Il a les mains, les pieds et les genoux en sang. Mais d'Amour qui le guide, il reçoit baume et guérison. »*

Chrétien de Troyes, *Le Chevalier à la charrette*, vers 1180, traduction Jean Frappier, © Hatier, 1957.

Au XIIe siècle, Chrétien de Troyes moralise cet idéal : prouesse, mesure, charité et honneur glorifient la cour arthurienne. Progressivement, la quête des chevaliers devient spirituelle : l'aventure du Graal en fait des soldats de Dieu. Seul à pouvoir approcher le Graal, Galaad, le fils de Lancelot, personnage créé par un clerc au XIIIe siècle, est presque un saint !

Chrétien de Troyes, auteur de six romans de la Table ronde

Le premier auteur de best-sellers

Le plus grand romancier du Moyen Âge, Chrétien de Troyes (vers 1135-vers 1185), probablement clerc champenois, a composé six romans en octosyllabes se rapportant à la légende arthurienne : *Érec et Énide*, *Cligès*, *Lancelot le chevalier à la charrette*, *Yvain le chevalier au lion*, *Perceval* et enfin *Tristan* qui reste introuvable.

Il s'affirme le premier comme auteur, expert en son art. Tous ses récits ont été des best-sellers, qui ont directement inspiré les romans arthuriens suivants.

Un nouvel art d'écrire

Chrétien de Troyes définit un nouvel art d'écrire fondé sur la « matière » (le sujet), fournie par des sources orales ou écrites, sur le « sens » (l'orientation générale), souvent imposé par un commanditaire, et sur la « conjointure » (la composition), qui crée l'unité. Avec lui, la saga arthurienne devient un chef-d'œuvre et perdure.

Un peintre de l'amour

Chrétien de Troyes humanise les chevaliers de la Table ronde. Son talent s'impose pour décrire leurs sentiments : coups de foudre, premiers émois, aveux, tourments et joie sont délicatement exprimés. Les intrigues amoureuses structurent ses romans.

Perceval, Yvain, Lancelot et les autres chevaliers

■ Selon les versions, le nombre de chevaliers de la Table ronde varie entre douze et mille six cents ! Les plus fameux sont Perceval, qui « perce le val » secret où se trouve le Roi Pêcheur et qui découvre le cortège du Graal ; l'exemplaire Yvain, devenu Chevalier au lion depuis que celui-ci l'a protégé d'un serpent, c'est-à-dire du mal ; Gauvain, qualifié par Chrétien de Troyes de « la fleur de la chevalerie » ; et Lancelot, le « meilleur chevalier du monde ». ■

28

Amour et chevalerie se lient, offrant une densité affective incomparable au récit : Lancelot, qui ne peut vivre sans Guenièvre, la femme du roi, accepte honte et humiliation, mais finit par obtenir, suprême récompense, une nuit d'amour. Néanmoins, l'adultère reste une exception chez Chrétien de Troyes qui se démarque de la tradition courtoise pour défendre l'amour conjugal.

Chrétien de Troyes dans son studio de travail

Premier écrivain à se proclamer véritable auteur, Chrétien de Troyes est ici représenté rêvant devant son lutrin. Probablement clerc, il était lié aux cours de Champagne et de Flandres : ce sont les seuls faits connus sur sa vie.

Très plaisante et récréative hystoire du très preulx et vaillant chevallier Perceval le Galloys, d'après Chrétien de Troyes, 1530. Paris, BNF.

> À l'instant où elle [Excalibur] s'approcha de la surface de l'eau, il vit une main qui sortit du lac, et apparut jusqu'au coude, mais il ne vit rien du corps auquel appartenait la main. »

■ Anonyme, *La Mort le Roi Artur* dans le cycle du *Lancelot-Graal*, 1230.

Le jeune Arthur devient roi

Alors qu'Arthur cherche une épée pour son frère de lait Keu, il retire celle que Merlin avait fichée dans un rocher : seul l'héritier du trône pouvait l'en enlever. Mais cette épée n'est pas Excalibur qu'une main merveilleuse sortie du lac lui remettra.

Excalibur, film de John Boorman, 1981.

Le cortège du saint Graal

Chez le Roi Pêcheur, Perceval assiste en silence au cortège du Graal, représenté ici sous la forme d'un ostensoir, suivi de la lance maculée du sang du Christ. La christianisation du roman est accomplie.

Chrétien de Troyes, *Le Conte du Graal*, 1320-1330. Paris, BNF.

> Quand elle fut entrée avec le graal qu'elle tenait, il s'en dégagea une si grande clarté que les chandelles en perdirent leur éclat, comme les étoiles et la lune au lever du soleil. »

■ Chrétien de Troyes, *Le Conte du Graal*, vers 1185, traduction Félix Lecoy, © Champion, 1973.

Renart défait l'idéal courtois

Contre la hiérarchie féodale dont il se moque, le *Roman de Renart* instaure un rire fraternel et franc, mais pas si naïf.

Tantôt sympathique, tantôt antipathique, Renart le rusé déconcerte toujours.

Anonyme

Les branches de Renart

Le *Roman de Renart* est un ensemble hétéroclite de récits en octosyllabes appelés «branches», composés entre 1175 et 1250 en langue romane par des auteurs généralement anonymes. Les vingt-six branches qui rassemblent vingt-cinq mille vers sont regroupées dans des manuscrits, formant une biographie du goupil (à l'époque, nom commun du renard) fondée sur le principe de la série.

Différentes histoires indépendantes mettent en scène Renart confronté au coq Chanteclerc, au chat Tibert, au corbeau Tiécelin et, bien sûr, au loup Ysengrin.

Un conte d'animaux

La partie la plus ancienne relève du conte animalier comique : Renart joue des tours pour trouver sa nourriture et se querelle avec d'autres animaux. Il incarne l'esprit de jeu, le plaisir de la chair et il est parfois redresseur de torts.

La pêche à la queue
L'image est simplifiée au point que Renart ne se distingue pas du loup. Renart accroche un seau à la queue d'Ysengrin pour attraper des poissons, mais sa queue gèle...

Roman de Renart, miniature, début du xive siècle. Paris, BNF.

Jovial, farceur mais aussi cruel, il est ambigu, à la fois sympathique et antipathique. Il devient progressivement le méchant et le rusé de mauvaise foi au point d'être assimilé au diable.

Une parodie du monde féodal

Les branches plus récentes, véritables épopées animales, parodient le système féodal : la société animale fonctionne comme la société médiévale, avec son roi, Noble le lion, sa reine, Fière la lionne, ses barons et courtisans dont le connétable Ysengrin.

Derrière la parodie des genres de l'épopée et du roman courtois, pointe la critique sociale. Les démêlés de Renart avec Noble en font un contestataire de l'ordre féodal, ce qui lui vaut sa mauvaise réputation à une époque où la fidélité au roi est une valeur essentielle.

Mais dans ces récits, le rire domine toujours grâce à la satire des mœurs et la mise en scène amusée de nos misères.

800	900	1000	1100

881-882 : *Séquence de sainte Eulalie*   1098 : *La Chanson de Roland*

vers 1160 : *Roman de Troie*
1165-1170 : L

Combat entre Renart et Ysengrin

Ce combat calque le duel chevaleresque à cheval. L'armement soigné de Renart (épaulettes carrées et selle) montre sa supériorité sur son adversaire dont l'écu rappelle la nature animale.

Jacquemart Gielée (vers 1240-?), *Renart le nouvel*, 1290-1300. Paris, BNF.

Renart l'immortel

Les sources de Renart remontent à l'Antiquité. Même si le Moyen Âge ne connaît que le nom d'Ésope, les récits du fabuliste grec sont mêlés à d'autres dans des adaptations en vers latins appelées *Romulus* en 1175.

Le *Roman de Renart* quant à lui, inspirera plusieurs récits postérieurs dont les *Fables* de Marie de France, comme *Le Coq et le Renard* qui deviendra *Le Corbeau et le Renard* chez Jean de La Fontaine en 1668.

Renart revit encore au XXe siècle, en France avec *Tragique Goupil* (1910) de Louis Pergaud, l'adaptation en prose du *Roman de Renard* de Maurice Genevoix en 1958 ou encore la bande dessinée du *Polar de Renard* de Jean-Gérard Imbar en 1979, mais aussi à l'étranger. Renart appartient au patrimoine de la littérature européenne.

Renart et Tiécelin le corbeau
Roman de Renart (1325-1350). Paris, BNF.

❝ *Renart enjôle, Renart cajole, Renart n'est pas un modèle à suivre. Personne, fût-il son ami, ne le quitte indemne.* ❞

Avertissement du conteur, texte établi et traduit par Jean Dufournet et Andrée Méline, © GF-Flammarion, 1985.

La quête du Graal inspire les premiers romans en prose

Anonyme

Les premiers romans en prose sont consacrés au Graal et s'organisent en cycles, comme celui du *Lancelot–Graal*, le plus célèbre d'entre eux, certainement dû à plusieurs auteurs, sans que la rigueur de la composition générale en soit atteinte.

Le succès de la prose

Jusqu'alors confinée aux écrits utilitaires, juridiques ou religieux, la prose française s'épanouit au XIIIe siècle pour devenir, à la fin du Moyen Âge, la forme narrative la plus courante.

Portant un intérêt plus grand à la compréhension qu'à l'émotion, la prose explicite et clarifie tout. D'où la longueur des premiers romans en prose, organisés en quatre cycles de plusieurs volumes : le *Didot-Perceval* ou *Perceval en prose* de Robert de Boron (vers 1220), le *Lancelot-Graal* ou *Lancelot en prose* (vers 1225-1230), le *Perlesvaus* ou *Haut Livre du Graal* et le *Tristan en prose* (entre 1235-1300). La totalité du monde arthurien est prise en compte dans ces romans, tous centrés sur le Graal.

Le Graal, quête sacrée des chevaliers de la Table ronde

Inspirés de la prose religieuse, les premiers cycles de romans prétendent renfermer une révélation divine. Le plus long et fameux, le *Lancelot-Graal*, raconte, à travers les aventures de Lancelot et de son fils Galaad, l'histoire du Graal, des temps christiques à la mort du roi Arthur.

Le Graal apparaît à l'assemblée des chevaliers de la Table ronde qui partent alors à sa recherche. Mais la corruption entraîne la fin du royaume arthurien et Galaad, le pur, ramène le Graal en Orient.

Amour sacré, amour courtois

Les romans du Graal mêlent amour courtois et amour sacré. Dans le *Lancelot-Graal*, l'amour adultère de Lancelot pour la reine Guenièvre en fait l'un des héros de la Table ronde puisqu'il lui donne la force d'accomplir ses exploits, mais l'exclut des mystères du Graal, réservés aux purs.

Plus le roman se centre sur le Graal, plus l'amour divin est magnifié. Pourtant, Galaad, l'élu de Dieu, reste le fils du pécheur Lancelot !

32

800	900	1000	1100

881-882 : *Séquence de sainte Eulalie*   1098 : *La Chanson de Roland*

vers 1160 : *Roman de Troie*

1165-1170 : *La*

Apparition du Saint Graal aux chevaliers de la Table ronde

Il s'agit de l'une des premières représentations de la Table ronde. Le nombre des chevaliers étant très variable selon les versions, l'enlumineur a utilisé le cadrage pour suggérer un grand nombre sans le fixer. Tous sont représentés comme des rois pour renforcer le principe d'égalité inhérent à l'assemblée de la Table ronde. Au centre, le Graal est porté par deux anges.

Lancelot du Lac, manuscrit enluminé, vers 1470. Paris, BNF.

Qu'est-ce que le Graal ?

À l'origine, le graal est un nom commun qui désigne un vase, une écuelle ou un mortier. Au Moyen Âge, il désigne encore un simple plat creux qui apparaît dans *Perceval ou le Conte du Graal* de Chrétien de Troyes vers 1170-1180. Ce n'est qu'au XIIIe siècle que le graal devient la coupe utilisée par Joseph d'Arimathie pour recueillir le sang du Christ sur la croix et qui servit à l'Eucharistie.

Le *Cycle du Graal* a largement diffusé cette version religieuse, liant ainsi au *Nouveau Testament* cet objet désormais sacré, signe de l'espoir de la rédemption et de la croyance que le monde pourra être libéré du mal.

33

> « C'est, dit-il, l'écuelle où Jésus-Christ mangea l'agneau le jour de Pâques avec ses disciples. C'est l'écuelle qui a servi à leur gré tous ceux que j'ai trouvés à mon service : c'est l'écuelle qu'aucun mécréant n'a vue sans en être durement accablé. Et parce qu'elle agrée ainsi à tous, elle est à juste titre appelée le Saint Graal. »

■ *La Quête du Saint Graal*, dans *Le Cycle de la Vulgate*, in *Les Métamorphoses du Graal*, Claude Lachet, © GF-Flammarion, 2012.

Indiana choisit judicieusement le Graal

Pour sauver son père blessé, Indiana Jones doit choisir le Graal qui donne la vie éternelle : le gardien, chevalier sans âge, le félicite d'avoir opté pour l'humble coupe en bois d'un charpentier.

Indiana Jones et la Dernière Croisade, film de Steven Spielberg, 1989.

Le *Roman de la Rose* invite à l'art d'aimer

Guillaume
de Lorris
**vers 1200 –
vers 1260**

Écrit par deux auteurs radicalement différents, ce long roman en vers débute par un traité sur l'art d'aimer et se clôt sur une invitation aux plaisirs parfois très crus. Il va connaître un immense succès et déclencher la première querelle littéraire.

Une écriture duelle

Ce roman de plus de vingt-deux mille octosyllabes témoigne de la coexistence du récit versifié et de la narration en prose au XIIIᵉ siècle.

Entrepris en 1230 par Guillaume de Lorris, qui développe un idéal de l'amour courtois, le *Roman de la Rose* est poursuivi vers 1270 par Jean de Meung sur un ton radicalement différent : divers sujets de société sont abordés et l'amour se fait indécent.

Une allégorie de l'amour courtois et grivois

Au début du roman, le narrateur raconte un songe allégorique : la jeune fille qu'il cherche à séduire est une Rose ; Bel-Accueil l'aide dans cette conquête de l'amour pur contre les dangers de Jalousie, de Peur, de Honte ou encore de Mal-Bouche.

Quand Jean de Meung prend la suite du roman, il y ajoute de nombreux discours, souvent ironiques et polémiques, tenus par Raison, par la Vieille et par Nature qui invitent à la fin le héros à déflorer la Rose avant qu'elle ne se réveille. Cette scène minutieusement décrite confirme toute la malice du second auteur.

Un miroir de l'art d'aimer

Le *Roman de la Rose* possède également une dimension didactique. Ses deux auteurs apportent des savoirs très différents sur l'amour, courtois et grivois, mais aussi dans des domaines variés comme la science, la philosophie ou encore la politique.

Cet art d'aimer renferme tous les savoirs du monde médiéval !

> ❝ *Et si d'adventure on demande
> Comment je vueil que ce rommant
> Soit appellé, sache l'amant
> Que c'est le Rommant de la rose
> Ou l'art d'amour est toute enclose.* »

Et si quelqu'un me demande comment je veux que ce récit soit intitulé, je répondrai que c'est le Roman de la Rose qui renferme tout l'art d'amour.

▪ Guillaume de Lorris, *Prologue du Roman de la Rose*, 1230.

34

881-882 : *Séquence de sainte Eulalie*

1098 : *La Chanson de Roland*

vers 1160 : *Roman de Troie*

1165-1170 : *L*

La querelle du *Roman de la Rose*

Vers 1400, naît la première querelle écrite de la littérature française. Les appels au plaisir et les provocations antiféministes de Jean de Meung suscitent des attaques au nom de la morale.

La première femme de lettres professionnelle de notre littérature, Christine de Pizan, s'en prend particulièrement aux calomnies visant les femmes dans *Le Dit de la Rose* (1402). L'immense succès du *Roman de la Rose* perdure à la Renaissance, pourtant méprisante envers le Moyen Âge.

L'entrée du verger

Il faut du temps pour aimer : c'est donc Oiseuse (dont le nom résulte d'un jeu de mot entre *oiseuse*, la paresseuse ou la coquette, et *huiseuse*, celle qui ouvre l'huis, la porte) qui conduit le narrateur à la porte du verger où se trouve la rose.

Le Roman de la Rose, manuscrit enluminé, 1490-1500. Londres, British Library.

Le rêve du narrateur

Derrière le narrateur endormi, grimpe la rose dont il va tomber amoureux. À l'orée du manuscrit, la coquette Oiseuse, avec peigne et miroir, domine le verger : sera-t-elle aimée ou condamnée ?

Le Roman de la Rose, manuscrit enluminé, 1490-1500. Londres, British Library.

Les Grandes Chroniques de France **fabriquent l'**histoire royale

Primat
XIIIᵉ siècle

Jusqu'en 1250, l'histoire de la monarchie française s'écrit en latin : Saint Louis commande alors à Primat, un moine de l'abbaye de Saint-Denis où étaient conservées les archives royales, une histoire officielle des rois de France en français.

Les Grandes Chroniques de France

Désireux de « fere cognoistre la geste des rois », Primat termine son *Roman des Rois*, après la mort de Saint Louis, en 1274.

Il offre donc à son fils, Philippe III le Hardi, *Les Grandes Chroniques de France* qui relayent les chansons de geste et magnifient la monarchie en inventant des légendes : les rois de France descendent tous de Pâris, le héros troyen qui enleva Hélène, puis vint fonder… Paris !

Un best-seller princier

Près de sept cents manuscrits des *Grandes Chroniques de France* sont aujourd'hui conservés, témoignant de l'extraordinaire succès du *Roman des Rois* progressivement mis à jour jusqu'au XVᵉ siècle. À chaque règne, les moines, nos premiers historiographes, les actualisent : Guillaume de Nangis ajoute ainsi la vie de Saint Louis et celle de Philippe III.

Ces *Chroniques* illustrées, très coûteuses, sont parmi les premiers ouvrages imprimés à Paris dès 1477, confirmant leur succès auprès d'un public princier, élargi à la bourgeoisie lettrée.

Les Chroniques de Froissart révèlent les coulisses du pouvoir

Dans la lignée des *Grandes Chroniques*, les chroniques se multiplient. Au XIVᵉ siècle, celles de Jean Froissart se distinguent non seulement parce qu'elles relatent une grande partie de la guerre de Cent Ans entre la France et l'Angleterre (1337-1453), mais surtout parce qu'elles recèlent de savoureuses anecdotes sur le monde aristocratique. Ce livre révèle aussi les ressorts du pouvoir : moins complaisant envers les héros nationaux, il dévoile mobiles et ruses peu avouables. L'histoire critique est née.

> *Comme le gentil chevalier et écuyer qui aime les armes, et en persévérant et continuant il s'y nourrit parfait, ainsi, en labourant et ouvrant sur cette matière je m'habilite et délite.* »
>
> ■ Jean Froissart, *Chroniques*, 1408.

L'apport des mémorialistes

Les premiers mémorialistes, Robert de Clari et Geoffroi de Villehardouin, relatent, en prose et en français, la prise de Constantinople en 1204, lors de la quatrième croisade. Ils ont pris part aux mêmes batailles dont ils livrent des récits différents, pour justifier leur carrière.

Les *Mémoires* de Philippe de Commynes, favori de Louis XI jusqu'en 1477, constituent à la fois son plaidoyer après sa disgrâce et un traité politique à l'usage des princes.

■ Primat composant son histoire des rois de France
Le moine Primat, manuscrit enluminé, *Grandes Chroniques de France*, XIVᵉ siècle.

Sacre de Charlemagne

Les Grandes Chroniques de France sont illustrées par Jean Fouquet, l'un des plus grands artistes du XVᵉ siècle. Premier peintre de l'histoire, il reprend ses croquis de Saint-Pierre de Rome qu'il a visité pour représenter le sacre de Charlemagne. Comme un historien, il restitue le passé sous une forme exacte et plaisante.

Jean Fouquet (1420-1480), manuscrit enluminé, Tours, 1455-1460.

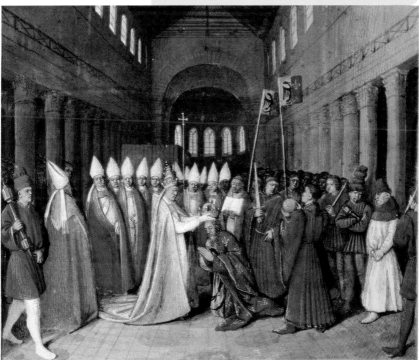

1250-1274 *Les Grandes Chroniques de France*

1200	1300	1400

s 1170 : *Tristan et Iseut*
1175-1250 : *Roman de Renart*
1225-1230 : *Lancelot-Graal*
1230-1270 : *Roman de la Rose*

1461-1462 : *Testament*
1476 : *La Légende dorée*

Du fabliau à la farce :
le rire médiéval

En réaction à la poésie courtoise, fabliaux puis farces se développent auprès du même public, en particulier lors des foires dans les villes. Le rire médiéval manifeste une très grande liberté, souvent scatologique et obscène, toujours satirique.

Des contes à rire en vers

Histoires brèves mises en scène

Les fabliaux sont de courts récits burlesques en octosyllabes à rimes plates : ils ne sont pas lus, mais mis en scène par des jongleurs dont les mimes accentuent le comique.

Aujourd'hui il ne reste que cent soixante fabliaux environ, composés surtout au XIIIᵉ siècle dans le Nord de la France et souvent anonymes, à l'exception de rares textes signés par Jean Bodel ou Rutebeuf. Le plus ancien, *Le Conte de Richeut* vers 1170, raconte l'histoire d'une religieuse devenue prostituée qui fait porter la paternité de son fils à trois hommes, un prêtre, un chevalier et un bourgeois.

Le genre du fabliau cesse d'exister au milieu du XIVᵉ siècle au profit de la nouvelle et de la farce théâtrale.

Des sujets universels

Sujets et tonalités des fabliaux sont variés : le mot, dérivé de « fable », désigne à cette époque un récit didactique (comme les *Fables* de La Fontaine), mais plus largement tout récit fictif. Certains fabliaux enseignent une morale sérieuse, mais généralement l'intrigue se fonde sur la duperie et vise le divertissement.

Les sujets, traditionnels et conventionnels, viennent du folklore de divers pays et de recueils d'anecdotes : misogynie, anticléricalisme et adultère y sont de mise. Mari jaloux, femme rusée, moine paillard, cocu bafoué et séducteur mutilé animent la galerie des personnages caricaturaux du fabliau.

L'obscénité au cœur du fabliau

De nombreux fabliaux sont scatologiques ou obscènes et la crudité de leur titre révèle leur liberté de ton : *Le Chevalier qui faisait les cons et les culs parler*, *Le Prêtre qui perdit ses couilles* ou *Le Pet du vilain*.

Pourquoi cette grivoiserie ? Probablement par réaction à la poésie courtoise qui ne nomme jamais le désir amoureux, toujours suggéré.

Fête de carnaval médiéval

L'enluminure reflète la fête qu'était le carnaval : durant ce spectacle total, prenaient place les représentations théâtrales, incluant la ville et ses habitants.

Roman de Fauvel, attribué à Gervais du Bus, 1310-1316. Paris, BNF.

Certains médiévistes imputent cet esprit graveleux à l'influence des clercs dont la misogynie, qui réduisait l'amour à l'instinct sexuel, transparaît dans les œuvres grivoises dès la fin du XIIᵉ siècle.

L'irruption d'un imaginaire social

Produits de fantasmes érotiques et sociaux, les fabliaux reflètent le réel et la vie quotidienne du monde médiéval. À l'image du public visé, constitué de nobles et du petit peuple, les personnages, chevaliers comme prostituées, issus de toutes les catégories sociales, voient leurs actes les plus intimes mis au jour.

Avec les fabliaux, les marginaux entrent ainsi en littérature moins comme une réalité historique que comme reflets d'un imaginaire social.

> « *L'essentiel, c'est d'user de beaucoup de douceur en paroles et d'une grande cruauté dans les actes ; il faut beaucoup promettre et ne jamais donner.* »

■ *Le Conte de Richeut*, anonyme, vers 1170.

Le théâtre médiéval

Le théâtre apparaît tardivement dans la littérature française pour deux raisons : le Moyen Âge ne distingue pas les œuvres théâtrales des autres, presque toutes récitées, chantées et mises en scène par des jongleurs ; les œuvres uniquement destinées au spectacle ont rarement été conservées.

Farces et attrapes

Histoires de tromperies

Tirée de fabliaux, la farce apparaît au XVe siècle pour servir d'intermède comique dont les représentations théâtrales sérieuses sont « farcies ». Elle gagne progressivement son autonomie, mais demeure un genre bref (de trois cents à cinq cents vers) fondé sur le schéma du trompeur trompé. Le retournement de situation est souvent associé à un triangle amoureux démasqué par un personnage naïf, le badin, qui révèle involontairement la vérité.

Réunissant les thèmes de plusieurs farces, *La Farce de Maître Pathelin* (vers 1460) est la plus élaborée : Pathelin dupe un drapier, mais sera dupé à son tour par un berger qui passait pour stupide.

La Farce de Maître Pathelin

Voici la première duperie de la pièce : par la flatterie, Pathelin achète à crédit une pièce de tissu au drapier.

Gravure sur bois, illustration de *La Farce de Maistre Pathelin*, 1500.

Force du langage, force du geste

Dans le fabliau, le rire provient de situations cocasses, d'inversions de rôles, mais aussi du langage adopté : jargons, quiproquos et calembours

> « *Il délire, il chante, il embrouille tant de langages et il bredouille.* »
> *La Farce de Maître Pathelin*, anonyme, vers 1460.

mettent en scène plaisamment la force comique de la langue. La farce, elle, valorise les gestes plus que le texte, ce qui la rapproche de la pantomime.

Une autre forme de théâtre de la fin du Moyen Âge privilégie le comique verbal : la sottie, issue des milieux lettrés des villes et de la Basoche (les étudiants en droit). Les Sots élisent un prince des Sots et une Mère Sotte dont les discours parodient les procès. La fantaisie verbale prend alors des inflexions politiques. Le rire médiéval gagne en complexité !

La performance théâtrale

La performance théâtrale occupe une place importante dans la vie sociale médiévale : il s'agit d'un événement collectif unique, souvent lors d'une fête, où artistes et habitants partagent danses, défilés et cérémonies parodiques. Le public ne s'assied pas, billet en main, pour y assister passivement : il fait cercle autour de tréteaux dressés devant les églises ou dans la ville.

> *« Il s'efforce tant,*
> *il s'évertue tant,*
> *se retourne tant, et se remue tant*
> *qu'un pet jaillit et sort du rang. »*

Rutebeuf, *Le Pet du vilain*, XIIIᵉ siècle.

L'art des jongleurs

Cette miniature représente des jongleurs accompagnés de luths pour réciter ou chanter des textes. Au centre, sur une table basse, un pichet et un verre rappellent la dimension pragmatique de leur art : il leur faut se désaltérer pour leur longue performance !

Alphonse X Le Sage, *Cantigas de Santa Maria* n° 120, anonyme, XIIIᵉ siècle.

Du fabliau à la nouvelle

À la faveur du développement de la lecture individuelle, le fabliau disparaît progressivement au profit de la nouvelle en prose, qui garde son ton grivois et sa charge misogyne. La nouvelle médiévale critique le monde contemporain : le *Décaméron* (1349-1351) de Boccace et les *Cent Nouvelles nouvelles* (1462) ouvrent la voie à l'*Heptaméron* (1559) de Marguerite de Navarre.

François Villon écrit son
Testament derrière les barreaux

François
Villon
**1431-
vers 1463**

À la fin du siècle, la poésie se caractérise par la permanence du thème courtois et par l'émergence de celui de la prison. Le poète captif le plus illustre est François Villon, créateur du *Testament* mais aussi figure du poète voyou.

Une vie de mauvais garçon

Issu d'un milieu humble, orphelin de père, François de Montcorbier est élevé par un chanoine dont il prend le nom de Villon. Il reste surtout connu pour ses méfaits : vol, rixe, meurtre d'un prêtre en 1455. Deux ans plus tard, il écrit le *Lais*, sa première œuvre, sur un ton enjoué, prétendant léguer à ses amis des biens qu'il n'a pas. Son *Testament* reprendra ce thème, sur un mode essentiellement mélancolique et angoissé.

Il mène ensuite une vie d'errance, durant laquelle il fréquente les compagnons de la Coquille, bande de criminels, dont le jargon lui inspire des ballades. En 1461, il est emprisonné à Meung-sur-Loire pour une raison inconnue.

Le *Testament* de Villon

Se pensant condamné à la pendaison, Villon écrit en 1462 son *Testament*, recueil de cent quatre-vingt-huit huitains dans lesquels sont insérés quinze ballades, dont la fameuse « Ballade des Pendus », et trois rondeaux.

> *Frères humains qui après nous vivez,*
> *N'ayez les cœurs contre nous endurcis,*
> *Car si pitié de nous pauvres avez,*
> *Dieu en aura plutôt de vous merci. »*

■ François Villon, « L'Épitaphe ou La Ballade des Pendus », *Testament*, 1461-1462.

Le thème lyrique de la prison, expérience vécue par beaucoup de poètes, s'est développé à la fin du Moyen Âge ; il renvoie toujours à la prison d'amour et valorise la force de la création poétique. En deux mille vers seulement, Villon personnalise ce cliché au travers de méditations sur sa jeunesse perdue, sa pauvreté, son angoisse de la mort. Sa nostalgie éclate notamment dans la « Ballade des Dames du temps jadis » : « Mais où sont les neiges d'antan ? »

Le poète voyou

Villon a créé une nouvelle figure de poète lyrique, voyou et désabusé, qui lui vaut un immense succès dès le XVIᵉ siècle. Cherchant à réhabiliter « le meilleur poète parisien » plutôt que le joyeux farceur, Clément Marot édite l'intégralité de son œuvre en 1533 à la demande de François Iᵉʳ. En 1870, Arthur Rimbaud conclut son pastiche de Villon par ces mots : « Dieu bénit tous les miséricords, et le monde bénit les poètes. » Belle lignée de poètes qui reconnaissent leur marginalité !

L'émergence de la figure d'auteur

Jusqu'au XIIIᵉ siècle, les notions d'œuvre et d'auteur au sens moderne n'existent pas. Les textes sont souvent anonymes et, même lorsque le nom d'un auteur est mentionné, sa vie demeure inconnue et il ne se considère pas comme un créateur.

Par l'évocation de sa vie personnelle, le poète lyrique de la fin du Moyen Âge fait émerger une véritable figure d'auteur. Charles d'Orléans, prisonnier des Anglais durant vingt-cinq ans, compose des poèmes sur l'exil, copie lui-même ses manuscrits, soigne leur illustration et appose son nom sur le recueil de ses œuvres.

En moins de deux mille cinq cents vers, François Villon fixe durablement la séduisante figure du poète misérable et marginal, ancêtre du poète maudit.

Testament 1461-1462

1200	1300	1400

rs 1170 : *Tristan et Iseut*   1250-1274 : *Les Grandes Chroniques de France*   1476 : *La Légende dorée*

1175-1250 : *Roman de Renart*

1225-1230 : *Lancelot-Graal*

1230-1270 : *Roman de la Rose*

La Légende dorée remporte un immense succès

Jacques
de Voragine
1228-1298

Ouvrage le plus lu et le plus diffusé au Moyen Âge, juste après la Bible, *La Légende dorée* de Jacques de Voragine raconte la vie des saints. Il est le premier texte imprimé en 1476, qui témoigne du dynamisme de la littérature religieuse en langue vulgaire.

Un best-seller

Vers 1260 circule le premier manuscrit en latin de la *Légende des saints*, composé par le dominicain italien, Jacques de Voragine, archevêque de Gênes. Son retentissement immédiat en fait l'ouvrage le plus copié, traduit, augmenté et lu de toute la chrétienté.

Le titre originel devient alors *La Légende dorée*, les tranches dorées étant réservées aux livres les plus importants. Mille exemplaires manuscrits (contre cent cinquante pour le *Livre du Graal*) sont actuellement conservés. Dès 1348, Jean de Vignay, suivi de Jean Belet, en donne une traduction française.

Un recueil à la gloire du christianisme

Plus qu'une simple compilation de vies de saints destinée aux prédicateurs, *La Légende dorée* est une apologie du christianisme, défendant une vision chrétienne du temps.

Animé d'une démarche rationnelle, Voragine choisit les versions fiables des vies de saints, souvent merveilleuses néanmoins, et explique les fêtes chrétiennes rituelles. Sa *Légende* (signifiant alors « ce qui doit être lu ») suit le calendrier liturgique, superposant temps profane et temps sacré pour guider l'homme vers son but ultime : l'éternité !

Une source d'inspiration

Si les enlumineurs médiévaux ont pu exprimer leur force artistique dans les manuscrits de *La Légende dorée*, les peintres de la Renaissance et de la Réforme catholique du début du XVIIe siècle y puisent leurs sujets tout comme les sculpteurs ou les poètes.

Quand ces barbares [les Huns] les virent, ils se jetèrent sur elles [les vierges] en poussant des cris affreux et comme des loups qui se jettent sur des brebis, ils massacrèrent toute la multitude. »

■ *La Légende dorée*, traduction de Jean de Vignay, 1348.

Pour défendre la religion catholique contre les assauts du protestantisme, la peinture religieuse valorise saintes et saints, en suivant les récits de Voragine. Ainsi, son histoire de sainte Ursule inspire au peintre flamand, Memling, la *Châsse de sainte Ursule* (1489), au peintre italien Vittore Carpaccio un cycle de tableaux entre 1490 et 1500, ou encore au Caravage, autre peintre italien, *Le Martyre de sainte Ursule* (1610).

800	900	1000	1100

881-882 : *Séquence de sainte Eulalie*

1098 : *La Chanson de Roland*

vers 1160 : *Roman de Troie*

1165-1170 : *L*

Saint Georges terrassant le dragon

L'enlumineur suit de près le texte de Voragine. Sur les conseils de Georges, la fille du roi lance sa ceinture blanche autour du cou du monstre terrassé par le saint auréolé et portant le bouclier des croisés, blanc à croix rouge, qui devint le drapeau national de l'Angleterre.

La Légende dorée, traduction de Jean de Vignay, 1348. Paris, BNF.

La littérature religieuse en français

Vers 1189, Herman de Valenciennes compose la première version française de la Bible. Lorsqu'en 1210, l'université de Paris ordonne de brûler tous les ouvrages de théologie en langue vulgaire, elle excepte la Bible et les vies de saints.

Dès lors, les ouvrages d'éducation religieuse se multiplient : recueils de sermons, prières, anecdotes édifiantes appelées *exempla*, miracles de la Vierge, manuels de confession ou arts de mourir. Au xve siècle, le théologien Jean de Gerson, prédicateur de cour, confirme cette tendance à la moralisation des laïcs dans son *ABC des simples gens* de 1410.

Le Martyre de sainte Ursule

Comme Ursule refuse d'épouser le roi barbare pour être sauvée, il la tue d'une flèche.

Caravage (1571-1610), huile sur toile, 140 × 170 cm, 1610. Naples, palais Zevallos Stigliano.

Le XVIe siècle

De la Renaissance à l'âge baroque

« Heureux qui comme Ulysse » :
la Pléiade hante nos mémoires
par ce seul demi-vers.
C'est que l'humanisme renaissant triomphe
dans la poésie à l'antique, fougueusement
défendue par Du Bellay et Ronsard
pour illustrer la langue française.

Mais tous les auteurs cherchent
à la magnifier et à l'enrichir :
ils en appellent à tous les genres,
de la tragédie au roman,
en passant par l'essai qu'ils inaugurent.
Ils imitent, ils rompent, ils renouvellent :
telle est cette écriture en mouvement
perpétuel qui devient baroque à la fin du siècle.

Le XVIe siècle offre une nouvelle langue
à la littérature. Et une littérature nouvelle
à notre langue !

L'Ignorance chassée
Rosso Fiorentino (1494-1540), fresque, vers 1530.
Château de Fontainebleau, galerie François Ier.

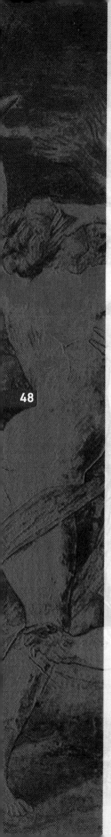

L'aube des Temps modernes

La renaissance des arts et des lettres touche toute
l'Europe dès la fin du Moyen Âge : elle est un espoir
et déjà une crise lorsqu'elle gagne la France
au XVIᵉ siècle.
La littérature de l'époque se caractérise d'abord
par son élan : ses hymnes à la vie et à l'Homme,
ses enthousiasmes virulents, ses audaces multiples,
à travers les œuvres riches et innovantes d'auteurs
tels que Rabelais, Du Bellay, Ronsard ou Montaigne.
Nouveautés et « premières fois » dominent la création
littéraire dans une langue fraîchement instituée :
premier traité poétique en français, première
tragédie française, premier sonnet français.
Cette force de créativité a son revers : démesure,
élitisme, position de rupture excessive, querelles.
Mais la révolution des lettres naît bien là, ouvrant
la voie aux Temps modernes : formes et institutions
littéraires créées au XVIᵉ siècle s'imposent pour
longtemps et jusqu'à nos jours.

À l'école de l'Antiquité

La littérature du XVIᵉ siècle est fondée sur
le principe esthétique de l'imitation : le beau imite
les auteurs antiques, éventuellement Pétrarque pour
le sonnet amoureux. Toute la littérature médiévale
est balayée d'un revers de plume, « l'ignorance
chassée », pour y substituer la beauté et l'idéal
platoniciens que les humanistes christianisent.
À travers l'histoire d'Ulysse, ils lisent l'histoire
véritable de Jésus-Christ.
La rupture se fait finalement autant avec
le Moyen Âge qu'avec l'Antiquité : telle est la crise
de l'humanisme, pris entre vénération et volonté
de rompre avec son modèle ancien.
« Rome n'est plus Rome », déplore Du Bellay !

Mais il inaugure ainsi la poésie des ruines
de Rome, à la fois méditation nostalgique
sur le temps rongeur et destructeur, et plaisir malin
qui souligne avec impertinence que la gloire
est désormais française...

Une littérature militante

La crise de l'humanisme a aussi des sources
religieuses : l'enthousiasme du « beau seizième
siècle » se teinte de doutes au début de la Réforme
protestante, alors qu'éclate l'affaire des Placards,
ces affiches anti-papales apposées sur la porte
des appartements royaux en 1534.
Mais 1562 (le massacre de Wassy) et surtout 1572
(la Saint-Barthélemy) voient émerger une poésie
militante avec Ronsard et d'Aubigné. Le spectacle
tragique des guerres de Religion qui occupent toute
la seconde moitié du siècle marque l'ensemble
de la littérature, engagée ou non.

Une esthétique théâtrale

Les inépuisables misères humaines suscitent l'image
baroque du théâtre du monde, lisible dans les titres
du temps : *Histoires tragiques*, *Tragiques*,
Théâtre du monde.
L'âge d'or de la tragédie, qui renaît dès 1553 grâce
au jeune Étienne Jodelle, correspond à la période
la plus ensanglantée des guerres civiles,
mais le théâtre devient surtout un modèle
esthétique majeur, tous genres confondus.
En contrepoint de cet imaginaire théâtral
qui ordonne tout, se déploient la fragmentation
et le triomphe du fugace : recueils de nouvelles,
adages, miscellanées et bien sûr les *Essais*
de Montaigne.
Le XVIᵉ siècle littéraire est celui de la bigarrure,
de la variété, des contrastes forts, c'est-à-dire
de l'effervescence créatrice !

1532
Marot,
L'Adolescence clémentine

1540
D'Herberay des Essarts,
Amadis de Gaule

1532
Rabelais, *Pantagruel*

Louis XII	François Ier

1498 **1515** **1547**

1494-1559 : Guerres d'Italie

XVIe siècle : L'Humanisme

*Henri II (1547-1559) • François II (1559-1560) • Charles IX (1560-1574) • Henri III (1574-1589)

1544
Maurice Scève, *Délie*

1549
Du Bellay,
*Défense et Illustration
de la langue française*

1550
Ronsard, *Odes*

1553
Jodelle,
Cléopâtre captive

1555
Labé, *Œuvres*

1616
D'Aubigné,
Les Tragiques

Henri II ▶ Henri III*	Henri IV

1589   **1610**

1562-1598 : Guerres de religion

1549-1585 : Les poètes de la Pléiade

1559
Marguerite de Navarre,
L'Heptaméron

1580
Montaigne, *Les Essais*

1578
Jean de Léry,
*Histoire d'un voyage
en terre de Brésil*

Le mouvement
humaniste

Les humanistes s'attirent les faveurs de François Ier pour imposer leur savant programme d'éducation fondé sur le retour à l'Antiquité et aux textes originaux. L'humanisme, la grande révolution de l'époque moderne, commence.

Naissance de l'humanisme

Un monde bouleversé

À partir de la fin du XVe siècle, tous les savoirs sont bouleversés : Gutenberg invente l'imprimerie vers 1440 à Strasbourg ; en 1530, Nicolas Copernic démontre l'héliocentrisme défendu ensuite par Galilée et par Kepler ; le chirurgien Ambroise Paré inaugure la médecine moderne. Les frontières du monde changent également : Constantinople tombe aux mains des Ottomans en 1453 et Christophe Colomb découvre le Nouveau Monde en 1492. L'Europe est prête à accueillir l'humanisme qui modifie le regard porté sur le monde, l'homme, la religion et la politique.

> « C'est une iniquité qu'on permette que chaque mode de vie ait ses délassements et qu'on n'en concède absolument aucun aux études, surtout quand les bagatelles mènent au sérieux ! »
>
> ▌ Érasme, *Éloge de la folie*, préface, 1510.

Des origines italiennes

Ce mouvement intellectuel de la Renaissance se réfère avant tout aux sciences de l'encyclopédie et en particulier aux savoirs transmis par les Grecs et les Romains.

L'humaniste s'occupe d'*humanités*, c'est-à-dire de l'étude des langues anciennes : l'Italien Pétrarque (1304-1374) est le tout premier d'entre eux. Grand connaisseur et découvreur d'ouvrages antiques, il commence par recueillir les inscriptions sur les vieilles pierres de Rome et poursuit dans les manuscrits sa quête des Anciens. Parti d'Italie, l'humanisme rayonne dans toute l'Europe cultivée.

▌ François Ier, protecteur des arts et des lettres
Miniature attribuée au Maître des Heures d'Henri II,
François Ier en déité, vers 1545. Paris, BNF.

52

Pétrarque dans son « studiolo »

Le détail de cette fresque représente Pétrarque dans son bureau (*studiolo*). Sur le bureau et le lutrin à sa gauche, les manuscrits ouverts témoignent de la méthode humaniste de comparaison à partir de plusieurs textes pour s'approcher au plus près de la version originale.

Détail de la fresque de la salle des Géants du Palazzo Liviano à Padoue attribuée à Altichiero da Zevio (1330-1397).

Des techniques nouvelles

L'imprimerie permet la diffusion rapide de ces nouveaux travaux en Europe ; les ateliers des imprimeurs, très liés aux humanistes, sont des lieux de rencontres entre intellectuels. Ainsi, Rabelais a travaillé chez l'imprimeur Sébastien Gryphe à Lyon.

En France, le mouvement est protégé par François Ier qui, sur les conseils du traducteur Guillaume Budé (1467-1540), développe en 1522 la Librairie royale (future Bibliothèque nationale) et, en 1530, le Collège des Lecteurs royaux (fu-

> « Le temps était encore ténébreux et sentant l'infélicité et calamité des Goths, qui avaient mis à destruction toute bonne littérature. Mais par la bonté divine, la lumière et dignité a été de mon âge rendue aux lettres. »
>
> ■ Rabelais, *Pantagruel*, 1532.

tur Collège de France) où s'enseignent le grec et l'hébreu, nécessaires pour aborder les textes en version originale, Bible comprise. Lefèvre d'Étaples (1450-1537) donne en 1534 la première Bible en français.

Deux ordonnances royales favorisent les humanistes : le dépôt légal (un exemplaire de chaque livre publié doit être remis à la Librairie royale) en 1537 et l'ordonnance de Villers-Cotterêts en 1539 qui impose l'usage du français.

De la dignité de l'homme

Une place nouvelle pour l'homme

Traquant la vérité historique et préconisant le retour à la pureté classique, les humanistes jugent les choses « par les mots ». Cet examen critique des textes sacrés et profanes, appelé philologie, transforme la représentation du monde et la place que l'homme y occupe.

« Je t'ai installé au milieu du monde, afin que de là tu examines plus commodément autour de toi ce qui existe dans le monde », écrit l'humaniste italien Pic de la Mirandole dans *De la dignité de l'homme* (1486).

Le retour à l'Antiquité et à l'Évangile

Les humanistes glorifient la culture antique qui offre l'idéal d'un homme conquérant et libre dans l'exercice de son intelligence. Leurs traductions des ouvrages antiques restaurent la dignité de l'homme et combattent l'ignorance. Désormais, la « lumière humaniste » combat les « ténèbres médiévales ».

Les humanistes adoptent cette posture polémique de rupture dans tous les domaines artistiques, littéraires et religieux. Contre la *Vulgate*, version latine de la Bible, ils prônent le retour à la vérité évangélique : celle de la charité et de la pauvreté du Christ, loin de l'Église contemporaine. La Réforme est en marche.

L'éducation, principe humaniste fondamental

Cette révision des savoirs s'accompagne de nouveaux principes éducatifs qui renient avec virulence l'apport médiéval.

Le théologien Érasme (1469-1536) préconise un enseignement où l'utile se joint à l'agréable et proscrit les coups de fouet. Plus « de ténèbres gothiques » mais des connaissances encyclopédiques transmises avec patience et clarté pour améliorer le jugement et la vertu de l'individu : il faut avoir « plutôt la tête bien faite, que bien pleine », selon Montaigne.

> " *Je voudrais aussi qu'on fût soigneux de lui [l'enfant] choisir un conducteur, qui eût plutôt la tête bien faite, que bien pleine.* »
> ■ Montaigne, *Les Essais*, Livre I, 1580.

Un nouvel art d'écrire

Une langue nouvelle

Linguistes pionniers, les humanistes français s'attachent à définir et à fixer les règles d'une langue française capable de rivaliser avec les langues anciennes. Les poètes de la Pléiade, et en particulier Du Bellay avec sa *Défense et illustration de la langue française* (1549), s'appliquent à imiter, sans traduire, le latin et le grec.

Mais les théoriciens ne manquent pas : Robert Estienne propose neuf mille entrées dans le premier *Dictionnaire français-latin* (1539), Louis Meigret publie la première grammaire française (1550) et Jacques Peletier du Mans, le premier traité sur l'orthographe et la prononciation françaises (1550).

Le renouveau de la littérature

Les travaux savants des humanistes participent aussi à l'émergence de genres littéraires inédits en français : traités de poétique, recueils d'emblèmes, odes, sonnets, tragédies ou comédies.

L'absence de dogmatisme et la curiosité d'esprit des humanistes se traduisent dans leur goût pour les formes ouvertes et malléables, comme la lettre, le roman ou encore l'essai inventé par Montaigne.

L'homme de Vitruve

Vinci illustre « l'étude des proportions du corps humain » du traité d'architecture de Vitruve (Ier siècle avant J.-C.) redécouvert à la Renaissance. À partir de ces données, il a dessiné, dans un cercle et un carré, l'homme idéal, à la mesure de toute chose.

Léonard de Vinci (1452-1519), dessin, 34,4 × 24,5 cm, 1492. Venise, Galleria dell' Academia.

L'humanisme et la Réforme

En traduisant la Bible en français, et surtout en la dépouillant des commentaires médiévaux, les humanistes participent à la diffusion de la Réforme initiée en Allemagne par le théologien Martin Luther (1483-1546), condamnant les pratiques de la Papauté et du Haut clergé.

Mais si les réformés (ou protestants) rompent avec le pape, les humanistes évangéliques lui demeurent fidèles, tout en se fondant sur une relation individuelle à Dieu par la prière et la lecture de la Bible.

Le poète Clément Marot fait entendre sa voix

Au nom du naturel, *L'Adolescence clémentine* – celle de Clément Marot – refuse de faire étalage de virtuosité rhétorique et d'érudition humaniste. Une voix nouvelle s'élève, personnelle et directe.

Clément Marot
1496-1544

Une vie « tout plein d'ennui et de martyre »

Apprécié par François Ier, protégé par Marguerite de Navarre, mais souvent condamné par la justice, Clément Marot a dû se battre pour conserver sa liberté, fidèle à sa devise : « La mort n'y mord. »

Il connaît en effet la prison en 1526 pour avoir « mangé le lard » durant le Carême et l'année suivante pour avoir aidé un prisonnier à s'évader. Protestant, il s'exile en Italie en 1535, puis abjure « l'erreur luthérienne » pour retrouver les faveurs du roi dont dépendent ses moyens d'existence.

Sa traduction des *Psaumes*, interdite en 1542, lui attire à nouveau des accusations d'hérésie. Il fuit à Turin où il meurt.

Un « élégant badinage »

56

Cette formule de Boileau souligne le caractère oral et naturel de la poésie marotique fondée sur un art de la conversation rimée. Même dans ses poèmes les plus virtuoses où les rimes s'étendent à tout le vers, comme dans la « Petite Épître au Roi », Marot manifeste un goût du dialogue enjoué.

Les jeux sur les sons et les mots révèlent sa liberté d'esprit.

Une voix personnelle

Premier auteur français de savantes traductions d'Ovide, de Virgile, de Pétrarque, ainsi que de complaintes, de ballades et de rondeaux, perpétuant la tradition de la Grande Rhétorique, Marot est un poète humaniste.

Mais son œuvre se distingue en ce qu'elle s'enracine dans son expérience et ses convictions personnelles.

Les Grands Rhétoriqueurs

Clément Marot perpétue la tradition de la Grande Rhétorique (1460-1525) incarnée par son père, Jean.

Au service du prince, les rhétoriqueurs composent des œuvres de circonstance, voire de propagande, en déployant une virtuosité formelle et une langue symbolique, la *poétrie*, à l'origine du mot *poésie* au XVIe siècle. Selon eux, un texte a un sens littéral et un sens caché à déchiffrer, mais sa fonction reste ornementale et laudative : un poème doit avant tout faire honneur au prince.

1496 Naissance de Clément Marot

1490 **1500** **1510**

1515 : *Le Temple de Cupidon*

Portrait du poète à la Renaissance

La Renaissance invente une typologie du portrait d'auteur qui hésite encore entre réalisme et célébration. Dans ce portrait de 1527, Marot porte bonnet et barbe en broussaille, tandis que dans la gravure de 1576 (en médaillon), il est glorifié en poète humaniste, vêtu à l'antique et couronné des lauriers du triomphe.

Corneille de Lyon (1500-1575), *Portrait présumé de Clément Marot*, 1527. Paris, musée du Louvre.

> ❝ *En m'ébattant je fais rondeaux en rime,*
> *Et en rimant bien souvent je m'enrime :*
> *Bref, c'est pitié d'entre nous rimailleurs,*
> *Car vous trouvez assez de rime ailleurs,*
> *Et quand vous plaît, mieux que moi rimassez.* »

▪ Clément Marot, *L'Adolescence clémentine*, « Petite Épître au Roi », 1532.

La dernière œuvre de Marot

Il s'agit d'une traduction des *Psaumes de David* destinée à être mise en musique et à servir à la liturgie luthérienne. Cet exemplaire témoigne de la permanence et du succès des manuscrits même au temps de l'imprimerie.

Psautier français de Claude Gouffier, marquis de Boissy, grand écuyer de France, duc de Roannais, par Clément Marot, 1601. Paris, bibliothèque de l'Arsenal.

Rabelais et Pantagruel entrent en littérature

François
Rabelais
1483-1553

Avec *Pantagruel*, l'humaniste Rabelais inaugure les aventures désopilantes et extraordinaires du géant, de son père Gargantua, et de leurs compagnons, le rusé Panurge et le truculent Frère Jean. Une langue et un univers romanesques inédits sont nés.

Un humaniste aux mille talents

Né à Chinon vers 1483, Rabelais entre dans les ordres et étudie les langues anciennes. Puis il entame une carrière de médecin à Lyon, publie des livres médicaux, travaille chez un imprimeur et, lors d'un séjour à Rome, se fait espion.

Cet humaniste, ouvert aux cultures savante et populaire, pratique l'autocritique. On doit à sa liberté de pensée le genre du roman moderne, une langue et des formules devenues courantes comme « le plancher des vaches » ou « Science sans conscience n'est que ruine de l'âme ».

Des écrits impertinents et contestataires

Rabelais raille l'orgueil des savants, théologiens et humanistes, dans sa saga héroï-comique : *Pantagruel* (1532), *Gargantua* (1534), le *Tiers Livre* (1546) et le *Quart Livre* (1552).

> « – Il n'y a pas besoin de se torcher le cul s'il n'y a point d'ordure. Il ne peut y avoir d'ordure si on n'a pas chié. Il faut donc chier avant de se torcher le cul.
> – Ô, dit Grandgousier, que tu as de bon sens, mon petit garçon ! »

■ Rabelais, *Gargantua*, 1534.

L'obscénité s'y mêlant à l'érudition, ces romans ne sont ni complètement populaires, ni complètement érudits.

L'enfance, l'éducation et les prouesses guerrières des géants sont prétextes à détourner les codes du roman de chevalerie, mais surtout à faire voler en éclats tous les carcans. Ses satires lui valent la censure, sans empêcher un immense succès, source de supercheries éditoriales qui lui attribuent faussement un *Cinquième Livre*.

Le grand rire humaniste

Le rire rabelaisien invite à « vivre joyeux » en dépit des faiblesses humaines tantôt valorisées, tantôt ridiculisées. Comme le rire carnavalesque qui inverse tout, il heurte le sens commun : les cruautés de Panurge sont pardonnées et les géants, bien que savants, ne sont pas des modèles à suivre.

Rabelais cultive la discordance, bousculant ainsi nos certitudes. Mieux vaut donc choisir de rire de ce monde chaotique, si ressemblant au nôtre !

58

« Rire est le propre de l'homme »

Cette formule du *Gargantua* prend sens lorsque le héros démontre à son père qu'un « oyzon bien dumeté » est le meilleur des torche-culs. Mais derrière cette grossièreté se cache une parodie savante : Rabelais rabaisse la grandeur du sujet mythologique traité par Michel-Ange où Léda tient entre ses jambes le dieu Zeus transformé en cygne.

Michel-Ange, *Léda et le Cygne*, huile sur toile, 105 × 141 cm, 1530. Londres, National Gallery.

Comment le nom vient au géant

Parce qu'à sa naissance il bramait en demandant « À boire ! », son père s'exclama : « Quel grand tu as ! » (sous-entendu le gosier), ce qui lui valut de porter le nom de Gargantua.

Au XIXe siècle, Gustave Doré illustre la voracité du géant.

Gustave Doré (1832-1883), *Illustration de la vie inestimable du Grand Gargantua*, 1854. Paris, BNF.

L'invention d'une langue

Au XVIIe siècle, La Bruyère qualifiait d'incompréhensibles les récits de Rabelais. Ses contemporains, déjà, ne le comprenaient pas car Rabelais invente une langue : mots vieillis ou imprononçables comme « esperru-quanczelubelouzerirelu du talon », provincialismes, néologismes grecs et latins, italianismes, termes techniques, sans parler du système orthographique créé par l'auteur. Pour ne pas être des « moutons de Panurge », il faut découvrir sa langue !

1532 Pantagruel			**1553** Mort de Rabelais
1530	1540	1550	
1534 : *Gargantua*		1546 : *Tiers Livre*	1552 : *Quart Livre*

Amadis de Gaule domine le roman de chevalerie

Tandis que le courant humaniste s'affirme, les lecteurs continuent à lire avidement les romans de chevalerie. D'Herberay des Essarts remporte un immense succès en traduisant les longues aventures espagnoles d'Amadis.

Nicolas D'Herberay des Essarts
14??-1553

Une adaptation de génie

Amadis de Gaule est d'abord un roman espagnol paru en 1508. Ce roman fleuve de chevalerie connaît un succès européen et fait l'objet de nombreuses rééditions et suites en plusieurs langues.

À la demande de François Ier, son capitaine d'artillerie, Nicolas D'Herberay des Essarts, traduit, entre 1540 et 1548, les huit premiers livres de ce best-seller. Ce faisant, il réécrit le roman dans une prose fluide et élégante qui illustre la langue française bien avant les injonctions émises par Du Bellay dans *Défense et illustration de la langue française* (1549).

> 66 *Lors commença Amadis à devenir pensif, tenant l'œil arrêté sur elle : et elle pour l'en divertir, mit la main hors du treillis, et empoigna la sienne, et Amadis se mit à la baiser mille fois, sans sonner l'un ni l'autre un seul mot. »*
>
> ■ D'Herberay des Essarts, *Amadis de Gaule*, 1540.

Le bréviaire de la cour

Les quatre premiers livres racontent les amours d'Amadis, « le Beau ténébreux », et d'Oriane ; les quatre suivants, les aventures de leurs descendants. Le roman reflète les valeurs aristocratiques françaises : son héros se signale par son courage militaire, sa piété, son art de bien parler et d'aimer. Il définit un idéal du comportement amoureux et social qui remporte un succès immédiat et durable.

À la fin du XVIe siècle, *Amadis* devint « la Bible du roi » car, lorsqu'il était souffrant, Henri IV s'en faisait lire des passages par son médecin. Mais ce bréviaire de la cour a également valeur de modèle romanesque pour la prose européenne.

Le dernier grand livre de chevalerie

Bien que vivement critiquée dès 1547 par les humanistes et les moralistes, cette suite romanesque domine la littérature de l'époque. Cervantès (1547-1616), le romancier et dramaturge espagnol, en fait le roman qui rend fou Don Quichotte, le héros éponyme de son récit, et sainte Thérèse d'Avila (1515-1582) évoque son pouvoir de séduction.

Son succès perdurera jusqu'à la fin du XVIIe siècle, tant et si bien qu'en 1684, Louis XIV demandera au poète et librettiste Philippe Quinault (1635-1688) et au compositeur Jean-Baptiste Lully (1632-1687) d'en composer un opéra.

60

Amadis de Gaule délivre la demoiselle prisonnière

Pour prouver son amour à Oriane, Amadis accomplit des exploits chevaleresques, dont la libération d'une prisonnière du seigneur de Galpan. Par de forts contrastes de couleurs, le peintre romantique Delacroix souligne les émotions violentes de la scène.

Eugène Delacroix,
huile sur toile,
54,5 × 65,4 cm, 1860.
Virginie (États-Unis),
musée des Beaux-Arts.

DE AMADIS DE GAVLE.   Fueillet.LXIX.

Comme Amadis combatit con-

tre Angriote & son frere, qui gardoient le passaige du val,
contre ceulx qui ne vouloient accorder que leur amye
estoit moins belle que celle d'Angriote.

Chapitre.   XIX.

Vand le frere d'Angriote l'aduisa venir, il print ses armes &vint contre. Puis estant tout ioignant luy dit: Certes cheualier vous auez fait grand folie à n'accorder ce que l'on vous a demandé, car il vous conuient combatre contre moy. Ce combat, respondit Amadis, m'est trop plus agreable que de dire la plus grand menterie du mõde. Ie sçay bien, dit le cheualier qu'en aultre lieu l'accordez à vostre plus grand desauantaige. Ie ne le cuyde pas ainsi, respondit Amadis. Or vous gardez doncques de moy, dit le cheualier. Et à l'instant laisserent courre leurs cheuaulx au plus roide qu'ilz peurent l'vn contre l'aultre, & furent les attaintes dans les escuz. Le cheualier faulça celluy d'Amadis: mais le coup s'arresta contre le harnois, & Amadis le rencontra si durement qu'il le desarçonna. Toutesfois oncques ne lascha les resnes du cheual, iusques à ce quelles luy rompirent es mains: au moyen dequoy il donna du col & des espaules contre terre si grand coup, qu'il demeura couché sans auoir de luy ne d'aultre souuenance. Pourtant descendit Amadis, & luy arrachant l'armet de la teste veid qu'il estoit seulement pasmé. Lors le tira par le bras froidement qu'il reuint à soy, & ouurit les yeulx. Vous estes mort, dit Amadis, si ne vous rendez prisonnier. Adõc le cheualier qui aduisa l'espée sur sa teste nue, craignant mourir, s'y accorda. Parquoy remonta Amadis, & apperceut que Angriote estoit ia à cheual, s'appareillant de

Les Trésors d'Amadis

Les *Trésors* sont des anthologies d'extraits tirés d'ouvrages savants et latins. *Amadis* est le seul roman français à bénéficier de *Trésors*, souvent augmentés et édités, afin que le lecteur puisse apprendre à « parler ou écrire » en imitant les meilleurs passages retenus.
L'impact des *Trésors d'Amadis* sur la constitution d'une langue française narrative est fort : ce roman divertissant est vite transformé en manuel d'éloquence. ■

Le recyclage des images

De nombreuses illustrations d'*Amadis* proviennent d'autres œuvres : les imprimeurs réutilisaient les gravures, qui étaient coûteuses. Voilà pourquoi le rapport entre l'image et le texte est souvent très lâche, voire inexistant à la Renaissance.

Le premier livre des Amadis, par le seigneur des Essars, Nicolas D'Herberay, 1540.

Maurice Scève brûle pour Délie

Influencé par l'italien Pétrarque, un groupe de poètes lyonnais promeut une esthétique néoplatonicienne et nationale contre l'internationalisme des humanistes. L'Idée chère à Platon devient alors, par anagramme, *Délie* chez Maurice Scève.

Maurice Scève
vers 1501-1563

Un poète lyonnais

La vie de Maurice Scève reste méconnue. Peut-être docteur en droit, il devient clerc, vit de ses biens familiaux ainsi que de son bénéfice ecclésiastique, et se consacre à l'écriture.

D'abord traducteur, il publie uniquement de la poésie aux formes variées : éloges aux Grands comme *Arion* (1536) et *Blasons* (1538), des poèmes de circonstance lors de l'entrée royale d'Henri II à Lyon (1548), puis son *Microcosme* (1562) qui mêle théologie et science.

Mais la postérité littéraire a retenu presque exclusivement sa *Délie, objet de plus haute vertu* parue en 1544, et sa découverte en 1533 à Avignon du tombeau de Laure, célébrée par Pétrarque.

Le premier recueil d'*Amours*

Délie est le premier recueil consacré à un seul amour qui, loin de la futilité, sert les théories platoniciennes. Le poète s'élève à la contemplation de la beauté divine, l'amour menant au monde des Idées. Mais Scève ne suit pas la linéarité du récit amoureux pétrarquiste, de la femme à l'Idée. Il invente le modèle français des *Amours* en privilégiant la répétition et la variation sur le thème amoureux.

L'expression de la peine amoureuse se joint à une réflexion sur le cosmos dans une stricte composition de dizains, répétée quarante-neuf fois : un emblème (une figure symbolique avec une devise) suivi de neuf dizains de décasyllabes.

L'énigmatique *Délie*

La complexité de l'alternance emblème, devise et dizains, favorise les fausses pistes interprétatives, cultivées par Scève. Ainsi, la poétesse lyonnaise, Pernette Du Guillet, aurait inspiré à Scève la *Délie*. Mais, si des échos entre leurs recueils existent, rien ne permet d'affirmer que Pernette en est l'inspiratrice, ni de bâtir des hypothèses sur leur vie amoureuse. *Délie* demeure énigmatique et l'amour, matière à philosopher.

> 66 *Plutôt seront Rhône et Saône déjoints,*
> *Que d'avec toi mon cœur se désassemble ;*
> *Plutôt seront l'un et l'autre Monts joints,*
> *Qu'avecques nous aucun discord s'assemble.* »

■ Maurice Scève, *Délie*, 1544.

Le néoplatonisme ou le divin dans le monde

Le néoplatonisme constitue l'arrière-plan d'un grand nombre d'œuvres du temps : Botticelli, comme Scève, montre que la beauté parfaite suscite l'amour jusqu'à l'envolée de l'âme au ciel en haut, à gauche du tableau. Délie n'est-elle pas « ange en forme humaine » ?

Botticelli (vers 1445-1510), *Le Printemps*, huile sur toile, 203 × 310 cm, 1478. Florence, musée des Offices.

L'École lyonnaise (1540-1560)

Au début du XVIᵉ siècle, Lyon est une capitale culturelle : deux cents imprimeries y fleurissent, attirant des lettrés. Dans ce haut lieu de l'italianisme et du néoplatonisme, se développe la poésie amoureuse en dehors de la cour royale.

Autour de Scève, promu modèle inimitable, poètes (Antoine Héroët, Charles Fontaine, Étienne Dolet) et poétesses (Louise Labé, Pernette Du Guillet) innovent et lancent la renaissance de la littérature en français que leurs rivaux de la Pléiade revendiqueront.

Emblème et devise

La devise, « Pour le veoir je pers la vie », n'éclaire pas le sens de l'image : la licorne, blessée, se repose sur la jeune fille qui l'a attirée pour la capturer. Comme l'animal, le poète serait-il blessé par celle qu'il aime ? La licorne étant aussi un symbole christique, rien n'est certain, comme en amour !

Maurice Scève, emblème « la femme à la licorne », *Délie*, 1544.

| 1544 | *Délie, objet de plus haute vertu* | Mort de Maurice Scève | 1563 |

| 1540 | | 1550 | | 1560 | |

536 : *Arion*   1547 : *Saulsaye, églogue de la vie solitaire*   1562 : *Microcosme*

1538 : *Blasons*

Du Bellay assure la défense de la langue française

Joachim Du Bellay 1525-1560

Joachim Du Bellay publie, en 1549, un traité poétique polémique et le premier recueil de sonnets amoureux en français. La *Défense et illustration de la langue française* suivie de *L'Olive* annonce une poésie nouvelle et impose le sonnet pour plusieurs siècles.

Une œuvre polémique

Du Bellay écrit ce traité pour défendre le français contre le latin et l'italien, mais surtout pour l'illustrer, c'est-à-dire le rendre « illustre », célèbre, en rivalisant avec les œuvres antiques.

Même si la *Défense* paraît à une époque où se multiplient codifications et promotions de la langue usuelle, elle est d'actualité : le latin reste la langue de l'élite et on brûle encore à la fin du siècle un médecin qui lui préfère le français. Face à tant d'audace, les rivaux de Du Bellay ripostent par une accusation de plagiat dès 1549.

> *Lis donc, et relis premièrement, ô poète futur, feuillette de main nocturne et journelle les exemplaires grecs et latins, puis me laisse toutes ces vieilles poésies françaises.* »

■ Joachim Du Bellay, *Défense et illustration de la langue française*, 1549.

Un art poétique novateur

Dans son traité, Du Bellay exprime avec force les lignes directrices d'une poétique fondée sur le principe d'imitation – centré sur les textes antiques à « dévorer », puis à « digérer » – et sur la traduction. Celle-ci sert cependant seulement à enrichir la langue, Du Bellay refusant d'en faire un moyen de l'illustrer.

La révolution est surtout formelle. Les principes énoncés avec virulence sont immédiatement mis en œuvre dans les cinquante sonnets amoureux de *L'Olive* qui suivent la *Défense* dans l'édition originale.

Un projet politique

Du Bellay confie au poète une fonction politique et patriotique. Ses critiques des courtisans efféminés et du peuple « ignorant » le laissent seul face au roi pour établir le transfert du pouvoir et des savoirs de Rome à Paris : la *translatio imperii et studii*.

Combats militaire, linguistique et poétique convergent et font du poète et du roi les deux piliers du royaume de France.

1525 Naissance de Du Bellay

L'Ignorance chassée

Fiorentino illustre la victoire du roi humaniste François Ier laissant derrière lui les ignorants, avançant, épée levée et livre sous le bras, vers la lumière. La *Défense* revendique aussi cette union entre armes et savoir contre «notre ignorance».

Rosso Fiorentino (1494-1540), fresque, vers 1530. Château de Fontainebleau, galerie François Ier.

> *O prison douce, où captif je demeure*
> *Non par dédain, force ou inimitié,*
> *Mais par les yeux de ma douce moitié,*
> *Qui m'y tiendra jusqu'à tant que je meure.* »

▓ Joachim Du Bellay, *L'Olive*, 1549.

Cinquante sonnets à la louange de *L'Olive*

L'Olive, premier recueil de sonnets de la littérature française, applique le programme de la *Défense*: imitation de modèles étrangers dont Pétrarque et poésie savante.

La mode du sonnet est lancée avec ces cinquante sonnets décasyllabiques à la louange du rameau d'olivier qui symbolise la poésie (sens de l'olive au XVIe siècle).

Le recueil célèbre aussi une femme, Marguerite de France, dont l'emblème est le rameau d'olivier. Rien que de très dignes et hauts objets pour la poésie désormais ! ▓

L'Antiquité, modèle à suivre

À la Renaissance, Rome éblouit: l'architecture antique sert de décor aux gravures et l'Antiquité, de modèle aux poètes.

Maerten van Heemskerck (1498-1574), *Le Colisée*, dessin à l'encre et à la plume, 20,7 × 26,5 cm. Paris, musée du Louvre.

1549 Défense et illustration de la langue française	**1560** Mort de Du Bellay
1550	1560

1549 : *L'Olive*   1558 : *Les Antiquités de Rome, Les Regrets, Jeux rustiques ; Discours au Roi*   1559 : *Le Poète courtisan*

Les poètes
de la Pléiade

La *Défense et illustration de la langue française* met le feu aux poudres en 1549. La révolution poétique menée par la Pléiade est en marche : elle transforme audacieusement langue et formes poétiques et assigne une place nouvelle à la littérature.

La glorification des Belles Lettres

Un nouvel héroïsme

Vers 1550 une nouvelle génération de poètes cherche la gloire non plus dans les armes, mais dans la littérature. Héritant de l'humanisme la connaissance des lettres anciennes, elle transpose ce savoir en poésie.

Ce geste héroïque au service des Muses vaut bien la gloire militaire : « Puisque Dieu ne m'a fait pour supporter les armes », clame Ronsard, « j'allais sur Parnasse acquérir de la gloire ». Aristocratie de l'esprit, la poésie devient une carrière à part entière.

Un groupe d'amis

Du Bellay, Ronsard, Baïf, Jamyn, Belleau, Magny, Jodelle, Pontus de Tyard forment un groupe, mais pas une école : ils se connaissent, suivent parfois les cours de Jean Dorat au collège de Coqueret, se baptisent la Brigade.

> 66 *Cueillez, cueillez votre jeunesse :*
> *Comme à cette fleur, la vieillesse*
> *Fera ternir votre beauté.* »
> ■ Pierre de Ronsard, *Odes*, 1553.

Comparée aux sept étoiles de la Pléiade, la Brigade devient la Pléiade, quoique dépassant toujours sept membres, qui se complimentent, fêtent leurs succès littéraires, comme lors de la « Pompe du bouc » en 1553, se dédient leurs œuvres, assurant ainsi leur promotion. Ils font bloc en dépit de formations différentes (Baïf est musicien, Tyard philosophe) et de rivalités (entre Du Bellay et Ronsard).

Une conception nouvelle de la poésie

La Pléiade impose un discours inédit sur la nature de la poésie, fondé sur les théories néoplatoniciennes : ni savoir-faire, ni entreprise morale, elle est un moyen de connaissance, une « fureur » qui fait « soudain l'homme, et Poète et Prophète » selon Ronsard.

Le poète devient un élu, les rois doivent protéger son œuvre.

La théorie des quatre fureurs

◼ L'Italien Marsile Ficin (1433-1499), christianisant l'œuvre de Platon, fait de sa théorie des fureurs une doctrine initiatique : quatre fureurs (de la poésie, de l'amour, de la prophétie et de la mystique) permettent d'approcher le centre de l'univers, tout à la fois le Un, le Bien, le Beau, pour jouir « de la divine et éternelle beauté ».

Ce courant de pensée, au cœur de la réflexion littéraire dès 1545 en France, donne à la poésie une origine divine et une dimension métaphysique. Elle élève l'âme, ouvrant le passage de la matière à l'esprit. ◼

La Sibylle de Tibur : entre imitation et détachement des Anciens

Comme les poètes de la Pléiade, Antoine Caron mêle ici Antiquité et modernité, Tibur (près de Rome) et Paris. La sibylle désigne à l'empereur Auguste, agenouillé, l'apparition d'une Vierge à l'Enfant. Des monuments parisiens du XVIe siècle (la tour de Nesle, le jardin et un pavillon du château des Tuileries) s'insèrent dans une architecture romaine.

Antoine Caron (1521-1599), huile sur toile, 170 × 125 cm, 1575-1580. Paris, musée du Louvre.

La « Pompe du bouc »

Cette danse bachique illustre l'imaginaire antique débridé qui a dû présider à la cérémonie païenne organisée en 1553 pour fêter le succès de *Cléopâtre captive*. Jodelle et ses amis de la Pléiade firent scandale en sacrifiant un bouc.

Planche gravée par Pierre Lombart d'après François Cleyn pour une édition des *Géorgiques* de Virgile, Londres, Thomas Roycroft, 1658. Paris, BNF.

Trois principes clés

Imitation

L'écriture poétique de la Pléiade se fonde sur une double imitation : celle des modèles antiques que le poète doit admirer et

 Heureux qui, comme Ulysse, a fait un beau voyage,
Ou comme celui-là qui conquit la toison,
Et puis est retourné, plein d'usage et raison,
Vivre entre ses parents le reste de son âge ! »

Joachim Du Bellay, *Les Regrets*, 1559.

dépasser car « par la seule imitation, rien ne se fait de grand ». Dans sa préface à *L'Olive*, Du Bellay annonce « une ancienne renouvelée poésie » et développe des images de digestion, voire de cannibalisme : « Imitant les meilleurs auteurs grecs, se transformant en eux, les dévorant et après les avoir bien digérés, les convertissant en sang et en nourriture. »

Le poète doit aussi imiter la nature puisque, pour Ronsard, « l'Art imite la nature autant qu'il peut ». Il rivalise alors avec le réel qu'il décrit précisément, tel un peintre.

Illustration de la langue

L'imitation permet également d'enrichir le français. C'est même le seul moyen pour l'« amplifier » en réalisant dans notre langue ce que les anciens ont réalisé dans la leur.

Pour élaborer cette langue nationale, une assimilation en profondeur, appelée « innutrition », est exigée : imiter non pas un texte, mais son principe poétique originel, « suivre les vertus d'un bon auteur et quasi comme se transformer en lui ».

Le pétrarquisme

Le pétrarquisme est un courant poétique européen né de l'expérience de Pétrarque (1304-1374). Amoureux de Laure de Noves durant vingt et un ans, il l'idéalise dans ses sonnets du *Canzoniere* (1374), modèle d'une attitude amoureuse et surtout d'un style, le *dolce stil novo*, fait d'images et d'une rhétorique typiques : *innamoramento* (coup de foudre), *dissidio* ou opposition entre beauté et cruauté de l'aimée, soumission de l'amant à sa passion unique, mais non réciproque.

Inspiration et érudition

Pour la Pléiade, le contact avec les grands textes antiques ne rend pas servile, mais élève l'âme, au contraire, et réveille le délire sacré, inspirant le poète prophète. Cette inspiration nécessaire au poète s'accompagne cependant de travail et d'érudition. Le poète doit être « plus hardi et moins populaire », il doit prendre garde « que le Poème soit éloigné du vulgaire ».

Le programme élitiste de la Pléiade aspire « au suprême » en alliant imitation et inspiration.

Marie, qui voudrait votre beau nom tourner,
Il trouverait aimer : aimez-moi donc, Marie. »

Pierre de Ronsard, *Amours de Marie*, 1555.

Emprunts, nouveautés et variété

Emprunts et renouvellements

La Pléiade emprunte aux genres antiques l'ode et l'hymne, mais renouvelle également l'églogue ou la pastorale, la tragédie, la satire en vers et l'épopée. Chaque texte cache une mosaïque d'autres textes, combinant fragments, emprunts, réminiscences ou allusions.

Le montage est requis, mais la traduction est bannie. La génération de 1550 fait clairement entendre sa voix dans cette polyphonie composite.

Le sonnet, genre moderne italien

Les recueils de sonnets de décasyllabes, vers conseillés par Peletier du Mans, se multiplient après la traduction française du *Canzoniere* de Pétrarque en 1547 : *Erreurs amoureuses* (1549) de Pontus de Tyard, *Amours* (1552) de Ronsard, *Amoureux repos* (1553) de Guillaume Des Autels ou *Amours* (1572) d'Olivier de Magny.

L'alexandrin, où coïncide le désir d'imiter les anciens avec la recherche d'une identité nationale, fleurit sous l'influence de la *Cléopâtre captive* (1553) de Jodelle, mais s'impose définitivement dans le sonnet vers 1570.

Évolutions et variété

Les poètes de la Pléiade évoluent, ne partageant pas unanimement doctrine et pratique : Ronsard prône la seule fureur poétique quand Du Bellay lui associe le travail. *Les Regrets* s'ouvrent sur la critique de l'imitation (« je ne veux feuilleter les exemplaires Grecs ») pourtant préconisée dans la *Défense* et, en trente-six ans d'écriture, Ronsard passe du jeune prétentieux autoproclamé « premier auteur lyrique français », au poète encensé de tous.

La variété est une caractéristique essentielle de la Pléiade, instable et ainsi toujours capable de se renouveler.

La Renaissance

L'humaniste Jean Dinemandi, dit Dorat, (1505-1588) est représenté dans son habit de professeur, entouré de ses élèves Du Bellay (à gauche) et Ronsard (à droite). Il occupa la chaire de grec à Coqueret, puis au Collège des Lecteurs royaux (futur Collège de France).

Toile marouflée du XIXᵉ siècle, Paris, escalier des Lettres de la Sorbonne.

Ronsard est sacré « Prince des poètes »

Pierre de
Ronsard
1524-1585

Les savantes *Odes* de Ronsard, inspirées du poète grec Pindare, choquent. Leur absolue nouveauté, mise au service de la gloire du roi, des dieux et de la poésie, consacre durablement le mythe du poète inspiré et de la poésie supérieure aux autres arts. Ses *Amours* s'en trouvent rehaussés.

Une carrière au service du roi

Atteint de surdité, Ronsard le Vendômois renonce à une carrière diplomatique pour embrasser les Belles Lettres. Grâce à Jean Dorat, précepteur de son ami Antoine de Baïf, il se familiarise avec les auteurs grecs et italiens et fréquente les futurs poètes de la Pléiade. Il vit de bénéfices ecclésiastiques et du mécénat. Henri II le protège et il devient, en 1560, aumônier et poète de Charles IX.

À la fois poète de cour, noble et humaniste, Ronsard invente une nouvelle définition du poète : inspiré, exigeant et détenteur de l'immortalité. De quoi sublimer une vie peu mouvementée.

Un art de la provocation

Les *Odes* de Ronsard font l'éloge de la France, du roi et des Grands, mais aussi de la poésie, des poètes et de lui-même. Pour prouver sa gloire immortelle, il doit vendre ses livres et clamer sa supériorité. Il se dit « le premier poète lyrique français », explore tous les genres nouveaux (hymnes, amours, bergeries, élégies, discours) et tous les tons, des grivoiseries amoureuses à l'épopée héroïque (*La Franciade*), en passant par la poésie scientifique, philosophique et militante.

Ronsard est en effet le premier poète engagé dans les guerres de religion, « d'une plume de fer sur un papier d'acier ». Toujours polémique, il ne se laisse pas cataloguer.

Le prince des poètes

Ronsard instaure le mythe du poète inspiré, le *vates*, qui reçoit des Muses divines la fureur poétique supérieure à tout, sans laquelle on demeure un rimailleur : « Une déité m'emmène :/ Fuyez peuple, qu'on me laisse », déclare-t-il dans son *Ode à Catherine de Médicis*.

Avec lui, la poésie devient un sacerdoce, le poète un élu, un intermédiaire entre le divin et les hommes, et un guide de l'humanité, princes compris. Et l'amour est un thème parmi d'autres pour magnifier le rôle du poète.

1524 Naissance de Ronsard

Odes **1550**

1520   1530   1540   1550

1552 : *Les Amours*

Les *Amours* de Ronsard

Les sonnets des *Amours* à Cassandre (1552) font de Ronsard le Pétrarque français et consacrent le genre des *Amours*, recueil de poésie amoureuse d'inspiration italienne et antique.

Mais ses références sont si savantes qu'il faut, dès 1553, un *Commentaire au premier livre des Amours* pour les expliquer.

Ronsard s'éloigne progressivement du pétrarquisme : sa *Continuation des Amours* (1555) dédiés à Marie et ses *Sonnets pour Hélène* (1578) sont plus accessibles.

Pourtant, même si sa poésie paraît plus personnelle, elle n'est en rien autobiographique. ■

Diane chasseresse

Soucieux de politique culturelle, Ronsard dédie plusieurs poèmes à Diane de Poitiers, la maîtresse d'Henri II, qui « passerait en beauté cette Hélène de Grèce ». Un peintre de l'école de Fontainebleau la représente en *Diane chasseresse*.

Anonyme, école de Fontainebleau,
191 × 132 cm, vers 1550.
Paris, musée du Louvre.

> « Quand vous serez bien vieille, au soir à la chandelle,
> Assise auprès du feu, dévidant et filant,
> Direz, chantant mes vers, en vous émerveillant,
> Ronsard me célébrait du temps que j'étais belle. »

■ Ronsard, *Sonnets pour Hélène*, 1578.

Avec ce portrait, inspiré des médailles impériales, Ronsard incarne la plénitude du pouvoir et du savoir.

Illustration des *Amours*, édition de 1552.

Mort de Ronsard **1585**

| 1560 | 1570 | 1580 |

1555 : *Hymnes*   1562 : *Discours sur les misères de ce temps*   1578 : *Sonnets pour Hélène*
        1560 : *Élégie sur les troubles d'Amboise*   1572 : *La Franciade*
                1565 : *Élégies, mascarades et bergeries*

Jodelle fait revivre la tragédie de Cléopâtre

Étienne
Jodelle
(1532-1573)

Depuis l'Antiquité, la tragédie avait abandonné la scène. L'année 1553 marque sa renaissance en France : en janvier, devant le roi Henri II, Étienne Jodelle donne sa *Cléopâtre captive*, la première tragédie humaniste.

Heurs et malheurs d'un génie poétique

Membre de la Pléiade, Étienne Jodelle a seulement vingt et un ans lorsqu'il fait représenter la première tragédie française sur le modèle du théâtre antique : le succès de *Cléopâtre captive* est immédiat. Tous les poètes du temps le saluent comme un « démon », un intermédiaire entre les hommes et les dieux.

En 1558, la municipalité de Paris lui confie l'organisation de festivités pour célébrer une victoire militaire, mais c'est un fiasco : Jodelle est accusé d'avoir dilapidé les fonds publics. Sa vie reste ensuite obscure. Il est condamné à mort pour une raison inconnue et meurt totalement ruiné.

La renaissance de la tragédie

La renaissance de la tragédie est due à l'influence de professeurs qui traduisent et enseignent le théâtre grec et latin au collège de Boncourt où ont étudié Jodelle et son ami Jean de La Péruse. Ce dernier se fait connaître lui aussi en 1553, au cours de cette année emblématique, avec *Médée*, une tragédie à sujet mythologique. Les deux dramaturges français composent leurs pièces en alexandrins.

Jodelle et La Péruse se passionnent également pour l'architecture des scènes théâtrales antiques, et c'est dans « le magnifique appareil de la scène antique » que la *Cléopâtre* est représentée devant Henri II.

De la représentation à la publication

C'est par la représentation plus que par la publication de leurs œuvres que les deux amis accèdent à la gloire. Avant d'être lues, leurs pièces sont jouées par des troupes ambulantes d'acteurs professionnels dans les collèges, les salles de jeux, les châteaux ou à la cour.

L'impact de *Cléopâtre captive* est immense à une époque où la *Poétique* d'Aristote, qui théorise les règles de la tragédie, n'est pas connue en France (elle est traduite en français en 1560). La pièce de Jodelle est finalement publiée en 1574.

Le théâtre à l'Antique

L'architecte a conçu ce théâtre fermé pour le palais d'une riche famille en Italie. Derrière la scène, un arc de colonnes est surmonté de statues des dieux de l'Antiquité ; en arrière-plan, des fresques célèbrent Rome.

Vincenzo Scamozzi (1552-1616), théâtre de Sabbioneta, 1588-1590.

De *L'Art de la tragédie* au théâtre du Grand Siècle

En 1572, le dramaturge Jean de La Taille ouvre sa pièce *Saül le furieux* par le premier traité français sur la tragédie, *L'Art de la tragédie.* Il emprunte ses principes à Aristote et innove : sa formulation de la règle des trois unités et du sujet tragique qui doit être «pitoyable et poignant» est reprise au XVIIᵉ siècle. Seule la présence d'un chœur, à la fin de chaque acte, distingue les premières tragédies à l'antique de celles du Grand Siècle.

La mort de Cléopâtre

Désespérée par la mort de Marc-Antoine, son amant, Cléopâtre se suicide, mordue par un serpent.

Michel-Ange (1475-1564), *Cléopâtre*, dessin, 1533. Florence, galerie des Offices.

> *Antoine, Antoine, hélas ! dont le malheur me prive,*
> *Entends la faible voix d'une faible captive,*
> *Qui de ses propres mains avait la cendre mise*
> *Au clos de ce tombeau n'étant encore prise.»*

Étienne Jodelle, Cléopâtre dans *Cléopâtre captive*, 1553.

1573 Mort de Jodelle

1560 **1570**

1555 : *Didon se sacrifiant* 1574 : *Les Œuvres et mélanges poétiques*

L'exquise **Louise** exprime les tourments de la **passion** féminine

Louise Labé
vers 1523-1566

Louise Labé tient un salon littéraire à Lyon où elle reçoit humanistes et écrivains de renom. Par leur liberté de ton, ses *Œuvres* publiées en 1555 incarnent le féminisme, mais sont soupçonnées d'être écrites par d'autres.

L'énigmatique Louise

Admirée mais parfois suspectée d'être une courtisane par ses contemporains, Louise Labé a même été récemment soupçonnée d'être une créature de papier inventée par Maurice Scève et les poètes lyonnais. Elle a pourtant mené une vie brillante, libre et cultivée, invitant les femmes à « élever un peu leur esprit par-dessus leur quenouilles et fuseaux » dans l'« Épître dédicatoire » de ses *Œuvres*.

Avec elle, la gloire intellectuelle des femmes s'affirme.

La nouvelle Sappho

Un *Débat de la folie et de l'amour*, trois élégies et vingt-quatre sonnets ont fait de Louise Labé la poétesse de l'amour. Sappho, la poétesse antique qui oppose aux vers imagés et mensongers la parole pure et simple d'une femme amoureuse, est son inspiratrice. Louise devient une Sappho moderne dont la réputation n'a rien de sulfureux à la Renaissance.

Sa poésie fait place au désir féminin, mais surtout revendique une identité féminine littéraire, humaniste et lyrique.

Une poésie subversive

Ses sonnets proposent un nouveau code amoureux qui transgresse le modèle pétrarquiste. L'amour n'est plus une faute et la femme est libre au point de

> ❝ Je vis, je meurs ; je brûle et je me noie ;
> j'ai très chaud tout en souffrant du froid ;
> la vie m'est et trop douce et trop dure ;
> j'ai de grands chagrins entremêlés de joie. »
>
> ■ Louise Labé, *Œuvres*, 1555.

subvertir le thème traditionnel du baiser, jouant de l'équivoque : « Baise m'encor, rebaise-moi et baise :/Donne m'en un de tes plus savoureux ».

En effet, l'amant est un poète et le baiser, un genre poétique. Ces vers sensuels invitent autant à l'amour qu'à la poésie. La simplicité de Louise Labé n'est qu'apparente : jamais elle n'oublie ses revendications de poétesse.

vers1523 Naissance de Louise Labé

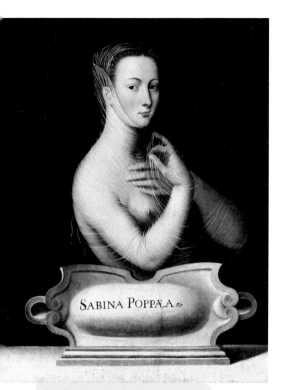

SABINA POPPÆA

La séduction au féminin

Ce portrait cultive l'ambiguïté érotique, propre à la poésie de Louise Labé.
Ici, l'épouse de Néron, Sabine Poppée, se couvre pudiquement la poitrine, mais avec un voile transparent.

Sabina Poppaea, maître anonyme de l'école de Fontainebleau, XVIe siècle. Genève, musée d'Art et d'Histoire.

Tombeau de Valentine Balbiani

Cette sculpture s'inspire des tombeaux étrusques et crée l'image familière d'une lectrice, proche des Vénus alanguies. Rêverie sensuelle, fidélité conjugale (symbolisée par le petit chien) et lecture offrent une image complexe du féminin.

Germain Pilon (vers 1528-1590), marbre, 1573. Paris, musée du Louvre.

L'*Heptaméron* révèle Marguerite de Navarre

Marguerite de Navarre
1492-1549

Véritable reine de la cour de France, Marguerite de Navarre rassemble dans l'*Heptaméron* soixante-dix nouvelles d'inspiration italienne qui dessinent les débuts de l'étude psychologique et marquent l'histoire de l'émancipation des femmes.

« Corps féminin, cœur d'homme et tête d'ange »

Cette formule de Clément Marot souligne le caractère exceptionnel de sa protectrice, la sœur de François Ier, qui règne sur la cour de France. Polyglotte, capable de traiter en latin, Marguerite d'Angoulême négocie la libération de son frère, prisonnier de Charles Quint.

Diplomate et mondaine, elle manifeste aussi une spiritualité exigeante, parfois mystique, dans ses nombreux écrits religieux, poétiques et théâtraux. Elle devient Marguerite de Navarre en épousant en 1527 Henri d'Albret, roi de Navarre.

Une femme de lettres engagée

Son engagement auprès des évangélistes et des réformés lui vaut la condamnation de son *Miroir de l'âme pécheresse* par la Sorbonne en 1533. Protégée par le roi, elle commande la traduction de psaumes et d'œuvres du théologien Luther (1483-1546), un important réformateur de l'Église. Elle accueille sur ses terres de Navarre Lefèvre d'Étaples, traducteur de la Bible, et constate que bien des dogmes accrédités (célibat des prêtres, jeûnes, liturgie des sacrements) n'étaient pas exigés par l'Évangile.

L'*Heptaméron*, une œuvre fantaisiste

Inspiré du *Décaméron* de l'écrivain italien Boccace (1313-1375), l'*Heptaméron*, son unique œuvre en prose, posthume et inachevée, devient le modèle des recueils de nouvelles réalistes. Dix nobles (cinq femmes et cinq hommes), bloqués dans une abbaye par des intempéries, passent sept journées à se raconter de brèves histoires de faits réels et récents.

Beaucoup sont des aventures amoureuses lestes et les commentaires des « devisants » reflètent un nouvel art de converser avec civilité et légèreté sur la société et l'émancipation féminine.

> 66 *Ayant cherché le remède [pour se délivrer des ennuis] toute ma vie, je n'en ai jamais trouvé qu'un qui est la lecture des Saintes Lettres en laquelle se trouve la vraie et parfaite joie de l'esprit, dont procèdent le repos et la santé du corps.* »

■ Marguerite de Navarre, *Heptaméron*, « prologue », 1559.

1492 Naissance de Marguerite d'Angoulême

| 1490 | 1500 | 1510 | 1520 | 1530 |

1531 : *Miroir de l'âme pécheresse*

Marguerite de Navarre dans son miroir

La reine de Navarre est représentée en pénitente avec un miroir pour son examen de conscience, allusion à ses poèmes du *Miroir de l'âme pécheresse*, mis à l'index pour ses idées évangélistes : l'Écriture comme seule autorité, la foi comme don gratuit de Dieu et l'hypocrisie des pratiques.

Livre d'heure de Catherine de Médicis, école française, XVIᵉ siècle. Paris, BNF.

La cour de Nérac, refuge des réformés

Après l'affaire des Placards (des affiches) protestants contre la messe qui entraîne la répression des réformés par François Iᵉʳ en 1534, Marguerite de Navarre se retire à Nérac, près de Pau. Elle y protège artistes et intellectuels poursuivis pour leurs idées, tels le théologien réformiste Calvin (1509-1564) et le poète Clément Marot, mais elle reste fidèle à la religion catholique.

Sa fille, Jeanne d'Albret, fait de Nérac une capitale politique et protestante qui devient la résidence principale du futur roi de France, Henri IV, et de son épouse la reine Margot de 1577 à 1582.

Mort de Marguerite de Navarre **1549**   **1559** *Heptaméron*

1540   **1550**   **1560**

33 : *Dialogues en forme de vision nocturne*

1547 : *Marguerites de la Marguerite des Princesses*

1547 : *Comédie* jouée au Mont-de-Marsan

Jean de Léry rapporte un voyage en terre de Brésil

Jean
de Léry
1534-1613

Parti comme cordonnier outre-Atlantique, Jean de Léry en revient pasteur protestant et auteur de l'*Histoire d'un voyage en terre de Brésil*. Le texte témoigne d'une grande tolérance envers les Indiens et reflète un regard d'ethnologue salué par Claude Lévi-Strauss.

Jean de Léry, historien polémiste

En 1556, le protestant Jean de Léry embarque pour une mission d'évangélisation sur l'île de Coligny, dans la baie de Rio de Janeiro. Expulsé de l'île par les catholiques, il passe un an auprès des Indiens Tupinamba sur le continent. Parti comme cordonnier, il est pasteur à son retour en France.

Lorsque, dans sa *Cosmographie universelle* (1575), l'explorateur et écrivain André Thevet (1503-1592) attribue aux protestants l'échec de la mission brésilienne, Jean de Léry s'indigne. Vingt ans après les faits, son *Histoire d'un voyage en terre de Brésil* rétablit la vérité sur leur rôle contre « les impostures de Thevet ».

« Le bréviaire de l'ethnologue »

Cette formule de l'ethnologue et anthropologue Lévi-Strauss (1908-2009), dans *Tristes Tropiques* (1955), souligne la richesse de ce récit polémique. Non seulement Léry dresse un inventaire des merveilles du Brésil dont il décrit la faune, la flore, la langue et les rites, mais il retrace aussi et surtout une aventure personnelle bouleversante, la rencontre avec un autre monde, en quatre étapes : le voyage aller, le tableau du Brésil, une conversation avec les Indiens et le retour.

> " *Cette nudité ainsi grossière en telle femme est beaucoup moins attrayante qu'on ne le penserait.* »
>
> ■ Jean de Léry, *Histoire d'un voyage en terre de Brésil*, 1578.

Grande nouveauté : Léry se met en scène en racontant la découverte de sa vocation d'historien et de pasteur alors qu'il est sauvé des flots, signe selon lui de la Providence divine.

Une leçon de tolérance

À une époque où les guerres de religion se succèdent en France, Léry questionne, avec un à-propos aigu, notre perception du sauvage, incarnation de la différence. Renversant les perspectives traditionnelles, il montre les Européens sous le regard desdits sauvages et offre ainsi une leçon de tolérance en prouvant l'unité de l'humanité : tous les hommes sont d'étranges étrangers.

En 1772, Diderot se souvient des harangues des Indiens de Léry et Jean-Christophe Rufin (né en 1952) fait revivre ce récit avec *Rouge Brésil* (prix Goncourt 2001).

1534 Naissance de Jean de Léry

| 1530 | 1540 | 1550 | 1560 | 157 |

Le récit de voyage à la Renaissance

Victime de l'imaginaire du voyage romantique où prévalent l'évasion, l'exotisme et la quête du moi, le récit de voyage renaissant s'est longtemps vu refuser le statut d'œuvre littéraire. « Genre sans loi », il métisse science antique et savoirs nouveaux. L'expérience authentique y croise des autorités, comme l'astronome et le géographe grec Ptolémée, l'historien grec Hérodote ou des voyageurs contemporains. La voix personnelle du voyageur dialogue nécessairement avec d'autres voix, proches ou lointaines.

L'Atlas Miller

Cette carte du Brésil magnifiquement enluminée ne servait qu'à glorifier la puissance de l'Empire portugais : les cartes de routes des grands navigateurs, comme Christophe Colomb (1451-1506), ont été sciemment détruites pour garder secrets les chemins vers l'or d'Amérique.

Cartes portugaises établies entre 1515 et 1519.

> ❝ Il ne faut pas aller si loin qu'en leur pays, ni qu'en l'Amérique pour voir choses si monstrueuses et prodigieuses. ❞

◼ Jean de Léry, *Histoire d'un voyage en terre de Brésil*, 1578.

Le bon sauvage

L'illustration du *Voyage* participe à l'élaboration du mythe du bon sauvage où emblèmes et symboles encadrent une famille idyllique.

Jean de Léry, *Histoire d'un voyage en terre de Brésil*, illustration de la première édition, 1578.

| 1578 | Histoire d'un voyage en terre de Brésil | | | Mort de Jean de Léry | 1613 |

1580   1590   1600

1574 : *Histoire mémorable de la ville de Sancerre*

Dans les *Essais*, Montaigne est la matière de son livre

Michel de Montaigne invente l'essai, utilise la littérature pour une analyse personnelle et livre des formules mémorables dont celle sur son amitié pour Étienne de La Boétie : « parce que c'était lui, parce que c'était moi ».

Michel Eyquem de Montaigne
1533-1592

« Le petit homme » Michel de Montaigne

Ainsi se peint Montaigne, « petit homme » sur « son petit cheval » lors d'un accident où, confronté à la mort, il a l'idée des *Essais*. Un homme en mouvement, pas un savant cloîtré. Il fut magistrat, maire de Bordeaux, diplomate, voyageur tout en écrivant depuis « sa retraite » en 1571, vingt et un ans durant, son unique œuvre publiée de son vivant (son *Journal de voyage* paraît en 1774). D'abord en deux livres (1580), les *Essais* en trois livres sont terminés en 1588, mais Montaigne poursuit par ses « allongeails » une œuvre, elle aussi, toujours en mouvement.

« Seul livre au monde de son espèce »

Montaigne crée le genre de l'essai qui consiste à évaluer les capacités du jugement de l'auteur. Peu importe le sujet : Montaigne essaie ses facultés intellectuelles sur l'amitié, les Cannibales, l'éducation, la peur, la mort, etc. Jamais il ne prétend connaître un sujet, mais tout devient une occasion de se connaître « car c'est moi que je peins », écrit-il dans son « Avis au lecteur ». Doutant de tout, il échappe aux formes et aux vérités toutes faites pour éveiller nos consciences et penser librement « à sauts et à gambades ».

Peindre « l'humaine condition »

Cette peinture de soi évolue après 1588, dans la seconde édition des *Essais* où Montaigne peint « l'humaine condition », faite de contradictions et d'incertitudes, « de rapiessement et bigarrure ». Sans concession envers les pédants, il prend le parti des victimes « sans lustre » : Indiens torturés, mendiants, paysans pestiférés ou sorcières, tous délaissés en souffrance. Derrière son scepticisme, persiste son humanisme dans une époque « gastée » par la violence des guerres de religion.

« Faire bien l'homme »

■ Montaigne propose une sagesse pratique fondée sur l'acceptation de ses faiblesses, symbolisée par sa devise « que sais-je ? », et sur la fraternité incarnée par son amitié pour La Boétie (1530-1563).
Le dialogue incessant de Montaigne avec les auteurs anciens, dont les sentences émaillent ses *Essais*, comme avec ses contemporains, permet d'échapper à l'autorité des dogmes qui peuvent inciter à la violence. Chacun doit trouver en lui sa sagesse et la droiture morale nécessaires à « faire bien l'homme » et à bien vivre en société. ■

1533 Naissance de Montaigne
1530 | 1540 | 1550 | 1560

« La mort, objet nécessaire de notre visée »

Même si la mort, incarnée par le squelette à cheval, reste symbolique, sa représentation devient très réaliste au milieu du XVIᵉ siècle. Dans ce massacre perpétré par l'armée, la mort envahit la vie : « Le but de notre carrière, c'est la mort, c'est l'objet nécessaire de notre visée », nous rappelle Montaigne.

Pieter Brueghel l'Ancien (1525-1569), *Le Triomphe de la mort*, huile sur bois, 117 × 162 cm, vers 1562. Madrid, musée du Prado.

« Vanité des vanités, tout n'est que vanité »

Les guerres de religion exacerbent chez Montaigne le sentiment que tout n'est que vanité : « Si les autres se regardaient comme je fais, ils trouveraient, comme je fais, plein d'inanité et de fadaise. »
Rien n'est sûr, pour Montaigne, tout change, la mort est inéluctable et la sagesse commence quand on l'accepte.

Le monde n'est qu'une branloire pérenne. Toutes choses y branlent sans cesse, la terre, les rochers du Caucase, les pyramides d'Égypte, et du branle public et du leur.

■ Michel de Montaigne, *Les Essais*, « Du repentir », 1580.

« L'exemplaire de Bordeaux »

Les annotations de Montaigne révèlent son constant travail de réécriture. À la formule « Si on me presse de dire pourquoi je l'aimais, je sens que cela ne se peut exprimer », Montaigne ajoute « qu'en répondant : parce que c'était lui », puis « parce que c'était moi ».

Les Essais, Abel L'Angelier, 1588.

Les Essais (Livres I et II) **1580**		Mort de Montaigne **1592**
1570	**1580**	**1590**

1569 : *Théologie naturelle de Raymond Sebond* (traduction)   1595 : *Les Essais* (édition de Marie de Gournay)

1588 : *Les Essais* (édition augmentée du Livre III)

D'Aubigné peint la France en mère affligée

Agrippa d'Aubigné
1552-1630

L'épopée *Les Tragiques* témoigne des guerres de Religion sous le regard partisan du soldat et poète protestant inspiré de Dieu, Agrippa d'Aubigné. Les responsables des massacres sont nommés, la légende noire des derniers Valois est née.

Une vie romanesque

La vie de Théodore Agrippa d'Aubigné, « un héros de toutes pièces » selon George Sand, ressemble à un roman de cape et d'épée : une naissance tragique puisque sa mère est sacrifiée pour lui donner la vie, d'où son prénom d'Agrippa, enfanté avec peine ; une éducation soignée mais marquée par un serment traumatisant devant des cadavres de protestants à huit ans ; un bref emprisonnement à dix ans et la solitude de l'orphelin à onze ans ; une carrière militaire durant les cruelles guerres de Religion ; une longue mais orageuse relation avec Henri IV ; un fils ingrat ; une mort en exil à Genève.

Le Printemps du poète soldat

> *Je veux peindre la France une mère affligée,*
> *Qui est entre ses bras de deux enfants chargée. »*
>
> ■ Agrippa d'Aubigné, *Les Tragiques*, « Misères », 1616.

En 1570, lors d'une trêve, le soldat d'Aubigné rencontre Diane Salviati, nièce de la Cassandre chantée par Ronsard : « cet amour lui mit en tête la poésie françoise », confesse-t-il. D'Aubigné rivalise avec le prince des poètes dans ses odes et sonnets amoureux du *Printemps* et de l'*Hécatombe à Diane*.

Deux ans plus tard, blessé dans un duel, le poète soldat se réfugie à Talcy chez Diane. Une vision le pousse à « employer son bras droit aux vengeances de Dieu ». De cet événement surgiront *Les Tragiques*, composées entre 1577 et 1589.

L'épopée protestante des *Tragiques*

Signées LBDD, « Le Bouc du désert », surnom de d'Aubigné, *Les Tragiques* témoignent des souffrances endurées durant les guerres de Religion et dénoncent violemment la corruption des princes. Cette puissante fresque historique de dix mille vers est aussi une autobiographie spirituelle.

« Le doigt de Dieu » a élu le poète prophète pour glorifier la résistance protestante dans une œuvre inclassable qui tient de l'épopée, de la satire et du poème mystique.

> *Ici le sang n'est feint, le meurtre n'y défaut,*
> *La mort joue elle-même en ce triste échafaud. »*
>
> ■ Agrippa d'Aubigné, *Les Tragiques*, « Misères », 1616.

1552 Naissance d'Agrippa d'Aubigné

| 1550 | 1560 | 1570 | 1580 | 1590 |

La littérature protestante au XVIᵉ siècle

Jean Calvin (1509-1564) inaugure la prose protestante avec son *Institution chrétienne* (1560), mais ses *Commentaires des Psaumes* (1558) fondent aussi la poésie réformée, représentée par Clément Marot (1496-1544) et Théodore de Bèze (1519-1605), traducteurs des *Psaumes*.

Parce qu'ils racontent leurs persécutions, les protestants ont renouvelé l'historiographie et développé l'autobiographie.

Loin de se limiter à la littérature militante et polémique, ils se sont massivement illustrés dans la littérature de voyage, manifestant compréhension et sympathie aux sauvages, aux étrangers et aux minorités, comme eux, malmenés.

❝ *Ce siècle autre en ses mœurs demande un autre style.* ❞

■ Agrippa d'Aubigné, *Les Tragiques*, « Princes », 1616.

Le massacre de la Saint-Barthélemy

Comme d'Aubigné, le peintre protestant Dubois témoigne du massacre des chefs protestants, en noir ou en chemise de nuit blanche, venus sans armes aux noces d'Henri de Navarre et de la sœur du roi, la reine Margot. Le 24 août 1572, en plein Paris, « on détruisait les cœurs par qui les Rois sont rois ».

François Dubois (1529-1584), 94 × 154 cm, 1572-1584. Lausanne, musée des Beaux-Arts.

L'exécution des conjurés d'Amboise

En 1560, des protestants projettent d'enlever le roi : trahis, ils sont condamnés à être pendus aux portes du château d'Amboise.

À huit ans, d'Aubigné découvre ce spectacle macabre devant lequel son père lui fait jurer fidélité au protestantisme.

Jacques Tortorel et Jean Perrissin (1564-1608), *Quarante Tableaux*, 1585. Pau, musée national du château.

Les Tragiques **1616**   Mort d'Agrippa d'Aubigné **1630**

| 1600 | 1610 | 1620 | 1630 |

1617 : *Les Aventures du baron de Faeneste*
1618 : *Histoire universelle* (tome 1)
1660 : *La Confession catholique du Sieur de Sancy*

Le XVIIe siècle

Du baroque au classicisme

Corneille, Molière, Racine :
chacun connaît ces dramaturges
du « Grand Siècle », dont les œuvres
font encore les beaux jours
des théâtres.

La Princesse de Clèves
de Mme de La Fayette est
l'un des romans les plus célèbres
de la littérature.
Et qui n'a jamais appris par cœur,
à l'école, une fable de La Fontaine ?

L'époque, qui voit se succéder
deux mouvements majeurs
— le baroque et le classicisme —,
est certainement l'une
des plus fastes de l'histoire
de la littérature.

Le château de Versailles et ses jardins
Pierre Patel (1605-1676), *Vue du château
et des jardins de Versailles*, huile sur toile,
115 × 161 cm, 1668. Versailles, musée du château.

Le « Siècle de Louis XIV »

Louis XIV, qui a bien compris que les arts pouvaient
être mis au service de sa politique, s'appuie sur
la littérature pour affirmer son pouvoir absolu :
Molière est très proche de lui ; Racine et Boileau se
chargent d'écrire l'histoire de son règne. Le roi fait
du théâtre un divertissement essentiel à la cour.
Il va jusqu'à danser lui-même sur la scène !
Pour beaucoup d'écrivains du siècle, la cour est
un lieu d'inspiration. L'homme, de cour, considéré
comme un « honnête homme », est un modèle social
et moral. Cultivé sans être prétentieux,
il est élégant et agréable.
Les écrivains du XVIIᵉ siècle sont donc loin d'être
révolutionnaires ! Mais ils ne sont pas tous non plus
des défenseurs convaincus de la monarchie absolue.
Dans ses *Fables*, La Fontaine nous présente un lion
bien critiquable… Souverain plus égocentrique que
bienveillant, l'animal nous montre que la limite
entre l'absolutisme et la tyrannie est parfois floue.

Littérature, morale et religion

Au XVIᵉ siècle, la Réforme et la naissance
du protestantisme qui en résulte représentent
une crise majeure pour le catholicisme.
Au siècle suivant, la réponse catholique
à cette rupture, la Contre-Réforme, s'exprime
à travers une ferveur spirituelle, à l'origine
d'une importante littérature religieuse.
Le XVIIᵉ siècle est aussi celui des polémiques entre
les membres de la Compagnie de Jésus, soumise
à l'autorité du pape, et le courant janséniste,
qui développe une réflexion plus austère
sur l'homme et la foi.
Les moralistes sont parfois proches des jansénistes.
La Rochefoucauld et Pascal, par exemple, dénoncent
avec eux la folie des passions et les excès de l'amour-
propre.

Le siècle du rationalisme ?

Le XVIIe siècle n'a laissé que peu de place au lyrisme.
On considère souvent que La Fontaine est le seul poète
lyrique du classicisme. Le siècle paraît en effet plus
soucieux de raison que d'émotions.

En philosophie, triomphe le rationalisme
de Descartes, qui constitue un dépassement du doute
sceptique. Plus généralement, les écrivains classiques
se soucient d'absolu et de vérité. Ils recherchent
la maîtrise des passions et l'universalité qui imposent
au moi, réputé « haïssable », de se mettre en retrait.
Les règles qu'ils respectent doivent servir
ces exigences à la fois intellectuelles, esthétiques
et morales.

Cependant, les libertins, comme Cyrano de Bergerac,
se méfient des vérités supposées incontestables,
qu'elles soient religieuses ou philosophiques. Face à
l'autorité de l'Église et à la foi, ils préfèrent l'esprit
critique et le doute. Ils s'appuient sur la raison, sans
négliger l'importance des sens et de l'imagination.

Une vie littéraire et intellectuelle plus animée

Le XVIIe siècle est une période de développement
de la vie culturelle. De nombreuses académies
se créent : l'Académie française (1635),
l'Académie des sciences (1666), entre autres.
Les journaux, comme la *Gazette* de Théophraste
Renaudot, qui paraît dès 1631, ou le *Mercure galant*,
publié sous la direction de Donneau de Visé à partir
de 1672, se font aussi le relais de la riche actualité
littéraire et scientifique de l'époque.
Les écrivains peinent toutefois à vivre de leurs œuvres.
Ils ne peuvent pas compter sur les droits d'auteurs !
Ils doivent donc se rapprocher des puissants et du roi,
pour tenter d'obtenir des pensions.
Cette dépendance au pouvoir ne favorise pas
leur liberté de pensée, qui est aussi contrainte
par la censure. Les condamnations à l'exil
ou à la mort invitent à la prudence tous ceux
qui voudraient s'exprimer contre le roi ou l'Église.

1651-1657
Scarron, *Le Roman comique*

1607-1628
D'Urfé, *L'Astrée*

1647
Rotrou, *Le Véritable Saint Genest*

Régence*		Louis XIII	Régence**	
1610	1617		1643	1651

1624 : Richelieu au pouvoir

1635 : Fondation de l'Académie française

1580-1660 : Le baroque

XVIIᵉ siècle : Le théâtre classique

*Régence de Marie de Médicis – **Régence d'Anne d'Autriche et de Mazarin

1637
Corneille, *Le Cid*

1657
Cyrano de Bergerac, *L'Autre Monde ou Les États et Empires de la Lune et du Soleil*

1659
Molière, *Les Précieuses ridicules*

1664
Molière, *Le Tartuffe*

1665-1678
La Rochefoucauld,
Maximes

1699
Fénelon,
*Les Aventures
de Télémaque*

1667
Racine, *Andromaque*

1691-1723
Saint-Simon,
Mémoires

Louis XIV

1715

1661 - 1715 : Règne personnel de Louis XIV

2ᵉ moitié du XVIIᵉ siècle : Le classicisme

1678
Mme de La Fayette,
La Princesse de Clèves

1691-1697
Perrault,
Contes de ma mère l'oie

1668-1693
La Fontaine,
Fables

1669
Pascal,
Pensées

1671
Mme de Sévigné,
Lettres

1674
Boileau, *L'Art poétique*

1677
Racine, *Phèdre*

1688
La Bruyère,
Les Caractères

L'Astrée raconte les amours de nobles bergers

Honoré
d'Urfé
1567-1625

Avec *L'Astrée*, Honoré d'Urfé s'inscrit dans la tradition de la littérature pastorale : situé dans un cadre champêtre, à une époque de légende, son récit développe sur des milliers de pages les aventures galantes entre des bergers gentilhommes.

Une idylle au long cours

Publiée entre 1607 et 1628, *L'Astrée* raconte les amours contrariées, finalement heureuses, entre la belle Astrée et son amant Céladon.

Riche en épreuves et péripéties, croisant de multiples intrigues dans un foisonnement conforme à l'esprit baroque, le roman peint la complexité des sentiments et des comportements que la passion amoureuse éveille : jalousie, trahison, ruse, méprise, persévérance, esprit de sacrifice...

Les personnages, plutôt qu'à leurs moutons, sont attentifs aux mouvements de leurs cœurs, aussi subtils soient-ils.

> *Savez-vous bien ce que c'est qu'aimer ? C'est mourir en soi pour revivre en autrui. »*
>
> ■ Honoré d'Urfé, *L'Astrée*, 1607-1628.

90

Entre géographie réelle et paradis imaginaire

Le roman a pour cadre le Forez, contrée baignée par le Lignon, berceau de la famille d'Urfé. Après une jeunesse passée au service de la Ligue, parti ultra-catholique hostile à la paix avec les protestants, le romancier réinvente sa terre d'origine. Comme s'il était marqué par la nostalgie d'un âge d'or, il en fait un petit paradis terrestre, à l'écart des violences.

Un art d'aimer aristocratique et précieux

L'Astrée est un miroir où se reconnaît et s'invente toute une société élégante. Au fil des rêveries solitaires, des dialogues et des débats contradictoires mobilisant bergers et bergères, y est défendue une conception héroïque et délicate de l'engagement amoureux, héritée de la tradition courtoise.

Lu avec enthousiasme par le public du xviie siècle, et par quelques écrivains illustres – Mme de Sévigné, La Fontaine –, le roman est un véritable manuel de savoir-vivre où le bonheur d'aimer est le fruit d'une quête exigeante et raffinée.

Les Bergers d'Arcadie

Cette peinture pastorale représente des bergers de l'Antiquité autour d'un tombeau sur lequel est gravée l'épitaphe : *Et in Arcadia ego* (« Moi aussi, je suis en Arcadie »).

Dans un décor bucolique, ils se souviennent qu'ils sont mortels.

Nicolas Poussin, (1594-1665), huile sur toile, 85 × 121 cm, 1638-1639. Paris, musée du Louvre.

La littérature pastorale

Très en vogue en Europe entre la fin du XVᵉ siècle et le début du XVIIᵉ siècle, la littérature pastorale, inspirée de modèles antiques, présente des bergers et des bergères dont les mœurs et l'élégance sont davantage celles d'aristocrates que celles de simples paysans.

Il y est essentiellement question d'amour et de réflexions sentimentales, dans un décor préservé de la corruption du monde. ■

66 *Et si l'amant a vie en la chose qu'il aime,*
Vous revivez en moi m'ayant toujours aimé. »

■ Honoré d'Urfé, *L'Astrée*, 1607-1628.

Le Saut de Céladon

Céladon, désespéré, se jette dans le Lignon. Son geste dramatique contraste avec la beauté paisible des paysages du Forez.

Daniel Rabel (1578-1637), gravure pour une édition de *L'Astrée*, 1647.

L'essor du roman sous Louis XIII

Les romans galants de la première moitié du XVIIᵉ siècle, tel *L'Astrée*, rencontrent un grand succès : les lecteurs y voient des occasions de débattre sur la vie et l'amour. Leurs intrigues extraordinaires et complexes sont caractéristiques de l'esthétique baroque.

Au même moment, les récits d'une veine burlesque, comme ceux imaginés par Charles Sorel (1602 ?-1674), qui peignent le quotidien, sont plus proches du roman réaliste tel qu'il s'affirmera dans les siècles suivants.

L'Astrée 1607-1628   Mort d'Honoré d'Urfé 1625

1600	1610	1620

1607 : *L'Astrée* (1ʳᵉ partie)   1610 : *L'Astrée* (2ᵉ partie)   1619 : *L'Astrée* (3ᵉ partie)   1624 : *L'Astrée* (4ᵉ partie)

1628 : *L'Astrée* (5ᵉ partie)

Corneille **triomphe avec** *Le Cid*

Avec *Le Cid*, Corneille dessine la figure de son héros : déchiré entre l'amour et le devoir, il ne cède pas aux passions. La pièce est un immense succès. Elle est aussi jugée irrégulière, invraisemblable et immorale. C'est la fameuse « querelle du *Cid* ».

Pierre Corneille
1606-1684

Un triomphe historique

En 1635, Corneille écrit *Médée*, sa première tragédie. Mais il hésite encore entre comédie et tragédie. Avec *Le Cid*, une tragi-comédie d'inspiration espagnole, il ne choisit pas. La pièce lui vaut un véritable triomphe.

Le héros cornélien : le choix de l'honneur

> *Ô rage ! Ô désespoir ! Ô vieillesse ennemie !*
> *N'ai-je donc tant vécu que pour cette infamie ? »*
> ■ Corneille, *Le Cid*, acte I, scène 4, 1637.

Rodrigue aime Chimène, dont le père a donné un soufflet au sien. Contraint de choisir entre l'amour et la défense de l'honneur de sa famille, il décide de se venger et tue le père de Chimène. Ne pouvant plus espérer le bonheur, il prouve sa valeur en repoussant les Maures, ce qui lui vaut l'estime du roi. Celui-ci annonce qu'un mariage entre Chimène et Rodrigue sera possible en respectant un délai d'un an, le temps du deuil.

La querelle du *Cid*

Contre la pièce, les critiques se déchaînent. Elles émanent même de l'Académie française, qui assoit ainsi son autorité deux ans après sa fondation. Corneille n'aurait respecté ni l'unité de ton, ni les unités de temps et de lieu, l'œuvre comportant un nombre invraisemblable de péripéties. Et comment considérer le mariage annoncé entre Chimène et Rodrigue comme conforme aux bienséances ?

Corneille, très affecté par ces polémiques, garde le silence jusqu'en 1640. Mais cette querelle constitue une étape importante dans sa carrière, ainsi que dans l'affirmation des règles du théâtre classique.

1606 Naissance de Corneille				Le Cid	1637
1600	**1610**	**1620**	**1630**		**1640**

1629 : *Mélite*   1633 : *La Veuve*
1634 : *La Place royale*   1640 : *Horace*
1635 : *Médée*   1642 : *Cinn*
1643 : *Polyeu*

Un Rodrigue magnifique

Gérard Philippe (1922-1959) est l'un des plus célèbres interprètes du Cid. Il triomphe dans ce rôle à Avignon en 1951, sous la direction de Jean Vilar.

> « Je suis jeune, il est vrai ;
> mais aux âmes bien nées,
> La valeur n'attend point
> le nombre des années. »

■ Corneille, *Le Cid*, acte II, scène 2, 1637.

La tragi-comédie, un genre à succès

Au début du XVIIe siècle, la tragi-comédie est un genre prisé par de nombreux auteurs (Mairet, Rotrou…). La tragi-comédie, dont le dénouement est heureux, met en scène des héros qui vivent des aventures multiples et parfois invraisemblables. Elle laisse place progressivement à la tragédie et à un théâtre régulier, conforme aux exigences de l'esthétique classique.

La naissance d'une opinion publique ?

Le journal est l'occasion, pour les lettrés, de commenter l'actualité de l'époque, y compris littéraire. Les discussions sur la littérature sont à l'origine de la naissance de l'opinion publique. La rue devient un lieu de débats où les badauds échangent et commentent les nouvelles.

Des « nouvellistes » dans un jardin écoutent la lecture d'une gazette, gravure à l'eau-forte, 2e moitié du XVIIIe siècle. Paris, BNF.

Corneille et Racine, ou l'histoire d'une rivalité

Le 21 novembre 1670, Racine présente au public *Bérénice*, sa tragédie. Le 28 novembre de la même année, c'est au tour de Corneille de faire jouer sa pièce, intitulée *Tite et Bérénice*. La rivalité entre Corneille, au sommet de sa carrière, et Racine, le jeune dramaturge ambitieux, est à son comble ! Le duel théâtral tourne à l'avantage de Racine. Pour Corneille, c'est le début du déclin. ■

> « Nous partîmes cinq cents ;
> mais par un prompt renfort
> Nous nous vîmes trois mille
> en arrivant au port. »

■ Corneille, *Le Cid*, acte IV, scène 3, 1637.

			Mort de Corneille 1684
1650	1660	1670	1680

5 : *Rodogune*

1651 : *Nicomède*

1670 : *Tite et Bérénice*

1674 : *Suréna*

Rotrou met en scène le théâtre du monde

Jean Rotrou
1609-1650

Le Véritable Saint Genest est une tragédie dans laquelle Rotrou met en scène Genest, un comédien romain qui, grâce au théâtre, reçoit la révélation de la foi et qui, contre toute attente, se convertit en jouant.
Le martyre d'Adrian, personnage qu'il incarne, devient alors le sien.

L'œuvre d'un dévot ?

Beaucoup d'incertitudes entourent la biographie de Rotrou qui aurait consacré les dernières années de sa vie à la foi. Genest, acteur, serait un double du dramaturge.

Mais plus que de son expérience, Rotrou s'est sûrement inspiré de *Polyeucte* (1641) de Corneille ou du *Feint véritable* (1621) de Lope de Vega, évoquant la conversion de Genest.

Genest, du comédien au martyr

Les personnages de la pièce préparent une représentation du martyre d'Adrian, chrétien condamné à mort par Maximin dans la Rome antique. Il s'agit de fêter le mariage de la fille de l'empereur Dioclétien avec ce même Maximin, empereur d'Orient. Nul n'est donc censé faire l'apologie du christianisme à cette occasion.

En répétant son texte, Genest, dans le rôle d'Adrian, se sent pourtant envahir par la foi du personnage. Une voix du ciel l'appelle à se convertir. Lors de la représentation, il cesse de feindre pour témoigner avec sincérité de sa foi. Son audace lui vaut d'être emprisonné puis supplicié par Dioclétien. La structure enchâssée, qui relève du théâtre dans le théâtre, fait toute l'originalité de la pièce de Rotrou.

> « *Ce n'est plus Adrian, c'est Genest qui s'exprime ; Ce jeu n'est plus un jeu, mais une vérité Où par mon action je suis représenté.* »
>
> ■ Jean Rotrou, *Le Véritable Saint Genest*, acte IV, scène 7, 1647.

Un chef-d'œuvre du théâtre baroque

Pour Rotrou, la représentation, loin d'être un leurre, constitue un mode d'accès privilégié à la vérité : c'est en jouant que Genest trouve la voie du salut.

Sur le théâtre du monde de l'âge baroque, les hommes jouent un rôle qui devient leur vérité.

> « *Se plaindre de mourir, c'est se plaindre d'être homme.* »
>
> ■ Jean Rotrou, *Le Véritable Saint Genest*, acte V, scène 3, 1647.

1609 Naissance de Rotrou

1610	1620	1630

1628 : *L'Hypocondriaque ou le mort amoureux*

1634 : *La Belle Alphr*

Le théâtre dans le théâtre

Le théâtre dans le théâtre, caractéristique de l'âge baroque, permet de présenter une pièce à l'intérieur d'une autre, comme dans *L'Illusion comique* (1635) de Corneille ou *Le Véritable Saint Genest* de Rotrou.

Ce procédé de mise en abyme suppose en plus une analogie entre la première pièce et la seconde. Il s'agit, par ce moyen, de faire réfléchir le spectateur sur les rapports entre le réel et la représentation.

Jean Rotrou, dramaturge méconnu

Rotrou, d'origine normande comme Corneille, ne partage pas sa notoriété. Il écrit pourtant pour les comédiens de l'hôtel de Bourgogne à Paris dès 1628 et il est l'auteur d'une œuvre considérable. On a gardé de lui plus de trente pièces (y compris des comédies), dont beaucoup sont aujourd'hui oubliées, car elles ne répondent pas aux critères du classicisme. Il contracte la peste à Dreux et meurt en 1650. ■

Un tableau dans le tableau

Le tableau repose sur un procédé de mise en abyme : la toile et le reflet renvoient à l'œuvre, créant une vertigineuse multiplication des images. Comme dans *Le Véritable Saint Genest*, le spectateur est invité à s'interroger sur les liens complexes entre l'être et le paraître.

Johannes Gumpp (1626-1728), *Autoportrait au miroir*, huile sur toile, 70 × 89 cm, 1646. Florence, musée des Offices.

❝ *J'ai voulu sans mourir être meurtrier de moi.* ❞

■ Jean Rotrou, *La Belle Alphrède*, acte III, scène 4, 1634.

Le temps du baroque

Plus qu'un mouvement clairement identifié, le baroque est une sensibilité, une inquiétude face aux désordres du monde, qui s'exprime en littérature chez des auteurs de la première moitié du XVIIᵉ siècle.

Un monde bouleversé

Incertitudes religieuses

La sensibilité baroque s'épanouit dans un climat troublé. Elle naît vers 1560, au moment où se clôt le concile de Trente, qui organise le renouveau spirituel de la Réforme catholique, et où éclatent, en France, les guerres de Religion (1562-1598).

Ces conflits déchaînent les passions et déchirent une communauté régulièrement exposée au spectacle du massacre et de la mort.

Une nouvelle place dans l'univers

L'idée d'une création finie, au centre de laquelle se trouve la Terre, est vivement contestée par le système copernicien que défendent Galilée (1564-1642) ou Kepler (1571-1630). Dans un univers désormais infini, où la Terre tourne autour du Soleil et non l'inverse, l'homme perd ses privilèges : sa place dans le monde n'est plus centrale, elle est le fruit du hasard.

Cyrano de Bergerac (1619-1655) donne corps à cette vision dans ses voyages imaginaires vers le Soleil et la Lune (*L'Autre Monde ou Les États et Empires de la Lune et du Soleil*, 1651-1657).

L'instabilité et le mouvement

Inconstances

Nourrie par ces mutations culturelles, l'imagination baroque est sensible à l'omniprésence du changement. Fascinée par le spectacle mouvant du monde, elle est soumise à l'incertitude des perceptions, à la fugacité des sentiments et de la pensée, vécues douloureusement ou sur le mode de la fantaisie.

Les métamorphoses de la nature au gré des instants ou des saisons inspirent les poètes comme Théophile de Viau (1590-1626) et Saint-Amant (1594-1661). En matière amoureuse, l'inconstance n'est pas un défaut : Hylas, personnage de *L'Astrée* d'Honoré d'Urfé, exalte par exemple le désir et fait un éloge de l'infidélité demeuré célèbre.

Liberté créatrice et passions

Dans le roman ou le théâtre (Rotrou, le jeune Corneille) règnent une liberté d'improvisation, un foisonnement, voire une extravagance, qui font proliférer les spirales du récit et les péripéties de la tragi-comédie, genre majeur de la scène baroque. Le lecteur du *Francion* de Sorel ou du *Roman comique* de Scarron va ainsi de surprise en surprise, suivant une trame que régit le hasard, et côtoyant des héros, dont le corps et le cœur sont volontiers vagabonds.

Foncièrement inquiet, le personnage baroque est le jouet de l'imprévu. Les écrivains, en valorisant ses désirs et ses passions, exaltent la vie, parfois sous ses formes les plus violentes, faisant fi de la mort, pourtant obsédante et omni-présente.

> « *Dans ce monde comparable à une vaste scène tournante, tout devient spectacle, y compris la mort, qui obsède les imaginations au point que l'homme s'en joue à lui-même le scénario.* »

Jean Rousset, *La Littérature de l'âge baroque en France*, José Corti, 1953.

L'Érection de la croix

Suivant l'esprit de la Réforme catholique, la peinture baroque cherche à éveiller l'émotion du croyant et à frapper ses sens. Elle propose des images dramatisées, comme dans ce tableau où des corps tordus et noueux luttent avec la pesanteur de la croix.

Pierre-Paul Rubens (1577-1640), panneau central du triptyque, détail, huile sur toile, 462 × 341 cm, 1610-1611. Cathédrale d'Anvers.

Le baroque, une notion complexe

■ Le mot vient du portugais *barroco*, utilisé pour désigner une perle de forme irrégulière. Le sens s'élargit, au XVIII siècle, pour exprimer ce qui est sin-gulier, bizarre.

Au cours du XIX siècle en Europe, il sert à caractériser, en histoire de l'art, une manière de créer entre la fin du XVI siècle et le milieu du XVIII siècle.

En littérature, la notion est introduite seulement à partir des années 1950-1960, pour qualifier un certain nombre d'auteurs de la fin du XVI siècle et du XVII siècle, comme Jean de Sponde (1557-1595), Tristan L'Hermite (1601-1655), Jean-Baptiste Chassignet (1571-1635), que la tradition académique française avait négligés. ■

Une esthétique du paraître

Le goût du spectaculaire

Pour conjurer les incertitudes de la perception et de la pensée, l'artiste baroque pratique volontiers l'ostentation et la surcharge. Les poètes tout particulièrement, tels Saint-Amant (1594-1661) ou Pierre de Marbeuf (1596-1645), rivalisent d'audace dans leurs jeux avec les images rares, les rapprochements hardis.

Ils proposent des énigmes, des compositions savantes, qui témoignent d'une grande virtuosité et d'un goût pour les artifices de l'écriture. Leurs métaphores ménagent d'audacieux contrastes ; leurs antithèses manifestent l'harmonie des contraires.

Le théâtre du monde

Un motif cher à l'esthétique baroque présente le monde comme un vaste théâtre sur lequel les êtres jouent tous un rôle, comme les comédiens d'une pièce. Tous agissent sous le regard d'un démiurge (Dieu) qui, sur la petite scène du théâtre, s'incarne en metteur en scène ou en magicien, tel l'Alcandre de *L'Illusion comique* de Corneille.

Les frontières entre scène et monde, songe et réalité, surface et profondeur deviennent poreuses. Mais le rêve et l'illusion sont paradoxalement considérés comme des voies d'accès à la vérité. L'esthétique baroque est un art du trompe-l'œil, séduisant, parfois inquiétant, qui laisse au lecteur le soin de s'aventurer au-delà de ses perceptions immédiates.

> *Et la mer et l'amour ont l'amer pour partage,*
> *Et la mer est amère, et l'amour est amer,*
> *L'on s'abîme en l'amour aussi bien qu'en la mer,*
> *Car la mer et l'amour ne sont point sans orage.* »
>
> ■ Pierre de Marbeuf, *À Philis*, 1628.

Pierre de Marbeuf, poète virtuose

■ Marbeuf (1596-1645) est l'auteur d'une œuvre variée. Mais la postérité se souvient de lui surtout pour le sonnet *À Philis* caractérisé par une savante répétition de sonorités, appelée paronomase, et par la richesse de ses images, qui croisent les références à l'eau et à la passion. Ce sonnet est caractéristique de la virtuosité des poètes baroques. ■

■ Détail de *L'Extase de sainte Thérèse*.

Des œuvres baroques

1578	Guillaume Du Bartas, *La Semaine ou Création du monde*
1584	Guillaume Du Bartas, *La Seconde Semaine*
1616	Agrippa d'Aubigné, *Les Tragiques*
1621	Théophile de Viau, *Les Amours tragiques de Pyrame et Thisbé*
1622	Charles Sorel, *Histoire comique de Francion*
1625	Racan, *Les Bergeries*
1636	Pierre Corneille, *L'Illusion comique*
1647	Jean de Rotrou, *Le Véritable Saint Genest*
1651-1657	Paul Scarron, *Le Roman comique*
1653	Saint-Amant, *Moïse sauvé*
1657	Cyrano de Bergerac, *L'Autre Monde*

L'Extase de sainte Thérèse

Le Bernin est considéré comme l'un des représentants les plus illustres de l'art baroque. Sculpteur, architecte et peintre, il est le créateur de cette chapelle, organisée comme une fastueuse scène de théâtre.

Le Bernin (1598-1680), marbres polychromes, 1645-1652. Rome, église Santa Maria della Vittoria, chapelle Cornaro.

Scarron est le maître du burlesque

Paul
Scarron
1610-1660

Alors qu'il est atteint par une maladie paralysante et souffre le martyre, Scarron écrit *Le Roman comique*, un récit burlesque plein de drôlerie, à l'opposé des romans sentimentaux de l'époque. La première partie en est publiée en 1651, la seconde en 1657.

Scarron, un esprit vif dans un corps meurtri

Né le 14 juillet 1610 à Paris, Scarron est un jeune homme séduisant et plein de vie. Il fait carrière dans l'Église en devenant chanoine auprès de l'évêque du Mans. Mais, à compter de 1638, il est frappé d'une maladie incurable. Infirme et perclus de douleurs, il se lance dans l'écriture de comédies, puis d'un roman, *Le Roman comique*.

Le choix du burlesque

Le fil conducteur du roman est l'histoire de Destin, un jeune homme bien né, qui se cache au milieu de comédiens avec l'Étoile, son amoureuse, pour échapper au baron de Saldagne, son rival. La troupe arrive au Mans. Angélique est enlevée par le baron, qui la prend pour l'Étoile. Elle est retrouvée, mais l'Étoile est enlevée à son tour, avant d'être délivrée.

Avec *Le Roman comique*, mettant à distance le roman héroïque et la préciosité, Scarron impose un nouveau ton : celui du burlesque. Les histoires d'amour alternent avec des épisodes franchement comiques, autour de personnages de rang médiocre, tel Ragotin, l'écrivain raté et le souffre-douleur dont personne n'a pitié. Le récit restitue également, sur un mode pittoresque et satirique, la vie dans une petite ville de province et ses environs.

> « Le soleil avait achevé plus de la moitié de sa course et son char, ayant attrapé le penchant du monde, roulait plus vite qu'il ne voulait. [...] Pour parler plus humainement et plus intelligiblement, il était entre cinq et six quand une charrette entra dans les Halles du Mans. »
>
> ■ Paul Scarron, *Le Roman comique*, incipit, 1651.

Un roman inachevé

Scarron meurt en 1660 avant d'avoir écrit la troisième et dernière partie de son roman. Beaucoup d'écrivains, encouragés par le succès de l'œuvre, tentent d'en rédiger la suite. C'est sans doute Théophile Gautier qui, avec *Le Capitaine Fracasse* (1863), lui rend l'hommage le plus convaincant.

1610 Naissance de Scarron

| 1610 | 1620 | 1630 |

Françoise d'Aubigné, épouse de Scarron... et de Louis XIV

Quel étrange mariage que celui qui unit en 1652 Scarron, homme d'âge déjà mûr et perclus de douleurs, à une jeune et belle orpheline !

Françoise d'Aubigné, petite-fille de l'écrivain Agrippa d'Aubigné (1552-1630), est cette épouse dont parle tout Paris. Elle est pleine d'esprit et aura un incroyable destin : en 1683, selon toute vraisemblance, elle épousera Louis XIV, qui fera d'elle la pieuse et digne Mme de Maintenon.

Pierre Mignard (1612-1695), Françoise d'Aubigné (1635-1719), marquise de Maintenon, représentée en Sainte Françoise Romaine, huile sur toile, 128 × 97 cm, 1694. Versailles, musée national du château.

Les mazarinades

Les mazarinades sont des pamphlets satiriques publiés pendant la Fronde (1648-1653). On en compte plusieurs milliers, qui sont le plus souvent dirigées contre le cardinal Mazarin.

Beaucoup sont anonymes et diffusées par les colporteurs. Mais Scarron, qui est à l'origine du terme mazarinade en 1651, le cardinal de Retz, Cyrano de Bergerac, font de leur plume une arme acérée contre le pouvoir.

Le burlesque : Scarron, et les autres

Le burlesque (de l'italien *burla*, « moquerie ») se définit par l'emploi de termes comiques ou familiers pour décrire une réalité sérieuse. Il est très à la mode en France dans les années 1650. L'héroï-comique est son symétrique : il s'agit de raconter solennellement une réalité familière. Scarron, Cyrano de Bergerac (1619-1655), d'Assoucy (1605-1677) en sont parmi les principaux représentants. ■

> *Il était menteur comme un valet, présomptueux et opiniâtre comme un pédant, et assez mauvais poète pour être étouffé s'il y avait de la police dans le royaume.* »

■ Paul Scarron, *Le Roman comique*, portrait de Ragotin, 1651.

| Le Roman comique I | 1651 | Le Roman comique II | 1657 | | 1660 | Mort de Scarron |

| 1640 | 1650 | 1660 |

1644 : *Le Typhon*   1645 : *Jodelet*   1650 : *L'Héritier ridicule*   1655-1657 : *Nouvelles tragi-comiques*

1648 : *Jodelet souffleté*   1649-1659 : *Le Virgile travesti*

1652 : *Don Japhet d'Arménie*

Cyrano défie les autorités de son temps

Cyrano de Bergerac
1619-1655

L'Autre Monde ou Les États et Empires de la Lune et du Soleil est à la fois un roman, un récit de voyage, une utopie et un conte philosophique. Cyrano de Bergerac y défend, avec une écriture libertine, érudite et burlesque, la liberté d'imaginer et de penser.

Des voyages de science-fiction

Lucien de Samosak (IIe siècle après J.-C.), dans son *Histoire véritable*, et Francis Godwin avec *L'Homme dans la Lune* (1638) rêvent déjà à de telles aventures. Campanella, dans *La Cité du Soleil* (1623), invente même une utopie sur le Soleil.

Hercule Savinien Cyrano, dit Cyrano de Bergerac, s'en inspire pour dépeindre en 1639 son « autre monde », miroir inversé et critique du nôtre.

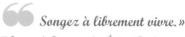 *Songez à librement vivre. »*

◼ Cyrano de Bergerac, *Les États et Empires de la Lune*, 1639.

Un monde de fantaisie et de liberté

Lorsque Dyrcona arrive sur la Lune, il découvre des quadrupèdes qui nient son humanité et qui ne partagent pas sa morale chrétienne : ils n'ont pas peur de la jeunesse et du plaisir. Ils mettent à mal son orgueil, en instruisant son procès, avant de le remettre en liberté.

Il rencontre également des personnages, tels que l'étrange « démon » de Socrate, qui lui donnent des leçons de matérialisme et d'athéisme, avant qu'il ne revienne sur la Terre… pour repartir vers le Soleil. Il y découvre en particulier la république des oiseaux, exemple de sage organisation politique.

Mais notre politique est bien autre ; car nous ne choisissons notre roi que le plus faible, le plus doux, et le plus pacifique. »

◼ Cyrano de Bergerac, *Les États et Empires du Soleil*, « Dyrcona au royaume des oiseaux », 1652.

Une publication impossible ?

En 1655, Cyrano décède probablement des suites d'une blessure à la tête. Accident ou guet-apens ? Son roman aurait pu lui valoir le bûcher. Il est publié deux ans plus tard, sans les passages les plus audacieux.

Mais Fontenelle (1657-1757), qui défend la « pluralité des mondes » (1686) ou Voltaire (1694-1778), avec *Micromégas* (1752), un conte philosophique, se souviennent sûrement du récit de Cyrano.

1619 Naissance de Cyrano de Bergerac

1610 | 1620 | 1630

D'un Cyrano... à l'autre

Hercule Savinien de Cyrano ressemble-t-il au héros de *Cyrano de Bergerac* (1897), la pièce d'Edmond Rostand (1868-1919) ? Le nez de notre écrivain n'est pas des plus courts et lui aussi, engagé dans les combats pendant la guerre de Trente Ans, s'est illustré par sa bravoure militaire, comme par ses qualités de poète.

Mais son personnage est plus complexe que celui de son double théâtral, romantique et consensuel. Grâce à lui, Savinien retrouve néanmoins une place dans la mémoire collective.

Gérard Depardieu (Cyrano) et Vincent Pérez (Christian de Neuvillette), dans le film de Jean-Paul Rappeneau adapté de la pièce d'Edmond Rostand, 1990.

> « C'est un roc !...
> C'est un pic !...
> C'est un cap !...
> Que dis-je,
> c'est un cap ?...
> C'est une péninsule ! »

■ Edmond Rostand,
Cyrano de Bergerac, 1897.

Le libertinage érudit

Les libertins érudits, dont Théophile de Viau (1590-1626), ou Tristan L'Hermite (1601-1655) ou encore Cyrano de Bergerac sont les plus illustres représentants, ne défendent pas que la liberté sexuelle.

Ils veulent surtout affirmer leur autonomie face aux pouvoirs politiques et religieux. Sceptiques et parfois athées, méfiants à l'égard de l'absolutisme, ils s'exposent à la censure, voire à la prison.

Molière, imitateur de Cyrano ?

Molière et Cyrano sont contemporains et tous deux admirent Gassendi (1592-1655), le philosophe épicurien. Le premier a aussi imité le second dans *Les Fourberies de Scapin* (1671). La célèbre réplique « Que diable allait-il faire dans cette galère ? » est directement inspirée du *Pédant joué* (1654) de Cyrano de Bergerac. Mais à cette époque, la notion de droit d'auteur n'existe pas... ■

| 1639 | Les États et Empires de la Lune | | | 1652 | Les États et Empires du Soleil | | 1655 | Mort de C. de Bergerac |

1640

1650

1653 : *La Mort d'Agrippine*   1654 : *Le Pédant joué ; Lettres*

1662 : *Les Entretiens pointus* (posth.) ; *Le Fragment de physique* (posth.)

Molière **tourne en farce** la **préciosité**

Jean-Baptiste Poquelin dit Molière 1622-1673

Dans *Les Précieuses ridicules*, Molière se moque des excès des Précieuses, dont le langage et les exigences brident le naturel. Sa pièce en un acte et en prose est le premier grand succès de sa carrière parisienne.

Deux apprenties mondaines

Magdelon et Cathos, respectivement fille et nièce d'un bourgeois de province, singent le raffinement des Précieuses fréquentant les salons parisiens. Elles ne veulent être courtisées que par de beaux esprits et rêvent de discours galants épurés de tout ce qu'elles jugent vulgaire. Méprisés, leurs deux soupirants, La Grange et Du Croisy, se vengent en envoyant auprès d'elles Mascarille et Jodelet, leurs valets, déguisés en gentilshommes…

Un tournant dans la carrière de Molière

Jusqu'en 1659, Molière doit l'essentiel de son succès à des farces. Dans *Les Précieuses ridicules* on retrouve cette veine comique, avec les deux valets grotesquement accoutrés et un dénouement où pleuvent les coups de bâton. Mais l'écrivain enrichit son inspiration en prenant pour cible les mœurs raffinées d'une partie de la société de son temps, caricaturées à travers deux provinciales sottes et vaniteuses.

Un premier triomphe parisien

Créée le 18 novembre 1659, la pièce est un énorme succès public tout au long de l'année 1660. Elle est, cette même année, la première des œuvres théâtrales de Molière à être publiée.

Ce succès provoque des critiques, notamment de ceux et celles qui se croient raillés par la satire. Dans la préface, l'auteur les rassure : Magdelon et Cathos ne sont que des types sociaux !

De Jean-Baptiste Poquelin à Molière

Jean-Baptiste Poquelin, né en 1622, aurait pu être tapissier du roi, charge dont il aurait hérité de son père. Mais en 1644, sous le pseudonyme de Molière, il se lance avec sa troupe, l'Illustre Théâtre, dans une carrière d'homme de théâtre. C'est un échec financier.

La troupe quitte Paris, sillonne les routes de France et, multipliant les succès, obtient la protection du prince de Conti. Elle rentre à Paris en 1658. Commence alors l'ultime aventure parisienne, au cours de laquelle Molière s'impose comme auteur dramatique de talent. ■

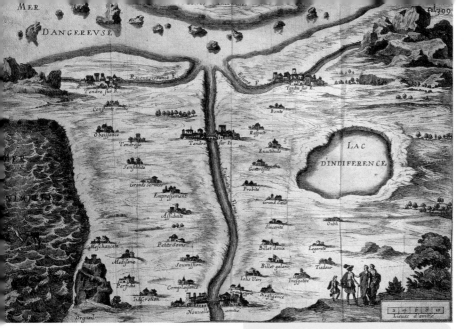

La Carte de Tendre

La Carte de Tendre ou du pays de Tendre, imaginée par Madeleine de Scudéry, fait de l'amour une aventure. Pour les plus téméraires, attention à la mer dangereuse !

François Chauveau (1613-1676), gravure figurant dans la première partie de *Clélie, histoire romaine*, Mlle de Scudéry, 1654-1660.

Le mouvement précieux

La préciosité est un mouvement culturel, littéraire et mondain, valorisant la pureté et l'élégance, dans le langage, le comportement, l'expression amoureuse. Elle se développe dans les salons féminins où l'on se réunit pour converser sur des questions de psychologie et de littérature.

Le plus fameux se tient à l'hôtel de Rambouillet où Catherine de Vivonne, marquise de Rambouillet (1588-1665), reçoit jusqu'à sa mort les plus beaux esprits de son temps.

Mlle de Scudéry

Madeleine de Scudéry (1607-1701) est l'auteur d'une des œuvres les plus représentatives de la préciosité, *Artamène ou Le Grand Cyrus* (1649-1653). C'est un roman fleuve de plus de treize mille pages, qu'elle signe du pseudonyme de Sapho.

« Il faut qu'un amant, pour être agréable, sache débiter les beaux sentiments, pousser le doux, le tendre et le passionné, et que sa recherche soit dans les formes. »

Molière, *Les Précieuses ridicules*, scène 5, 1659.

Molière s'attaque à l'hypocrisie religieuse

Molière
1622-1673

Le 12 mai 1664 a lieu la première représentation du *Tartuffe*, comédie en trois actes. Un long combat débute alors entre Molière et les dévots qui l'accusent de ridiculiser, à travers son personnage, la religion elle-même. Le conflit dure jusqu'en 1669.

Un imposteur et un bigot

Tartuffe est un imposteur, sa piété ostentatoire a séduit Orgon qui, obsédé par le salut de son âme, a fait de lui son directeur de conscience. Mais sa dévotion est un masque.

> *Ah ! pour être dévot, je n'en suis pas moins homme.»*
> ■ Molière, *Le Tartuffe*, acte III, scène 3, 1664.

En réalité, il est gonflé d'orgueil, cupide et convoite Elmire, la femme de son hôte.

Face à ce redoutable personnage, Orgon est un bigot grotesque. Égaré par son admiration, il est prêt à tout sacrifier à Tartuffe, sa fille comme ses biens. Sur la scène, Molière se charge de jouer ce rôle qui fait rire le public.

Un dénouement lourd de sens

Lorsque Orgon ouvre enfin les yeux, il est trop tard. Le mensonge et le vice sont sur le point de l'emporter. *In extremis* surgit un envoyé du roi, l'exempt, qui arrête Tartuffe et évite à la famille d'être chassée de chez elle. Face à la menace du triomphe de l'hypocrisie, l'ordre monarchique paraît le seul recours : le roi est le garant du respect dû aux honnêtes gens et de la vraie foi, simple et sincère.

Brisart d.   J. Sauvé f.

L'IMPOSTEUR

Un combat de longue haleine

Dès 1662, lorsque *L'École des femmes* est jouée, Molière est accusé par les dévots d'impiété et d'immoralité. Avec *Le Tartuffe*, il leur répond en stigmatisant l'hypocrisie religieuse et la duplicité morale. Il sait qu'une grande partie de la cour de Louis XIV, plus portée vers les fêtes que vers la dévotion austère, l'applaudira. Malgré le soutien du roi, la pièce est interdite sous la pression du courant dévot qui estime la religion attaquée. C'est seulement le 5 février 1669 qu'une version en cinq actes intitulée *Le Tartuffe ou l'Imposteur* sera autorisée.

« *Couvrez ce sein, que je ne saurais voir.*
Par de pareils objets les âmes sont blessées,
Et cela fait venir de coupables pensées. »

■ Molière, *Le Tartuffe*, acte III, scène 2, 1664.

Molière lisant Le Tartuffe *chez Ninon de Lenclos.*

Ninon de Lenclos (1620-1705) est une femme de lettres, épistolière et amie de Molière, avec qui elle prend parti contre les dévots. Elle tient salon à Paris et reçoit d'illustres gens de lettres.

Nicolas-André Monsiau (1754-1837), huile sur toile, 97 × 85 cm, 1802. Paris, bibliothèque du musée de la Comédie-Française.

Molière : la mort mythique de l'acteur ?

La légende voudrait que Molière soit mort sur scène, à la quatrième représentation du *Malade imaginaire*, pris de terribles quintes de toux. Il est vraisemblablement mort chez lui un peu plus tard, le 17 février 1673, sans avoir eu le temps de renoncer à son statut de comédien.

Excommunié, comme tous les acteurs, il n'est enterré dignement que grâce à l'intervention du roi. Aujourd'hui, il aurait sa place au Père-Lachaise. ■

Orgon, caché sous la table, prend conscience de l'hypocrisie de Tartuffe, qui a voulu séduire Elmire, son épouse (acte IV, scène 5).

Frontispice de Pierre Brissart (?-1682) pour *Le Tartuffe ou l'Imposteur* de Molière, 1682.

Molière et la « grande comédie »

Installé au Palais-Royal à Paris, Molière approfondit l'art de la « grande comédie ». Il s'agit de pièces en cinq actes et souvent en vers, à l'imitation de la tragédie.

Elles présentent des personnages complexes, éloignés des « types » comiques, et traitent de sujets sérieux comme le mariage (*L'École des femmes*), l'hypocrisie (*Le Tartuffe*), le libertinage (*Dom Juan*) ou la sociabilité (*Le Misanthrope*).

Le Tartuffe 1664		Mort de Molière 1673
1650	**1660**	**1670**

1659 : *Les Précieuses ridicules*

1662 : *L'École des femmes*

1664 : *Le Tartuffe*   1665 : *Dom Juan*

1666 : *Le Misanthrope*

1670 : *Le Bourgeois gentilhomme*

1671 : *Les Fourberies de Scapin*

1673 : *Le Malade imaginaire*

La Rochefoucauld juge les vices des hommes

François de La Rochefoucauld
1613-1680

La Rochefoucauld, dans ses *Maximes*, ne veut pas changer les hommes, qu'il sait faibles, dominés par l'amour-propre. Il les invite seulement à la lucidité. Cette distance à l'égard de soi-même et du monde est l'une des qualités de l'honnête homme.

Noble déçu, écrivain reconnu

Aristocrate, promis dès son plus jeune âge à une brillante carrière à la cour, La Rochefoucauld fait des choix politiques hasardeux : il s'engage dans des complots contre Richelieu sous Louis XIII, puis rejoint le parti de la Fronde, sous Louis XIV. Ses choix lui valent d'être écarté du pouvoir jusqu'à la fin de sa vie et le conduisent à se tourner vers la vie mondaine où son brillant esprit fait des merveilles.

Il excelle dans les jeux littéraires à la mode. Ses *Maximes*, rédigées à partir de 1658, sont l'un de ces jeux en vigueur dans le salon de Mme de Sablé (1599-1678).

« Un portrait du cœur de l'homme »

L'œuvre, une succession de réflexions brèves et générales, donne une impression de variété et de discontinuité, destinée à retenir l'attention du lecteur mondain. La perfection formelle de l'écriture ainsi que la place laissée à l'humour et à l'ironie témoignent du souci de plaire de La Rochefoucauld.

Les *Maximes* traitent néanmoins avec une sombre lucidité de ce qui motive le comportement des hommes : l'amour-propre. Même lorsque les actions humaines paraissent vertueuses, elles ne font que répondre à la tyrannie des passions. Pour La Rochefoucauld, inspiré par le jansénisme, « nos vertus ne sont, le plus souvent, que des vices déguisés ». Le bien n'est qu'un mensonge auquel l'homme veut croire, pour ne pas désespérer de lui-même.

> *L'amour-propre est l'amour de soi-même, et de toutes choses pour soi ; il rend les hommes idolâtres d'eux-mêmes, et les rendrait les tyrans des autres si la fortune leur en donnait les moyens.»*

■ François de La Rochefoucauld, *Maximes*, 1665-1678.

Et Dieu dans tout ça ?

L'œuvre, qui paraît d'abord en Hollande (1664), est publiée en France en 1665 sous le titre de *Réflexions ou sentences et maximes morales*. Corrigée et enrichie au fil de nombreuses rééditions, elle est considérée comme impie : il n'y est pas question de Dieu. Mais elle séduit ses lecteurs, comme un cruel miroir des vices de l'homme.

« L'honnête homme »

Nicolas Faret (1596?-1646) et le chevalier de Méré (1607-1684), s'inspirant de l'italien Castiglione (1478-1529), sont parmi ceux qui définissent l'idéal de «l'honnête homme», révélateur de la morale classique.

Cet homme est un courtisan, qui sait plaire et être agréable avec les autres. Il est cultivé, sans être pédant; il maîtrise son corps et ses passions. ▪

Le chancelier Séguier

Pierre Séguier (1588-1672), chancelier de France, protecteur des arts et grand mécène, fait partie de ces honnêtes hommes cultivés, qui assurent le rayonnement de la monarchie.

Charles Le Brun (1619-1690), huile sur toile, 295 × 357 cm, 1660. Paris, musée du Louvre.

> ❝ Le soleil ni la mort ne peuvent se regarder fixement. ❞
> ▪ François de La Rochefoucauld, *Maximes*, 1665-1678.

Les moralistes et les formes brèves

La maxime (La Rochefoucauld), le caractère (La Bruyère) et la fable (La Fontaine) sont des formes brèves caractéristiques de l'écriture des moralistes au XVIIe siècle.

Il s'agit de proposer une réflexion concise et frappante sur l'homme, adaptée aux codes de la mondanité.

La morale ne doit pas ennuyer.

Le plaisir de lire des mots d'esprit est considéré comme la condition d'une meilleure instruction du lecteur.

| 1665-1678 | Réflexions ou sentences et maximes morales | 1680 | Mort de La Rochefoucauld |

| 1660 | 1670 | 1680 |

1659 : *Portrait*

1662 : *Mémoires*

Racine triomphe avec *Andromaque*

Jean Racine
1639-1699

Andromaque, troisième pièce de son auteur, impose à la cour et à la ville un jeune homme ambitieux. Elle ouvre une décennie glorieuse où les créations de Racine vont renouveler la tragédie.

Le début d'une carrière fulgurante

Après deux tragédies estimables (*La Thébaïde* en 1664 et *Alexandre le Grand* en 1665), *Andromaque* est le premier chef-d'œuvre de Racine. Fidèle aux sources antiques (Virgile, Euripide et Sénèque, pour l'essentiel), la pièce révèle l'originalité d'une écriture qui présente les passions humaines avec une grande profondeur et une vraie économie de moyens. Il reçoit du public un accueil aussi triomphal que celui obtenu à la création du *Cid* de Corneille en 1637.

Passions fatales

Racine campe des héros fatigués, après la guerre de Troie : Andromaque, prisonnière du roi Pyrrhus, porte le deuil de son époux, Hector ; Pyrrhus, prisonnier d'un amour impossible pour sa captive, alors qu'Hermione est sa fiancée officielle, porte la culpabilité du vainqueur. Pour protéger Astyanax, son fils, Andromaque décide d'épouser Pyrrhus et de se tuer après la cérémonie.

Oreste ne lui en laisse pas le temps : il tue Pyrrhus, croyant satisfaire Hermione qu'il aime éperdument. Mais cette dernière, désespérée, se suicide, plongeant Oreste dans la folie.

> " *Hé bien ! filles d'enfer, vos mains sont-elles prêtes ?*
> *Pour qui sont ces serpents qui sifflent sur vos têtes ?*
> *À qui destinez-vous l'appareil qui vous suit ?*
> *Venez-vous m'enlever dans l'éternelle nuit ?* »

▪ Racine, *Andromaque*, acte V, scène 5, 1667.

Le tragique racinien

Le désir amoureux et tous les sentiments qui en découlent – fureur, haine, désespoir – sont la source du tragique racinien qui naît des seuls mouvements du cœur humain.

Irrésistible, la passion anéantit l'exercice de la volonté. Sans réciprocité, elle enferme dans des abîmes de solitude et de souffrance. Moteur essentiel de l'action, elle conduit inexorablement vers une catastrophe annoncée : meurtre, suicide, folie. Ses conséquences sont d'autant plus stupéfiantes qu'elle touche de nobles et antiques héros.

1639 Naissance de Racine		*Andromaque* 1667	
1640	1650	1660	1670

1664 : *La Thébaïde*   1669 : *Britannicus*   1670 : *Bérénic*
1668 : *Les Plaideurs*   1672 : *Bajazet*
1665 : *Alexandre le Grand*   1673 : *Mithridate*
1674 : *Iphigén*

Racine, l'homme de Port-Royal

Orphelin, Racine est recueilli par sa grand-mère avant d'être élève aux Petites Écoles de l'abbaye de Port-Royal. Il fait là d'excellentes études et s'y imprègne de la pensée janséniste, qui insiste sur la faiblesse de l'homme, incapable de dominer ses passions.

Mais les jansénistes sont hostiles au théâtre. Pierre Nicole (1625-1695), par exemple, considère qu'un dramaturge est un «empoisonneur public» parce qu'il corrompt l'âme des spectateurs. De telles conceptions obligent Racine à prendre provisoirement ses distances avec ses maîtres. ■

111

Héros cornélien, héros racinien

Pour reprendre le jugement de La Bruyère, Corneille nous peindrait l'homme tel qu'il devrait être, alors que Racine nous le présenterait tel qu'il est. Le héros cornélien aspire en effet à la gloire. Parce qu'il s'efforce de maîtriser ses passions, il suscite l'admiration. Le héros racinien, bien différent, pourrait être un monstre s'il ne nous ressemblait pas tant. Il est faible, privé de liberté, car prisonnier de ses illusions et du destin, qui lui est hostile. Ni tout à fait coupable, ni tout à fait innocent, il est abandonné à la malédiction, comme l'est l'homme, pour les jansénistes, s'il est privé du secours de la grâce.

Le siècle d'or
du théâtre

Le théâtre, soutenu par le pouvoir monarchique, obtient ses lettres de noblesse au XVIIᵉ siècle. De grands auteurs, qui rencontrent un public renouvelé, sont à l'origine des œuvres les plus représentatives de l'esthétique classique.

La renaissance du genre théâtral

Du déclin...

Avant 1630, outrance et intrigues compliquées caractérisent le théâtre. On peut certes retenir le nom d'Alexandre Hardy (1570-1632), mais peu d'auteurs de cette période trouvent aujourd'hui leur place dans l'histoire littéraire.

À cette époque, la tragédie, qui privilégie l'horreur et la cruauté, et la comédie, jugée souvent trop populaire ou simpliste, n'enthousiasment plus. Seule triomphe vraiment la tragi-comédie.

... à l'émergence d'un public et d'auteurs nouveaux

Nommé ministre de Louis XIII en 1624, Richelieu comprend l'intérêt pour la monarchie de promouvoir un genre qui peut la servir. Plus tard, Louis XIV (1638-1715), féru de spectacles, en fait un élément essentiel au rayonnement de son règne.

> 66 *La principale règle est de plaire et de toucher : toutes les autres ne sont faites que pour parvenir à cette première.* »
>
> ▇ Racine, préface de *Bérénice*, 1670.

À partir de 1630, des troupes se créent et leur rivalité favorise l'émulation. Elles travaillent avec une nouvelle génération d'écrivains : Rotrou, Mairet, Corneille, entre autres. Molière et Racine sont les plus illustres représentants d'une génération qui s'impose dans la deuxième moitié du siècle.

Le public du théâtre change et s'élargit : moins populaire, il devient plus mondain et aussi plus féminin. Il exige des spectacles raffinés et empreints de modération, conformes à son goût.

Le renouveau de la comédie et de la tragédie

La comédie conquiert au cours du siècle ses lettres de noblesse. Corneille propose à ses spectateurs, dans *L'Illusion comique* (1636) par exemple, des personnages issus de l'aristocratie, auxquels ils peuvent s'identifier.

Les Charlatans italiens

Au XVIIᵉ siècle, des troupes itinérantes contribuent à la popularité du théâtre. Dujardin représente des comédiens italiens sur une scène de fortune qui se moquent de la médecine.

Karel Dujardin (vers 1622-1678), huile sur toile, 44,5 × 52 cm, 1657. Paris, musée du Louvre.

Molière, avec *L'École des femmes* (1662), consacre la naissance de la « grande comédie », en cinq actes, qui traite de sujets graves.

La tragédie évolue elle aussi. Corneille, notamment, lui donne une dimension politique. Plus sobre et plus complexe, elle présente des héros caractérisés par leur grandeur d'âme, qui s'opposent à la toute-puissance du destin.

> *Lorsqu'on met sur la scène une simple intrigue d'amour entre des rois, et qu'ils ne courent aucun péril, ni de leur vie, ni de leur État, je ne crois pas que, bien que les personnes soient illustres, l'action le soit assez pour s'élever jusques à la tragédie. »*

Corneille, *Discours de l'utilité et des parties du poème dramatique*, 1660.

Les théâtres de Paris

La troupe de l'hôtel de Bourgogne, créée en 1629, reçoit l'autorisation de s'appeler « troupe royale ». Elle joue des farces, puis des tragédies de Corneille et de Racine.

Le théâtre du Marais, troupe rivale créée en 1634, possède un répertoire comparable.

À partir de 1661, la troupe de Molière s'installe au Palais-Royal. En 1673, à sa mort, elle fusionne avec celle du Marais, et s'installe à l'hôtel Guénégaud.

En 1680, la Comédie-Française naît de la fusion, ordonnée par Louis XIV, de la troupe de l'hôtel Guénégaud et de celle de l'hôtel de Bourgogne.

La Comédie-italienne s'installe en 1660 à l'hôtel de Bourgogne.

En 1697, la troupe est chassée du royaume, pour avoir offensé Mme de Maintenon, l'épouse du roi. ■

Le théâtre ou l'expression du classicisme

La régularité

Le théâtre est le genre qui illustre par excellence la régularité de l'esthétique classique. La règle des trois unités (temps, lieu, action) impose qu'une pièce se déroule en moins de vingt-quatre heures, dans le même décor, et que les actions secondaires soient subordonnées à une action principale.

Il faut, au nom de la vraisemblance, que l'action qui se déroule sur scène soit la plus proche possible de l'expérience du spectateur, et qu'elle corresponde au temps limité de la représentation. Quant à l'unité d'action, elle doit garantir une meilleure compréhension de l'intrigue.

L'unité de ton exige également qu'un seul registre domine dans la pièce : une comédie doit faire rire, et une tragédie inspirer la terreur et la pitié. La tragi-comédie n'est donc pas un genre conforme à l'esthétique classique.

> *Il était tout comédien depuis les pieds jusqu'à la tête ; il semblait qu'il eût plusieurs voix ; tout parlait en lui et d'un pas, d'un sourire, d'un clin d'œil et d'un remuement de tête, il faisait concevoir plus de choses qu'un grand parleur n'aurait pu dire en une heure.»*

■ Donneau de Visé, *Oraison funèbre de Molière*, «Molière, le grand acteur», 1673.

L'exigence de bienséance

Une autre règle fondamentale oblige le respect des bienséances. Toute scène violente ou suggestive doit être écartée, afin de ne pas heurter la conscience morale du public. De ce fait, lorsqu'un duel a lieu ou qu'un personnage meurt, l'événement, survenu hors scène, fait l'objet d'un récit. Théramène, par exemple, vient apprendre à tous la mort tragique d'Hippolyte, dans le dernier acte de *Phèdre* de Racine (1677).

Farceurs français et italiens

Le tableau place sur une même scène, autour du personnage d'Arlequin, les farceurs français et italiens, aux vêtements colorés. Les uns et les autres sont rivaux.

Peinture anonyme attribuée à Verio, huile sur bois, 96 × 138 cm, 1670. Paris, Comédie-Française.

> *Qu'en un jour, qu'en un lieu, un seul fait accompli Tienne jusqu'à la fin le théâtre rempli.»*

■ Nicolas Boileau, *L'Art poétique*, 1674.

Des décors exceptionnels : les pièces à machine

L'unité de lieu, ainsi que les contraintes techniques de l'époque, limitent généralement le nombre et la complexité des décors choisis pour les mises en scène. Mais dans certaines pièces, une machinerie complexe permet de faire apparaître des personnages surnaturels, des éclairs, des jeux d'eau, autant d'effets destinés à impressionner les spectateurs. C'est le cas dans le dénouement de *Dom Juan* (1665) de Molière : le libertin doit être emporté dans les flammes de l'enfer par la statue animée du commandeur.

115

Les acteurs de l'hôtel de Bourgogne

■ Pierre Le Messier, dit Bellerose (1592-1670), joue des rôles comiques ou tragiques ; Zacharie Jacob, dit Montfleury (1600-1667), le tragédien, serait mort après une représentation d'*Andromaque* de Racine ; Marie Desmares, dite la Champmeslé (1642-1698), joue les rôles féminins des tragédies de Racine. ■

Les acteurs du Marais

■ Guillaume Desgilberts Mondory (1594-1653) incarne de nombreux personnages de Corneille, dont Rodrigue, héros du *Cid* ; Josias de Soulas, dit Floridor (1608-1671), est d'abord comédien dans une troupe ambulante, avant de jouer de nombreux rôles dans les pièces de Corneille et de Racine. ■

Le théâtre face à l'Église

L'Église considère le théâtre comme immoral, car il s'adresse aux passions des hommes. Elle traite donc avec sévérité les acteurs : une sépulture chrétienne peut leur être refusée.

En 1641, un édit royal proclame toutefois la dignité du métier de comédien, ce qui affaiblit l'opposition de l'Église au théâtre.

Mais à partir des années 1650, et tout particulièrement au moment de la querelle du *Tartuffe* (1664), les relations entre les comédiens et l'Église se tendent.

Le métier de comédien est d'autant plus frappé d'infamie que le roi, à cette époque, en se tournant davantage vers Dieu, se détourne des spectacles.

La Fontaine **réinvente la** fable

Dans les douze recueils de ses *Fables*, La Fontaine renouvelle le genre créé par les fabulistes antiques, en lui donnant une forme faite pour séduire et enchanter le public cultivé de son temps.

Jean de La Fontaine
1621-1695

Une matière antique, une manière nouvelle

La Fontaine puise dans un fonds légué par le Grec Ésope (vie siècle av. J.-C.) et le Latin Phèdre (Ier siècle après J.-C.), deux fabulistes de l'Antiquité. Mais, au fur et à mesure qu'il enrichit ses recueils, il prend des libertés avec les modèles qu'il imite.

Il adopte un parti pris de gaieté, développe et diversifie les récits. Et pour les leçons, les « moralités » que les récits illustrent – ou parfois nuancent ! –, il prend soin de ne jamais les rendre sèches ou pesantes.

> *Tout parle en mon ouvrage, et même les poissons. Ce qu'ils disent s'adresse à tous tant que nous sommes. Je me sers d'animaux pour instruire les Hommes.* »
>
> ▪ Jean de La Fontaine, *Fables*, « À Monseigneur le Dauphin », 1668.

Une polyphonie harmonieuse

Selon La Fontaine « tout parle dans l'Univers / Il n'est rien qui n'ait son langage ». Aussi donne-t-il la parole aux animaux, aux hommes comme aux dieux (antiques), dans les aventures et mésaventures qu'il imagine pour eux, faisant entendre leurs voix multiples et discordantes.

Sensible aux spectacles du monde, le poète restitue, par le charme et l'harmonie de son chant, la continuité de la Création sans en trahir la diversité.

La Fontaine, conteur

▪ La Fontaine n'est pas l'homme d'une seule œuvre : les *Fables*. De 1665 à 1674, il publie de très nombreux contes et nouvelles, inspirés des écrivains italiens Boccace (1313-1375) et l'Arioste (1474-1533), ainsi que de Marguerite de Navarre (1492-1549). C'est un succès.
Mais La Fontaine est accusé de libertinage ! En 1674, ses *Nouveaux Contes* sont interdits. À la fin de sa vie, inquiet pour son salut, il les aurait reniés. Les contes révèlent pourtant son art du récit et sa liberté de pensée, pour le plaisir. ▪

La sagesse des *Fables*

La Fontaine veut instruire par le détour de la fiction. Il peint les éternelles faiblesses des hommes : l'amour-propre, la curiosité, le désir de pouvoir. Il invite chacun, non pas à changer, mais à mieux se connaître et à faire le choix prudent du juste milieu, pour accéder à un bonheur simple.

Le pouvoir absolu de Louis XIV, dont le lion est l'incarnation et que le renard soutient avec cynisme, offre une image contraire à cette sagesse. La Fontaine constate qu'à la cour, la politique ne rime jamais avec l'éthique.

« La Cigale et la Fourmi »

La cigale et la fourmi dialoguent au pied de l'arbre. Mais Chauveau met surtout en évidence les paysans : vont-il retenir la leçon des animaux ?

François Chauveau (1613-1676), illustration du 1er recueil des *Fables* de La Fontaine, 1668.

« *Nuit et jour à tout venant*
Je chantais, ne vous déplaise.
Vous chantiez ? j'en suis fort aise :
Et bien ! dansez maintenant. »

◼ Jean de La Fontaine, *Fables*, « La Cigale et la Fourmi », 1668.

Fouquet, l'illustre mécène de La Fontaine

La Fontaine, peu disposé à exercer la charge de maître des Eaux et Forêts, héritée de son père, s'installe dès 1658 à Paris, dans l'entourage de Nicolas Fouquet (1615-1680), le surintendant des Finances de Louis XIV.

Ce mécène riche et cultivé lui accorde sa protection et une pension. Mais en 1661, il est arrêté, accusé par le roi de corruption, alors que les travaux du magnifique château de Vaux-le-Vicomte viennent de s'achever. Pour La Fontaine, c'est une tragédie, symbole de l'arbitraire du pouvoir. De cette expérience il garde une certaine méfiance à l'égard de l'absolutisme et la nostalgie d'une monarchie plus équilibrée.

1668-1693 Fables		1695 Mort de La Fontaine
1670	1680	1690

663 : *Ode au Roi*
1665-1674 : *Contes et Nouvelles en vers*
1669 : *Les Amours de Psyché et de Cupidon*

1682 : *Poème du Quinquina*
1687 : *Épître à Huet*

Pascal livre ses *Pensées*

Dans les *Pensées*, Pascal peint la « misère de l'homme sans Dieu », condamné à oublier son angoisse grâce au « divertissement ».
Il démontre à ses lecteurs que le pari de l'existence de Dieu est le seul raisonnable et la condition du salut.

Blaise Pascal
1623-1662

Un génie exceptionnel, de la vie mondaine à la foi

Pascal, dès son plus jeune âge, fait preuve d'une intelligence extraordinaire. Il est élevé par son père, à domicile, du fait de sa santé fragile. Ce dernier, lui-même mathématicien, le fait admettre dans les cercles savants parisiens, ce qui lui permet de pratiquer les lettres et les sciences avec un égal bonheur. Pascal est encore adolescent lorsqu'il rédige un traité de géométrie qui fait l'admiration de tous : l'*Essai sur les coniques*.

Pascal a connu les plaisirs mondains et aurait même fréquenté les milieux libertins. Mais en 1654, au cours d'une « nuit de feu », il connaît une expérience mystique, qui lui inspire un texte bref et dense : le *Mémorial*, à l'origine des *Pensées*.

Misère et grandeur de l'homme

Pour Pascal, l'homme est fragile et soumis à de puissants facteurs d'erreur : l'imagination, la coutume, l'amour-propre. Il est incapable de connaître la vérité et le juste, la justice n'étant pour lui qu'une notion relative. Perdu dans l'espace infini, il s'abandonne au « divertissement » pour ne pas penser à l'essentiel : sa mort et le souci de son salut.

Mais en lui permettant de prendre conscience de sa misère, la pensée le guide vers Dieu. Le « pari » de croire, au prix du sacrifice d'un bonheur illusoire, le fait accéder à la félicité et à la vie éternelle.

Pascal veut rassembler toutes les preuves de l'existence de Dieu pour en persuader son lecteur et gagner le cœur plus que la raison.

> *Un roi sans divertissement est un homme plein de misères. »*
> Blaise Pascal, *Pensées*, fragment 169, 1669.

Les incertitudes d'un manuscrit

Pascal meurt sans avoir achevé son *Apologie de la religion chrétienne*. En 1669-1670, la première publication de fragments par Port-Royal est peu fidèle.

À partir de la fin du XIXᵉ siècle, les fragments du manuscrit sont classés selon un ordre logique, que l'on espère proche de celui qu'aurait voulu Pascal, et réunis sous le nom de *Pensées*.

> *L'homme n'est qu'un roseau, le plus faible de la nature, mais c'est un roseau pensant. »*
> Blaise Pascal, *Pensées*, fragment 231, 1669.

1623 Naissance de Pascal
1620 — 1630 — 1640
1640 : *Essai sur les coniques*
1647 : *Expériences nouvelles touchant le vide*

Pascal, un étonnant inventeur

Pascal, qui n'est pas qu'un maître de la pensée abstraite, réfléchit à des inventions susceptibles d'améliorer la vie quotidienne : l'ancêtre de la calculatrice, qu'il appelle machine arithmétique, ou encore l'omnibus.

Préoccupé par la misère, il avait imaginé pouvoir la soulager grâce aux bénéfices réalisés par des lignes de «carrosses à cinq sols», tirés par des chevaux.

Le calcul des probabilités, qui était l'une de ses spécialités, lui aurait même inspiré l'invention de la roulette, désormais célèbre au casino! ■

Pascal contre les jésuites

Jansénius (1585-1638), fondateur du jansénisme, s'appuie sur saint Augustin (354-430) pour prôner la rigueur morale et affirmer l'importance de la grâce, que l'homme recevrait de Dieu seul. Les jésuites croient davantage à la liberté : l'homme doit mériter son salut par ses œuvres. Pascal défend avec vigueur les jansénistes de Port-Royal.

Dans *Les Provinciales* (1656-1657), recueil de lettres polémiques et chef-d'œuvre d'ironie, il dénonce la casuistique jésuite qui, dans ses dérives, excuse une action mauvaise si une bonne intention est censée y avoir présidé. Pour lui, les jésuites sont trop complaisants avec les désordres du monde.

L'action de grâce

Un miracle aurait guéri Catherine de Sainte-Suzanne de Champaigne (à droite), fille du peintre. Le tableau révèle la foi des religieuses à Port-Royal.

Philippe de Champaigne (1602-1674), *Ex-voto*, huile sur toile, 165 × 229 cm, 1662. Paris, musée du Louvre.

1662 Mort de Pascal   1669 *Pensées* (posth.)

1650   1660   1670

1653 : *De l'équilibre des liqueurs*
1654 : *Traité du triangle arithmétique*
1656-1657 : *Les Provinciales*   1657 : *De l'esprit géométrique et de l'art de persuader*
1658 : *Histoire de la roulette*

1671

Mme de Sévigné débute sa correspondance

Madame
de Sévigné
1626-1696

Séparée de sa fille en 1671,
Mme de Sévigné lui écrit pour soulager
la douleur de l'absence. Son esprit,
l'élégance et la vivacité de son style font
de cette correspondance, pour la postérité,
le miroir à la fois de son âme et de son siècle.

Une douloureuse séparation

Mme de Sévigné vit loin de sa fille, Mme de Grignan, partie rejoindre
son mari en Provence. C'est un déchirement, qu'elle ne parvient pas à
surmonter. Jusqu'en 1696, elle lui écrit plusieurs centaines de lettres,
afin de maintenir un lien qui est sa raison de vivre.

Pour la mère passionnée qu'elle est, tout est un motif d'inquiétude :
sa fille pourrait être en danger ; elle ne lui répond pas assez vite ou
avec trop de froideur. Les lettres nous font partager son intimité, ses
souffrances et ses angoisses.

120

L'histoire d'un cœur, au cœur de l'histoire

La Marquise sait que, sur le théâtre du monde, la mort menaçante n'est jamais loin
et que la foi est la seule arme pour l'affronter.

Cependant, dans ses lettres, l'humour se mêle à la gravité. Soucieuse de plaire,
Mme de Sévigné donne un témoignage saisissant sur l'actualité de son temps : le
procès de Fouquet, le mariage de la Grande Mademoiselle ou l'exécution de la marquise de Brinvilliers, coupable d'empoisonnements. Le Grand Siècle est ainsi brossé
sur le vif. L'écrivaine peut être considérée comme l'une de nos premières journalistes.

Une correspondance privée ?

Ses lettres, bien qu'elles ne soient pas
écrites pour être publiées, sont lues dans
les cercles cultivés et mondains. Si elles

*Je ne sais où me sauver
de vous : notre maison de Paris
m'assomme encore tous les jours,
et Livry m'achève.»*

■ Mme de Sévigné, *Lettres*, 25 mars 1671.

sont en majorité adressées à sa fille, beaucoup d'entre elles ont bien d'autres destinataires, dont son cousin Bussy-Rabutin (1618-1693).

La première édition de l'œuvre, incomplète, ne paraît qu'en 1725. Il faut attendre
le XIXe siècle pour avoir une édition satisfaisante de l'un des recueils de lettres les
plus remarquables de l'âge classique.

1626 Naissance de Mme de Sévigné

| 1620 | 1630 | 1640 | 1650 | 1660 |

1648-1693 : *Lettres à son cousin Bussy*

La lettre, un genre à succès

Au XVIIe siècle, l'écriture épistolaire connaît un grand succès, soutenu par les progrès dans la transmission du courrier : pour cheminer de Paris à Aix-en-Provence, les lettres de Mme de Sévigné ne mettent que cinq jours. La lettre permet aux mondains de prolonger, par l'écrit, les plaisirs de la conversation.

Elle est aussi l'occasion d'échanger des nouvelles et de pallier les insuffisances des journaux, encore assez rares. Beaucoup de femmes prennent la plume : Mme de Sablé (1599-1678), ou encore Mme de La Fayette (1634-1693).

Dans son roman épistolaire, les *Lettres portugaises*, Guilleragues (1628-1685) se présente comme un simple traducteur. Les lecteurs sont dupes et s'enthousiasment.

Femme écrivant une lettre et sa servante
Dans ce tableau contemporain de Mme de Sévigné, Vermeer présente la correspondance comme un élément essentiel de la vie des femmes cultivées. La servante attend de transmettre le message de sa maîtresse.
Johannes Vermeer (1632-1675), huile sur toile, 72 × 58 cm, 1670-1671. Dublin (Irlande), National Gallery.

❝ *Je ne me pique ni de fermeté, ni de philosophie ; mon cœur me mène et me conduit.* ❞
■ Mme de Sévigné, *Lettres*, 9 mars 1672.

■ Madame de Grignan.

Mme de Sévigné, une mère aimante

Marie de Rabutin-Chantal, orpheline très jeune, est élevée par son oncle, abbé de Livry, qui lui fait donner une éducation soignée. En 1644, elle épouse Henri de Sévigné. Ce mari, qui fait d'elle la marquise de Sévigné, n'est toutefois pas un modèle de sagesse ! Tué en duel, il la laisse veuve en 1651 avec deux enfants, auxquels elle se consacre, sans se remarier. Son fils Charles reçoit toute son affection. Mais Françoise Marguerite (1646-1705), sa fille, est l'objet d'une vraie idolâtrie. ■

| 1671-1696 | *Lettres* | | Mort de Mme de Sévigné | 1696 |

| 1670 | 1680 | 1690 |

...4 : *Lettres à M. de Pomponne*
1670 : *Lettres à M. de Coulanges*
6 février 1671 : *1re lettre à sa fille*

1674

Boileau précise
son « art poétique »

Nicolas
Boileau
1636-1711

Dans son *Art poétique*, en quatre chants, Boileau présente les principes essentiels de l'idéal classique. Ses vers à un jeune poète, sont une réflexion sur la beauté, fruit de l'inspiration autant que d'un travail patient et méthodique.

Défenseur du classicisme

Farouchement engagé dans la querelle contre les Modernes, Boileau croit aux vertus de l'imitation. Dans l'*Art poétique*, il s'appuie sur la *Poétique* d'Aristote (ive siècle av. J.-C.) et l'*Art poétique* d'Horace (i[er] siècle av. J.-C.) pour traiter des règles de l'écriture en vers classiques. Il reprend aussi des éléments de doctrine élaborés par les doctes du xviie siècle et rend hommage à Malherbe (1555-1628), l'un des premiers à se soucier de la pureté de la langue.

Né à Paris, dans un milieu de la bourgeoisie parlementaire, Boileau connaît à peine sa mère, morte en 1638. Après de bonnes études, il devient avocat. L'héritage de son père en 1657 lui permet de se consacrer à la littérature, mais il n'en oublie pas le droit : il devient, pour tous, « le législateur du Parnasse ».

122

Le travail de l'écriture

En littérature, Boileau veut du naturel et de la clarté avant toute chose, préférant la raison à l'imagination. Le poète doit écouter son génie et sa sensibilité, mais il doit se soumettre aux normes qui restent son meilleur guide (chant 1). Écrire est un effort, qui impose de maîtriser ses passions (chant 4). L'artiste est aussi un artisan, qui « polit » son ouvrage avec rigueur et abnégation.

Même si Boileau ne condamne pas les genres mineurs (chant 2), comme l'idylle, l'élégie, l'ode ou le sonnet, il leur préfère les genres nobles (chant 3) que sont la comédie, la tragédie et l'épopée, plus susceptibles d'atteindre au sublime. Il contribue à faire connaître les règles de la dramaturgie classique, dont celle des trois unités.

Instruire et plaire

Dans l'*Art poétique*, Boileau s'adresse aux honnêtes gens et aux jeunes poètes,

❝ *Ce que l'on conçoit bien s'énonce clairement, Et les mots pour le dire arrivent aisément.* »
■ Nicolas Boileau, *Art poétique*, chant I, 1674.

auxquels il prodigue conseils et critiques. Son écriture versifiée assouplit la portée didactique de son propos. Il n'invente certes pas les principes du classicisme, mais il en donne une synthèse frappante, pour la postérité.

1636 Naissance de Boileau

| 1630 | 1640 | 1650 | 1660 | 1670 |

1666-1716 : *Satires*
1670-1698 : *Épîtres*

L'embarras de Paris

Dans sa *Satire VI*, Boileau raille l'agitation et les embouteillages de la capitale. Le Paris du xviie siècle n'aurait rien à envier à celui d'aujourd'hui...

Nicolas Guérard (1648-1719), gravure, 43,3 × 53,7 cm, xviie siècle. Paris, musée Carnavalet.

Boileau, l'art de la satire

Boileau, partisan des Anciens, défend la nécessaire imitation des auteurs antiques. Il s'inspire donc d'Horace, de Juvénal, ainsi que d'un satiriste plus proche de lui : Mathurin Régnier (1573-1613).

Les *Satires* sont sa première œuvre majeure. Il y dénonce le mauvais goût de certains auteurs contemporains ; il pointe les ridicules et veut faire sourire, pour inviter à la sagesse. Ses douze satires, sur des sujets littéraires et moraux, lui valent de nombreux ennemis. ▣

Le Lutrin

Dans ce poème héroï-comique, Boileau relate un différend mesquin entre un trésorier et un chantre, dont un lutrin est l'un des enjeux. Mais un hibou, placé dans le ventre du pupitre, affole Boirude, le sacristain...

Émile Bayard (1837-1891), illustration *Le Lutrin*, chant III, 1873. Paris, BNF.

Boileau, avocat de Racine

Boileau et Racine, nommés historiographes de Louis XIV en 1677, écrivent l'histoire de son règne. Mais leurs manuscrits disparaissent, brûlés, en 1726.

Ils sont aussi amis, ce qui conduit le premier à prendre la défense du second, lorsque *Phèdre* (1677), l'une des tragédies de Racine, est l'objet de critiques. Dans son *Épître VII* (1677) en vers, Boileau rend hommage au dramaturge et dénonce ceux qui confondent critique et diffamation. Pour consoler son ami, Boileau lui rappelle que Molière a connu le même sort.

1674	Art poétique		Mort de Boileau	1711
1680	1690	1700	1710	

~74-1683 : *Le Lutrin*

Phèdre consacre le génie de Racine

Jean
Racine
1639-1699

Phèdre est une tragédie de la passion destructrice. À travers le destin d'une héroïne monstrueuse et bouleversante, Racine peint la violence du désir et la fragilité humaine.

Du mythe à la tragédie

Racine s'inspire des tragédies d'Euripide (Ve siècle av. J.-C.) et de Sénèque (Ier siècle ap. J.-C.), pour écrire les cinq actes de sa pièce. Accordant une place importante aux mythes antiques, sensibles jusque dans l'emploi musical des noms propres de lieux, de personnages ou de dieux, il leur emprunte la figure terrible de Phèdre, maudite par son hérédité : Pasiphaé, sa mère, a enfanté le monstre Minotaure, qu'elle aurait conçu en s'accouplant avec un taureau.

La force destructrice de l'amour

Alors que le roi grec Thésée est absent, peut-être mort, la parole de chacun se libère. Hippolyte, son fils, et Aricie, sa prisonnière, s'avouent leur amour. Phèdre, son épouse, fait connaître à son beau-fils, horrifié, les sentiments incestueux qu'elle a pour lui et contre lesquels elle ne peut plus lutter.

Lorsque Thésée revient, les passions se déchaînent. Œnone, nourrice de Phèdre, accuse Hippolyte d'avoir séduit sa maîtresse. Ce mensonge vaut au jeune homme

> *Je le vis, je rougis, je pâlis à sa vue ;*
> *Un trouble s'éleva dans mon âme éperdue ;*
> *Mes yeux ne voyaient plus, je ne pouvais parler ;*
> *Je sentis tout mon corps, et transir et brûler.* »
>
> ■ Racine, *Phèdre*, acte I, scène 3, 1677.

d'être maudit par son père et de mourir, terrassé par un monstre. Phèdre choisit de se tuer après avoir révélé à Thésée la vérité.

La querelle des deux *Phèdre*

Phèdre a quelques ennemis. Pradon (1644-1698) fait représenter la même année une tragédie intitulée elle aussi *Phèdre et Hippolyte*, titre auquel Racine préfère celui de *Phèdre* dans l'édition de 1687.

La tragédie de Racine finit par s'imposer et aujourd'hui, elle est reconnue comme l'un de ses plus grands chefs-d'œuvre.

124

1639 Naissance de Racine

1640	1650	1660	1670
		1664 : *La Thébaïde*	1669 : *Britannicus*	1670 : *Bérénic*
		1667 : *Andromaque*	1672 : *Bajazet*
		1665 : *Alexandre le Grand*	1673 : *Mithridate*
			1674 : *Iphigén*

Le maître et ses rivaux

Racine, bien qu'il soit considéré comme le maître de la tragédie, a de nombreux rivaux. Pierre Corneille est le premier d'entre eux, ainsi que Thomas Corneille (1625-1709), son frère cadet, et Philippe Quinault (1635-1688). Thomas Corneille est l'auteur d'une quarantaine de pièces, dont certaines sont admirées. Quinault est surtout connu pour avoir écrit des livrets de tragédie lyrique pour Lully (1632-1687).

***Racine lisant* Athalie**

Racine est un courtisan, proche du roi et de Mme de Maintenon. L'école de Saint-Cyr est l'œuvre de cette femme pieuse, soucieuse d'éducation, que Louis XIV épouse en 1683.

Julie Philipault (1780-1834), *Racine lisant Athalie devant Louis XIV et Mme de Maintenon*, huile sur toile, 114 × 146 cm, 1819. Paris, musée du Louvre.

Une fin de carrière à Saint-Cyr

Après le non succès de *Phèdre*, Racine se détourne du théâtre, renoue avec la religion et Port-Royal, et se consacre à sa charge prestigieuse d'historio-graphe du roi. Des années plus tard, à la demande de Mme de Maintenon, il revient vers le théâtre en écrivant deux pièces pour les élèves de Saint-Cyr : *Esther* (1689) et *Athalie* (1691). Ces tragédies, inspirées de sujets bibliques, sont destinées à promouvoir la foi et à corriger les mœurs de la noblesse. ■

Mme de La Fayette écrit le roman d'un amour impossible

Dans *La Princesse de Clèves*, Mme de La Fayette analyse les tourments du cœur humain. Sa vision est sombre : la passion empêche la quiétude et détruit l'harmonie entre les êtres.

Mme de
La Fayette
1634-1693

Une publication anonyme mais attendue

Comme pour ses écrits précédents, Mme de La Fayette ne signe pas *La Princesse de Clèves* : elle se défend d'être « un auteur de profession ». Son ouvrage rompt avec la tradition précieuse des longs romans héroïques, illustrée par Mlle de Scudéry (1607-1701).

Une telle originalité n'échappe pas à ceux qui, tels Ménage (1613-1692), Segrais (1624-1701) ou La Rochefoucauld (1613-1680), forment le cercle intime des lettrés qui ont toujours lu et conseillé leur amie écrivain.

Le récit d'une passion étouffée

À la fin du règne du roi de France Henri II (1519-1559), paraît à la cour une jeune fille dont la perfection éveille la convoitise des regards masculins. Fermement conseillée par sa mère qui déteste l'atmosphère de galanterie et de mondanité régnant en ces lieux, elle épouse M. de Clèves. Lui l'aime éperdument. Elle n'a pour lui qu'estime et amitié.

Lorsqu'elle croise le regard de M. de Nemours, elle découvre la passion amoureuse. Mais elle la vit comme une souffrance et oppose une résistance héroïque à ses désirs. Jusqu'à en faire l'aveu à M. de Clèves qui, torturé par la jalousie, en meurt. Veuve, elle choisit de se retirer du monde et d'assurer définitivement la tranquillité de son âme.

Un succès jamais démenti

La Princesse de Clèves a suscité, dès sa parution, commentaires et interprétations contradictoires. Certains, par exemple, ont lu, dans la conduite de Mme de Clèves, de l'héroïsme là où d'autres ne voyaient que de l'égoïsme…

> *Il parut alors une beauté à la cour, qui attira les yeux de tout le monde, et l'on doit croire que c'était une beauté parfaite, puisqu'elle donna de l'admiration dans un lieu où l'on était si accoutumé à voir de belles personnes.* »

■ Mme de La Fayette, *La Princesse de Clèves*, 1678.

Il reste que, par la pureté et la précision de sa langue, le resserrement de la trame d'un récit – conjuguant les fastes du décor historique avec la violence du drame intérieur –, Mme de La Fayette a créé un grand classique de la littérature romanesque.

1634 Naissance de Mme de La Fayette

| 1630 | 1640 | 1650 | 1660 |

1662 : *La Princesse de Montpensier*

La Princesse de Clèves au cinéma

L'œuvre de Mme de La Fayette a été adaptée au cinéma en 1961 par Jean Delannoy. Marina Vlady incarne l'héroïne et Jean Marais, le prince de Clèves.

> *Songez que pour faire ce que je fais, il faut avoir plus d'amitié et d'estime pour un mari que l'on en a jamais eu ; conduisez-moi, ayez pitié de moi, et aimez-moi encore, si vous pouvez. »*
>
> ■ Mme de La Fayette, *La Princesse de Clèves*, 1678.

Aux débuts de la critique littéraire

En 1672, Jean Donneau de Visé (1638-1710) fonde l'un des premiers journaux français : *Le Mercure galant*. Il informe ses lecteurs de l'actualité politique, mondaine et littéraire.
La Princesse de Clèves devient vite un objet de débat. Mme de Clèves a-t-elle eu raison d'avouer son infidélité de cœur à son mari ? En posant la question aux lecteurs, Donneau de Visé propose l'ébauche d'un sondage ! Ainsi s'élaborent les prémices de la critique littéraire.

De la vie mondaine à l'écriture

Marie-Madeleine Pioche de La Vergne, devenue comtesse de La Fayette en 1655, a reçu une très bonne éducation. Par son mariage, elle occupe à la cour une position éminente et fréquente très tôt les salons mondains parisiens, notamment l'hôtel de Rambouillet.
Lectrice passionnée, elle commence à écrire, à partir des années 1660, des récits faisant la part belle à la chronique historique ou à l'invention romanesque : *La Princesse de Montpensier* se déroule sous le règne de Charles IX, et *La Princesse de Clèves* a pour toile de fond la cour d'Henri II. ■

La Princesse de Clèves [1678]   Mort de Mme de La Fayette [1693]

1670	1680	1690

1670-1671 : *Zaïde*

L'ère du classicisme

Moment clé de l'histoire des arts en France, le classicisme correspond au règne personnel de Louis XIV (1661–1715). Les valeurs qui le caractérisent, fondées sur l'exercice de la raison et la recherche du naturel, dessinent un ordre esthétique et un idéal moral visant la permanence et l'universalité.

L'ordre dans les arts

Ce que la tradition nomme le « siècle de Louis XIV » révèle une spectaculaire coïncidence entre politique et esthétique : conjointement à la mise en place de l'absolutisme royal s'opère une mise en ordre des arts.

Une vaste politique culturelle

Tôt dans le siècle, Richelieu, le ministre de Louis XIII, fonde l'Académie française (1635) chargée de normaliser la langue française. Progressivement, le contrôle du politique va s'étendre à tous les arts, avec la création de la Comédie-Française en 1680 et l'ouverture de différentes académies royales. Vitrine de l'absolutisme, le palais de Versailles, où Louis XIV s'installe en 1682, résume cette mobilisation des arts et des techniques au service d'une royauté se voulant universelle.

L'imitation

Pour brider les forces de l'imagination, dénoncée par Malebranche (1638-1715) comme « la folle du logis », les théoriciens du classicisme érigent en principe l'imitation des auteurs antiques, grecs et latins, modèles indépassables.

L'Académie française, institution du classicisme

En 1635, Richelieu fonde l'Académie française, qu'il charge de codifier la langue : elle travaille sur le lexique, car l'une de ses premières missions est d'élaborer un dictionnaire ; elle définit également des règles de grammaire et d'orthographe, pour donner au français une dignité égale à celle du latin. Elle contribue aussi à définir l'esthétique classique, en particulier au moment de la querelle du *Cid* (1637). L'Académie voit dans cette tragi-comédie une pièce non conforme aux fameuses règles du théâtre. Dès la fin du XVIIᵉ siècle, elle assume une autre mission : remettre des prix littéraires. La première lauréate du prix d'éloquence est Mlle de Scudéry (1671).

> *C'est un métier que de faire un livre, comme de faire une pendule : il faut plus que de l'esprit pour être auteur. »*
> ■ Jean de La Bruyère, *Les Caractères*, 1688.

Louis XIV en costume de sacre

Le tableau est une commande du roi, qui y apparaît en majesté,
accompagné de tous les symboles de son pouvoir, dont le
sceptre et la fleur de lys.

Hyacinthe Rigaud (1659-1743), huile sur toile, 277 × 194 cm, 1701.
Paris, musée du Louvre.

Lecteurs de la *Poétique* d'Aristote (ɪvᵉ siècle av. J.-C.) et de l'*Art poétique* d'Horace (ɪᵉʳ siècle av. J.-C.), ils en tirent des règles pour le théâtre et une stricte hiérarchie des genres : l'épopée et la tragédie sont valorisées aux dépens du roman ou de la farce.

Régularité, clarté, naturel

Dans le prolongement du rationalisme de Descartes (1596-1650), les écrivains classiques recherchent une perfection formelle qui laisse peu de place à la spontanéité. Il n'y a pas d'œuvre sans travail et sans cette observation de la nature qui anime le peintre ou le sculpteur académiques face à ses modèles.

Seules la régularité, la clarté et la vraisemblance peuvent donner cette impression de naturel.

Le classicisme ou le souci de la pureté de la langue

■ Malherbe (1555-1628), dont les *Œuvres* sont publiées en 1630 à titre posthume, peut être considéré comme l'un des précurseurs majeurs du classicisme : il pose les règles d'un langage plus clair, dont sont exclus les archaïsmes et les régionalismes.

En 1647, Vaugelas, dans ses *Remarques sur la langue française*, s'appuie sur la façon de parler à la cour et à Paris pour définir ce qui est pour lui le bon usage de la langue. ■

Un idéal moral

« L'honnête homme »

Les mœurs sont soumises au même régime de codification que la langue et les arts. Émanant des salons aristocratiques, différentes modes façonnent les mœurs de la bonne société : la préciosité valorise le raffinement dans l'expression des sentiments ; la galanterie insiste sur l'aisance, la gaieté et le naturel.

D'une manière générale, l'« honnête homme » exerce un parfait contrôle de lui-même, corps et esprit, et sait plaire sans se montrer orgueilleux. Il trouve son accomplissement dans l'art de la conversation, dans l'art épistolaire (*Lettres* de Mme de Sévigné) ou l'art de conter (*Contes* de Charles Perrault).

Perfection morale

Le théâtre est un lieu d'élection pour construire un idéal

La parfaite raison fuit toute extrémité
Et veut que l'on soit sage avec sobriété. »
◼ Molière, *Le Misanthrope*, acte I, scène 1, 1666.

de maîtrise de soi. Les auteurs dits « classiques » peignent les passions tantôt pour les ridiculiser, tantôt pour les sublimer, les purifier. Ainsi, tandis que Molière invente la grande comédie de caractères avec *L'École des femmes*, Racine met en scène l'absolu de la passion, présentée comme fatalité criminelle (*Phèdre*) ou objet d'un renoncement douloureux (*Bérénice*).

Cette recherche de la perfection intérieure inspire de grands moralistes qui dénoncent l'ostentation, l'ambition, la toute-puissance de l'amour-propre dans les conduites humaines. La Rochefoucauld et La Bruyère leur opposent des conduites personnelles fuyant les vanités du monde. Pascal et Bossuet insistent sur la toute-puissance de Dieu.

130

La Famille de Darius aux pieds d'Alexandre

Le Brun s'illustre ici dans le genre académique le plus prestigieux : la peinture d'histoire. Le sujet antique met en scène un monarque, maître absolu de ses sentiments et de ses actions : un héros que seule la raison gouverne – image possible, très théâtralisée, de Louis XIV lui-même dans l'exercice de son pouvoir.

Charles Le Brun (1619-1690), huile sur toile, 298 × 453 cm, vers 1660. Versailles, musée du château.

Le château de Versailles et ses jardins

Le Nôtre, chargé par Louis XIV de réaliser les jardins du palais, est l'un des premiers paysagistes à transformer la nature de façon architecturale, et à si grande échelle. Il conçoit un plan géométrique dit « à la française », où triomphe le goût classique pour les lignes sobres, les perspectives claires, bien tracées.

Pierre Patel (1605-1676), *Vue du château et des jardins de Versailles,* huile sur toile, 115 × 161 cm, 1668. Versailles, musée du château.

Les écrivains classiques et leurs mécènes

■ Au xviie siècle, l'écrivain doit se mettre au service d'un puissant, qui le paie pour les œuvres qu'il produit.

En 1661, la chute de Fouquet, surintendant des Finances disgracié après l'exposition des fastes de son château de Vaux-le-Vicomte, marque la fin d'un des plus grands mécènes du royaume, qui s'était attaché, entre autres, les services de La Fontaine. En protégeant de nombreux artistes, Louis XIV instaure un mécénat d'État, une forme de mainmise du pouvoir sur la culture. Il devient difficile, dans ces conditions, d'exprimer des critiques à l'égard de la monarchie. ■

Des œuvres littéraires classiques

1637	Descartes, *Discours de la méthode*
1656-1657	Pascal, *Les Provinciales*
1662	Molière, *L'École des femmes*
1667	Racine, *Andromaque*
1668	La Fontaine, *Fables*
1670	Corneille, *Tite et Bérénice*
1674	Boileau, *L'Art poétique*
1678	Mme de La Fayette, *La Princesse de Clèves*
1688-1696	La Bruyère, *Les Caractères*
1671-1696	Mme de Sévigné, *Lettres*

❝ *Mon imitation n'est point un esclavage :*
Je ne prends que l'idée, et les tours et les lois,
Que nos maîtres suivaient eux-mêmes autrefois. »

■ Jean de La Fontaine, *Épître à Huet*, 1687.

La Bruyère peint
le « caractère » des hommes

Jean de La
Bruyère
1645-1696

Parus anonymement en 1688, *Les Caractères* sont l'œuvre d'un moraliste, qui ne se veut pas moralisateur. La Bruyère instruit les hommes sans leur faire la leçon. Il adopte un style solennel, réaliste ou satirique, destiné à plaire aux lecteurs mondains.

Un observateur critique

La vie de La Bruyère est mal connue. Issu de la petite bourgeoisie, ce n'est qu'à partir de 1684 qu'il est véritablement introduit dans le monde, et qu'il obtient la protection des Condé. Précepteur pour cette illustre famille, le professorat ne l'inspire pourtant guère. Il préfère commencer à rédiger les portraits des «Grands» qu'il côtoie.

La Bruyère présente son œuvre comme une imitation des *Caractères* de Théophraste (vers 371-288 av. J.-C.), qu'il traduit. Mais, en proposant des réflexions brèves, sur un ton souvent satirique, il s'éloigne de son modèle, peu littéraire. Son écriture fragmentaire et variée doit séduire l'honnête homme.

Un portrait moral de l'homme « d'après nature »

Les Caractères offrent une série de portraits qui campent des types universels : Ménalque, par exemple, est le distrait ; Giton a la prétention du riche, alors que Phédon a la discrétion du pauvre. La Bruyère a même son « malade imaginaire » : Irène, et son « tartuffe » : Onuphre.

À travers cette galerie de personnages, le moraliste raille les ridicules de chacun, sur le théâtre du monde, et en tire des enseignements. Le roi, face aux excès individuels, doit garantir la liberté et la paix. La Bruyère voudrait qu'il soit un vrai « père du peuple ».

L'œuvre d'une vie

L'œuvre, parue anonymement en 1688, est l'objet d'un long travail d'écriture, qui aurait débuté dès 1670. Le succès est tel que La Bruyère en élabore neuf éditions – la dernière est publiée à titre posthume – avec de nombreux ajouts.

Un Ancien plutôt moderne

Le succès des *Caractères* vaut à La Bruyère d'être élu à l'Académie française, où il prend le parti des Anciens, contre les Modernes. S'il n'est pas un révolutionnaire, il n'est pas non plus un conservateur : il est parfois considéré comme l'un des précurseurs des Lumières. Il meurt d'une attaque d'apoplexie en 1696.

1645 Naissance de La Bruyère

| 1640 | 1650 | 1660 |

Onuphre ou le faux dévot en prière

Ce personnage est le type du faux dévot. Il ne prie que parce qu'il se sait regardé. Il rappelle ainsi Tartuffe, le faux dévot de Molière.

Octave Penguilly (1811-1870), illustration des *Caractères*, 1845.

66 *Je rends au public ce qu'il m'a prêté ; j'ai emprunté de lui la matière de cet ouvrage.* »

■ Jean de La Bruyère, *Les Caractères*, préface, 1688.

La mode du portrait

Dans les salons des précieuses, le portrait est un divertissement très prisé, auquel certains auteurs confèrent une vraie valeur littéraire. La Bruyère lui donne dans *Les Caractères* l'une de ses traductions les plus développées. Mais on trouve aussi des portraits dans *La Princesse de Clèves* (1678) de Mme de La Fayette, ou même dans *Le Misanthrope* (1666) de Molière. Élogieux, réaliste ou satirique, le portrait révèle le regard que l'auteur porte sur l'Homme. ■

133

Arrias, le beau parleur

Arrias est un homme du monde, qui prétend tout connaître. La Bruyère fait de lui un portrait d'une ironie féroce.

Octave Penguilly (1811-1870), illustration des *Caractères*, 1845.

Les Caractères de Théophraste, avec les Caractères ou les Mœurs de ce siècle | 1688 | Mort de La Bruyère | 1696

| 1670 | 1680 | 1690 |

1693 : *Discours de réception à l'Académie française*

1696 : *Dialogues sur le quiétisme* (posth.)

Perrault met à l'honneur le conte

Charles Perrault 1628-1703

Perrault, avec les *Contes de ma mère l'oie*, réactualise la tradition des contes de fées. Ce recueil deviendra le premier classique de la littérature enfantine.

Un genre pour enfants ?

Perrault donne une vraie dignité littéraire à un genre qui appartient à la tradition orale et populaire. Pour séduire ses propres enfants et les lecteurs mondains, il s'appuie sur le merveilleux : dans ses huit contes en prose, auxquels s'ajoutent une nouvelle et deux contes en vers, il présente des fées, un ogre, un loup qui parle, et des objets magiques, comme les bottes de sept lieues !

Une leçon subtile

Le conte doit plaire, mais aussi instruire. Perrault est un moraliste. *Le Petit Chaperon rouge*, par exemple, se conclut par un avertissement à l'intention des jeunes filles : les hommes pourraient se révéler aussi dangereux que des loups.

> *On voit ici que de jeunes enfants,*
> *Surtout de jeunes filles*
> *Belles, bien faites, et gentilles,*
> *Font très mal d'écouter toute sorte de gens,*
> *Et que ce n'est pas chose étrange,*
> *S'il en est tant que le Loup mange.* »

■ Charles Perrault, *Le Petit Chaperon rouge*, moralité, 1697.

Seuls les adultes peuvent saisir le sens des moralités. Le conte renvoie en effet parfois à la pulsion sexuelle, aux conflits inconscients, ainsi qu'à la violence du monde, incarnée par Barbe-Bleue ou l'ogre du *Petit Poucet*. Le merveilleux y côtoie un certain réalisme : Perrault représente la société de son temps, la richesse des nobles et la misère des pauvres.

Le succès des contes de fées

À la fin du siècle, les contes de fées sont à la mode. Mme d'Aulnoy (1651-1705) en publie elle aussi en 1698. Mais seul le recueil de Perrault deviendra un classique de la littérature enfantine. D'ailleurs, même au XXᵉ siècle, ses contes font l'objet d'adaptations aussi diverses que celles du musicien Ravel avec *Ma mère l'Oye* (1908), du cinéaste Jacques Demy avec *Peau d'Âne* (1970)... ou des nombreux dessins animés de Walt Disney.

1628 Naissance de Perrault

| 1620 | 1630 | 1640 | 1650 | 1660 |

Peau d'âne

Fidèle à la réalité dépeinte dans le conte de Perrault, le film de Jacques Demy en réactualise la puissance d'enchantement par une mise en scène aux accents contemporains.

Jacques Demy (1931-1990), *Peau d'âne*, avec Catherine Deneuve et Jean Marais, 1970.

La querelle des Anciens et des Modernes

Les Anciens	
1666-1668	Boileau, *Satire I-IX*
1674	Boileau, *L'Art poétique*
1687	La Fontaine, *Épître à Huet*
1688	La Bruyère, *Les Caractères*
1694	Boileau, *Réflexions sur Longin ; Satire X*
1714	Fénelon, *Lettre à M. Dacier*

Les Modernes	
1686	Saint-Évremond, *Sur les poèmes des Anciens*
1687	Perrault, *Le Siècle de Louis le Grand*
1688	Fontenelle, *Digression sur les Anciens et les Modernes*
1688-1697	Perrault, *Parallèle des Anciens et des Modernes*
1695-1697	Bayle, *Dictionnaire historique et critique*

Un Moderne face à la tradition

Perrault travaille beaucoup au développement des lettres et des sciences. Son entrée en 1671 à l'Académie française est une consécration. Le 27 janvier 1687, il lit devant les membres de l'Académie son poème *Le Siècle de Louis le Grand*, qui constitue une vigoureuse défense des Modernes, contre les Anciens. Pour lui, le XVIIᵉ siècle n'a rien à envier à l'Antiquité. Il croit au progrès. C'est l'origine de sa brouille avec Boileau, et le début d'une polémique littéraire qui ne s'achève qu'en 1694.

Mais Perrault doit essentiellement son succès à ses contes. Ce Moderne passe finalement à la postérité en se réappropriant un genre ancien. ■

La lecture des *Contes*

Un moment partagé de plaisir et d'éducation : autour du livre, tenu par la grand-mère, se réunissent toutes les générations.

Gustave Doré (1832-1883), frontispice de l'édition originale des *Contes* de Perrault, 1697.

Contes de ma mère l'oie | 1691-1697   Mort de Perrault | 1703

| 1670 | 1680 | 1690 | 1700 |

1687 : *Le Siècle de Louis le Grand*

1688-1697 : *Parallèle des Anciens et des Modernes*

Saint-Simon **fait chuter** Louis XIV **de son piédestal**

Louis de Rouvroy
Duc de Saint-Simon
1675-1755

Évoquant les dernières années du xviiᵉ siècle, rédigés en plein xviiiᵉ et seulement publiés au xixᵉ, les *Mémoires* de Saint–Simon connurent un sort mouvementé : ils désacralisaient trop le pouvoir !

Près de quatre-vingts ans de censure !

À sa mort, en 1755, Saint-Simon laisse derrière lui trois mille cahiers manuscrits de « mémoires ». Sitôt leur existence connue, Louis XV en interdit la publication et ordonne leur dépôt sous scellés aux archives des Affaires étrangères. Ils y restent jusqu'à la veille de la Révolution.

Une première édition, fort incomplète et anonyme, paraît en 1781. Ce n'est qu'en 1830 que paraissent en vingt et un volumes les *Mémoires complets et authentiques du duc de Saint-Simon*.

Un écrivain inclassable

■ Ses outrances éloignent Saint-Simon de l'idéal classique et le rapprochent de la période baroque. Son réalisme, sa verve et parfois son sens du mélodrame le rattachent au xviiiᵉ siècle, dont ses préjugés de caste l'éloignent par ailleurs. Saint-Simon est à tous égards un cas à part, tout comme son œuvre dont la lecture, presque nécessairement par extraits, demeure réjouissante. ■

Un réactionnaire à Versailles

Duc et pair de France, Saint-Simon est un grand seigneur imbu de son rang, attaché à ses prérogatives et nostalgique d'un ordre ancien où le roi associait sa noblesse au gouvernement du royaume. Aussi, l'absolutisme de Louis XIV, réduisant l'aristocratie à une obéissance servile, lui semble-t-il signer le crépuscule de la monarchie.

Cette sensibilité de grand féodal s'irrite en outre de ses aigreurs et désillusions de courtisan, contraint de quitter Versailles et de se retirer sur ses terres de La Ferté.

Les petitesses de la grande Histoire

Mémorialiste, Saint-Simon décrit les événements dont il fut témoin ; historien, il veut les commenter. Point de contradiction à ses yeux entre ces deux démarches. L'Histoire, pense-t-il, dépend pour beaucoup du caractère de ceux qui la font ; d'où la nécessité d'en découvrir et révéler « les intérêts, les vices, les vertus, les passions, les haines, les amitiés ». C'est privilégier la psychologie au détriment de logiques plus profondes. La peinture de la cour n'en devient que plus féroce.

Ces *Mémoires* dévoilent « l'envers du Grand Siècle ». Chateaubriand, Stendhal, Hugo, Proust admirèrent leur « beau style de grand seigneur » (Victor Hugo).

1675 Naissance de Saint-Simon	1691-1723 *Mémoires*		
1670	1680	1690	1700	1710

1691-1707 : Tomes 1 à 5

1707-1715 : Tomes 6 à 11

Louis XIV entouré de sa cour

Pierre Puget (1620-1694) présente sa statue du Milon de Crotone à Louis XIV (1638-1715), dans les jardins du château de Versailles. Les représentations de la cour participent de la mise en scène monarchique critiquée par Saint-Simon.

Gabriel Lemonnier (1743-1824), huile sur toile, 1814. Rouen, musée des Beaux-Arts.

On n'est ami de la vérité qu'autant qu'elle favorise. »

■ Saint-Simon, *Mémoires*, 1691.

Louis XIV voulait régner par lui-même ; sa jalousie là-dessus alla sans cesse jusqu'à la faiblesse. Il régna en effet dans le petit ; dans le grand, il ne put y atteindre, et jusque dans le petit il fut souvent gouverné. »

■ Saint-Simon, *Mémoires*, 1715.

Mémoires et autobiographies

Si les mémoires sont autobiographiques, les autobiographies ne sont pas à l'inverse des mémoires.

L'autobiographie est centrée sur l'existence individuelle, particulière, du narrateur.

L'auteur de mémoires possède une ambition plus vaste. Il veut dépeindre son temps à travers sa propre existence.

Force est toutefois de reconnaître que la frontière entre les deux genres est parfois floue, comme par exemple dans l'*Histoire de ma vie* de George Sand (1854).

Mort de Saint-Simon **1755**

| 1720 | 1730 | 1740 | 1750 |

6-1718 : Tomes 12 à 15
1718-1723 : Tomes 16 à 21

1699

Fénelon écrit pour instruire les princes

En 1699, paraissent *Les Aventures de Télémaque*, un roman d'aventures et de voyages destiné à guider le petit-fils de Louis XIV sur la voie de la morale et d'un juste exercice du pouvoir.

François de Salignac de La Mothe-Fénelon
1651-1715

Un roman pédagogique

Fénelon écrit pour le duc de Bourgogne *Les Aventures de Télémaque*, qu'il présente comme une continuation du IVe livre de *L'Odyssée* d'Homère. Il fait revivre l'histoire et les héros de l'Antiquité, qui doivent servir de modèles au futur roi.

Un traité de réflexion politique

Télémaque, parti à la recherche d'Ulysse, son père, reçoit les leçons de Mentor, personnage derrière lequel se dissimule la déesse Minerve. Au cours de son voyage initiatique, il étudie le mode de vie et l'organisation politique des peuples qu'il rencontre, et même une société utopique, la Bétique, étrangère au luxe et à la corruption, qui rappelle l'âge d'or.

> *[Le Roi] peut tout sur les peuples ; mais les lois peuvent tout sur lui. Il a une puissance absolue pour faire le bien, et les mains liées dès qu'il veut faire le mal.* »
>
> ■ Fénelon, *Les Aventures de Télémaque*, 1699.

Dans son œuvre, Fénelon présente sa vision des mœurs et de la monarchie. Il défend un pouvoir qui respecte la morale et les lois. Pour lui, la guerre est un désastre, le roi doit l'éviter à tout prix et rechercher le bonheur de son peuple.

Une œuvre polémique

La publication de l'œuvre vaut à Fénelon la disgrâce. Le roi n'apprécie guère ce qu'il considère comme une satire de l'absolutisme et du luxe en vigueur à la cour. Le roman est toutefois l'objet de multiples rééditions et traductions. Au XVIIIe siècle, les philosophes des Lumières l'admirent, y lisant l'une des premières réflexions sur le despotisme éclairé, monarchie bien tempérée, dont Montesquieu développe les principes.

Fénelon : l'Église et la cour

■ Fénelon, dont beaucoup d'ancêtres avaient été évêques, entreprend à vingt-quatre ans une carrière de prêtre. Il est remarqué pour ses qualités de prédicateur, soucieux de défendre la foi. On le charge de remettre sur la voie du catholicisme de jeunes protestantes converties. Il poursuit ensuite une brillante carrière à la cour.

En 1689, il est nommé précepteur du duc de Bourgogne, petit-fils de Louis XIV. À son œuvre, il donne alors une dimension pédagogique. Mais le roi le choisit pour être archevêque de Cambrai en 1695, ce qui lui impose une forme d'exil. Il meurt la même année que Louis XIV, sans n'être jamais rentré en grâce. ■

Télémaque conduisant Théoclymène devant sa mère

Jacob Jordaens, peintre flamand, représente les personnages d'Homère dans un riche décor du XVIIᵉ siècle.

Jacob Jordaens (1593-1678), huile sur toile, 122 × 230 cm. Aix-en-Provence, musée Granet.

> ❝ Il faut changer le goût et les habitudes de toute une nation ; il faut lui donner de nouvelles lois. Qui le pourra entreprendre, si ce n'est un roi philosophe, qui sache, […] encourager les sages ? ❞

■ Fénelon, *Les Aventures de Télémaque*, 1699.

Jacques-Bénigne Bossuet

Bossuet (1627-1704) commence sa carrière par la prêtrise, à vingt-cinq ans. Excellent prédicateur, célèbre pour ses oraisons funèbres lyriques, il est nommé évêque de Condom, puis de Meaux, en 1681. Il devient également précepteur du Dauphin, fils de Louis XIV. ■

Le quiétisme, les raisons d'une discorde

Le quiétisme, issu de la doctrine de Molinos, théologien espagnol du XVIIᵉ siècle, est défendu à la cour par Mme Guyon (1648-1717), dont Fénelon devient un proche. Il s'agit de rechercher la quiétude, la communion avec Dieu, dans un abandon mystique qui n'implique aucun recours à la prière, aux rites traditionnels ou aux dogmes.

L'Église ne voit pas d'un bon œil le succès du quiétisme, qui séduit un temps Mme de Maintenon. Elle tente donc de reprendre le pouvoir : elle en condamne certaines propositions. Bossuet (1627-1704) prend la tête de cette opposition. Il livre contre Fénelon une guerre sans merci, dont il sort vainqueur. Mme Guyon finit emprisonnée et Fénelon disgracié.

Les Aventures de Télémaque **1699**

Mort de Fénelon **1715**

1690   **1700**   **1710**

Vers 1685 : *Traité de l'existence de Dieu*

1714 : *Lettre à M. Dacier*

1687 : *Traité de l'éducation des filles*

vers 1690 : *Fables*

Le XVIIIe siècle

Le siècle des Lumières

En 1715, la mort de Louis XIV met fin à un règne long et assombri, dans ses dernières années, par les nombreuses difficultés du royaume. Un léger vent de liberté souffle alors sur la littérature.

Dans les années qui suivent, les écrivains des Lumières vont contribuer à mettre en place un climat de contestation et de polémique autour des pouvoirs politiques et religieux. Gavroche n'avait pas entièrement tort lorsqu'il chantait que les révolutions étaient « la faute à Voltaire » et « la faute à Rousseau » !

Un dîner de philosophes
Voltaire reçoit à Ferney les plus grands esprits de son temps.
Gravure du XVIIIe siècle. Collection particulière.

Du triomphe du rationalisme...

Les hommes des Lumières vont s'appuyer sur le rationalisme du siècle précédent pour tout soumettre à l'esprit d'examen. Ni la monarchie, ni l'Église n'échappent à leur volonté de penser plus librement et par eux-mêmes, sans se laisser imposer des vérités préétablies.

Animés par leur confiance en la raison, ils débattent de science dans les salons et les sociétés savantes. L'époque est effectivement aux progrès : Lavoisier invente la chimie moderne ; la médecine laisse entrevoir la possibilité de se protéger de maladies comme la variole ; Bougainville, Cook, La Pérouse, dans des voyages qui donnent lieu à de nombreux récits, élargissent les horizons de chacun.

... à l'émergence d'une nouvelle sensibilité

Le XVIIIe siècle est marqué par les passions polémiques. Les débats entre les défenseurs des Lumières et leurs opposants sont vifs. La Révolution est une période d'effervescence particulière, au cours de laquelle le rationalisme semble parfois montrer ses limites.

L'époque est aussi celle de l'émergence d'une littérature plus personnelle, qui prend en compte la sensibilité. Avec Rousseau naît l'autobiographie moderne. Les nombreuses correspondances, réelles ou fictives, montrent que l'on n'hésite plus à dire « Je ». L'universalité n'est plus l'horizon idéal de la littérature. Le romantisme, au début du XIXe siècle, héritera de ces évolutions.

Des conditions de publication encore difficiles

La pensée des Lumières se heurte à l'hostilité des pouvoirs politiques et religieux. L'obtention d'un « privilège », c'est-à-dire d'une autorisation de publier, suppose que l'ouvrage ait affronté avec succès la lecture des censeurs, qui peuvent prononcer de lourdes peines – emprisonnement, bannissement… – s'ils considèrent que l'œuvre ne respecte pas la morale, la monarchie ou la religion. Beaucoup d'auteurs passent donc maîtres dans l'art de contourner la censure. Le meilleur moyen pour y échapper est de publier anonymement ou à l'étranger, en particulier à Londres, en Suisse, ou en Hollande, pays réputé plus libéral.

Malgré ces difficultés et la persistance d'un analphabétisme dominant dans la société, la littérature connaît un succès grandissant : le roman apparaît de plus en plus comme un genre majeur ; le goût pour le théâtre se confirme ; les écrivains prennent position nettement sur les grandes questions de leur temps. Seule la poésie semble en retrait, face à la primauté qui est encore donnée à la raison et à l'argumentation.

Une littérature pour la Révolution ?

Au cours de la période, émergent en France, en Allemagne, en Angleterre et dans l'Europe entière, des aspirations à davantage de justice et de liberté. Même au théâtre, les valets mettent en question l'ordre social ! Figaro, l'insolent personnage de Beaumarchais, sait que l'on ne mérite aucun privilège, lorsqu'on se donne simplement « la peine de naître ». Cinq ans après la première représentation du *Mariage de Figaro*, les Parisiens prennent la Bastille.

Les hommes des Lumières n'avaient probablement pas tous voulu cette Révolution. Ils avaient même espéré que le despotisme éclairé puisse être un régime acceptable, compatible avec le bonheur des peuples. La Révolution ne les a d'ailleurs pas ménagés : Condorcet, arrêté, est sans doute contraint au suicide ; Chénier est guillotiné. Mais elle a consacré le triomphe de leurs idées, dont la Déclaration des Droits de l'Homme et du Citoyen porte témoignage.

1730
Marivaux, *Le Jeu de l'amour et du hasard*

1721
Montesquieu,
Lettres persanes

1751
D'Alembert et Diderot,
L'Encyclopédie

Régence* **Louis XV**

1715   1723

XVIIIᵉ siècle : Les Lumières

*Régence du duc d'Orléans – **Monarchie Constitutionnelle

1731
L'abbé Prévost,
Manon Lescaut

1759
Voltaire, *Candide*

1763
Voltaire,
Traité sur la tolérance

1779
Mme du Châtelet,
Discours sur le bonheur

1784
Beaumarchais,
Le Mariage de Figaro

1788
Bernardin de Saint-Pierre,
Paul et Virginie

	Louis XVI	M.C.**	Iʳᵉ Rép.	Consulat

1774   1789 1792   1799   1804

1775-1783 Guerre d'indépendance en Amérique

1789-1799 Révolution française

**Fin xviiiᵉ siècle :
Les écrivains de la Révolution**

1765-1770
Rousseau,
Les Confessions

1782
Laclos,
Les Liaisons dangereuses

1780
Diderot,
Jacques le Fataliste

1721

Montesquieu publie des lettres satiriques et polémiques

Charles-Louis de Secondat, baron de la Brède et de Montesquieu
1689-1755

En 1721 paraît à Amsterdam, sans nom d'auteur, un roman sous forme de lettres, les *Lettres persanes*. Le texte est impertinent, le succès immédiat. Et Montesquieu, qui en reconnaît la paternité, voit s'ouvrir à lui les portes des salons parisiens et les cercles de l'élite intellectuelle qu'agite déjà l'esprit des Lumières.

Un grand seigneur et un esprit libre

Issu de la noblesse libre de province, le baron de Montesquieu refuse de s'installer à la cour et de mendier la faveur royale. Très attaché à sa terre bordelaise, participant à la vie locale (il est conseiller puis premier président du parlement de Bordeaux), il n'est pas pour autant un réactionnaire. Loin de Paris, il en observe les modes, sans en subir l'influence.

Il voyage aussi, dans toute l'Europe, consignant ses observations et ses réflexions dans des carnets. À l'image d'Usbek, l'un des deux héros des *Lettres persanes*, Montesquieu est un esprit curieux et cosmopolite.

La pensée politique

Homme de lettres, Montesquieu est aussi un penseur et un philosophe. Parallèlement à la satire, de nombreux passages des *Lettres* préludent à *De l'esprit des lois*, la forme romanesque lui permettant de faire passer ses idées sur la liberté, la justice, les lois, l'esclavage, la colonisation, la tolérance. Ce grand livre sur les lois paraît en 1748. Montesquieu meurt à Paris en 1755. ▪

La satire des mœurs et des institutions

De 1712 à 1720, deux seigneurs persans, Usbek et Rica, sillonnent la France. Chemin faisant, ils échangent une correspondance riche et plaisante avec leurs parents et amis restés en Perse, abordant toutes sortes de sujets : politiques, religieux, moraux, économiques, sociaux.

Le regard neuf de l'étranger invite le lecteur français à examiner, d'un œil distancié, les institutions et les usages de son propre pays, dont les habitudes paraissent alors ridicules et absurdes.

Sur un ton railleur et avec une ironie mordante, Montesquieu se livre à une critique générale de la société de son temps. Tout y passe : le despotisme, la religion, la comédie sociale, la tyrannie de l'opinion, les malversations financières, l'injustice.

Au vrai, Montesquieu pose la question la plus importante : passant par « Comment peut-on être Persan ? », il se demande en fait : « Comment peut-on être Français ? »

| 1689 | Naissance de Montesquieu | | | Lettres persanes | 1721 |
| 1690 | | 1700 | | 1710 | 1720 |

1717 : *Éloge de la sincérité*

De l'esprit des lois (1748) : un traité contre la tyrannie

Pour Montesquieu, De l'esprit des lois est l'œuvre d'une vie. C'est une somme, en trente et un livres, de ses observations et réflexions sur les questions politiques et sociales.

S'il condamne le despotisme, mode de gouvernement fondé sur la crainte et corrompu par nature, il soutient la monarchie, lorsqu'elle est, comme en Angleterre, régulée par une Constitution et que les pouvoirs législatif, exécutif et judiciaire ne sont pas aux mains d'un seul homme. Il défend la liberté contre les abus de pouvoir, « l'esclavage des nègres » et l'intolérance.

L'œuvre est condamnée par le pape. Référence majeure pour la pensée politique et sociale, elle a inspiré les auteurs de la Constitution américaine et nourri la réflexion sur les Droits de l'homme.

Mme de Pompadour en femme turque

Mme de Pompadour, favorite de Louis XV, pose dans un décor chaud et voluptueux, qui évoque l'Orient.

Charles-André van Loo, dit Carle van Loo (1705-1765), *Sultane buvant du café*, huile sur toile, 132 × 162 cm, 1752. Saint-Pétersbourg (Russie), musée de l'Ermitage.

❝ *Ah ! ah ! Monsieur est Persan ? C'est une chose bien extraordinaire ! Comment peut-on être Persan ? »*

▮ Montesquieu, *Lettres persanes*, Lettre 30, 1721.

La mode des turqueries

Les turqueries, objets ou œuvres d'art qui évoquent la culture turque, sont à la mode au XVIIIe siècle. On se souvient que Molière fit rire avec la cérémonie turque du *Bourgeois gentilhomme* (1670) et, en 1704, la traduction des *Mille et Une Nuits* par Galland rencontre le succès.

L'Empire ottoman est un symbole d'exotisme et de raffinement. Le Grand Turc est aussi considéré comme un tyran, dont la critique renvoie indirectement à celle de la monarchie. Dans son pamphlet, *De l'horrible danger de la lecture*, Voltaire se moque avec férocité du « moupthi du Saint-Empire ottoman », qui édicte des lois destinées à maintenir le peuple dans l'ignorance.

Mort de Montesquieu **1755**

| 1730 | 1740 | 1750 |

1734 : *Considérations sur les causes de la grandeur des Romains et de leur décadence*

1748 : *De l'esprit des lois*

Marivaux invente le marivaudage

Pierre Carlet de Chamblain de Marivaux
1688-1763

Le Jeu de l'amour et du hasard, comédie de l'amour, est créé le 23 janvier 1730 par la Comédie-Italienne. Si, comme à l'ordinaire, la critique boude Marivaux, le public, lui, applaudit, conquis par une expression toute nouvelle des sentiments : le marivaudage.

Marivaux, un Moderne

Marivaux participe à l'avant-garde littéraire de son temps. Dans la célèbre Querelle, il s'engage résolument au côté des Modernes. Se libérer de tout modèle, rompre avec l'esthétique du passé, exprimer la réalité contemporaine dans une forme nouvelle, telle est son ambition. Le « joli temps » de la Régence est passé par là : les mœurs se sont libérées, les mentalités, les goûts ont changé. On aspire à plus de vérité, à un style de vie plus soucieux de la liberté des individus.

C'est dans cette modernité-là que s'ancre *Le Jeu de l'amour et du hasard* : nouvelle conception du mariage et de l'amour, nouveaux rapports entre les parents et les enfants, entre les sexes, et nouvelle manière pour le dire : le marivaudage.

Le marivaudage, duel des mots, duel des cœurs

Comment épouser un homme qu'elle ne connaît pas ? L'idée fait horreur à Silvia, dont le père vient d'arranger le mariage avec Dorante. Pour étudier librement son futur mari, elle décide d'échanger son rôle avec celui de sa domestique. Mais la jeune femme ignore que Dorante a eu la même idée. L'aventure du marivaudage, où l'on se masque pour mieux se démasquer et débusquer ses sentiments, peut commencer.

Car le grand motif du théâtre de Marivaux, c'est l'amour. Comment le faire sortir des « niches » où il se cache ? Par les escarmouches du seul langage. Le champ de bataille du marivaudage, ce sont les mots dont l'enchaînement traduit le cheminement du sentiment, jusqu'à son acceptation au mépris des conventions sociales et de l'amour-propre.

Marivaux et la postérité

Marivaux, mal compris au XVIIIe siècle et peu connu au suivant, devient vraiment populaire au XXe siècle. Il est, après Molière, l'auteur le plus joué du répertoire. Car le marivaudage, autrement dit la recherche de la transparence à soi-même et à l'autre par la parole, fait de l'auteur du *Jeu* un auteur de notre temps.

1688 Naissance de Marivaux

| 1680 | 1690 | 1700 | 1710 | 1720 |

1720 : *Arlequin poli par l'amour*
1722 : *La Surprise de l'amour*
1723 : *La Double Inconstan*
1724 : *Le Prince travesti ; La Fausse Sui*

Les Comédiens italiens

Watteau représente les personnages typiques de la comédie italienne pour lesquels Marivaux a écrit. On peut reconnaître, au centre de la scène, Pierrot, Colombine et Arlequin.

Antoine Watteau (1684-1721), huile sur toile, 63,8 × 76,2 cm, 1719-1720. Washington, National Gallery of Art.

> *Je dirai ce qu'il te plaira : que me veux-tu ? je ne te hais point. Lève-toi ; je t'aimerais, si je pouvais ; tu ne me déplais point ; cela doit te suffire. »*

■ Marivaux, *Le Jeu de l'amour et du hasard*, acte II, scène 10, 1730.

La comédie italienne

En 1697, soupçonnés de vouloir représenter une comédie critiquant Mme de Maintenon, épouse de Louis XIV, les Comédiens italiens sont chassés du royaume. Mais la troupe, dirigée par Luigi Riccoboni (1675-1753), revient en 1716, à l'invitation du régent Philippe d'Orléans. Marivaux fait représenter à ces comédiens la majorité de ses pièces. Ils héritent du jeu vif et parfois improvisé de la « commedia dell'arte ». Arlequin est l'un de leurs personnages essentiels.

Marivaux et la comédie sociale

Marivaux n'a pas seulement écrit sur l'amour. Il a aussi évoqué les inégalités et l'injustice de la société. Dans *L'Île des esclaves* (1725), il imagine une utopie dans laquelle les esclaves doivent prendre la place de leurs maîtres, et inversement. Il s'agit de faire prendre conscience aux maîtres de leurs excès. Pour eux, l'humiliation doit avoir une vertu pédagogique ! Mais Marivaux n'est pas un révolutionnaire. Une fois la leçon bien comprise, les maîtres retrouvent leur position de domination. D'une réflexion sur les droits du plus faible à la défense de l'égalité, il y a un pas que Marivaux ne franchit pas. ■

1731

Prévost peint la violence des passions

Antoine François Prévost 1697-1763

Manon Lescaut est une œuvre qui met en scène les passions, auxquelles les personnages, en héros tragiques, succombent. Prévost entend ainsi dénoncer l'abandon de la société parisienne de la Régence (1715-1723) à l'argent et au vice.

Une œuvre libertine

Antoine François Prévost, destiné à la prêtrise, reçoit l'enseignement des jésuites, avant de rompre avec son père, à dix-sept ans, pour une femme. Son existence désordonnée lui inspire ses *Mémoires et aventures d'un homme de qualité*, dont l'*Histoire du chevalier Des Grieux et de Manon Lescaut* est le septième tome. Comme l'abbé Prévost, Des Grieux est en conflit avec son père, qui n'accepte pas son amour pour Manon. Comme lui, il connaît la passion et l'exil.

La fatalité des passions

L'histoire tragique de Manon et du chevalier commence par un coup de foudre. Le sage Des Grieux oublie son éducation d'aristocrate pour vivre avec Manon une relation fiévreuse. Comme deux enfants, ils espèrent vivre libres et heureux, sans tenir compte des contraintes sociales.

> 66 *J'avais marqué le temps de mon départ d'Amiens. Hélas ! que ne le marquais-je un jour plus tôt ! j'aurais porté chez mon père toute mon innocence.* »
>
> ■ Abbé Prévost, *Manon Lescaut*, 1731.

Mais ils n'échappent pas aux difficultés financières, qui poussent Manon à l'infidélité. L'un et l'autre se laissent aller au vice, au mensonge et à l'escroquerie. Le départ pour l'Amérique leur offre un espoir illusoire de salut, car il leur faut fuir dans le désert de Louisiane, pour échapper à la violence du monde. Manon en meurt, épuisée par sa quête vaine de la liberté et du bonheur.

Un succès de scandale

Le roman fait scandale à sa parution : il est condamné à être brûlé ! Manon, femme fatale, et Des Grieux, personnages aussi émouvants qu'immoraux, séduisent toutefois leurs lecteurs, dont Massenet et Puccini, qui proposent des adaptations de l'œuvre pour l'opéra, au XIXᵉ siècle.

Le «Je» face à l'Histoire

Au XVIIIᵉ siècle, l'écriture personnelle s'impose en littérature. Les mémoires sont un genre majeur.

1717	Des mémoires qui s'appuient sur l'histoire : *Mémoires du cardinal de Retz* (1613-1679), rédigés entre 1665 et 1677.
1728-1731	Des mémoires qui glissent vers la fiction : *Mémoires et aventures d'un homme de qualité*, de l'abbé Prévost.
1727	Des mémoires libertins : *Mémoires de l'abbé de Choisy habillé en femme*, de l'abbé de Choisy (1644-1724).
1830	Des mémoires qui racontent la vie à la cour de Louis XIV : *Mémoires* de Saint-Simon (1675-1755), écrits de 1739 à 1752.

L'Angleterre et l'Amérique : d'autres mondes ?

Au XVIIIᵉ siècle, l'Angleterre, une monarchie parlementaire, et l'Amérique apparaissent comme des espaces de liberté. Manon et Des Grieux fuient à La Nouvelle-Orléans, et c'est en Amérique du Sud que Voltaire situe l'Eldorado, l'utopie de *Candide* (1759).

L'Europe est aussi une source d'inspiration pour les Américains. Benjamin Franklin (1706-1790), qui incarne les Lumières américaines, contribue à la transmission des idées européennes aux États-Unis. *De l'esprit des lois* de Montesquieu, qui définit le principe fondamental de la séparation des pouvoirs, est l'une des œuvres à l'origine de la Constitution américaine (1787).

Les Hasards heureux de l'escarpolette

Amour et libertinage se retrouvent dans ce tableau de Fragonard qui relance le genre des fêtes galantes avec le classique triangle amoureux.

Jean Honoré Fragonard (1732-1806), huile sur toile, 81 × 64,2 cm, 1767. Londres, Wallace Collection.

1763 Mort de Prévost

1740	1750	1760

1735 : *Le Doyen de Killerine*

1740 : *Histoire d'une Grecque moderne*

L'*Encyclopédie*, chef-d'œuvre des Lumières, voit le jour

C'est en 1751 que paraît le premier volume de l'*Encyclopédie*. Embrassant tous les domaines de la connaissance, l'ouvrage entend contribuer au progrès moral et au bonheur des hommes.

Jean
Le Rond
d'Alembert
1717-1783

Une traduction devenue création

L'*Encyclopédie* aurait dû être la traduction de la *Cyclopaedia* (1728), de l'Anglais Chambers. Mais le projet, que le libraire Le Breton confie à Diderot (1713-1784), vite secondé par d'Alembert, prend une autre tournure. Il donne lieu à une création originale, l'*Encyclopédie ou Dictionnaire raisonné des sciences, des arts et des métiers*, dont l'ampleur mobilise de nombreux collaborateurs.

L'*Encyclopédie* en quelques chiffres

- Plus de 4 000 souscripteurs
- Un tirage à 4 255 exemplaires
- Un prix de vente de 372 livres
- 17 volumes de textes
- 11 volumes d'illustrations
- Plus de 71 000 articles

Une somme des connaissances humaines

Inspirée par l'esprit d'examen et l'optimisme qui caractérisent la pensée des Lumières, l'*Encyclopédie* est une synthèse ambitieuse des connaissances théoriques et techniques de l'époque. L'ouvrage comprend vingt-huit volumes (onze volumes de planches gravées) publiés entre 1751 et 1772. Le classement alphabétique, la précision des informations et la beauté des illustrations, révélant l'importance nouvelle accordée aux arts mécaniques, contribuent à son efficacité didactique.

Une œuvre de combat

L'*Encyclopédie* a aussi une dimension critique et polémique. Sous couvert de l'ironie, dans des entrées apparemment anodines comme « Capuchon », « Aigle » ou « Junon », les préjugés et les discours d'autorité sont remis en cause au nom de la raison et de la liberté de penser.

> ❝ *Aucun homme n'a reçu de la nature le droit de commander aux autres. La liberté est un présent du Ciel, et chaque individu de la même espèce a le droit d'en jouir aussitôt qu'il jouit de la raison.* »
>
> ■ Denis Diderot, article « Autorité politique », *Encyclopédie*, 1751.

En politique, les Encyclopédistes, sans être révolutionnaires, pourfendent les abus de l'absolutisme monarchique. Sur le plan religieux, ils combattent les superstitions, le fanatisme et l'intolérance.

L'*Encyclopédie* paraît donc malgré la censure et l'hostilité des pouvoirs, après une bataille de près de vingt ans !

152

L'*Encyclopédie* de Diderot et d'Alembert | 1751-1772

1740   **1750**

1745 : *Dictionnaire universel des arts et des sciences*, André François Le Breton

1747 : Traduction du *Dictionnaire* de Chambers, Diderot

1750 : « Prospectus » de l'*Encyclopédie*, projet de Diderot et d'Alembert   1751 : L'*Encyclopédie*, 1er volume

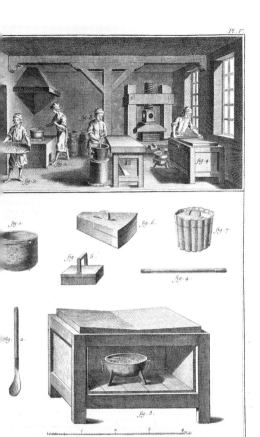

Pl. IV.

Confiseur, Chocolat et Moules pour les Fromages.

Des collaborateurs éclairés

1717-1783	D'Alembert, scientifique et codirecteur de l'*Encyclopédie*.
1714-1780	Condillac, philosophe.
1723-1768	Damilaville, haut fonctionnaire.
1676-1756	Dumarsais, grammairien.
1723-1789	D'Holbach, philosophe matérialiste et athée.
1704-1780	Jaucourt, auteur d'environ 17 000 articles !
1723-1799	Marmontel, auteur d'articles de critique littéraire et de morale.
1694-1774	Quesnay, médecin de Louis XV.
1712-1778	Rousseau, auteur d'articles sur la musique.
1716-1803	Saint-Lambert, poète.
1727-1781	Turgot, ministre de Louis XVI, qui réfléchit sur l'économie.
1694-1778	Voltaire, auteur d'articles sur l'histoire et la littérature.

153

Le confiseur et son laboratoire de fabrication du chocolat

Quatre ouvriers : le premier torréfie le cacao, le deuxième vanne les amandes, le troisième les pile et le quatrième broie le chocolat.
Les figures renvoient à chaque outil utilisé.

Louis-Jacques Goussier (1722-1799), *Encyclopédie*, 1762.

Le monde en images

C'est dans les années 1760, alors que la censure s'abat sur l'*Encyclopédie*, que paraissent les volumes de planches illustrées, moins facilement attaquables que le texte. Elles sont l'œuvre d'une équipe de graveurs, au premier rang desquels figure Louis-Jacques Goussier (1722-1799). Homme du peuple, à la fois artisan-dessinateur et homme de science, celui-ci signe pas moins de neuf cents planches. L'abondance et la beauté de ces illustrations, destinées à révéler en images les richesses de l'univers, ont assuré une part du succès de l'*Encyclopédie* au XVIIIᵉ siècle ; elles font encore aujourd'hui le charme de l'ouvrage.

1760

1757 : L'*Encyclopédie*, 7ᵉ volume
1759 : Condamnation de l'*Encyclopédie* par le pape Clément XIII
1765-1772 : L'*Encyclopédie*, derniers volumes (textes et planches)

Voltaire se fait conteur

Qualifié par Voltaire de « petite coïonnerie », *Candide* paraît à Genève en janvier 1759. Son succès est prodigieux et, malgré la répression policière, le livre est partout.
À la fin mars, il a déjà été réédité cinq fois à Paris.

François-
Marie
Arouet
dit Voltaire
1694-1778

Entre la paix du jardin et le malheur des temps

En 1755, indésirable à Paris (Louis XV ne l'apprécie pas) et à Berlin (Frédéric II ne veut plus le voir), Voltaire s'installe aux Délices, son domaine situé à Ferney près de Genève, bien décidé à y mener une retraite paisible dans le « meilleur des mondes possibles » – puisque la philosophie à la mode est l'optimisme. Mais les nouvelles du monde sont mauvaises : des encyclopédistes sont persécutés à Paris, la terre tremble à Lisbonne, la guerre de Sept Ans met l'Europe à feu et à sang. Alors Voltaire frémit, et il écrit *Candide*.

> « *Cela est bien dit,
> répondit Candide, mais
> il faut cultiver notre jardin.* »
>
> ■ Voltaire, *Candide*, 1759.

Entre les « convulsions de l'inquiétude » et la « léthargie de l'ennui »

Il était une fois le plus beau des châteaux où tout était pour le mieux. Mais voilà… Candide en est chassé et contraint de rouler sa bosse de par le monde. Et que découvre-t-il ? Qu'à rebours du credo optimiste de son maître Pangloss, tout n'est pas pour le mieux et même que tout va très mal : guerres, fanatisme, esclavage, fléaux naturels… Impossible de retrouver le paradis perdu. Que faire alors ? Se tenir à l'écart de la société et « cultiver son jardin » ?

De ce parcours de misères, Voltaire fait un conte : voyages, poursuites, enlèvements, personnages divers défilent à un rythme effréné, avec une gaieté endiablée et une verve satirique sans égale. Mais sans abdiquer son métier de philosophe : sous la fantaisie débridée, il dénonce, il en appelle à la conscience du lecteur, suscitant en lui pitié ou révolte.

Le conte philosophique

■ Le conte philosophique connaît son âge d'or au XVIIIe siècle. Le genre hérite de la structure du conte de fées et présente, comme lui, des personnages exceptionnels, aux aventures souvent invraisemblables. Mais l'intention est plus nettement didactique et polémique. Il s'agit de faire réfléchir les lecteurs sur une thèse : si avec *Candide*, Voltaire s'interroge sur l'optimisme, avec *Zadig*, il met en question la destinée. Le conte est une arme de combat contre l'intolérance et l'injustice. ■

1694 Naissance de Voltaire

1690	1700	1710	1720	1730

1718 : *Œdipe*
1728 : *La Henriade*
1731 : *Histoire de Charles XII*
1734 : *Lettres philosophiques*

Un dîner de philosophes
Interdit de séjour à Versailles, Voltaire reçoit à Ferney, près de la Suisse, les plus grands esprits de son temps : on reconnaît autour de lui Diderot, Condorcet et l'abbé Maury.
Gravure du XVIIIᵉ siècle. Collection particulière.

❝ *[L'optimisme] Hélas ! dit Candide, c'est la rage de soutenir que tout est bien quand on est mal.* »

▧ Voltaire, *Candide*, 1759.

Des hommes des Lumières contre l'esclavage

Au XVIIIᵉ siècle, le développement du commerce triangulaire et de la « traite des Noirs » fait de l'esclavage une question d'actualité, dont s'emparent les hommes des Lumières. Peut-on sacrifier des populations entières pour répondre aux caprices d'une Europe plus soucieuse de prospérité économique que de morale et de justice ?

Montesquieu, dans *De l'esprit des lois*, se livre à un réquisitoire ironique et sans appel contre l'esclavage. Voltaire, Rousseau et Jaucourt, entre autres, lui emboîtent le pas.
Il faut attendre Victor Schœlcher, en 1848, pour que leurs voix soient entendues et cette injustifiable pratique enfin abolie.

Candide ou l'Optimisme **1759**   Mort de Voltaire **1778**

1740   **1750**   **1760**   **1770**

36 : *Le Mondain*   1743 : *La Mort de César*   1752 : *Micromégas* ; *Le Siècle de Louis XIV*

1741 : *Mahomet*   1748 : *Zadig*   1756 : *Poème sur le désastre de Lisbonne* ;
Essai sur les mœurs et l'esprit des nations ;
Poème sur la loi naturelle

Le siècle
des Lumières

Les Lumières, mouvement culturel, philosophique et intellectuel, émergent à la fin du XVIIe siècle et se développent dans toute l'Europe au XVIIIe siècle. Elles vont contribuer à ébranler les certitudes traditionnelles. Confiants en la capacité humaine à se déterminer par la raison, les philosophes des Lumières s'efforcent de libérer les hommes de l'obscurantisme et de défendre la liberté, le progrès et le bonheur.

La lutte contre l'obscurantisme

La critique des superstitions

Les hommes des Lumières, influencés par les progrès de la science, veulent mettre un terme à la pensée magique qui parasite la réflexion religieuse : ils ne croient pas aux miracles ou aux vérités supposées incontestables.

La pensée des Lumières repose en effet sur la valorisation de l'esprit critique et de la curiosité intellectuelle. La raison est érigée en juge de la vérité.

L'opposition à la tyrannie

La monarchie absolue de droit divin n'échappe pas aux critiques. Ce régime qui opprime la majorité, pour maintenir, au profit de quelques-

> *Sapere aude ! Aie le courage de te servir de ton propre entendement : telle est donc la devise des Lumières.»*
>
> ■ Emmanuel Kant, *Qu'est-ce que les Lumières ?*, 1784.

uns, des privilèges fondés sur la naissance bien plus que sur le mérite, est fragilisé par de nombreux textes qui dénoncent les dérives avec ironie.

Pour Montesquieu, la séparation des pouvoirs est une manière d'en éviter les abus. Diderot et Voltaire, par exemple, défendent un régime censé être équilibré : le despotisme éclairé, incarné par Catherine II de Russie et Frédéric II de Prusse. Pour Rousseau (*Du Contrat social*, 1762), le peuple doit lui-même décider, dans sa souveraineté, de se soumettre à la volonté générale.

Des réquisitoires contre l'intolérance

Les écrivains des Lumières, et en particulier Voltaire, considèrent l'intolérance religieuse comme une maladie du corps social. Pour eux, la diversité des religions

Une soirée chez Madame Geoffrin

Dans ce salon, lieu essentiel de la vie culturelle de l'époque, on lit l'une des pièces de théâtre de Voltaire (dont le buste est présent à l'arrière-plan) : *L'Orphelin de la Chine*.

Gabriel Lemonnier (1743-1824), huile sur toile, 130 × 196 cm, 1755. Rueil-Malmaison, château de Malmaison.

occasionne de nombreux conflits, car les hommes se soucient plus de convertir leur prochain, que de vivre ensemble en s'appuyant sur ce qui les rassemble.

Le déisme, seule religion vraiment universelle, pourrait apaiser les tensions. Il invite à croire à un Dieu horloger, qui aurait créé le monde avant de le laisser fonctionner sans son intervention. Pour prier ce Dieu, nul besoin d'Église.

Des précurseurs

■ **Pierre Bayle** (1647-1706), avec les *Pensées diverses sur la comète* (1682), ouvre la voie aux penseurs des Lumières. Il raille les superstitions liées au passage d'une comète en 1680. Il défend ainsi l'importance de l'esprit critique, contre les préjugés. ■

■ **Bernard Le Bovier de Fontenelle** (1657-1757) prône lui aussi le rationalisme. Dans l'*Histoire des oracles* (1687), il critique la croyance aux « mystères », qui sont en fait les fruits de l'ignorance. La fameuse anecdote de la « dent d'or » en fournit un parfait exemple : la dent de l'enfant, qui avait donné lieu à de nombreux discours des savants, était en fait recouverte d'une feuille d'or. Bien loin d'être un miracle, ce phénomène n'était qu'une imposture ! ■

L'affirmation de valeurs nouvelles

La liberté

Les hommes des Lumières défendent la liberté de pensée et d'expression. Ils s'opposent à la censure, dont ils sont souvent les victimes et qui a même failli faire échouer l'un des plus grands projets du siècle : l'*Encyclopédie*.

Ils dénoncent également l'inhumaine brutalité de l'esclavage, à laquelle le Code noir (1685) donne un cadre légal. La voix de Montesquieu, de Voltaire et de Condorcet s'élève pour réclamer que la liberté soit une valeur universelle.

La justice

Ces mêmes penseurs prennent position dans de nombreuses affaires judiciaires de l'époque : les affaires Calas, La Barre, Sirven, entre autres. Voltaire se fait le champion de la lutte contre les erreurs judiciaires.

Ces scandales sont considérés comme révélateurs des dysfonctionnements de la justice, sans parler de la torture, pratiquée pour obtenir des aveux. La justice se devrait d'être plus respectueuse du droit des individus.

Les Lumières « radicales »

Si les hommes des Lumières sont loin d'être tous des révolutionnaires, certains critiquent le principe de la monarchie et défendent l'athéisme. Claude Adrien Helvétius (1715-1771) fait l'expérience, avec *De l'esprit* (1758), de la répression qui frappe les théories suspectes de matérialisme : son œuvre est condamnée au feu. Le baron d'Holbach (1723-1789), auteur du *Système de la nature* (1770), se montre aussi très critique à l'égard des croyances traditionnelles. Il explique que la religion prospère sur l'ignorance des peuples et qu'elle favorise le conservatisme social. Son athéisme l'oppose à Voltaire, convaincu que la morale a besoin du soutien de la croyance.

L'idée de bonheur

Pour les écrivains des Lumières, la raison mène au progrès des sciences et des techniques qui facilitent la vie des hommes. Ils croient aux vertus de l'éducation, qui guide vers l'autonomie.

Plus éclairés et plus vertueux, les hommes seraient aussi plus heureux. Promis auparavant dans un au-delà hypothétique, le bonheur devient une aspiration légitime sur terre, pour tous.

Les Lumières et la science

Les hommes des Lumières soumettent la nature à l'examen de la raison, pour tenter d'en découvrir les lois. Le xviiie siècle s'illustre par les progrès des sciences.

Buffon (1707-1788), grand mathématicien et surtout savant naturaliste, est l'auteur d'un ouvrage sur les connaissances de l'époque : l'*Histoire naturelle* (1749-1789). Dans cette œuvre considérable, en trente-six volumes, il aborde toutes les questions essentielles pour la connaissance de la nature. S'il a eu des collaborateurs pour ses recherches, c'est lui qui rédige ses conclusions dans un style qui allie élégance et rigueur.

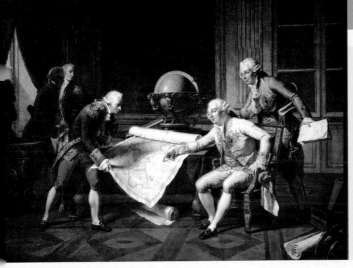

Louis XVI donnant ses instructions à *La Pérouse*

La Pérouse, né en 1741, part pour une expédition autour du monde en 1785. Louis XVI lui donne pour mission d'explorer l'océan Pacifique. En 1788, le navigateur disparaît mystérieusement.

Nicolas André Monsiau (1754-1837), huile sur toile, 172 × 227 cm, 1817. Versailles, musée national des châteaux de Versailles et de Trianon.

Les Lumières, un mouvement littéraire et culturel européen

1687	Isaac Newton, *Les Principes mathématiques de la philosophie naturelle*
1689	John Locke, *Lettre sur la tolérance*
1690	John Locke, *Essai sur l'entendement humain*
1704	Leibniz, *Nouveaux Essais sur l'entendement humain* (publiés en 1765)
1721	Jonathan Swift, *Les Voyages de Gulliver* (publiés en 1726)
1741-1783	David Hume, *Essais moraux, politiques et littéraires*
1764	Cesare Beccaria, *Des délits et des peines*
1776	Adam Smith, *Recherche sur la nature et les causes de la richesse des nations*
1776	Thomas Jefferson, *Déclaration d'indépendance des États-Unis*
1779	Lessing, *Nathan le Sage*
1781	Kant, *Critique de la raison pure*
1784	Kant, *Qu'est-ce que les Lumières ?*

> « *Ah ! s'il nous faut des fables, que ces fables soient du moins l'emblème de la vérité ! J'aime les fables des philosophes, je ris de celles des enfants, et je hais celles des imposteurs.* »

■ Voltaire, *L'Ingénu*, 1767.

Déclaration des Droits de l'Homme et du Citoyen

Les révolutionnaires ont retenu des écrivains de la Révolution l'éloge de la liberté et la reconnaissance de l'égale dignité des hommes, principes universels qu'ils inscrivent dans la Déclaration, adoptée le 26 août 1789.

Jean-Jacques-François Le Barbier (1738-1826), huile sur toile, 71 × 56 cm, 1789. Paris, musée Carnavalet.

Voltaire s'engage contre l'intolérance

François-Marie Arouet dit Voltaire
1694-1778

Le 10 mars 1762, un drapier protestant du nom de Calas est exécuté à Toulouse dans une atmosphère de passion fanatique. Un an plus tard, Voltaire publie son *Traité sur la tolérance à l'occasion de la mort de Jean Calas*.

Ferney, une retraite turbulente

En 1760 Voltaire vit à Ferney, une immense propriété à cheval sur la frontière franco-suisse. Mais il n'est pas coupé du monde : il tient table ouverte, reçoit des visiteurs de toute l'Europe et échange des milliers de lettres avec les grands esprits de son temps. C'est alors que le bruit de la mort du fils Calas parvient à Ferney. Voltaire s'informe, on lui fait un rapport détaillé du procès : infâme ! Il n'en dort plus, il lui faut éclaircir le mystère. L'affaire Calas – trois ans de tapage et de lutte – démarre.

L'affaire Calas

En 1761 le fils aîné du huguenot Jean Calas est retrouvé pendu dans la boutique familiale et son père accusé de l'avoir assassiné pour l'empêcher de se convertir. Condamné à mort, Calas est exécuté sur la roue après avoir été torturé.

Or, pour Voltaire, sa culpabilité n'est pas prouvée, et il entreprend de faire ce que les juges n'ont pas fait : l'instruction du dossier. Il en reprend les éléments un à un et interroge minutieusement chacun des témoins (membres de la famille et voisins).

Bientôt convaincu que le procès doit être révisé, il lance une vaste campagne que vient appuyer la publication du *Traité*. Et ça marche ! En 1764 le premier jugement est cassé et, l'année suivante, Calas est réhabilité.

Vers les droits de l'homme

Partant du cas particulier d'un homme exécuté après une parodie de procès, Voltaire impose à l'opinion la reconnaissance d'un principe : celui de tolérance, qui impose de lutter contre le fanatisme, pour la liberté de conscience et le droit de penser. C'est en cela que le *Traité sur la tolérance* marque une étape essentielle dans l'émergence de l'idée de Droits de l'Homme.

> « Il paraissait impossible que Jean Calas, vieillard de soixante-huit ans, qui avait depuis longtemps les jambes enflées et faibles eût seul étranglé et pendu un fils âgé de vingt-huit ans, qui était d'une force au-dessus de l'ordinaire. »

■ Voltaire, *Traité sur la tolérance*, 1763.

1694 Naissance de Voltaire

| 1690 | 1700 | 1710 | 1720 | 1730 |

Voltaire contre l'injustice

Voltaire ne cesse de dénoncer les dysfonctionnements de la justice de son temps : la partialité, la corruption, la torture.

Après Calas, il défend les Sirven en 1765. Protestants jugés coupables de la mort de leur fille, qu'ils auraient tuée pour l'empêcher de se convertir au catholicisme, le père et la mère sont condamnés à mort par contumace. Voltaire obtient leur acquittement en 1771.

Il n'a pas le même succès dans l'affaire du chevalier de La Barre, accusé de profanation. Le malheureux avait aussi le tort d'être un lecteur du *Dictionnaire philosophique* de Voltaire ! Le 1er juillet 1766, il est torturé, décapité, puis brûlé. ▨

Voltaire face à Rousseau

Tout semble opposer Voltaire et Rousseau. Le premier revendique le déisme, alors que le second se dit catholique. Voltaire raille en particulier la supposée fascination de Rousseau pour l'état de nature. Mais l'un et l'autre se rejoignent dans leur méfiance à l'égard de l'Église et des dogmes, causes de l'intolérance, l'un des plus grands maux de l'Histoire. La Révolution les réunit, en les faisant entrer au Panthéon (Voltaire en 1791 ; Rousseau en 1794).

Voltaire et l'affaire Calas

Voltaire promet son soutien à la famille Calas. Cette entrevue n'a jamais eu lieu mais, pour émouvoir le public, le peintre a pris des libertés avec la vérité historique pour la gloire de Voltaire après l'affaire.

École française, xviiie siècle. Saint-Quentin, musée Antoine-Lécuyer.

Rousseau inaugure l'autobiographie

Jean-Jacques Rousseau
1712-1778

Attaqué par un pamphlet diffamatoire où Voltaire révèle qu'il a abandonné ses cinq enfants, Rousseau réagit. Pour se justifier, il se lance dans l'écriture des *Confessions* : douze livres entre 1765 et 1770 qui, à sa demande, ne seront publiés qu'après sa mort.

Une confession et un plaidoyer

Quand il entreprend les *Confessions*, Rousseau est isolé psychologiquement et moralement ; timide et ombrageux, le penseur est en sécession avec la société corrompue. Deux de ses ouvrages viennent d'être condamnés, il est sous le coup d'un mandat d'arrêt et victime d'une campagne de dénigrement orchestrée par les Encyclopédistes. Le libelle de Voltaire l'achève.

Accusé, il va avouer ses fautes, les noircir même, mais sans plaider coupable : ses intentions étaient pures, c'est le destin qui est cruel. Au lecteur de juger et d'arbitrer. Tout en se confessant, il met en scène son innocence et lui demande de l'absoudre.

> *Je veux montrer à mes semblables un homme dans toute la vérité de la nature ; et cet homme ce sera moi.* »
>
> ■ Jean-Jacques Rousseau,
> *Les Confessions*, 1765-1770.

La première autobiographie moderne

Rousseau a-t-il eu des précurseurs ? Saint Augustin, dans ses *Confessions* (IVe siècle) s'adresse à Dieu, et Montaigne, dans ses *Essais* (XVIe siècle), fait son autoportrait. Jean-Jacques, lui, fait le récit des événements qui ont jalonné son existence et décrit la formation de sa personnalité : c'est en cela qu'il fonde l'autobiographie moderne.

Moderne, Rousseau l'est aussi parce qu'il brise un tabou : personne n'avait encore, sur le plan littéraire, évoqué l'enfance et l'adolescence où se constitue la personnalité, ni raconté des choses peu avouables (fantasmes, abandon de ses enfants).

Moderne, il l'est enfin par la nouvelle relation qu'il noue avec le lecteur, fondée sur le partage d'émotions et de sentiments communs, la vérité personnelle étant aussi la vérité de chacun.

Une postérité éclatante

Au XIXe siècle, l'introspection autobiographique, sous l'influence des romantiques, a le vent en poupe. Aux XXe et XXIe siècles, son succès se développe encore : les écrivains aiment à dire l'intimité du moi et s'exhibent dans des autofictions.

1712 Naissance de Rousseau

1710   1720   1730   1740

Le Premier Pas de l'enfance

Marguerite Gérard présente un enfant nu et innocent, qui apprend à marcher sous le regard bienveillant de sa famille. Son tableau témoigne de l'attention nouvelle accordée à l'enfant, au XVIIIᵉ siècle.

Marguerite Gérard (1761-1837), huile sur toile, 44 × 55 cm, vers 1785. Cambridge, Harvard Art museums.

Rousseau et l'enfance

Dans *Émile*, Rousseau réfléchit à des principes d'éducation susceptibles d'aider l'individu à s'intégrer dans la société, sans lui faire violence. Il insiste sur l'importance de l'autonomie : il faut avoir confiance en l'enfant et accompagner son éveil avec bienveillance.

Dans *Les Confessions*, il revient sur sa propre enfance, non sans quelque nostalgie pour ce paradis perdu. Il évoque les événements qui, d'après lui, ont été déterminants pour la constitution de sa personnalité. Il n'oublie pas les moments douloureux, dont les adultes sont souvent responsables, leur éducation dénaturant l'enfant, innocent et bon.

> 66 *Le premier qui ayant enclos un terrain s'avisa de dire : Ceci est à moi, et trouva des gens assez simples pour le croire, fut le vrai fondateur de la société civile.* »

■ Jean-Jacques Rousseau, *Discours sur l'origine de l'inégalité*, 2ᵉ partie, 1755.

Le bonheur de l'état de nature

Dans son *Discours sur l'origine de l'inégalité*, Rousseau décrit l'innocence et le bonheur du « bon sauvage ». Il considère que l'état de nature « n'a peut-être jamais existé ». Il le voit comme une fiction qui permet de juger et de comprendre l'état de société.

Pour lui, c'est la propriété qui a introduit, avec l'inégalité, les rivalités et les guerres parmi les hommes. Ceux-ci n'ont pas eu d'autre choix que de conclure un « contrat social », pour restaurer la paix, grâce à la justice et aux lois. ■

Mme du Châtelet fait l'éloge des passions

Gabrielle Émilie le Tonnelier de Breteuil, marquise du Châtelet
1706-1749

Les « réflexions sur le bonheur » de Mme du Châtelet sont publiées à titre posthume en 1779 sous le titre de *Discours sur le bonheur*. Ce texte bref et plaisant, jamais dogmatique, défend l'importance des passions dans la quête du bonheur.

Le bilan d'une vie heureuse ?

Émilie du Châtelet, l'un des esprits les plus brillants de son siècle, est connue, entre autres, pour avoir permis la diffusion de la pensée de Newton, en traduisant les *Philosophiae Naturalis Principia Mathematica* (1745). Scientifique et philosophe libre d'esprit, elle est aussi la célèbre maîtresse de Voltaire, puis du poète Saint-Lambert, dont elle est enceinte à 43 ans, avant de mourir tragiquement des suites de son accouchement.

Dans ses « Réflexions sur le bonheur », consignées dès 1746, elle s'appuie sur ses propres expériences pour livrer un plaidoyer universel en faveur des passions.

Un discours épicurien

Opposée aux exigences culpabilisantes des moralistes du siècle précédent et inspirée par l'épicurisme, Mme du Châtelet réhabilite les passions. Être heureux, sans attendre une incertaine vie éternelle, suppose d'être vertueux et de modérer ses désirs, sans les réprimer.

La quête du bonheur est une affaire de volonté. Pour préserver son bien-être physique, il s'agit d'éviter les excès ; pour être respecté dans la société, mieux vaut se conformer aux bienséances ; pour éviter l'erreur et la souffrance, il faut se détourner des préjugés et étudier, en particulier pour les femmes, pour accéder à la gloire. Mme du Châtelet, avec pragmatisme, constate que chacun a besoin d'espérer et d'aimer.

La modernité d'une philosophie au féminin

Ce *Discours sur le bonheur* fait entendre une voix philosophique féminine et moderne, l'une de celles qui ouvre la voie aux féministes des siècles suivants. Encore aujourd'hui, Mme du Châtelet apparaît comme un modèle de l'ambition intellectuelle.

Des femmes philosophes

Au XVIIIe siècle, Mme du Châtelet n'est pas la seule femme qui ose prendre la plume. Mme du Deffand (1697-1780), qui reçoit dans son salon les meilleurs esprits de son temps, partage elle aussi avec Voltaire, l'un des destinataires de sa correspondance, le goût pour la réflexion philosophique. Mais elle n'a pas l'optimisme de Mme du Châtelet : elle jette sur le monde un regard cruel et mélancolique.

Pèlerinage à l'île de Cythère

Cythère, une île grecque, est une utopie, symbole du bonheur et des plaisirs de l'amour. Watteau donne à cette scène un caractère à la fois galant et mélancolique.

Antoine Watteau (1684-1721), huile sur toile, 129 × 194 cm, 1717. Paris, musée du Louvre.

> « Décidons-nous sur la route que nous voulons prendre pour passer notre vie, et tâchons de la semer de fleurs. »

Mme du Châtelet, *Discours sur le bonheur*, 1779.

Une célèbre liaison

La liaison entre Mme du Châtelet et Voltaire se nourrit d'un véritable partage intellectuel. En 1735, alors que Voltaire doit fuir Paris, ils se réfugient au château de Cirey. Ils y travaillent comme des «philosophes voluptueux».

En 1737, elle lui fait concurrence secrètement en répondant, comme lui, à un concours de l'Académie des sciences sur la nature et la propagation du feu.

À sa mort, le philosophe, très affecté, a ce propos misogyne qui résonne toutefois comme un hommage sincère : «J'ai perdu un ami de vingt-cinq années, un grand homme qui n'avait le défaut que d'être femme, et que tout Paris regrette et honore. »

> « Il est donc à désirer d'être susceptible de passions, et je le répète encore : n'en a pas qui veut. »

Mme du Châtelet, *Discours sur le bonheur*, 1779.

Voltaire et Émilie du Châtelet

Dessins de Claude et Roger Petitpierre, *52 écrivains Haut-Marnais*, éditeur Dominique Guéniot, Langres, 2002.

«Réflexions sur le bonheur» | 1746-1749   1749 | Mort de Mme du Châtelet

1730   1740   1750

1740 : *Analyse de la philosophie de Leibniz*

1744 : *Dissertation sur la nature et la propagation du feu*   1745 : *Principia Mathematica* de Newton (traduction)

Diderot fait dialoguer Jacques et son maître

Denis Diderot
1713-1784

Jacques le Fataliste de Diderot reprend, pour mieux les dénoncer, les codes traditionnels du roman. L'œuvre a également une portée philosophique : elle propose une réflexion complexe sur le conflit entre le fatalisme et l'aspiration à la liberté.

Un long processus d'écriture

En 1765, Diderot découvre la *Vie et opinions de Tristram Shandy gentilhomme* (roman ironique) du Britannique Laurence Sterne. Il s'en inspire pour écrire *Jacques le Fataliste*, qu'il compose par étapes à partir de cette date. Jusqu'à sa mort en 1784, il ne cesse de proposer des additions à son œuvre.

Le genre romanesque en question

Jacques le Fataliste est-il un roman ? Le dialogue, omniprésent, en fait une œuvre polyphonique, dans laquelle le lecteur ne peut suivre en continu aucune intrigue. Jacques et son maître l'entraînent dans un voyage picaresque vers une destination inconnue, au cours duquel Jacques annonce le récit de ses amours, toujours interrompu par des histoires et des discussions philosophiques.

« Fataliste », convaincu que le déterminisme est à l'origine de toute action, Jacques, valet bavard et raisonneur, s'oppose à son maître, qui croit à la liberté individuelle.

Mais Diderot n'impose aucune doctrine à son lecteur, qu'il veut divertir. Le narrateur, tout-puissant, joue aussi avec ses attentes, pour mettre en question l'illusion romanesque. Les multiples interruptions et digressions l'invitent à prendre distance avec les contes, à n'être dupe d'aucune parole.

Une œuvre expérimentale ?

L'œuvre paraît par épisodes de 1778 à 1780 dans la *Correspondance littéraire* de Grimm, puis en 1796, à titre posthume. Si certains lecteurs des siècles passés ont été sensibles à la prose de Diderot, c'est surtout à l'époque contemporaine qu'en est reconnue la déroutante originalité.

Le choix du dialogue philosophique

Diderot accorde une importance fondamentale au dialogue, non seulement au théâtre, mais aussi dans les œuvres argumentatives ou romanesques.
Dans *Le Neveu de Rameau*, le lecteur est introduit dans une conversation brillante et désinvolte entre lui, le « neveu », et « moi ».
Le dialogue permet une écriture dynamique et plaisante. Il est surtout l'instrument de la quête philosophique.

1713 Naissance de Diderot

| 1710 | 1720 | 1730 | 1740 | 1750 |

1746 : *Pensées philosophiques*
1749 : *Lettre sur les aveugles à l'usage de ceux qui voient*
1751-1772 : *L'Encyclopédie*

Le 6ᵉ jour

Après le vol de son cheval et l'achat d'un autre, « Jacques et son maître avaient atteint le gîte où ils avaient la nuit à passer ». De cette auberge du Grand Cerf, ils repartent le 6ᵉ jour de leur voyage.

Jean-Baptiste Lallemand (1716-1803), *La halte à l'auberge*, huile sur toile, 42 × 51 cm, XVIIIᵉ siècle. Dijon, musée des Beaux-Arts.

❝ *Si mon ouvrage est bon, il vous fera plaisir ; s'il est mauvais, il ne fera point de mal.* »
▮ Denis Diderot, *Jacques le Fataliste*, 1780.

Inspiré de l'histoire de madame de la Pommeraye, une des parenthèses du récit de *Jacques le Fataliste*, le film de Robert Bresson souligne la grande place de l'amour dans cette œuvre de Diderot.

Robert Bresson, *Les Dames du bois de Boulogne*, photogramme, 1945.

❝ *Tout ce qui nous arrive de bien et de mal ici-bas est écrit là-haut.* »
▮ Denis Diderot, *Jacques le Fataliste*, 1780.

Diderot ou la liberté de pensée

Diderot, né à Langres, rejoint Paris pour faire ses études et rencontrer les esprits éclairés de son temps. L'audace de sa pensée, dominée par le matérialisme, lui vaut l'opposition des autorités : ses *Pensées philosophiques* (1746), entre autres, sont condamnées par le Parlement. L'*Encyclopédie* est certes le projet de sa vie, mais il travaille en parallèle à beaucoup d'autres œuvres, dans des genres divers. Au théâtre, il définit le drame bourgeois, qui renouvelle la dramaturgie classique. Dès 1759, il rédige les *Salons*, qui révèlent son intérêt pour la peinture. Dans le genre narratif, il met en question les codes traditionnels du roman. Il meurt d'une attaque d'apoplexie en 1784. ▮

| 1765-1780 | Jacques le Fataliste et son maître | 1784 | Mort de Diderot |

| 1760 | 1770 | 1780 |

1757 : *Le Fils naturel*
1760-1781 : *La Religieuse*
1758 : *Le Père de famille*
1762-1774 : *Le Neveu de Rameau*
1769 : *Le Rêve de d'Alembert*
1773 : *Supplément au Voyage de Bougainville*

Laclos **écrit le chef-d'œuvre** du **roman libertin**

Pierre Choderlos de Laclos 1741-1803

En 1782 paraissent *Les Liaisons dangereuses*, le premier roman de Pierre Choderlos de Laclos. Ce récit épistolaire qui annonce, sous les brillantes stratégies de séduction de ses protagonistes libertins, le crépuscule de la société de l'Ancien Régime promise à sa perte, reste le roman majeur du libertinage et l'œuvre d'une vie.

Du militaire à l'écrivain sulfureux

En 1761, encouragé par son père, Pierre Choderlos de Laclos accepte de faire carrière dans l'armée. Mais, se sentant condamné à une ennuyeuse vie de garnison, il commence à écrire, en secret, *Les Liaisons dangereuses* en 1779. Ce roman, épistolaire et libertin, met en scène des personnages aussi immoraux que fascinants : le vicomte de Valmont et la marquise de Merteuil. Laclos en achèvera la rédaction en 1782.

Le roman noir du libertinage

Dans *Les Liaisons dangereuses*, le libertinage fait des victimes : la jeune et naïve Cécile de Volanges et la prude Mme de Tourvel. Le vicomte de Valmont les séduit avant de les trahir. Il se livre à une véritable joute avec la marquise de Merteuil, son *alter ego* féminin, brillante et perverse, tout comme lui. Les deux personnages sont finalement punis pour leur immoralité : Valmont meurt en duel et la marquise, défigurée par la petite vérole, est contrainte à l'exil.

> *L'amour, la haine, vous n'avez qu'à choisir, tout couche sous le même toit ; et vous pouvez, doublant votre existence, caresser d'une main et frapper de l'autre. »*
>
> ■ Pierre Choderlos de Laclos,
> *Les Liaisons dangereuses*, lettre 74, 1782.

Par un subtil chassé-croisé de cent soixante-quinze lettres, ce roman veut révéler le vrai visage des libertins. Laclos les condamne-t-il, comme il le prétend ? Ne constate-t-il pas plutôt, avec une sombre lucidité, que seule la maîtrise du paraître assure la survie en société ?

Un succès de scandale

L'œuvre connaît, dès sa publication, un succès de scandale. Le commandement militaire goûtant peu les frasques de Valmont et de Mme de Merteuil, Laclos se met en congé de l'armée. Il participe ensuite activement à la Révolution, réintègre l'armée en 1788 et meurt de la malaria en 1803.

> *La voilà donc vaincue, cette femme superbe qui avait osé croire qu'elle pourrait me résister ! »*
>
> ■ Pierre Choderlos de Laclos,
> *Les Liaisons dangereuses*, lettre 125, 1782.

1741 Naissance de Laclos

| 1740 | 1750 | 1760 | 1770 |

Le Verrou

Dans cette scène galante, aussi appelée « le viol », il n'est pas certain que la jeune femme consente à céder aux avances de l'homme, qui ferme le verrou de la chambre.

Jean-Honoré Fragonard (1732-1806), huile sur toile, 74 × 94 cm, 1774-1778. Paris, musée du Louvre.

Le libertin ou la maîtrise des passions

Au XVIIIᵉ siècle, l'*Encyclopédie* donne une définition du libertinage : « C'est l'habitude de céder à l'instinct qui nous porte aux plaisirs des sens. » L'Italien Casanova (1725-1798) dans *Histoire de ma vie* présente l'archétype du libertin : la conquête des femmes selon une stratégie scrupuleuse. Il jouit autant de la séduction que du succès. Intelligent, il use avec habileté de la rhétorique pour convaincre l'autre de céder à son désir. ▧

Sade, la face sombre du libertinage

À cause de sa vie de débauche, le marquis de Sade (1740-1814) fait régulièrement des séjours en prison. En 1772, il est même condamné à mort par contumace, parce qu'il aurait voulu empoisonner des prostituées !
Enfermé à la Bastille, la Révolution le libère, ce qui lui permet de participer à l'intense activité politique de l'époque, mais il est à nouveau emprisonné. Il finit ses jours à Charenton, l'hospice des aliénés. Son nom est lié au plaisir pervers de faire mal : le sadisme.

Stephen Frears adapte *Les Liaisons dangereuses* au cinéma en 1988. L'affiche du film suggère la nature à la fois élégante et perverse des relations entre les personnages.

| 1782 | *Les Liaisons dangereuses* | | 1803 | Mort de Laclos |

| 1780 | | 1790 | | 1800 | |

1777 : *Ernestine*   1783 : *De l'éducation des femmes*   1795 : *De la guerre et de la paix*
1789 : *Instructions aux assemblées de bailliage*
1790-1791 : *Journal des amis de la Constitution*

Avec Beaumarchais, Figaro fait sa révolution

Pierre-Augustin
Caron de
Beaumarchais
1732-1799

Beaumarchais renouvelle la comédie classique avec *Le Mariage de Figaro ou La Folle Journée*. Mêlant l'émotion au rire, la pièce met en scène Figaro, un valet audacieux qui donne une leçon à son maître, pour mieux dénoncer les privilèges de la noblesse.

Beaumarchais « l'insolent »

Horloger, puis agent secret, et même impliqué dans la guerre de l'Indépendance des États-Unis, Beaumarchais est un homme de lettres épris de justice et de liberté qui mène une existence tumultueuse.

Pour le théâtre, il écrit des petites pièces comiques et s'essaie au drame, avant de se tourner vers la comédie. En 1775, *Le Barbier de Séville* connaît le succès. C'est le premier volet d'une trilogie qui se conclut en 1792 par *La Mère coupable*. Le *Mariage de Figaro*, le deuxième volet, est censuré par le roi qui en dénonce le caractère subversif. La pièce est finalement représentée en 1784, cinq ans avant la Révolution.

Une comédie révolutionnaire ?

Au château d'Aguas-Frescas en Espagne, Figaro et Suzanne doivent se marier. Mais le comte, noble libertin et pourtant jaloux de sa femme, veut faire de Suzanne sa maîtresse. Il est finalement la dupe de cette « folle journée », au cours de laquelle des situations comiques ou émouvantes se succèdent avec rapidité, bousculant les règles de la dramaturgie classique.

La complexité de la pièce repose en partie sur le personnage de Figaro. Sur un ton satirique, le valet met en cause le poids de la naissance et des privilèges. Personnage brillant, et parfois philosophe, il fait preuve d'une exceptionnelle liberté de parole et d'action.

Un triomphe à l'aube de la Révolution

La première de la pièce, le 27 avril 1784, est un triomphe qui trouve des échos en Europe, comme en témoigne la création à Vienne en 1786 des *Noces de Figaro*, l'opéra de Mozart.

> *Qu'avez-vous fait pour tant de biens ? Vous vous êtes donné la peine de naître, et rien de plus.* »
>
> ■ Beaumarchais, *Le Mariage de Figaro*, acte V, scène 3, 1784.

En 1789, Danton fait de Figaro, qui aurait « tué la noblesse », un des responsables de la Révolution. L'intrépide valet, qui donne aujourd'hui son nom à un célèbre quotidien national, reste un symbole de la lutte contre les privilèges et la censure.

1732 Naissance de Beaumarchais

| 1730 | 1740 | 1750 | 1760 |

Les Noces de Figaro

Mozart choisit la pièce de Beaumarchais pour en faire un opéra. Pour éviter la censure et satisfaire l'empereur Joseph II, il fait supprimer du texte les références politiques de l'original.

Wolfgang Amadeus Mozart (1756-1791) et Lorenzo Da Ponte (1749-1838), opéra créé en 1786, mise en scène de Philippe Sireuil. Opéra de Monte-Carlo, 2010.

171

Le Barbier de Séville : de Beaumarchais à Rossini

Le Barbier de Séville, première pièce de la célèbre trilogie de Beaumarchais, met déjà en scène les principaux personnages du Mariage de Figaro. Dans cette comédie, Figaro aide le comte Almaviva, qui veut épouser Rosine, à tromper Bartholo, un vieux docteur. Le valet mène le jeu. C'est sur lui que reposent le comique de la pièce et sa dimension satirique : Figaro n'oublie jamais de montrer que les hiérarchies sociales sont trop souvent indépendantes du mérite.

Rossini, en adaptant la pièce pour l'opéra en 1816, retrouve probablement l'inspiration originelle de Beaumarchais, qui voulait faire de son intrigue un opéra-comique. ■

❝ — Qui t'a donné une philosophie aussi gaie ? — L'habitude du malheur. Je me presse de rire de tout, de peur d'être obligé d'en pleurer. ❞

■ Beaumarchais, Le Barbier de Séville, acte I, scène 2, 1775.

Beaumarchais et le « genre dramatique sérieux »

Dans son Essai sur le genre dramatique sérieux (1767), Beaumarchais s'inscrit dans la continuité des théories sur le théâtre que Diderot développe dans Les Entretiens sur le Fils naturel (1757). Comme lui, il insiste sur la dimension morale de ce genre.

Il entend aussi faire un usage plus souple des règles classiques. Il reprend la tradition comique du XVIIe siècle, tout en restituant la réalité avec plus de fidélité et de liberté. Il mêle davantage les registres : la comédie laisse place à l'émotion.

Pour Beaumarchais, le renouvellement de la dramaturgie vient à l'appui d'un discours parfois subversif, qui rejoint le combat philosophique des Lumières.

Paul et Virginie **émeut ses lecteurs**

Jacques-Henri
Bernardin de
Saint-Pierre
1737-1814

Paul et Virginie de Bernardin de Saint-Pierre, roman sur les amours de deux enfants, s'inscrit dans un cadre naturel idyllique. L'exotisme n'exclut toutefois pas le tragique : le dénouement, très sombre, met à distance l'utopie d'une société isolée, morale et heureuse.

Un goût personnel pour l'exotisme

Amoureux du voyage et fasciné par *Robinson Crusoé*, Bernardin de Saint-Pierre vit une enfance qui développe en lui le goût pour l'aventure. De 1758 à 1771, il parcourt le monde. Il revient à Paris après avoir passé trois ans à l'île de France, l'actuelle île Maurice, qui sert de cadre à *Paul et Virginie*.

> *Je tiens pour principes certains du bonheur qu'il faut préférer les avantages de la nature à tous ceux de la fortune. »*
> ◼ Bernardin de Saint-Pierre, *Paul et Virginie*, 1788.

C'est à ce moment qu'il connaît le succès grâce à ses *Études de la nature* (essai en trois volumes publiés en 1784), ce qui lui permet de se lancer dans l'écriture de *Paul et Virginie*, quatrième tome des *Études*.

Un roman sensible

Paul et Virginie coulent des jours paisibles dans une petite société éloignée des corruptions du monde, en harmonie avec une nature splendide et exubérante, qui donne lieu à de pittoresques descriptions. Mais une lettre, qui appelle Virginie à Paris, vient briser leur idylle. À son retour, la jeune fille meurt dans un naufrage. Paul succombe à la douleur de cette tragédie.

> *Virginie, voyant la mort inévitable, parut un ange qui prend son vol vers les cieux. »*
> ◼ Bernardin de Saint-Pierre, *Paul et Virginie*, 1788.

Bernardin de Saint-Pierre, en homme des Lumières, se pose la question du bonheur, à laquelle le rationalisme ne peut, pour lui, répondre seul. Il défend la volupté des élans du cœur, qui peuvent toutefois précipiter les hommes à leur perte. Même innocentes, les passions ne rendent pas toujours heureux.

Un immense succès

Aujourd'hui, le roman est parfois suspect de mièvrerie. Il n'en reste pas moins qu'il connaît un succès jamais démenti, que prouvent les multiples adaptations qu'il inspire. À la fin du XVIIIe siècle, il ouvre la voie à la sensibilité romantique.

1737 Naissance de B. de Saint-Pierre

| 1730 | 1740 | 1750 | 1760 | 1770 |

1773 : *Voyage à l'île de Franc*

Paul et Virginie : source d'inspiration pour les romantiques

■ Les écrivains romantiques se souviennent probablement du chef-d'œuvre de B. de Saint-Pierre. Chateaubriand, dans *Atala* (1801), reprend les thèmes de la nature de *Paul et Virginie*. Flaubert, pour s'en moquer, fait de Mme Bovary (1857) une lectrice de cette œuvre, qui devient le symbole des illusions romanesques et romantiques qu'il entend mettre à distance. ■

Le naufrage de Virginie

La gravure insiste sur la dimension pathétique de la scène : Virginie, en héroïne tragique, se prépare à mourir.

Pierre Prud'hon (1758-1823), dessin gravé sur cuivre, *Paul et Virginie*, 1806. Paris, BNF.

❝ *Pour moi, je trouve que ce sont les affections de l'âme les plus voluptueuses.* ❞

■ Bernardin de Saint-Pierre, *Études de la nature*, Étude XII, 1784-1788.

Le mythe du « bon sauvage »

La découverte du « sauvage » au XVIᵉ siècle, libre et heureux, car étranger à la notion de propriété, mais aussi parfois cannibale et ignorant Dieu, conduit déjà Montaigne (1533-1592) à s'interroger sur les notions de nature et de civilisation. Au XVIIIᵉ siècle, dans le prolongement des réflexions humanistes, le « mythe du bon sauvage » devient un objet de polémiques philosophiques. À l'instar de son ami Rousseau, B. de Saint-Pierre réfléchit aux contraintes liées à l'état de société.

Mais, contrairement à Voltaire, il voit la nature comme un espace d'innocence et de bonheur, et se méfie des règles qui régissent la vie des Européens.

Le roman : un objet de méfiance ?

173

■ Au XVIIIᵉ siècle, le roman est encore un genre critiqué et suspect d'être immoral. Il accorderait trop de place aux passions pour être honnête ! D'ailleurs, on considère parfois qu'il s'adresse surtout aux femmes, supposées plus sensibles.

Mais son lectorat se développe et son inspiration se diversifie : épistolaire, réaliste, sentimental ou libertin, il sait aussi se faire fantastique, par exemple avec *Le Diable amoureux* (1772) de Cazotte. Il conquiert progressivement sa légitimité et devient essentiel dans toute carrière littéraire, pour triompher aux XIXᵉ et XXᵉ siècles. ■

Paul et Virginie **1788**		Mort de B. de Saint-Pierre **1814**	
1780	**1790**	**1800**	**1810**

1784-1788 : *Études de la nature*

1791 : *La Chaumière indienne*

1796 : *Harmonies de la nature* (publiées en 1815)

Les écrivains
de la Révolution

En 1789, les écrivains, comme tout citoyen, se tiennent rarement à distance de la Révolution. Partout, la parole se libère et il est question de politique. Les tribuns usent de l'éloquence comme d'une arme pour défendre la liberté, l'égalité et le progrès.

La parole comme arme politique

Des révolutionnaires...

La Déclaration des Droits de l'Homme et du Citoyen fait de la liberté d'expression un droit fondamental. En 1789, la presse connaît donc un développement important.

Jean-Paul Marat écrit dans *L'Ami du peuple*, périodique qui paraît de 1789 à 1792. Il défend les classes populaires et ne cesse de dénoncer les tentatives contre-révolutionnaires. Son assassinat le 13 juillet 1793 par Charlotte Corday fait de lui un martyr de la Révolution.

Camille Desmoulins (1760-1794) fonde *Le Vieux Cordelier* en 1793. Relativement modéré, il s'oppose à Hébert (1757-1794), un pamphlétaire dont le journal, *Le Père Duchesne*, est jugé excessif, voire vulgaire. Désapprouvant les excès de la Terreur, il meurt guillotiné le 5 avril 1794.

... et des contre-révolutionnaires

Antoine Rivaroli (1753-1801), qui se fait appeler comte de Rivarol bien qu'il soit d'origine modeste, est hostile à la Révolution, dont il attaque les défenseurs avec ironie. Il collabore en particulier aux *Actes des Apôtres*, un pamphlet périodique qui prend le parti de la monarchie. Il s'exile et meurt à Berlin.

Des femmes actrices de la Révolution

En 1789, les femmes entendent participer à l'effervescence de la vie politique. Olympe de Gouges (1748-1793), par exemple, revendique pour la femme le droit à la citoyenneté. Elle est considérée comme l'une des premières voix du féminisme.

Madame Roland (1754-1793) joue elle aussi un rôle important, en particulier auprès des Girondins. Arrêtée en juin 1793, elle écrit de nombreuses lettres, témoignant de son courage, avant d'être guillotinée.

> *La Femme naît libre et demeure égale à l'homme en droits. Les distinctions sociales ne peuvent être fondées que sur l'utilité commune.»*

Olympe de Gouges, *Déclaration des Droits de la Femme et de la Citoyenne*, « article premier », 1791.

Gabriel Sénac de Meilhan (1736-1803), haut fonctionnaire proche de Turgot, ministre de Louis XVI, doit lui aussi quitter la France en 1790. *L'Émigré* (1797) est un roman qui s'appuie sur sa propre expérience pour témoigner de cette période tragique avec distance et lucidité.

François-René de Chateaubriand (1768-1848) doit s'exiler en 1791. Dans son *Essai sur les révolutions* (1793-1797), il se présente en héritier de Rousseau. Mais il met en question la notion de progrès et condamne les brutalités de la Terreur.

> « *L'homme est né libre, et partout il est dans les fers.* »
>
> ■ Jean-Jacques Rousseau, *Du contrat social*, 1762.

Une révolution littéraire ?

L'évolution des genres traditionnels

À la fin du siècle, la production théâtrale ne s'interrompt pas. Mais la tragédie laisse place, en partie, au drame bourgeois, notamment illustré par *La Mère coupable* (1792) de Beaumarchais. Pour les révolutionnaires, le personnage de Figaro, qui apparaît dans *Le Barbier de Séville* (1775), puis dans *Le Mariage de Figaro* (1784) et enfin dans *La Mère coupable*, le dernier volet de la trilogie du dramaturge, devient un symbole de liberté et de lutte contre les privilèges.

En poésie, le XVIIIe siècle est marqué par un certain essoufflement du lyrisme. Les poètes s'impliquent peu dans les bouleversements de l'époque. Jean-Pierre Claris de Florian (1755-1794), par exemple, héritier de La Fontaine, met en scène des animaux dans ses *Fables* (1792). Seul André Chénier renouvelle notablement le lyrisme. Les romantiques verront d'ailleurs en lui l'un de leurs précurseurs.

Des figures de l'éloquence révolutionnaire

■ **Honoré Riqueti, comte de Mirabeau** (1749-1791), porte-parole du tiers état, est l'auteur de cette déclaration, qui témoigne de sa volonté de voir la France se doter d'une Constitution : « Nous sommes ici par la volonté du peuple et nous n'en sortirons que par la force des baïonnettes. » (1789) ■

Georges Jacques Danton (1759-1794), considéré comme le « Mirabeau de la populace », s'adresse au peuple, avant d'être victime de Robespierre. ■

Maximilien de Robespierre (1758-1794), inspiré par Rousseau, développe une éloquence rigoureuse et parfois émouvante : « Le gouvernement de la révolution est le despotisme de la liberté contre la tyrannie. » Après avoir fait régner la terreur, il est guillotiné. ■

Louis Antoine de Saint-Just (1767-1794) est un élu, un homme d'action et un orateur aux formules brèves et tranchantes : « On ne juge pas un roi. On le tue. » ■

Le triomphe de l'éloquence

Les bouleversements politiques et sociaux sont favorables au développement de l'éloquence, qui s'exprime à l'Assemblée. D'illustres tribuns prennent la parole : Mirabeau, Danton, Robespierre, Saint-Just. Ils savent que l'argumentation, lorsqu'elle se fait puissante et séduisante, peut infléchir le cours de l'histoire.

Même la chanson, genre populaire et patriotique, est l'occasion de transmettre des idées politiques. La plus célèbre d'entre elles, *Chant de guerre pour armée du Rhin* (1792), écrite par Rouget de Lisle (1760-1836), officier et écrivain, est aujourd'hui notre *Marseillaise*.

VIVRE LIBRE (N°. Ier.) OU MOURIR

LE VIEUX
CORDELIEI

JOURNAL

RÉDIGÉ par CAMILLE DESMOULI
Député à la Convention, et Doyen des Jacobin

Quintidi Frimaire, 2e. Décade, l'an II de la Républiq
une et indivisible.

Des que ceux qui gouvernent seront hais, leurs conc
ne tarderont pas à être admirés. (MACHIAV.)

Camille Desmoulins (1760-1794) fait paraître *Le Vieux Cordelier* à partir du 5 décembre 1793. Il prend ses distances avec les révolutionnaires les plus extrémistes. Il est condamné à mort et exécuté le 5 avril 1794.

176

Le Serment du Jeu de paume

Par ce serment, les députés du tiers état s'emparent du pouvoir législatif en 1789. Tous regardent vers Jean Sylvain Bailly (1736-1793, 1er député de Paris), qui reçoit sur lui la lumière.

Jacques-Louis David (1748-1825), huile sur toile, 65 × 88,7 cm, 1790-1794. Paris, musée Carnavalet.

Chénier, le poète martyr de la Révolution

Chénier, né à Constantinople en 1762, suit d'excellentes études en France, avec les encouragements de sa mère, férue de culture hellénique. Son œuvre témoigne de son admiration pour la Grèce antique. Après avoir passé quelques années à Londres, où il est secrétaire de l'ambassadeur, il revient en France.

Modéré, défenseur de Louis XVI et critique à l'égard de Robespierre, il est vite suspect pour les plus fervents des révolutionnaires. Il est finalement arrêté et meurt sur l'échafaud le 25 juillet 1794, non sans avoir composé en prison des *Ïambes*, dans lesquels il dénonce les excès de ses bourreaux. Sa mort tragique fait de lui l'un des poètes les plus marquants du XVIIIe siècle. ▮

> « Obéir aux lois, cela n'est pas clair ; car la loi n'est autre chose que la volonté de celui qui impose. On a le droit de résister aux lois oppressives. Les insurrections qui ont eu lieu sous le despotisme sont toujours salutaires. »

▮ Saint-Just, *Fragments sur les institutions républicaines*, 1793-1794, édition posthume, 1800.

> « Comme un dernier rayon, comme un dernier zéphyre Animent la fin d'un beau jour, Au pied de l'échafaud, j'essaye encor ma lyre. »

▮ André Chénier, *Ïambes*, 1794.

Des œuvres d'André Chénier

1781-1787	*Élégies*
1785-1787	*Les Bucoliques*
1788	*L'Invention ; Hermès*
1788-1790	*L'Amérique*
1794	*Ïambes*, écrits en prison

Le XIXᵉ siècle

Du romantisme au symbolisme

Balzac, Stendhal, Flaubert, Zola :
le roman connaît son âge d'or.
Du drame au vaudeville, le théâtre
affiche ses révolutions et ses
métamorphoses. Lamartine, Hugo,
Rimbaud, Verlaine : la poésie atteint
alors des sommets.

C'est aussi l'époque où les « écoles »
se succèdent et bataillent souvent
entre elles. Après le romantisme
de la première moitié du siècle,
s'affirme le réalisme, dépassé par
le naturalisme, contesté à son tour
par le symbolisme.

Le XIXᵉ siècle, c'est l'autre
« Grand Siècle » de la littérature.

La première d'Hernani. Avant la bataille.
Albert Besnard (1849-1934), huile sur toile, 105 × 122 cm, 1903.
Paris, maison Victor Hugo.

Une littérature actrice de l'Histoire

1815, 1830, 1848, 1852, 1870 : le XIXe siècle est un siècle
de révolutions. La littérature en est le témoin
et le réceptacle, des *Mémoires* de Chateaubriand
au tableau de mœurs de la Restauration
qu'est la « Comédie humaine » de Balzac
en passant par « l'histoire naturelle et sociale
d'une famille sous le Second Empire »
que sont les Rougon-Macquart de Zola.
Elle est aussi, et plus que jamais, actrice
de l'Histoire. Les écrivains s'engagent en politique.
La scène théâtrale devient une tribune, et l'écrit
une arme entre les mains par exemple d'un Hugo
lançant ses *Châtiments* contre Napoléon III ou de Zola
défendant Dreyfus dans son « J'accuse ».
L'onde de choc de la Révolution de 1789 vibre durant
tout le siècle, portant loin et haut les idéaux
de progrès, de liberté et de démocratie,
sur lesquels s'affrontent libéraux et conservateurs.

Sciences et littérature

Pas plus qu'elle ne s'extrait de l'Histoire,
la littérature ne méconnaît le prodigieux essor
des connaissances. À mesure que s'avance le siècle,
on se détourne des rêveries romantiques. L'avenir
est à la science, érigée en nouvelle religion, sous
les termes de positivisme et de scientisme.
Conséquence des progrès technologiques et industriels,
l'avenir est aussi à la machine : au train à partir
de 1837, à l'automobile et à l'avion après 1890.
Dans ce contexte, la littérature se veut elle-même
scientifique ou du moins demande à la science
une caution de respectabilité. Balzac veut classer
les « espèces sociales » comme Buffon avait, au siècle
précédent, classé les espèces animales. Zola veut
appliquer au roman les thèses que Claude Bernard
développe dans son *Introduction à l'étude de la médecine
expérimentale*. Les grands dictionnaires d'Émile
Littré et de Pierre Larousse font œuvre à la fois
d'érudition et de vulgarisation.

Un lectorat plus nombreux et plus varié

Avec les progrès de l'instruction, de plus en plus
de Français savent lire et écrire. Le lectorat cesse
d'être culturellement et socialement homogène :
il n'y a plus un mais des publics.
Le livre bon marché se développe. La presse prend
son essor : plus de trois cent cinquante journaux,
nationaux et régionaux, paraissent chaque jour.
Sous la monarchie de Juillet puis sous le Second
Empire, la prospérité économique crée de nouveaux
besoins culturels : toute une bourgeoisie demande
à se divertir et, pour une frange, à se former
aux idées.
Qu'ils approuvent ou qu'ils regrettent cette
évolution, les écrivains sont contraints
de s'adapter : il leur faut choisir leur public
et établir des stratégies de plus en plus publicitaires.
Leur statut s'en trouve modifié et souvent perd
de son aura.

La littérature au service du moi, du peuple et de la nation

Toutes les transformations du siècle – politiques,
sociales, scientifiques, culturelles – influent
fortement sur la littérature.
Romantisme, réalisme, naturalisme, symbolisme :
ces « écoles » qui chronologiquement s'affirment
et, plus encore, s'affrontent tout au long du siècle,
chacune s'élevant sur les ruines de la précédente,
ont en commun le goût de la liberté, indispensable
à la création de nouvelles formes d'écriture,
et de la vérité, au service tout à la fois de l'individu,
du peuple et de la nation.
C'est au XIXe siècle que la littérature devient
vraiment la « littérature française ».

1826
Vigny, *Poèmes antiques et modernes*

1830-1850
Balzac, *La Comédie humaine*

1802
Chateaubriand, *René*

1820
Lamartine, *Méditations poétiques*

1852
Th. Gautier, *Émaux et camées*

1848
Chateaubriand, *Mémoires d'outre-tombe*

Premier Empire	Restauration	Monarchie de Juillet	IIᵉ Rép.
1804 1814		1830	1848 1852

1830-1905 Expansion coloniale

1830-1880 Première révolution industrielle

1820-1850 : Le romantisme

1830
Hugo, *Hernani*

1830
Stendhal, *Le Rouge et le Noir*

1832
George Sand, *Indiana*

1833-1869
Michelet, *Histoire de France*

1834
Musset, *Lorenzaccio*

1842
A. Bertrand, *Gaspard de la nuit*

1844
A. Dumas, *Le Comte de Monte-Cristo*

1853
Hugo, *Les Châtiments*

1884
Huysmans, *À rebours*

1880
Maupassant,
Boule de suif

1855
Nerval, *Aurélia*

1857
Baudelaire, *Les Fleurs du mal*

1871–1893
Zola, *Les Rougon-Macquart*

Second Empire

IIIᵉ République

1870

1905

1880-1970 Deuxième révolution industrielle

1894-1906
Affaire Dreyfus

1850-1870 : Le réalisme

1886-1895 :
Le symbolisme

1871-1893 : Le naturalisme

1874
Verlaine, *Romances sans paroles*

1873
Rimbaud, *Une saison en enfer*

1870–1898
Mallarmé, *Poésies*

1869
Lautréamont, *Les Chants de Maldoror*

1866
Gaboriau, *L'Affaire Lerouge*

1864
Verne, *Voyage au centre de la Terre*

1862
Hugo, *Les Misérables*

1860
Labiche, *Le Voyage
de M. Perrichon*

1857
Flaubert, *Madame Bovary*

René esquisse
le futur héros romantique

François-René
de Chateaubriand
1768-1848

D'abord paru dans le *Génie du christianisme* (1802) pour illustrer le chapitre sur « le vague des passions », *René* devient vite la bible de toute une génération, qui se reconnaît dans ce héros tourmenté et malheureux ; et Chateaubriand un auteur à la mode.

L'histoire d'un solitaire

Adopté par les Indiens Natchez, en Louisiane, René raconte au sachem Chactas l'histoire de sa vie. Sa mère mourut à sa naissance. Son enfance se passa dans un austère château : il y vécut solitaire, rêveur, mélancolique, sa sœur Amélie étant sa seule compagnie. Il en conçut un profond et incurable mal de vivre. Celle-ci le dissuade de se suicider, puis se retire dans un couvent pour se punir de trop aimer ce frère ténébreux. René s'embarque alors pour l'Amérique, où il apprend la mort de sa sœur, décédée en sainte.

> *Levez-vous, orages désirés, qui devez emporter René dans les espaces d'une autre vie.* »
>
> ■ François-René de Chateaubriand, *René*, 1802.

Entre confession et fiction

Ce court texte est une autobiographie déguisée : le château de René ressemble à celui de Combourg où vécut Chateaubriand ; et Amélie, à Lucile, la sœur de ce dernier. Le personnage et son créateur partagent la même mélancolie, éprouvent les mêmes périodes d'exaltation. Tous deux portent enfin le même prénom, celui de Chateaubriand étant François-René. L'œuvre reste pourtant une fiction, à forte valeur morale et pédagogique, montrant que sans religion, il n'y a point de salut possible. Ce mélange de fiction et de confession sera la marque de tous les écrits de Chateaubriand.

La découverte du mal du siècle

Déchiré entre un désir toujours frustré d'infini et la quête d'un bonheur à jamais inaccessible, René réunit en lui les deux traits fondamentaux du futur héros romantique. Son mal de vivre relève tout autant d'un état psychique dépressif que de circonstances historiques précises qui voient disparaître un monde ancien sans qu'apparaisse clairement ce que sera le nouveau. Ce « vague des passions », Musset le transformera, en 1836, en « mal du siècle ». Il en changera le nom, pas la nature, preuve du bien-fondé du diagnostic que Chateaubriand pose dès l'aube du siècle.

1768 Naissance de Chateaubriand	René 1802
1760 1770 1780 1790	1800

1797 : *Essai historique, politique et moral sur les révolutions*

1801 : *Atala*

1802 : *Génie du christianisme* contenant *René*

Atala ou la passion interdite

En Louisiane, Atala, jeune Indienne, mais de confession chrétienne, s'éprend de Chactas, un ennemi de sa tribu. Elle s'empoisonnera, de peur de rompre son vœu de chasteté. Éloge de la solitude, désespoir amoureux, conflit de la loi naturelle et de la loi religieuse : Chateaubriand, désormais surnommé « l'enchanteur » pour la somptuosité de son style, annonce l'envol du romantisme. ■

■ Anne-Louis Girodet (1767-1824), *Atala au tombeau,* huile sur toile, 207 × 267 cm, 1808. Paris, musée du Louvre.

❝ *L'automne me surprit au milieu de ces incertitudes : j'entrai avec ravissement dans les mois des tempêtes.* ❞

■ François-René de Chateaubriand, *René,* 1802.

Le « mal » de tout un siècle

Le « vague des passions » analysé dans *René* est la matrice du « mal » qui sévit durant tout le XIXe siècle. Il naît d'une béance de l'Histoire : « Tout ce qui était n'est plus, tout ce qui sera n'est pas encore », selon la formule de Musset. Le déclin de la religion accentue la solitude de l'individu. La société contredit les aspirations du moi. Vivre devient ennuyeux, voire désespérant. Sauf à être un arriviste balzacien, il faut trouver refuge dans un ailleurs : dans la rêverie, dans les paradis artificiels, dans l'art, parfois dans la mort. Ce « mal » signe la fin des consolations et des illusions.

Mort de Chateaubriand 1848

1810   1820   1830   1840

1836 : *Essai sur la littérature anglaise*

1844 : *Vie de Rancé*

1848-1850 : *Mémoires d'outre-tombe*

Lamartine **fait sensation** avec ses *Méditations*

Alphonse
de Lamartine
1790-1869

Après avoir été un dramaturge médiocre et avoir tâté de l'épopée, Lamartine publie un recueil de poésies élégiaques : ses *Méditations* le rendent célèbre du jour au lendemain. Il a trente ans.

Un succès sans précédent

Composée de vingt-quatre poèmes, l'édition originale du 13 mars 1820 reçoit un accueil si chaleureux qu'une nouvelle édition, enrichie de deux poèmes inédits, paraît dès avril. Six autres vont se succéder en 1821 et 1822. En

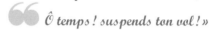
Ô temps ! suspends ton vol ! »
Alphonse de Lamartine, *Méditations poétiques*, « Le Lac », 1820.

1823, la neuvième s'accroît de quatre nouveaux poèmes. En 1849 la dixième et dernière édition compte quarante et un poèmes, soit près du double de la première. Jamais recueil poétique n'a connu un succès aussi foudroyant et aussi durable.

Une révolution poétique

C'est que ces *Méditations poétiques* sont à la fois une révélation et une révolution. Pour la première fois s'y exprime un moi dont les souffrances et les angoisses s'accordent avec la sensibilité du temps.

Un seul être vous manque et tout est dépeuplé. »
Alphonse de Lamartine, *Méditations poétiques*, « L'Isolement », 1820.

« Le Lac » est le poème du souvenir d'une femme aimée et trop tôt disparue ; « L'Isolement » est celui de la détresse et du repli sur soi qui s'ensuit. L'inquiétude métaphysique se manifeste dans « L'Immortalité ». « Le Soir » et « Le Vallon » témoignent enfin d'un apaisement retrouvé. L'amour et la mort, la fuite du temps, la nature consolatrice, la ferveur religieuse : tous ces thèmes seront ceux du romantisme triomphant.

Un poète chef de gouvernement

Ce succès conduit Lamartine à publier en 1823 de *Nouvelles Méditations poétiques*, à la thématique presque identique. La nouveauté réside dans leur orientation libérale, laquelle s'accentuera dans les *Harmonies poétiques et religieuses* (1830). Porté en 1848 à la tête du gouvernement provisoire de la République, Lamartine meurt en 1869 ruiné, endetté, presque oublié. Sa famille refusera les funérailles nationales que voulait lui accorder Napoléon III.

« Le Lac », poème de l'amour brisé

En 1816, lors d'une cure à Aix-les-Bains, Lamartine rencontre Julie Charles, jeune créole, mariée à un scientifique réputé. C'est le coup de foudre. Les deux amants promettent de se revoir un an plus tard sur les rives de ce même lac du Bourget. Tuberculeuse, Julie ne pourra jamais venir. Elle décède le 18 décembre 1817. Lamartine l'apprend une semaine plus tard, le jour de Noël.
Poème du souvenir autant que méditation sur le temps corrupteur, « Le Lac » est l'élégie par excellence. ■

Le Voyageur contemplant une mer de nuages
Seul dans la nature et dominant le monde et ses vicissitudes : telle est la posture qu'affectionne le romantique.
Caspar David Friedrich (1774-1840), huile sur toile, 95 × 75 cm, 1818. Hambourg, Kunsthalle.

❝ *L'homme n'a point de port, le temps n'a point de rive. Il coule, et nous passons.* ❞
■ Alphonse de Lamartine, *Méditations poétiques*, « Le Lac », 1820.

Les deux faces du moi romantique

Explosion lyrique, le romantisme est le triomphe du moi. Ce moi n'est pourtant pas univoque. S'il est, comme chez Lamartine, épanchement et expression d'une vie intérieure, il est aussi désir de s'affirmer et de se singulariser.
Le personnage romantique aspire à transformer le monde ; de là vient l'engagement politique d'un Hugo. Il est une énergie, représentée par les grands héros, qu'ils soient révoltés ou maudits (don Juan, Faust, Satan) ou historiques et épiques (Napoléon Ier).
Au moi souvent élégiaque répond un moi qui se rêve héroïque.

Mort de Lamartine **1869**

	1840	1850	1860

1836 : *Jocelyn*
1847 : *Histoire des Girondins*   1857 : *La Vigne et la maison*
1856-1869 : *Cours familier de littérature*

Le mouvement
romantique

Le romantisme s'étend sur une période qui va approximativement de 1820 à 1850. Inséparable des conditions historiques de son émergence, il est autant une écriture qu'un idéal et une philosophie.

L'épanouissement du moi lyrique

Le moi, ultime refuge contre les désillusions du monde

La génération de 1820 éprouve, selon la formule de Musset, le sentiment d'être née trop tard dans un monde trop vieux. Le présent n'est donc que monotonie et fadeur. Affairiste et sans charisme, la monarchie de Juillet, suivie du coup d'État du 2 décembre 1851, ne fait qu'accentuer les déceptions. Où dès lors se réfugier, sinon d'abord en soi-même ?

Un nouveau rapport au monde

Mais ce moi, qui va s'affirmer et assurer le triomphe de la poésie lyrique, est tout sauf narcissique. Il porte les interrogations, les contradictions et les tourments de toute conscience : « Ah ! insensé qui croit que je ne suis pas toi ! », s'exclame Victor Hugo. On n'hésite plus à dire son mal de vivre, à déplorer la fragilité de la vie, à communier avec la nature, havre et confidente, dont le moindre paysage correspond désormais à un « état d'âme », à chanter le bonheur et le malheur d'aimer, à exprimer ses certitudes ou ses doutes métaphysiques.

Une force conquérante

Un hymne à l'énergie et au progrès

Le romantisme ne saurait toutefois se réduire à une voix solitaire et élégiaque. Ses batailles – politiques, sociales, littéraires – ont été incessantes, notamment au théâtre, entre le « drame », romantique et de plus en plus républicain, et la tragédie obstinément classique et royaliste. Ses mythes préférés sont ceux qui symbolisent une vitalité indomptable et indomptée : don Juan, Faust, Satan, et même Napoléon que sa mort solitaire et le retour de ses cendres en 1840 transforment en personnage de légende. « Je suis une force qui va ! » : cet autoportrait d'Hernani est aussi une définition du romantisme.

LE LAID C'EST LE BEAU

Un élan humanitaire

C'est aussi l'idée et la vision d'une humanité en marche vers plus de progrès, de justice et de bonheur : de là, le renouveau des études historiques (chez Renan, Michelet) ; l'édification par Victor Hugo du

Victor Hugo à la tête de « l'armée romantique »
« Monté sur le Pégase romantique, Victor Hugo [...] emmène en croupe Théophile Gautier, Cassagnac, Francis Wey et Paul Fouché. Eugène Sue fait effort pour se hisser à leur niveau et Alexandre Dumas presse le pas, tandis que Lamartine, dans les nuages, se livre à ses méditations politiques, poétiques et religieuses. »
Commentaire d'Alfred de Vigny en 1842. Vigny et Balzac se retrouvent en fin de cortège.
Benjamin Roubaud (1811-1847), *Grand Chemin de la Postérité*, 1842. Paris, maison de Balzac.

poète « mage », chargé d'une mission civilisatrice ; les préoccupations sociales qui envahissent le domaine romanesque, aussi bien chez Hugo que chez George Sand.

Un renouvellement des formes

Un nouveau paysage littéraire

Cette volonté d'émancipation renouvelle les formes littéraires traditionnelles. Aux règles et codes, le romantisme oppose son esthétique de la liberté : tout autant dans le drame et la poésie lyrique que dans le roman. En faisant du moi un objet d'étude, le romantisme a permis la naissance d'un ro-

❝ *Le romanticisme (sic) est l'art de présenter aux peuples les œuvres littéraires qui, dans l'état actuel de leurs habitudes et de leurs croyances, sont susceptibles de leur donner le plus de plaisir possible.* »
■ Stendhal, *Racine et Shakespeare*, 1823.

man retraçant une destinée personnelle, quelles qu'en soient la nature et la tonalité : roman d'analyse chez Sainte-Beuve ou Musset ; de la quête du bonheur chez Stendhal ; roman sentimental chez George Sand ; roman de l'énergie chez Balzac. Avec Vigny, Hugo, Dumas, le roman historique réalise une synthèse des aspirations romantiques, qui explique son succès.

Une postérité influente

Après 1850, le romantisme décline. Il devient même de bon ton d'en moquer l'idéalisme ou les épanchements sentimentaux. Son déclin n'est pourtant pas absolu. Son exigence de modernité et son goût du vrai ouvrent la voie au réalisme. La rêverie et le rêve dans lesquels l'homme romantique s'est souvent réfugié sont un premier pas vers l'exploration des abîmes intérieurs chez Baudelaire ou de la folie chez Nerval. Les liens que le romantisme a tissés entre le moi et le monde, l'intérieur et l'extérieur, instaurent le regard et la conscience comme les seules instances possibles de la perception. Le symbolisme saura en tirer profit. Le romantisme ne marque pas seulement la première moitié du XIXe siècle, mais bien tout le siècle, et peut-être même au-delà.

Sir Walter Scott

Écrivain à succès, père du roman historique (*Invanhoé*, 1819), Walter Scott (1771-1832) exerça une influence considérable sur les romantiques français. Balzac lui-même rêva un temps d'être le Walter Scott français.

Sir William Allan (1782-1850), huile sur toile, 81,3 × 63,5 cm, 1831. Londres, National Portrait Gallery.

> « *Faut-il donc attendre que la secte du Romantisme (car c'est ainsi qu'on l'appelle), entraînée par elle-même au-delà du but où elle tend, [...] mette en danger toutes nos règles, insulte à tous nos chefs-d'œuvre ?* »

Louis-Simon Auger, *Discours sur le romantisme devant les quatre académies*, 24 avril 1824.

Le romantisme européen

Le romantisme irrigue toute l'Europe. En Allemagne, son visage est double : d'une part national et conservateur autour des rois de Prusse et de Louis II de Bavière ; d'autre part libéral autour de Goethe, d'Hölderlin, de Kleist ou du poète lyrique Heinrich Heine (1797-1856).

En Angleterre, le romantisme prend le visage de Byron, de Walter Scott, créateur du roman historique, d'Emily Brontë (avec son célèbre roman *Les Hauts de Hurlevent*, 1847) et du poète lyrique Coleridge.

> « *Le Romantisme n'est précisément ni dans le choix des sujets ni dans la vérité exacte, mais dans une manière de sentir. [...] C'est l'expression la plus récente, la plus actuelle du Beau.* »

Charles Baudelaire, *Salon de 1846*.

Deux Hommes au bord de la mer, au coucher du soleil

Le romantisme européen fait de tout paysage un état d'âme.

Caspar David Friedrich (1774-1840), huile sur toile, 51 × 66 cm, 1817. Berlin, National Galerie.

La peinture romantique

Les Massacres de Scio, qu'Eugène Delacroix expose au Salon de 1824, font de lui le chef de l'école romantique en peinture. La modernité de ses sujets (*La Grèce expirant sur les ruines de Missolonghi*, 1827 ; *La Liberté guidant le peuple*, 1831), son orientalisme et son exotisme (*Le Sultan du Maroc*, 1845), le dynamisme de ses lignes contrastant avec le statisme des figures néoclassiques, la variété et la vivacité de ses couleurs font incontestablement de lui un romantique, dont Baudelaire célébrera le talent.

Les Massacres de Scio

La toile s'inspire d'un fait d'actualité : le massacre de la population de l'île de Chio par les Turcs, perpétré en avril 1822.

Eugène Delacroix (1798-1863), huile sur toile, 419 × 354 cm, 1824. Paris, musée du Louvre.

Vigny se singularise avec ses *Poèmes antiques et modernes*

Alfred de Vigny
1797-1863

Trop fier pour étaler ses amertumes d'aristocrate dégoûté de la monarchie, d'officier désenchanté du métier des armes et d'amant trahi, Vigny n'est pas un romantique comme les autres. Sa poésie se veut avant tout réflexion et analyse.

Un recueil hétérogène

> « *Je vivrai donc toujours puissant et solitaire ?*
> *Laissez-moi m'endormir du sommeil de la terre.* »
>
> ■ Alfred de Vigny, *Poèmes antiques*, « Moïse », 1826.

La structure des *Poèmes antiques et modernes* explique le titre du recueil. Trois livres le composent. Le « Livre mystique » s'inspire des grands mythes de la Bible : Moïse, qui conduit les Hébreux hors d'Égypte jusqu'à la Terre promise ; Éloa, la sœur des anges née d'une larme du Christ ; et le récit du Déluge.

Le « Livre antique » puise dans la mythologie gréco-romaine. Le « Livre moderne » alterne enfin des poèmes d'inspiration médiévale avec d'autres de facture espagnole ou parisienne. Il manque au recueil une évidente unité de tons et de formes.

Le renouveau de la poésie philosophique

Le recueil n'en fait pas moins date dans l'histoire du romantisme. Vigny renoue avec la tradition, fort ancienne, de la poésie philosophique. Ce que celle-ci pourrait *a priori* avoir d'austère disparaît derrière des mises en scène volontiers épiques ou dramatiques.

Le constant recours au symbole lui confère en outre une portée universelle. S'adressant à un Dieu muet et incompréhensible, Moïse incarne ainsi plus qu'un prophète : il devient la figure du génie, las de sa propre solitude. Quant à Éloa, elle exprime toute la compassion dont est capable un être humain envers un malheureux.

Une poésie à hauteur d'homme

La poésie de Vigny véhicule une conception sombre de l'existence, dans laquelle l'homme se débat entre ses faiblesses et ses aspirations. Tel est encore le cas dans *Les Destinées*, où le poète s'interroge sur les différentes formes du mal, ainsi que sur les moyens de les combattre : par un silence stoïque devant la mort ; par l'engagement humanitaire contre la misère ou par une foi dans le progrès. Sa poésie est un art de penser, une invitation tour à tour lyrique et majestueuse à s'assumer.

Chasse au loup en forêt
De cette chasse au loup, Vigny fit le symbole de la condition humaine. La fatalité traque l'homme mais ne saurait l'affaiblir.
Jean-Baptiste Oudry (1686-1755), huile sur toile, 113 × 148 cm, 1748. Nantes, musée des Beaux-Arts.

Servitude et grandeur militaires (1835)

Le titre est souvent plus connu que l'ouvrage lui-même. C'est un recueil de nouvelles dont les unes illustrent la servitude du métier des armes – l'obéissance, le devoir, le sacrifice – et les autres sa grandeur – le dévouement, la fidélité, l'honneur. Lui-même ancien officier, Vigny y dit ses déceptions et ses tourments : « La guerre est maudite de Dieu et des hommes même qui la font ». Le militaire finit toutefois par symboliser l'homme moderne, même civil, dont la vie est de plus en plus soumise à des ordres, systèmes ou logiques qui le dépassent. Comment rester dans ces conditions en accord avec soi-même ? ▨

❝ *Et, sans daigner savoir comment il a péri,*
Refermant ses grands yeux, meurt sans jeter un cri. »
▨ Alfred de Vigny, *Destinées*, « La Mort du loup », 1864.

		1863	**Mort de Vigny**
1840	1850	1860	

1835 : *Chatterton ; Servitude et grandeur militaires*   1864 : *Les Destinées*

1830

Stendhal part à la quête du bonheur

Henri Beyle dit Stendhal 1783-1842

Deuxième roman de Stendhal, *Le Rouge et le Noir* passe quasiment inaperçu à sa parution. C'est un chef-d'œuvre, l'un des romans les plus importants de toute la littérature française !

Ascension et chute d'un arriviste

Fils d'un bûcheron grossier et brutal, Julien Sorel, grand admirateur de Napoléon, devient précepteur des enfants du maire de Verrières, M. de Rênal. Julien s'éprend de Madame. Renvoyé sur des racontars, il entre au séminaire d'où il ressort plus hypocrite que jamais. Mathilde, fille du marquis de La Mole, tombe sous son charme. Un mariage se profile. Une lettre de Mme de Rênal, écrite sous la dictée de son confesseur, dénonce son arrivisme et ses multiples aventures. De rage, Julien se rend à Verrières, et la blesse durant la messe de deux coups de feu. Jugé, condamné à mort, il est guillotiné. Mathilde enterre elle-même la tête de son amant. Trois jours plus tard Mme de Rênal décède.

> 66 *Aux yeux de cette femme, moi, se disait-il, je ne suis pas bien né.* »
>
> ■ Stendhal, *Le Rouge et le Noir*, 1830.

194

Une chronique de 1830

Le roman évoque les événements qui ont préparé la révolution de 1830. Le rouge est la couleur de l'habit d'officier que, sous l'Empire, Julien aurait porté, mais que la Restauration lui interdit de revêtir parce qu'il est un roturier. Le noir est la couleur des soutanes et de l'Église, des intrigues et de l'hypocrisie.

Écrit dans un style volontairement froid et sec, c'est aussi paradoxalement un roman sur le bonheur, du moins sur sa quête passionnée.

Une élite romanesque

Les autres romans de Stendhal sont également des fresques historiques. *Lucien Leuwen* décrit le triomphe de la bourgeoisie sous la Restauration ; et *La Chartreuse de Parme* évoque les intrigues d'une petite cour italienne vers 1820. Stendhal y met en scène une élite, non pas sociale, mais du cœur, capable de toutes les énergies et de tous les courages pour aller jusqu'au bout de ses rêves.

> **Le Rouge et le Noir au cinéma**
> En 1954, Gérard Philipe, acteur séduisant et talentueux, incarne Julien Sorel, Danielle Darrieux tient le rôle de Mme de Rênal et Antonella Lualdi celui de Mathilde de La Mole.
> Affiche du film de Claude Autant-Lara, 1954.

La Chartreuse de Parme

■ Généreux, romanesque, Fabrice del Dongo, jeune noble milanais, rêve de gloire et de liberté. Ayant rejoint l'armée de Napoléon, il participe à la bataille de Waterloo, sans y rien comprendre. Mais cela suffit pour le rendre politiquement suspect à la cour de Parme. Sa tante, la duchesse de Sanseverina, toute d'audace et de passion, veillera sur lui. Emprisonnement, bonheur, jalousie, perte de l'être aimé conduiront Fabrice, devenu archevêque, à se retirer à la Chartreuse de Parme, où il mourra. Roman de la quête du bonheur, c'est le plus stendhalien des romans. ■

Feuillet manuscrit de Stendhal pour *La Chartreuse de Parme*, avec biffures, ajouts et corrections à la suite des remarques de Balzac.

Paris, musée des lettres et des manuscrits.

Vie de Henry Brulard

■ Henry Brulard est l'un des deux cent cinquante pseudonymes que s'est choisis Henri Beyle. Cette *Vie* est donc une autobiographie. Après son *Journal* et ses *Souvenirs d'égotisme*, elle est la troisième tentative de Stendhal en ce domaine.

Remontant pour l'essentiel à l'enfance de l'auteur, les souvenirs rapportés y sont directs, peu flattés et encore moins flatteurs : haine du père, attachement excessif à la mère, rejet de l'Église, mépris des tabous, quête du bonheur.

Ces souvenirs sont-ils pour autant d'une authenticité absolue ? Avant Proust, Stendhal s'interroge sur les mécanismes de la mémoire. Cette *Vie* est un texte majeur pour tous les admirateurs de Stendhal... et les psychanalystes. ■

Hugo livre
sa bataille d'*Hernani*

Victor Hugo
1802-1885

En ce début d'année, chacun attend la pièce de Victor Hugo : ses amis, des libéraux, favorables à ses nouvelles conceptions théâtrales ; ses ennemis, des royalistes, adeptes de la vieille tragédie classique.

Une bataille de trente-neuf jours

Le conflit éclate le 25 février, à la Comédie-Française, lors de la première d'*Hernani*. Les partisans d'Hugo, des jeunes à la barbe et à la chevelure fournies, en signe de leur appartenance libérale, occupent les lieux bien avant le début de la représentation, mangent, boivent, pissent. Quand le rideau se lève, c'est le tumulte : sifflets, bravos, coups de poing. Quand il se baisse, c'est l'enthousiasme, tant la pièce a séduit la plupart des spectateurs.

Des combats d'arrière-garde auront beau se poursuivre durant les trente-huit autres représentations de 1830, Hugo vient ce jour-là de remporter sa bataille.

La naissance du drame romantique

Hernani, le héros de la pièce, est un proscrit. Aimé de la belle doña Sol, il est en outre le rival sentimental du roi. Élu à la tête de l'empire sous le nom de Charles-Quint, celui-ci apprend qu'Hernani complote contre lui et décide généreusement de le gracier. Hernani et doña Sol n'en seront pas moins acculés au suicide.

Ce drame signe la mort de la tragédie classique. C'en est fini de ses sujets antiques, de ses pesantes unités de temps et de lieu, de toutes ses règles : place au mélange des genres et des tons, à la couleur locale, au mouvement, bref à la liberté de création. Place au drame romantique !

Un géant, seul en son siècle

Le succès d'*Hernani* fait de son auteur le chef de file incontesté du romantisme. Sa créativité et son énergie vont dès lors se déployer dans tous les domaines : dramaturge, Hugo sera aussi poète, romancier, homme politique, plaidant pour l'abolition de la peine de mort, s'insurgeant contre Napoléon III.

Sa mort, en 1885, sera une apothéose. Des funérailles nationales le conduiront au Panthéon. ■

> *Je suis une force qui va !*
> *Agent aveugle et sourd de mystères funèbres !*
> *Une âme de malheur faite avec des ténèbres.* »
>
> ■ Victor Hugo, *Hernani*, acte III, scène 4, 1830.

1802 Naissance de Victor Hugo   *Hernani* **1830**

| 1800 | 1810 | 1820 | 1830 | 1840 |

Le théâtre de Victor Hugo

1827 : *Cromwell*
1829 : *Marion de Lorme*

1832 : *Le roi s'amuse*
1833 : *Lucrèce Borgia ; Marie Tudor*
1838 : *Ruy Blas*
1843 : *Les Burgra*

La première d'Hernani. Avant la bataille

Dans la salle Richelieu de la Comédie-Française, l'atmosphère est électrique. À gauche, sur la scène, en ardent partisan d'Hugo, Théophile Gautier, reconnaissable à son gilet rouge, incite à huer les bourgeois.

Albert Besnard (1849-1934), huile sur toile, 105 × 122 cm, 1903. Paris, maison de Victor Hugo.

> « Hernani a été ce que fut Le Cid pour les contemporains de Corneille. Tout ce qui était jeune, vaillant, amoureux, poétique, en reçut le souffle. »

Théophile Gautier, *Histoire du romantisme*, 1874.

Le Cénacle

À trente ans, Hugo est un écrivain célèbre et scandaleux à la fois : il n'est plus royaliste, comme au temps de ses premières poésies ; et il vient de publier *Le Dernier Jour d'un condamné*, terrible réquisitoire contre la peine de mort. Son appartement parisien de la rue Notre-Dame-des-Champs, qu'il occupe depuis 1827, est devenu le lieu de réunion du Cénacle, les futurs grands noms des lettres et des arts : Vigny, Dumas, Mérimée, Nerval, Gautier.

Ruy Blas

Victor Hugo a réalisé ce dessin (crayon et encre sur papier) pour la scène 4 de l'acte V, lorsque Ruy Blas révèle sa vraie identité à la reine.

Paris, bibliothèque de la Comédie-Française.

Balzac imagine
sa *Comédie humaine*

Balzac
1799-1850

Depuis 1830, Balzac publie deux voire trois romans par an, qu'il regroupe à partir de 1842 sous le titre général de *La Comédie humaine*. Pour mener cette entreprise à son terme, il lui faudrait plusieurs vies. Il mourra à la tâche sans l'avoir achevée.

Un projet fou : devenir l'historien des mœurs

Eugénie Grandet (1833) et *Le Père Goriot* (1835) sont ses premiers succès. Mais plus que d'être un auteur connu, Balzac ambitionne de réaliser ce qu'aucun écrivain n'a jamais fait : devenir « l'historien des mœurs », décrire l'état de la société française depuis la Révolution sans en n'omettre aucun détail. Sur les cent trente-sept romans de cette gigantesque fresque qu'il projette d'écrire, il en terminera quatre-vingt-onze ; et sur les quatre mille personnages initialement envisagés, il en créera deux mille cinq cents !

Un réalisme vivifié par l'imagination

Pour chacun de ses romans, Balzac s'appuie sur une abondante documentation. Son réalisme n'est pourtant pas une plate reproduction du réel. L'imaginaire se manifeste jusque dans la construction de ses personnages. Ceux-ci sont souvent des types (l'Avare, l'Arriviste…). Or ces types, si saisissants soient-ils de vérité,

> 66 *Ainsi, l'homme, la société, l'humanité seront décrits, jugés, analysés sans répétitions, et dans une œuvre qui sera comme les Mille et Une Nuits de l'Occident.* »
>
> ■ Lettre à Mme Hanska, du 26 octobre1834.

sont de pures créations de l'esprit. Ils condensent dans leurs seules personnes des traits qui n'existent qu'épars dans la nature. Le fantastique joue aussi un grand rôle, comme dans *La Recherche de l'absolu* (1834). Même ses descriptions, dont la longueur lassait déjà ses contemporains, dépassent la simple visée réaliste. Elles révèlent les conditions sociales, elles sont un « avant-portrait » des personnages.

Un forçat des lettres

Balzac est reconnu dès son vivant comme le plus puissant romancier de sa génération, même si tous ses romans n'ont pas rencontré un égal succès. De nos jours, le cinéma et la télévision ont adapté les plus célèbres d'entre eux, leur redonnant ainsi une nouvelle vie. Balzac, lui, a perdu la sienne à les écrire. Il meurt littéralement d'épuisement en 1850, à cinquante et un ans.

Une comtesse polonaise devient Mme Balzac

La comtesse Hanska (1800-1881) et Balzac ont longtemps correspondu avant de se rencontrer en 1833 sur les bords du lac de Neufchâtel. Le coup de foudre est mutuel. Devenue veuve en 1841, elle n'épouse Balzac que le 14 mars 1850, cinq mois avant la mort de ce dernier. ■

■ Ferdinand Georg Waldmüller (1793-1865), *Madame Hanska*, huile sur toile, 1835. Châteauroux, musée Bertrand.

Le retour des personnages

Pour éviter que *La Comédie humaine* ne soit qu'un vaste ensemble disparate, Balzac la dote d'un principe unificateur : celui du retour des personnages d'un roman à l'autre à différentes périodes de leur existence. L'ambitieux Rastignac (« À nous deux Paris ! ») apparaît ainsi dans pas moins de dix-sept romans, dont *Le Père Goriot*, où il fait ses discrets premiers pas, et *Une ténébreuse affaire* (1841), où il est sous-secrétaire d'État. Ce procédé renforce l'impression de réalisme et donne au lecteur le sentiment d'une certaine familiarité avec des personnages, qu'il voit ainsi évoluer.

Cette page est extraite du carnet de travail de Balzac. Il contient cinquante-six feuillets de notes, d'aphorismes, de dessins, de schémas consignés entre février et septembre 1833 sous le titre *Pensées, sujets, fragments*.

Paris, musée des lettres et manuscrits.

1830-1850	*La Comédie humaine*		1850	Mort de Balzac
1830		1840	1850	

1831 : *La Peau de chagrin*

1832 : *Le Colonel Chabert*

1841 : *Une ténébreuse affaire*

1847 : *Splendeurs et misères des courtisanes*

3 : *Eugénie Grandet*   1834 : *La Recherche de l'absolu*

1843 : *Illusions perdues*

1835 : *Le Père Goriot*   1838 : *La Maison Nucingen*

George Sand défend les femmes dans *Indiana*

George
Sand
1804-1876

Rompant avec son mari, le baron Dudevant, s'éloignant de son amant, l'écrivain Jules Sandeau, fumant et portant pantalon, Aurore Dupin publie un roman sentimental et féministe sous le très masculin pseudonyme de George Sand : c'est un succès !

Les infortunes d'une femme mariée

Jeune Créole, Indiana dépérit en France auprès de son mari, le colonel Delmare, officier à la retraite, brutal et jaloux. La fin de sa liaison avec le beau Raymon de Ramière la laisse désemparée. Ruiné, le couple Delmare s'embarque pour l'île Bourbon (l'île de La Réunion), où Indiana mène une existence rêveuse et mélancolique. Les brutalités de son mari et une lettre de Raymon la décident de revenir en France. C'est pour y apprendre que son ancien amant vient de se marier avec une riche héritière. Son cousin Ralph, malheureux comme elle, la sauve de la misère. Tous deux repartent pour l'île Bourbon, résolus à s'y suicider. L'amour les sauvera.

Un roman féministe

Indiana proteste contre la place et le sort que la société, organisée par et pour les hommes, réserve aux femmes. Le mariage y est dénoncé comme une prostitution légale et une variante de l'esclavage.

> *Si [la société] quelquefois vous calomnie et vous repousse, ayez assez d'orgueil pour savoir vous passer d'elle. »*
>
> George Sand, *Indiana*, 1832.

En soi, ce féminisme n'est pas nouveau : Balzac s'en fait l'écho à la même époque. Mais qu'il soit porté par une femme, affichant elle-même sa liberté, voilà qui retient l'attention. Le cadre historique – de Waterloo à la révolution de 1830 – donne au roman un parfum d'actualité et ses décors exotiques, matière à faire rêver ses lecteurs, qui étaient pour beaucoup des lectrices.

De la féministe à « la bonne dame de Nohant »

Indiana inaugure la série des romans sentimentaux et protestataires de George Sand. À partir de 1840, sous l'influence des milieux utopistes, celle-ci s'oriente vers des romans plus sociaux, comme *Le Meunier d'Angibault* (1845).

Déçue par la révolution de 1848, elle se retire sur ses terres, à Nohant, où elle écrit ses romans restés les plus célèbres, comme *La Petite Fadette* ou *François le Champi*.

200

1804 Naissance de George Sand				*Indiana* 1832	
1800	1810	1820	1830		18.

1832 : *Indiana ; Valentine*

1837 : *Mauprat*

1842 : *Cons*

« La bonne dame de Nohant »

Retirée sur ses terres berrichonnes, la romantique scandaleuse des années 1830 se mue, avec l'âge, en bonne dame. Ce surnom, George Sand le doit à sa générosité, toujours prompte à soulager, matériellement et moralement, la détresse des paysans et villageois, pour qui elle tient table ouverte.

Cette bonne dame est aussi une bonne amie. Elle reçoit beaucoup, entretient une vaste correspondance avec l'élite intellectuelle et artistique. Ses romans de terroir, dont le Berry fournit le cadre, sont tout autant réalistes qu'habités par la foi de leur auteur dans un avenir meilleur. ■

Martin Drolling (1752-1817), *Portrait de Marceline Desbordes-Valmore.* Douai, musée de la Chartreuse.

Une autre grande figure féminine : Marceline Desbordes-Valmore

Appréciée de Victor Hugo et de Charles Baudelaire, Marceline Desbordes-Valmore (1786-1859) se place au premier plan des poètes romantiques. Son inspiration, élégiaque, se nourrit de ses déboires sentimentaux et de son désespoir de mère ayant perdu ses enfants. *Poésies* (1830) et *Pauvres Pleurs* (1839) sont des chefs-d'œuvre de mélancolique musicalité.

Mort de George Sand 1876

| 1850 | 1860 | 1870 |

1845 : *Le Meunier d'Angibault*   1858 : *Les Beaux Messieurs de Bois-Doré*
  1846 : *La Mare au diable*   1854 : *Histoire de ma vie*
    1849 : *La Petite Fadette*   1860 : *Jean de la Roche*
853 : *Les Maîtres sonneurs*

Michelet fait du peuple un acteur de l'Histoire

Jules
Michelet
1798-1874

Fils du peuple devenu l'un des plus brillants universitaires de son temps, Michelet s'est dès l'enfance senti une vocation d'historien. Quelle histoire écrire toutefois ? Il y a tant de façons de l'aborder !

Une découverte décisive

La révolution de 1830 lui apporte une première réponse : l'histoire est une conquête permanente de liberté, dans laquelle le peuple joue un rôle majeur. Ses fonctions, à partir de 1831, aux Archives nationales lui en fournissent une seconde : les archives ne sont pas que du papier, elles témoignent de ce que fut la vie d'une nation. Ce sont donc cette conquête et cette vie qu'il convient de saisir et d'analyser. Le premier tome de son *Histoire de France* paraît en 1833 ; seize autres suivront jusqu'en 1869.

> *Dans le progrès humain, la part essentielle est à la force vive, qu'on appelle l'homme. L'homme est son propre Prométhée.* »
>
> ▬ Jules Michelet, Préface à l'*Histoire de France*, 1869.

Une résurrection de la vie intégrale

L'histoire ne saurait dès lors se réduire à une énumération de dates et à l'évocation de quelques grands hommes : elle est un tout, qui englobe aussi bien les faits économiques et sociaux que politiques et moraux. Leur description, si large soit-elle, demeure toutefois insuffisante.

Pour Michelet, la France est une personne, qu'il convient de faire revivre. L'intuition, l'empathie et même l'imagination sont aussi nécessaires que l'étude patiente des sources et des documents. La sensibilité peut et doit accompagner l'objectivité et parfois la dépasser. En définitive, l'histoire est pour Michelet le récit de l'interminable lutte des hommes contre la nature, l'obscurantisme et la servitude.

Un historien engagé

S'il cherche à redonner vie au passé, Michelet n'en reste pas moins un homme engagé dans les luttes de son époque. *Le Peuple*, qu'il publie en 1846, est une protestation contre la misère de la condition ouvrière. Son *Histoire de la Révolution française* (1847-1853) est un manifeste épique en faveur de la république.

Le Second Empire le lui fera payer en le privant de sa prestigieuse chaire au Collège de France. Michelet meurt en 1874, gardant intacte sa foi dans le progrès humain.

1798 Naissance de Michelet			*Histoire de France* (t. I à VI)	1833-1834
1790	1800	1810	1820	1830

1827-1828 : *Précis de l'histoire moderne*
1831 : *Histoire romaine ; Introduction à l'histoire universelle*

Trois conceptions de l'histoire

Le XIXe siècle est par excellence le siècle de l'Histoire. François Guizot privilégie les faits de civilisation aux événements proprement dits (*Histoire de la civilisation en France*, 1830). L'histoire positiviste, fondée sur l'érudition, a pour principaux représentants Hippolyte Taine (*Les Origines de la France contemporaine*, 1875-1893) et Ernest Renan (*Vie de Jésus*, 1863).

Quant à Fustel de Coulanges, pour la rigueur avec laquelle il confronte et analyse ses sources dans sa *Cité antique* (1864), il est considéré comme l'un des fondateurs de la science historique.

La Bataille de Valmy
Le 20 septembre 1792, l'armée révolutionnaire française défait l'armée prussienne, à Valmy, près de son moulin devenu célèbre. C'est la première victoire de la République.

Jean-Baptiste Mauzaisse (1784-1844), détail, huile sur toile, 296 × 678 cm, 1835. Paris, musée du Louvre.

Vive la sorcière !

Cet essai fit un énorme scandale à sa parution en 1862 : Michelet y réhabilite la « sorcière » comme figure de la révolte et du progrès ! Par ses pratiques occultes qui tendent à guérir ou à consoler, celle-ci s'érige en contre-pouvoir d'une Église indifférente à la nature et aux malheurs des hommes. De là vient sa diabolisation.

En reconstituant l'histoire de la sorcellerie, du Moyen Âge au XVIIe siècle, Michelet aborde le vaste territoire de l'histoire des mentalités. Aussi son essai, tout empreint d'une poésie sulfureuse, est-il considéré aujourd'hui comme un texte fondateur. ▨

Histoire de France (t. VII à XVII)	1855-1869		Mort de Michelet 1874
1840	1850	1860	1870

1846 : *Le Peuple*   1847-1853 : *Histoire de la Révolution française*   1862 : *La Sorcière*   1876 : *Histoire du XIXe siècle*

1859 : *L'Amour*   1860 : *La Femme*

1864 : *La Bible de l'Humanité*

George Sand souffle à Musset l'idée de *Lorenzaccio*

Alfred
de Musset
1810-1857

George Sand et Musset se rencontrent pour la première fois en juin 1833. Elle a vingt-neuf ans, il en a vingt-trois. Elle est une romancière à succès, il est un poète à scandale. En juillet, ils deviennent amants. De leur liaison naît le drame de *Lorenzaccio*.

De l'amour au théâtre

George Sand fait lire à Musset l'un de ses manuscrits, *Une conspiration en 1537*. Tiré d'une chronique italienne, c'est le récit d'un assassinat politique. Le sujet séduit Musset, mais son traitement beaucoup moins. L'œuvre de George Sand est en effet une « scène historique », genre alors très en vogue, mais qui ne se soucie guère de l'intérêt dramatique.

Musset décide donc de traiter le sujet à sa façon. En cinq mois, d'août à décembre 1833, il conçoit sa propre pièce, la réécrit trois fois et la publie l'année suivante : *Lorenzaccio* est son chef-d'œuvre et celui de tout le théâtre romantique.

■ *Portrait de George Sand par Alfred de Musset en 1833.*

Florence ou Paris ? 1537 ou 1830 ?

Alexandre de Médicis règne en tyran sur Florence. Lorenzaccio, son cousin, est de toutes ses débauches. Le vice est en réalité sa protection : qui prendrait au sérieux son projet d'assassinat et de rétablissement de la République ? Il tue le tyran. Les républicains ne bougent pas pour autant. Un Médicis succède à un autre Médicis. Lorenzaccio s'enfuit à Venise où il est assassiné.

Ce coup d'État avorté offre des similitudes avec la révolution de 1830. À Paris comme à Florence, c'est l'échec. Pourtant menées par les républicains, les Trois Glorieuses n'aboutissent qu'à remplacer un roi par un autre. Musset s'interroge sur cette défaite des libéraux auxquels il appartient, passivement, lui aussi.

Un drame injouable finalement joué

Jamais représenté du vivant de Musset, ce drame fut longtemps réputé injouable. Trop de personnages, trop de décors, trop de complexité : la pièce coûtait trop cher à monter et était trop difficile à jouer. Ce sera Sarah Bernhardt qui, en 1896, relèvera le défi et qui créera le rôle de Lorenzaccio. La pièce est depuis régulièrement jouée.

1810   Naissance de Musset   *Lorenzaccio* 1834

1810   1820   1830

1830 : *Contes d'Espagne et d'Italie*
1833 : *Rolla ; Les Caprices de Marianne*

Première représentation de *Lorenzaccio*

En 1896, Mucha réalise l'affiche de *Lorenzaccio* : parée de ses broderies somptueuses, rappelant la richesse de la Renaissance, Sarah Bernhardt, coiffée à la garçonne, y est magnifiée.

Alfons Mucha (1860-1939), lithographie, 160 × 50 cm, 1896. Paris, théâtre de la Renaissance.

Les Nuits

Nuit de mai, *Nuit de décembre* (1835), *Nuit d'août* (1836) et *Nuit d'octobre* (1837) forment un cycle lyrique souvent poignant. Même si Musset compose les deux premières après sa douloureuse séparation avec George Sand, on ne saurait les réduire à leur dimension autobiographique.

Leur enjeu touche au cœur même de la création poétique : comment muer en harmonie les désordres de la passion et les dissonances de la douleur ? Par une rhétorique du cœur, car à l'instar du chant du cygne, « Les plus désespérés sont les chants les plus beaux » (*Nuit de mai*). ■

> **66** *Poète, prends ton luth ; c'est moi, ton immortelle, Qui t'ai vu cette nuit triste et silencieux.* »

■ Alfred de Musset, *Nuit de mai*, 1835.

205

L'École du désenchantement

Le règne de Louis-Philippe anéantit les espoirs soulevés par la révolution de 1830. C'est désormais le temps de l'affairisme et de l'hypocrisie. Les écrivains, qui ne se réfugient pas dans un ailleurs fantastique, clament leur dégoût d'une société sans idéal.

À ce désenchantement se rallient de grands noms : Balzac, Stendhal, Nodier, Musset, dont les œuvres expriment chacune à leur manière « la senteur cadavéreuse d'une société qui s'éteint », où « la raillerie » résume « toute la littérature des sociétés expirantes » (Balzac).

Un miséreux crée
le poème en prose

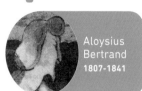

Aloysius
Bertrand
1807-1841

Le 29 avril 1841, dans un hôpital parisien décède un pauvre hère, un certain Aloysius Bertrand. Il laisse derrière lui un manuscrit intitulé *Gaspard de la nuit* que ses rares amis, stupéfaits de sa nouveauté, font éditer un an plus tard.

Une œuvre singulière

L'œuvre est un recueil de courts textes, en prose, consacrés au monde médiéval et notamment au Paris nocturne de cette époque. Chacun d'eux constitue une scène autonome, à la couleur locale si puissante qu'elle fait songer à la peinture. Un sous-titre place d'ailleurs l'ensemble sous le double patronage du peintre hollandais Rembrandt et du dessinateur français Jacques Callot.

Des tableaux du premier, le recueil se rapproche par ses ambiances nocturnes dans lesquelles évolue tout un peuple fantastique de gnomes, d'alchimistes, de pendus, de brigands ! Des dessins du second, il retient la veine grotesque, le trait de la caricature et le sens du détail. C'est que ce « Gaspard » lui-même n'est autre que Satan !

L'invention du poème en prose

Gaspard de la nuit est un cas unique dans l'histoire des genres littéraires. Il est en effet exceptionnel d'assister à la naissance d'un nouveau genre, de pouvoir la dater et de savoir à qui en attribuer la paternité. Bertrand consacre le divorce définitif de la poésie et de la versification et il dote la prose de spécificités qu'on croyait jusque-là réservées au poème : le primat des images et des effets musicaux, la concentration de l'énoncé, la puissance de suggestion et l'importance de la forme.

> *Et c'est ainsi que s'acoquinaient à un feu de brandons, avec des gueux de nuit, un procureur au parlement qui courait le guilledou, et les gascons du guet...* »
>
> ■ Aloysius Bertrand, *Gaspard de la nuit*, « Les Gueux de la nuit », 1842.

Une revanche posthume

Bertrand meurt sans avoir jamais rien publié d'important, mais non sans descendance littéraire. Son invention du poème en prose a élargi l'horizon de la poésie moderne. À sa suite, les plus grands poètes des XIXe et XXe siècles – Baudelaire, Mallarmé, Rimbaud, Francis Ponge, Henri Michaux, Pierre Jean Jouve... – pratiqueront chacun à leur façon le poème en prose. La postérité venge Bertrand de la misère et de l'anonymat qu'il connut de son vivant.

Naïade

« Écoute ! – Écoute ! – C'est moi, c'est Ondine qui frôle de ces gouttes d'eau les losanges sonores de ta fenêtre illuminée par les mornes rayons de la lune ». Extrait de « Ondine », *Gaspard de la nuit*, 1842.

Henri Fantin-Latour (1836-1904), huile sur toile, 1896. Saint-Pétersbourg, musée de l'Hermitage.

" *C'est en feuilletant pour la vingtième fois au moins le fameux Gaspard de la nuit d'A. Bertrand […] que l'idée m'est venue de tenter quelque chose d'analogue* "

Charles Baudelaire, *Le Spleen de Paris*, 1862.

Misère et suicide des poètes

Méprisés par le pouvoir et ignorés par le public, de nombreux poètes n'ont le choix qu'entre la marginalité et le suicide. Alphonse Rabbe, frère de poésie et de misère de Bertrand, met fin à ses jours en 1829. Ce drame des ignorés, Vigny le met en scène dans *Chatterton* (1835) où le héros éponyme, refusant de prostituer son art, préfère en finir avec la vie. Ceux qui ne le font pas se réfugient dans une marginalité, souvent idéalisée sous le nom de bohème, mais en réalité très dure à vivre au quotidien.

Autoportrait

« Seul, pensif, déjà malade, devant la page blanche d'un cahier », ainsi se dépeint Aloysius Bertrand.

Aloysius Bertrand, collection particulière.

Mort d'Aloysius Bertrand | 1841   1842 | *Gaspard de la nuit*

1830   1840

1828 : *L'Agonie et la mort du sire de Maupin*
1828 : *Jacques-Les-Andelys, Chronique de l'an 1364*
1833 : *Peter Waldeck ou la chute d'un homme*
1833 : *Perdue et retrouvée*

Dumas écrit
le roman de la vengeance

Alexandre
Dumas
1802-1870

Dramaturge connu, feuilletoniste encore plus réputé,
Dumas (père) devient avec *Le Comte de Monte-Cristo*
le romancier populaire par excellence. Jalousie, trahison,
vengeance : l'œuvre avait de quoi séduire tous les publics.

Un implacable justicier

1815 : Edmond Dantès est trop heureux en amour et en affaires
pour ne pas être jalousé. Anonymement dénoncé comme bonapartiste, il est jeté
dans un cachot du château d'If. L'abbé Faria, son codétenu, le sauve du désespoir et
lui révèle avant de mourir l'existence d'un trésor dans l'île de Monte-Cristo. Dantès
prend sa place dans le linceul, qui est jeté à la mer. Le voici libre après quinze ans
de captivité. 1838 : sous le nom de comte
de Monte-Cristo, Dantès, riche à souhait, entreprend de perdre ses dénonciateurs les uns après les autres, tous
devenus entre temps des personnages
importants…

> ❝ *Dantès avait été lancé
> dans la mer au fond de laquelle
> l'entraînait un boulet de 36 attaché
> à ses pieds. La mer était le cimetière
> du château d'If.* »
>
> ▪ Alexandre Dumas, *Le Comte de Monte-Cristo*, 1844.

208

Les clés d'un succès

En dépit de quelques critiques sur son immoralisme, l'œuvre connut un succès immédiat, qui ne s'est pas depuis démenti. Roman historique, elle s'inscrit dans un
cadre précis, celui de la monarchie de Juillet.

Satire de mœurs, elle en dénonce la fausse respectabilité, qui permet aux plus
corrompus d'occuper les postes les plus élevés. Roman d'aventures, elle est enfin
pleine de rebondissements. Victime innocente, Dantès acquiert une dimension
héroïque, presque surhumaine : il est celui par qui la justice s'accomplit.

Le maître du roman historique

Entremêlant les événements d'une destinée personnelle fictive et les grands événements historiques, par définition authentiques, Dumas s'impose comme le maître
du roman historique. La même année que *Le Comte de Monte-Cristo*, il fait paraître *Les
Trois Mousquetaires* (1844).

Puis, c'est au tour de *Vingt ans après* (1845) et *La Dame de Monsoreau* (1846). Preuve de
leur succès, ils ont tous été portés à l'écran. Les cendres de Dumas sont transférées
au Panthéon, le 30 novembre 2002, à l'occasion du bicentenaire de sa naissance.

1802 Naissance de Dumas

| 1800 | 1810 | 1820 | 1830 | 18 |

1829 : *Henri III et sa cour*

1836 : *Kean*

Ce roman populaire ne pouvait que tenter les cinéastes de le porter à l'écran. En retour, le cinéma a contribué au succès du roman. Preuve parfaite de la complémentarité de l'écrit et de l'image.

Affiche du film de Robert Vernay, avec Jean Marais, 1954.

Le roman-feuilleton

Il naît vers la fin des années 1830 de l'essor de la presse à bon marché, de l'apparition d'un lectorat de plus en plus vaste et d'une mutation de la notion même de culture. Chaque journal se doit alors d'avoir un bon feuilletoniste, qui fait grimper les ventes et qui est payé à prix d'or. Alexandre Dumas, Eugène Sue (*Les Mystères de Paris,* 1843), plus tard Paul Féval (*Le Bossu,* 1858), Maurice Leblanc, le père d'Arsène Lupin, sont les plus connus. Privilégiant le spectaculaire, les émotions fortes et la rapidité des dialogues, le roman-feuilleton fait les délices du peuple et des classes moyennes.

Les Trois Mousquetaires

Ils sont quatre ! Porthos, Athos, Aramis et d'Artagnan. La reine Anne d'Autriche a commis l'imprudence d'offrir à son amant, le duc de Buckingham, douze ferrets en diamants, présents du roi. Or elle doit les porter lors d'un tout prochain bal, sous peine d'un éclatant scandale. D'Artagnan sauvera sa réputation... Rebondissements garantis sur fond de vérité historique. Le roman fait désormais partie de notre patrimoine littéraire national. On ne compte plus les adaptations cinématographiques et théâtrales qui en ont été faites. ■

Chateaubriand s'immortalise dans ses *Mémoires*

En 1803, Chateaubriand projette d'écrire ses mémoires. En 1830, il en élargit la perspective : c'est l'histoire de son siècle qu'il veut désormais raconter à travers sa propre vie, afin de mieux demeurer dans le souvenir des hommes.

Une voix dans le siècle

Récit de son enfance à Combourg, de son voyage en Amérique, de son émigration en Angleterre, rappel de ses premiers succès littéraires : les deux premières parties des *Mémoires d'outre-tombe* relèvent de l'autobiographie. Les deux dernières se veulent l'œuvre d'un historien. Une longue biographie de Napoléon précède l'évocation de sa propre carrière politique qui le vit ministre de l'Intérieur durant les Cent Jours, ambassadeur à Berlin, Londres et Rome, ministre enfin des Affaires étrangères sous Louis XVIII.

L'exactitude historique et l'objectivité y font souvent défaut. Chateaubriand y est avant tout poète. L'œuvre s'impose par la somptuosité du style et la puissance de son lyrisme.

Le château de Combourg
Les années de sa jeunesse à Combourg en Bretagne, Chateaubriand les décrira mornes dans ses *Mémoires*, sous l'autorité d'un père taciturne et despotique.

Lithographie de Engelmann,
XIXe siècle. Paris, BNF.

Une œuvre testamentaire

Comme le suggère leur titre, ces *Mémoires* sont un mausolée : leur auteur y recense ses deuils familiaux ainsi que les victimes de la Révolution ou de l'Empire. Cette omniprésence de la mort illustre la fragilité de toute existence et l'inéluctable fuite du temps, thèmes romantiques par excellence.

En prétendant écrire d'outre-tombe, Chateaubriand se place aussi dans un au-delà du temps. Cette position en surplomb lui permet de mieux saisir le passé dans sa globalité et sa cohérence. Écriture d'une vie, ces *Mémoires* deviennent une réécriture de soi.

Un tombeau pour l'éternité

Cette réécriture façonne à son tour l'image que Chateaubriand souhaite transmettre à la postérité : celle d'un acteur majeur de l'Histoire et même d'un prophète. Ses *Mémoires* s'achèvent en effet sur une vision de l'avenir, promis à la démocratie. Leur publication suit de quelques semaines le décès de leur auteur, le 4 juillet 1848.

1768 Naissance de Chateaubriand

1760	1770	1780	1790	1800

1797 : *Essai historique, politique et moral sur les révolutions*

1801 : *Atala*

1802 : *Génie du christianisme* contenant *René*

Chateaubriand et Napoléon Ier

Les *Mémoires d'outre-tombe* comportent dans leur dernière partie une *Vie de Napoléon* critique et... admirative. Chateaubriand s'insurge contre le despote, proteste contre le mythe de l'Empereur : « Après avoir subi le despotisme de sa personne, il nous faut subir le despotisme de sa mémoire ». Mais il ne peut s'empêcher d'admirer son énergie, sa volonté et même son génie.

L'implacabilité de son réquisitoire cache mal un regret : celui de n'avoir pas été l'égal de Napoléon.

La Liberté guidant le peuple

Chateaubriand raconte en détail son séjour à Paris, alors en pleine Révolution, et ce qu'il voit passer devant sa fenêtre : deux têtes montées sur une pique !

Eugène Delacroix (1798-1863), huile sur toile, 260 × 325 cm, 1830. Paris, musée du Louvre.

> ❝ *Je vois les reflets d'une aurore dont je ne verrai pas se lever le soleil. Il ne me reste plus qu'à m'asseoir au bord de ma fosse ; après quoi je descendrai hardiment, le crucifix à la main, dans l'éternité.* »

■ Chateaubriand, *Mémoires d'outre-tombe*, 1848.

Le 18 juillet 1848, Chateaubriand est inhumé, conformément à ses vœux, sur l'îlot du Grand Bé, dans la rade de Saint-Malo, seul, face à l'infini de la mer : pas de nom, pas de date sur sa tombe, une croix seule pour témoigner de sa foi chrétienne. C'est pour l'éternité l'ultime humilité de cet orgueilleux admiré.

Mort de Chateaubriand 1848

1810	1820	1830	1840

1836 : *Essai sur la littérature anglaise*

1844 : *Vie de Rancé*

1848-1850 : *Mémoires d'outre-tombe*

Théophile **Gautier** prône l'art pour l'art

Théophile Gautier
1811-1872

Dernier recueil poétique de Gautier, *Émaux et Camées* marquent une rupture et un avènement : rupture avec un certain romantisme, avènement d'une nouvelle doctrine poétique. Leur publication fait date dans l'histoire des mouvements poétiques.

Une poésie d'orfèvre

L'édition originale de 1852 comprend dix-huit poèmes ; l'édition définitive de 1872 en compte quarante-sept. En vingt ans le recueil s'est enrichi, sans rien perdre de sa cohérence. L'inspiration en est diverse : évocation de l'Antiquité, de l'Égypte, de l'Espagne, du carnaval de Venise, des grognards de Napoléon.

L'essentiel réside dans la perfection formelle des poèmes, souvent des quatrains d'octosyllabes à rimes croisées. Ils sont autant de miniatures précises, colorées, riches en effets sonores et rythmiques, comme dans la « Symphonie en blanc majeur », description d'une femme-cygne.

Le chef de file de l'École de l'art

Le recueil définit et illustre une nouvelle doctrine poétique, selon laquelle la forme doit primer sur le contenu, et la technique sur l'inspiration. Intemporelle et impavide, la beauté ne saurait être inféodée à une quelconque utilité sociale ou morale. Elle est la seule quête du poète et la seule justification de la poésie. C'est en conséquence renoncer à tout lyrisme, aux épanchements du moi et à toute visée humanitaire.

Gautier, qui fut en son temps un ardent défenseur d'*Hernani*, prend ainsi ses distances avec ses convictions de jeunesse.

Un maître reconnu par les plus grands

L'ART

Oui, l'œuvre sort plus belle
D'une forme au travail
Rebelle,
Vers, marbre, onyx, émail.

Point de contraintes fausses !
Mais que pour marcher droit
Tu chausses,
Muse, un cothurne étroit.

Fi du rhythme commode,
Comme un soulier trop grand,
Du mode
Que tout pied quitte et prend !

Son mérite est de mettre l'accent sur le travail de la langue. Il ouvre la voie à la poésie formaliste du Parnasse. Il impose surtout l'idée, qui se révélera d'une extrême fécondité, que la poésie n'est et ne peut être qu'un travail sur le langage. Ce n'est pas un hasard si Baudelaire lui dédiera ses *Fleurs du mal*, qu'il salue comme « poète impeccable », et Mallarmé l'honorera d'un « Toast funèbre ». On ne peut rêver plus bel hommage. Gautier est de nos jours injustement oublié.

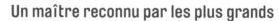 Henri Caruchet (1865-1945), illustration pour *L'Art*, Paris, Fasquelle, 1925.

Le Parnasse

Le Parnasse ne fut jamais une école. Il doit son nom à une revue, *Le Parnasse contemporain*, qui, en 1866 puis en 1871 et 1876, accueille des auteurs aussi différents que Leconte de Lisle, Banville, Heredia ou encore Catulle Mendès, François Coppée ou Sully Prudhomme.

S'ils n'ont pas les mêmes aspirations et ambitions, ils partagent les mêmes refus : celui de confondre poésie et émotion. Aussi n'évitent-ils pas toujours le risque de la froideur et de l'impassibilité. ■

> *Il n'y a de vraiment beau que ce qui ne peut servir à rien ; tout ce qui est utile est laid [...] L'endroit le plus utile d'une maison, ce sont les latrines.»*
>
> ■ Théophile Gautier, Préface de *Mademoiselle de Maupin*, 1835.

Baccante en reposo

Ce tableau évoque toute la sensualité des œuvres de Théophile Gautier, à la croisée du romantisme et de la poésie parnassienne.

Joaquin Sorolla (1863-1923), huile sur toile, 29 × 67 cm, 1882. Valence (Espagne), musée des Beaux-Arts.

Hugo inflige
ses *Châtiments* à Napoléon III

Victor Hugo
1802-1885

Le coup d'État du 2 décembre 1851, par lequel Napoléon III fonde le Second Empire, est pour le républicain Hugo un « crime » impardonnable. Il tente de soulever les Parisiens, mais doit s'exiler dans l'île de Jersey. Il y compose *Les Châtiments*. C'est un brûlot.

Une œuvre de combat

Six mille vers constituent un implacable réquisitoire contre le nouvel empereur. L'histoire en est le fil conducteur avec le constant rappel de l'épopée de Napoléon le Grand, en contrepoint des bassesses de celui qui n'est que Napoléon le Petit. L'ironie en est l'arme principale, qui démystifie les justifications officielles du coup d'État : non, la Société n'est pas sauvée !

Satire, chanson, fable, élégie, épopée, diatribe : la rage d'Hugo explose dans un florilège de genres littéraires. Œuvre de circonstance et de résistance, *Les Châtiments* sont aussi une exceptionnelle création poétique. Depuis Caïn, le premier assassin de l'humanité, jusqu'à ce « Petit » liberticide, Hugo convoque toute l'histoire des tyrans. Et c'est une Histoire lyrique, épique, visionnaire.

> *Waterloo ! Waterloo ! Waterloo ! morne plaine !* »
>
> ■ Victor Hugo, *Les Châtiments*, « L'Expiation », 1853.

Un exil fécond

En octobre 1855, sur pression des autorités locales, Hugo quitte Jersey pour Guernesey. Là, face à la mer, il écrit ses œuvres les plus puissantes : *Les Contemplations* (1856), vaste interrogation de onze mille vers sur la condition humaine ; *La Légende des siècles* (1859), reconstitution gigantesque de l'épopée de l'humanité ; *Les Misérables* (1862), son roman le plus célèbre, mais aussi *Les Travailleurs de la mer* (1866) et *L'Homme qui rit* (1869).

La gloire et la légende

Cet exil sculpte également la statue d'Hugo en défenseur farouche de la liberté. En 1859, il refuse l'amnistie que lui propose l'Empereur, en déclarant hautement : « Quand la liberté rentrera, je rentrerai. »

Il ne reviendra à Paris qu'en septembre 1870, après la chute de l'Empire et la proclamation de la IIIe République. En 1885, ses funérailles seront nationales et grandioses, lui ouvrant les portes du Panthéon.

1802	Naissance de Victor Hugo			
1800	**1810**	**1820**	**1830**	**184**

Hugo poète

1822 : *Odes et Ballades*
1829 : *Les Orientales*
1831 : *Les Feuilles d'automne*
1837 : *Les Voix intérieures*
1840 : *Les Rayons et les Ombres*

Le coup d'État de Napoléon III

Cette peinture, sombre à souhait, reflète parfaitement l'état d'esprit de Victor Hugo.

Eugène Lacoste (1818-1908), *Ralliement de la Garde nationale lors du coup d'État du 2 décembre 1851*, huile sur bois, 42 × 58 cm, 1852. Paris, musée de l'Armée.

> *Peuple ! écoutez le poète !*
> *Écoutez le rêveur sacré !*
> *Dans votre nuit, sans lui complète,*
> *Lui seul a le front éclairé »*

▇ Victor Hugo, *Les Rayons et les Ombres*, « Fonction du poète », 1840.

Un autre Hugo : *La Légende des siècles*

Avec plus de trente mille vers, répartis en trois parties, composés de 1859 à 1883, ce recueil gigantesque retrace l'épopée de l'humanité et sa lente ascension vers la lumière, vers « le rayonnement de l'âme universelle ».

L'épique s'y mêle constamment au merveilleux et au surnaturel. « La Conscience », « Booz endormi », « La Rose de l'Infante », « Le Satyre » ou « La fin de Satan » figurent parmi les morceaux les plus célèbres.

C'est prodigieux. C'est hugolien.

L'aigle impérial est foudroyé par *Les Châtiments* de Victor Hugo.

Honoré Daumier (1808-1870), caricature, *Le Charivari*, 16 novembre 1870.

1853	*Les Châtiments*		Mort de Victor Hugo	1885
1850	**1860**	**1870**	**1880**	

1856 : *Les Contemplations*   1865 : *Chansons des rues et des bois*

1859-1883 : *La Légende des siècles*   1877 : *L'Art d'être grand-père*   1891 : *Dieu* (posthume)

Gérard
de Nerval
1808-1855

1855

Nerval descend aux enfers dans *Aurélia*

Le 26 janvier 1855, trois semaines avant la parution de la seconde partie d'*Aurélia*, Nerval se suicide, mettant ainsi sa vie en conformité avec son œuvre ou, à l'inverse, son œuvre avec sa vie.

Les vertiges de la folie

Le narrateur s'inquiète d'un mystérieux présage, annonciateur de sa propre mort ou de celle d'Aurélia, qu'il aime et qui vient de rompre avec lui. Rêve ou réalité : des visions l'assaillent. Son internement ne les fait pas pour autant disparaître. Le narrateur voit ressurgir son passé et accède à un paradis où Aurélia, décédée, l'accueille et le fait assister à la douloureuse création du monde.

Revenu à Paris, se sentant coupable mais sans savoir de quoi précisément, il erre désespéré, pressentant la fin du monde. Lui apparaît alors une déesse, incarnation de toutes les mères salvatrices et d'Aurélia, laquelle le guide vers le salut.

Une poésie des gouffres

Dans *Aurélia*, Nerval a beaucoup mis de lui-même : sa passion malheureuse pour l'actrice Jenny Colon, ses propres internements psychiatriques, son goût pour l'ésotérisme. L'œuvre dépasse pourtant le cadre autobiographique. En faisant du rêve une autre vie, aussi réelle sinon plus réelle encore que la vie ordinaire, elle s'érige en exploration de l'inconscient.

La force de suggestion des visions rapportées dans une langue précise, souvent lyrique, toujours intelligible, fait d'*Aurélia* une œuvre puissante et troublante.

Un texte fondateur

Œuvre posthume, *Aurélia* n'est pas seulement l'ultime œuvre de Nerval, elle en est le couronnement, qui permet de comprendre ses textes antérieurs : *Les Chimères*, recueil de sonnets composés à partir de souvenirs à demi rêvés, comme d'ailleurs *Les Filles du feu*. De Lautréamont à Rimbaud et, plus tard, les surréalistes, tous ceux qui tiennent le rêve pour la vraie vie, au péril parfois de leur santé mentale, se sont engouffrés dans cette brèche ouverte par *Aurélia*.

> 66 *Je suis le ténébreux, – le veuf, – l'inconsolé,*
> *Le prince d'Aquitaine à la tour abolie :*
> *Ma seule étoile est morte, – et mon luth constellé*
> *Porte le soleil noir de la Mélancolie. »*

■ Gérard de Nerval, *Les Chimères*, « El Desdichado », 1854.

216

1808 **Naissance de Nerval**

| 1800 | 1810 | 1820 |

Rayons de soleil
Louis Janmot a réalisé dix-huit peintures illustrant la poésie de Nerval : sous leur apparence champêtre et heureuse, ces «filles du feu» feront le désespoir du poète.

Louis Janmot (1814-1892), *Le Poème de l'âme*, huile sur toile, 1854. Lyon, musée des Beaux-Arts.

66 *Il me semblait voir une chaîne non interrompue d'hommes et de femmes en qui j'étais et qui étaient moi-même.* »

■ Gérard de Nerval, *Aurélia*, 1855.

Le romantisme noir

Sous cette bannière se regroupent les marginaux et les sans-grades du romantisme. Ils sont nombreux, et pas nécessairement sans talent : Aloysius Bertrand, Pétrus Borel (*Madame Putiphar*, 1839), Ch. Lassailly (*Les Roueries de Trialph*, 1833), Ch. Nodier (*Smarra*, 1821), Nerval... Tous ont en commun le goût des atmosphères médiévales, inquiétantes, fantastiques, des superstitions, et une certaine complaisance pour les états seconds ou proches de la folie. Les surréalistes les réhabiliteront. Cet autre romantisme est à découvrir ou redécouvrir.

Sylvie

Parue en 1853, *Sylvie* est la plus célèbre des nouvelles de Nerval. Le narrateur aime Aurélie, une actrice. Mais est-ce vraiment bien elle ? Des souvenirs le reconduisent sur les lieux de son enfance, dans le Valois, vers d'anciennes amours : Adrienne, la religieuse, Sylvie, la petite paysanne. Et si toutes ces amours n'en formaient qu'un seul, si ces femmes ressuscitaient en Aurélie ? À moins que tout ne soit qu'un rêve. Mémoire et fantasme déchirent. «Il y a de quoi devenir fou.» Nerval le deviendra. ■

Mort de Nerval 1855

1830   1840   1850

1851 : *Voyage en Orient*   1855 : *Aurélia*
1852 : *Les Illuminés*
1853 : *Petits châteaux de Bohême ; Sylvie*
1854 : *Les Filles du feu ; Les Chimères*

La justice condamne Baudelaire pour ses *Fleurs du mal*

Charles
Baudelaire
1821-1867

Baudelaire publie *Les Fleurs du mal* le 25 juin 1857. Deux mois plus tard, le 20 août, la justice le condamne à trois cents francs d'amende et censure six de ses poèmes pour offense à la morale publique et aux bonnes mœurs.

Le poète de la condition humaine

Le projet de Baudelaire n'est pourtant pas de choquer ni même de provoquer, mais de saisir le tragique de la condition humaine. L'homme est par nature un être déchiré, le théâtre de l'affrontement de l'Idéal et du Spleen, de l'aspiration au Bien et de la chute dans le Mal, de l'élévation et du naufrage.

Entre ces deux tentations opposées, s'écoule la vie, s'étire le Temps, cet Ennemi implacable et corrupteur. Par conséquent tout est bon pour échapper au désespoir, fût-ce les paradis artificiels : le rêve, le vin, le sexe, la drogue, la mort même, dès lors qu'elle est promesse de nouveauté.

> 66 *La Nature est un temple où de vivants piliers Laissent parfois sortir de confuses paroles. L'homme y passe à travers des forêts de symboles Qui l'observent avec des regards familiers.* »
>
> ■ Charles Baudelaire, *Les Fleurs du mal*, « Correspondances », 1857.

La quête de la beauté

Ce tragique, le poète le vit plus intensément que quiconque, car en plus d'être homme il est artiste. La Beauté le hante, qu'il sait pourtant inaccessible. À l'inverse des romantiques privilégiant les épanchements du cœur, Baudelaire recherche la perfection formelle. Mais à rebours des Parnassiens ne cultivant que le style, il croit en l'émotion.

La Beauté allie pour lui la forme et l'authenticité. Au poète de la traquer toujours et partout jusque dans le mal qui possède précisément ses « fleurs », quitte à être un éternel incompris ou un réprouvé social.

Le père de la poésie moderne

La postérité a très tôt réhabilité Baudelaire dont chacun a vite salué la modernité. Celle-ci réside d'abord dans l'affirmation de l'autonomie absolue de la poésie qui ne saurait avoir d'autre objet qu'elle-même. Avec *Les Fleurs du mal*, Baudelaire l'oriente vers l'introspection des gouffres intérieurs, proches de l'inconscient.

Le peintre de la vie moderne qu'il a voulu être, notamment dans *Le Spleen de Paris* (1869), a su enfin créer une prose musicale, apte à saisir ce qu'il peut y avoir dans toute vie urbaine de transitoire et de permanent.

Jeanne Duval

Baudelaire rencontre vraisemblablement en 1842 Jeanne Duval, avec qui il entretiendra une longue et orageuse liaison. Elle lui inspirera plusieurs poèmes comme «Sed non satiata» ou «Le Balcon».

Édouard Manet (1832-1883), huile sur toile, 90 × 113 cm, 1862. Budapest, musée des Beaux-Arts.

Le Spleen de Paris

Publié en 1869, après la mort de Charles Baudelaire, ce recueil posthume est, au même titre que *Les Fleurs du mal*, l'œuvre de toute une vie. Tour à tour tableaux, rêveries, anecdotes, portraits, ce *Spleen* voit le poète à l'affût de la beauté fugace, de l'étrange et de ses doubles solitaires : l'enfant, le saltimbanque, le fou...
«L'étranger», «Un hémisphère dans une chevelure», «L'invitation au voyage», «Déjà !», «Le port», «N'importe où hors du monde», bien d'autres encore, sont autant de chefs-d'œuvre.

Les Paradis artificiels

Écrits après *Du vin et du haschisch* (1851), *Les Paradis artificiels* (1860) réunissent *Le Poème du haschisch* et *Un mangeur d'opium*. Parus entre deux éditions des *Fleurs du mal*, ils en sont le complément ou l'extension.

Nullement confession d'un alcoolique ou d'un opiomane, ils expriment tout à la fois la tentation d'un désespéré et la vengeance de l'homme sur Dieu. Puisque le paradis, le vrai, est inaccessible, autant se tourner vers les autres qui, eux, consolent et sont abordables. ■

66 *J'ai plus de souvenirs que si j'avais mille ans.* »

■ Charles Baudelaire, *Les Fleurs du mal*, «Spleen», 1857.

Les Fleurs du mal [1857]   Mort de Baudelaire [1867]

| 1850 | | 1860 |

1846 : *Salon de 1846*   1851 : *Du vin et du haschich ; Fusées*   1869 : *Le Spleen de Paris*

1856 : *Traduction des Histoires extraordinaires de Poe*

1863 : *Le Peintre de la vie moderne ; L'œuvre et la vie d'Eugène Delacroix*   1864 : *Mon cœur mis à nu*

Flaubert diagnostique le « bovarysme »

Gustave
Flaubert
1821-1880

C'est l'histoire d'une vie ratée, et d'un scandale. Dès la parution de son roman, *Madame Bovary*, Flaubert est traîné en justice pour immoralité. Acquitté, mais dégoûté, il songe à interdire toute diffusion de son œuvre.

D'Emma Bovary au bovarysme

Emma Rouault croit trouver dans le mariage un remède à son ennui, qu'elle peuple depuis l'enfance de rêveries exaltantes et passionnées. Mais Charles Bovary, son mari, n'est qu'un médiocre. Déçue par deux liaisons, Emma sombre dans la dépression dont elle tente de sortir par une frénésie de dépenses. Les dettes s'accumulent, sans que diminue sa lassitude morale : elle s'empoisonne à l'arsenic, laissant son mari ruiné et désemparé.

Son état est à l'origine d'un mot forgé en 1892 : le bovarysme, qui désigne aujourd'hui encore une tendance maladive à fuir dans l'imaginaire.

> « Ce n'étaient qu'amours, amants, amantes, dames persécutées s'évanouissant dans des pavillons solitaires… »

Gustave Flaubert, *Madame Bovary*, 1857.

En haine du romantisme

Le scandale que suscite le roman tient toutefois moins à ce bovarysme qu'à son écriture, sèche et neutre : Flaubert y décrit son héroïne en clinicien, sans pitié ni préjugé. La plate réalité du quotidien rend dérisoires les grands idéaux romantiques de la passion et de la liberté.

Aucune transcendance d'aucune sorte ne vient éclaircir l'horizon d'Emma. Plus que sa condition de femme mal mariée, plus que ses adultères, c'est cette froideur du style qui choque les autorités officielles.

Le romancier de l'échec

Ce roman de l'échec connaît en revanche un vif succès auprès du grand public. Cinq ans plus tard, Flaubert récidive avec un autre roman de l'échec, *Salammbô*. Même si ses accents épiques le font parfois oublier, le roman raconte l'histoire, dans l'Antiquité, d'une révolte, noyée dans le sang, de mercenaires contre Carthage.

Quant à *L'Éducation sentimentale*, elle dresse le portrait sans concession de la génération de 1848 qui, passive ou indifférente, laisse mourir ses rêves personnels et ses aspirations démocratiques. Les héros de Flaubert ne seront jamais des conquérants.

1821 Naissance de Flaubert

| 1820 | 1830 | 1840 | 1850 |

1847 : Par les champs et par les grèves

L'Éducation sentimentale

Le roman, paru en 1869, raconte l'histoire d'un jeune homme, Frédéric Moreau, platoniquement épris d'une femme mariée, Mme Arnoux, et qui rate sa vie tant sentimentale que professionnelle. C'est aussi l'histoire de toute une génération qui, elle, rate la révolution de 1848.

« Les patriotes ne me pardonneront pas ce livre, ni les réactionnaires non plus. » Au final, il s'agit d'un chef-d'œuvre, et des plus délicieusement grinçants. ■

La Vénitienne au bal masqué

Le portrait de cette jeune femme par un peintre rouennais évoquerait de façon étonnante, d'après le témoignage d'une compagne de classe, la grâce et la beauté de Madame Bovary.

Joseph Désiré Court (1797-1865), huile sur toile, 92,7 × 74 cm, 1837. Rouen, musée des Beaux-Arts.

Les Goncourt

Les frères Edmond (1822-1896) et Jules (1830-1870) Goncourt sont littérairement des frères siamois. Ils écrivent ensemble leurs romans. Peindre la société de leur époque, créer du « vrai humain » à partir d'une documentation minutieuse, étudier des cas pathologiques avec toute la rigueur scientifique requise, pratiquer enfin une « écriture artiste » : telle est leur esthétique. *Sœur Philomèle* (1861), *Renée Mauperin* (1864), *Germinie Lacerteux* (1865) sont leurs romans les plus connus. Par testament, Edmond crée l'Académie Goncourt, qui décerne son premier prix en 1903, alors doté de cinq mille francs or.

1857	Madame Bovary			1880	Mort de Flaubert

1857 | Madame Bovary
1860
1862 : *Salammbô*
1869 : *L'Éducation sentimentale*   1877 : *Trois Contes*
1870
1872 : *La Tentation de saint Antoine*
1880   Mort de Flaubert
1880
1880 : *Bouvard et Pécuchet* (inachevé)
1911 : *Dictionnaire des idées reçues*

La bataille réaliste

À mi-course du siècle, la révolution de 1848 introduit une double rupture, politique et littéraire. C'est la fin de la monarchie et des exaltations romantiques. C'est l'heure des rébellions. Place désormais au concret, aux faits, au réel !

Au nom de la vérité, du progrès et de la démocratie

Sous l'étendard de la révolte

Au Salon de 1850-1851, le peintre Gustave Courbet (1819-1877) expose l'un de ses tableaux : *Un enterrement à Ornans*, qui transgresse tous les codes académiques en vigueur. Le scandale est immédiat : on l'accuse de vulgarité, de laideur, bref d'immoralisme ; lui réplique qu'il s'agit de « réalisme ».

Esprit anticonformiste se targuant de vouloir « encanailler l'art », Courbet récidive en 1855 par une grande exposition de quarante de ses toiles, qu'il intitule « Le Réalisme ». Le mot est définitivement lancé et avec lui la « bataille ».

Le mot de ralliement des nouvelles générations

Courbet attire bientôt autour de lui tous les artistes et écrivains qui rejettent les fadaises idéalistes des romantiques. Leurs aspirations démocratiques, qui se sont exprimées durant la révolution de 1848, les poussent à s'intéresser aux classes populaires, jusque-là absentes de l'univers littéraire. En outre, l'urbanisation et les progrès techniques justifient à leurs yeux le traitement de nouveaux sujets. Bref, ils entendent faire entrer le « réel » dans la littérature. Celle-ci sera donc « réaliste », en franche rupture avec le passé.

Deux propagandistes du « laid »

Deux hommes, quoique secondaires par le talent, vont jouer un rôle de premier plan dans la vulgarisation et la définition du concept : Jules Champfleury (1821-1889), ami de Courbet, et Louis Duranty (1833-1880), fils naturel de Mérimée.

Couverture du recueil de Champfleury, 1857. Paris, BNF.

Le premier publie en 1857 un recueil d'articles sous le titre *Le Réalisme*. Le second fonde une éphémère revue également intitulée *Réalisme*, dont les seuls six numéros paraissent de novembre 1856 à mai 1857. Tous deux entretiennent, nourrissent et approfondissent le débat. Partisans et adversaires du « réalisme » s'opposeront ainsi durant des années, sur des positions bien tranchées : au nom de la « vérité » – terme aussi souvent employé que le « réel » – les uns défendent le réalisme ; au nom des bienséances et de l'élégance, les autres le combattent.

Le réalisme n'existe pas !

Des idées-forces plutôt qu'une doctrine

Le mot incite à des empoignades d'autant plus vives que son contenu reste flou. Il n'y aura jamais de doctrine réaliste, comme il y aura quelques années plus tard une doctrine naturaliste. Quelques idées-forces toutefois se dégagent.

L'observation et la description du réel doivent l'emporter sur l'imagination et le romanesque. Le document devient la matière même du roman, le gage de l'objectivité et de la vérité. Sans condamner ni juger, le romancier expose les faits. L'étude de mœurs se mue ainsi en enquête sociale et le bureau de l'écrivain devient un laboratoire où celui-ci peut et doit analyser l'interaction du milieu et des faits avec la même rigueur que le savant. Même s'ils dépasseront ces principes, Zola et les naturalistes ne les récuseront jamais.

> ❝ *Le Réalisme conclut à la reproduction exacte, complète, sincère, du milieu social, de l'époque où on vit parce qu'une telle direction d'études est justifiée par la raison, les besoins de l'intelligence et de l'intérêt du public.* »
>
> ▪ Louis Duranty, « Esquisse de la méthode des travaux », *Réalisme*, 15 novembre 1856.

Les paradoxes du réalisme

Nombre d'écrivains, classés de nos jours ou en leur temps comme « réalistes », ont pourtant rejeté ou contesté cette étiquette. Flaubert en est l'exemple le plus spectaculaire. Lui qui s'est tant documenté pour écrire *Madame Bovary*, qui fut traîné devant les tribunaux pour l'indécence de son roman, a toujours déclaré « exécrer ce qu'on est convenu d'appeler le réalisme ».

Baudelaire, qui se veut le chantre de la modernité, considère qu'il s'agit d'une « injure ». Quant à Balzac, qui entremêle le visible et l'invisible, et Stendhal, qui intervient sans cesse dans ses œuvres, ils auraient bien été étonnés d'être qualifiés de « réalistes », tant ils réinterprètent et donc réinventent le réel !

L'illusion réaliste

C'est que malgré ses proclamations, le réalisme ne peut donner que l'illusion du vrai. Le réel – le vrai réel — est fourmillement et incohérence. Le reproduire tel quel, à supposer que cela soit possible, c'est n'avoir pas d'autre ambition que d'établir un catalogue d'événements, par définition sans fin, sans ordre et sans clarté.

L'écrivain doit donc trier, choisir et surtout donner une forme à la matière brute qu'est le document, c'est-à-dire faire œuvre d'art. De là, l'importance que Balzac accorde à la création de « types », Flaubert au « style » et, peu après, Zola au « tempérament ». Les meilleurs écrivains « réalistes » ont toujours su qu'avant d'être des documentalistes ou des archivistes, ils étaient des artistes. Reste que s'il est une illusion, le réalisme est une illusion magnifique dans la mesure où il a durablement orienté le roman vers de nouvelles voies.

> 66 *Le mot réalisme, un mot de transition qui ne durera guère plus de trente ans, est un de ces termes équivoques qui se prêtent à toutes sortes d'emplois et peuvent servir à la fois de couronne de laurier ou de couronne de choux.* »
>
> ■ Jules Champfleury, préface au *Réalisme*, 1857.

Flaubert et le réalisme subjectif

■ Le souci de la perfection formelle est premier chez l'auteur de *Madame Bovary*. Pour invisible qu'il soit, il reste présent dans tous ses romans : par l'ironie dont il use envers ses personnages ; par sa manière de dépeindre le réel, dont il charge et parfois surcharge le moindre fait de significations ; par la multiplication des points de vue. S'il est observation, son réalisme n'est pas simple notation ou transcription. Il est toujours une reconstruction, une réinterprétation. De là ce « réalisme subjectif » dont on parle souvent à son propos. ■

> 66 *C'est l'erreur du Réalisme, de cette vile école, que de prendre perpétuellement l'exactitude dans le rendu pour le but de l'art, qui ne doit n'en avoir qu'un : la Beauté, avec tous ses genres de beautés. Or la vulgarité n'est jamais belle.* »
>
> ■ Barbey d'Aurevilly, *Le Constitutionnel*, 19 novembre 1869.

Au café

Manet illustre ici une scène au café Guerbois, cet établissement parisien fréquenté par de nombreux artistes et écrivains.

Édouard Manet (1832-1883), lithographie sur papier, 27 × 34 cm, 1847. Williamstown (États-Unis), Sterling & Francine Clark Institute.

Les cafés et dîners du réalisme

Quand ils ne fréquentent pas les très mondains salons de la princesse Mathilde, cousine de Napoléon III, ou de la comtesse d'Agoult, les tenants du réalisme se retrouvent entre eux dans des cafés parisiens. La brasserie Andler, le café de Bade boulevard des Italiens ou le café Guerbois (dépeint par Zola dans *L'Œuvre*) sont leurs lieux de rencontre préférés. S'y ajoutent des « dîners » comme les « dîners Magny », du nom d'un restaurant alors rue de la Contrescarpe-Dauphine.

Ici et là, se croisent Flaubert, Renan, Duranty, les frères Goncourt, Maupassant, Taine, Zola, parfois Manet, Cézanne. C'est là que s'échangent les idées, artistiques et politiques, que s'élaborent de nouvelles façons de voir et d'écrire.

L'écriture artiste des frères Goncourt

■ Les frères Goncourt offrent cette particularité de privilégier le « document », de vouloir peindre le réel, tout en l'ayant en horreur. D'où leur plaidoyer en faveur de l'« écriture artiste », reposant sur une langue recherchée et sur des notations picturales, proches de l'impressionnisme : « Le Réalisme [...] n'a pas en effet l'unique mission de décrire ce qui est bas, ce qui est répugnant, ce qui pue ; il est venu au monde aussi, lui, pour définir, dans de l'écriture *artiste*, ce qui est élevé, ce qui est joli, ce qui sent bon. » (Edmond de Goncourt, préface aux *Frères Zemganno*, 1879). Lui et son frère sont l'illustration vivante des paradoxes du réalisme. ▦

Labiche triomphe avec
Le Voyage de M. Perrichon

Eugène
Labiche
1815-1888

À partir de 1859, le Second Empire se libéralise, la bourgeoisie s'enrichit et veut s'amuser. Les fêtes succèdent aux bals et aux soirées. Au théâtre, c'est le triomphe du vaudeville et le sacre de Labiche.

M. Perrichon ou la béatitude bourgeoise

Paris, gare de Lyon : riche carrossier retiré des affaires, M. Perrichon se rend à Chamonix avec sa femme et sa fille Henriette. S'y retrouvent Daniel et Armand, tous deux épris d'Henriette, et un commandant de zouaves, ruiné par une cocotte. Armand sauve M. Perrichon tombé dans une crevasse de la mer de Glace ; ce dernier sauve à son tour Daniel, qui le flatte en le proclamant son sauveur ; une affaire d'honneur éclate avec le commandant ; M. Perrichon s'excuse pour éviter un duel. Quant à Henriette, elle épousera le bel et sincère Armand.

M. Perrichon incarne le bourgeois du Second Empire, fier de sa réussite financière, préoccupé de paraître, et qui, placé dans des situations humiliantes ou embarrassantes, trouve toujours le mot qui lui sauve la face.

Un rire sans prétention

Le vaudeville n'a d'autre prétention que de faire rire. À cet égard, Labiche maîtrise parfaitement les techniques du comique. Il use et abuse du comique de répétition. Ses personnages parlent par clichés ou formules dont ils sont les seuls à ne pas percevoir l'absurdité. Leurs gaffes deviennent presque légendaires. La rapidité des dialogues et des retournements de situation étourdit le spectateur, sans lui laisser le temps d'en apercevoir les invraisemblances.

La gloire du vaudeville

Auteur de près de cent soixante pièces, élu à l'Académie française en 1880, Labiche est, avec Feydeau, le seul vaudevilliste à être encore joué de nos jours.

C'est que son comique n'exclut pas toute profondeur. Moraliste sans être moralisateur, il épingle la vanité des uns, l'égoïsme des autres, l'ingratitude de tous. C'est ainsi que celui qui a le mieux incarné l'esprit du Second Empire a su survivre à son temps.

> « *Certes je ne suis pas un révolutionnaire, mais je le proclame hautement, la presse a du bon !* (Mettant le journal dans sa poche, et à part.) *J'en ferai acheter dix numéros.* »

■ Eugène Labiche, *Le Voyage de M. Perrichon*, 1860.

1815 Naissance de Labiche

1810	1820	1830	1840	1850

1844 : *Deux papas très bien*
1846 : *Mademoiselle ma femme*
1849 : *Pour qui voterai-je ?*
1852 : *Un monsieur qui prend la mouche*

Que le vaudeville ait conquis ses lettres de noblesse, son inscription au répertoire de la Comédie-Française en apporte une preuve éclatante.

Affiche pour *Moi* d'Eugène Labiche à la Comédie-Française en 1996. *Henri Monnier en Monsieur Prudhomme*, aquarelle, 1872. Collection Comédie-Française.

Embrassons-nous, Folleville (1850)

Dans cette autre pièce de Labiche, le bouillonnant marquis de Manicamp veut marier sa fille Berthe au jeune et timide Folleville, déjà engagé ailleurs. Plus Folleville refuse et rechigne, plus le marquis l'embrasse et prépare le mariage. L'arrivée d'un vicomte vient arranger les choses. Ou les compliquer...
Ce comique fondé sur des oppositions de caractères et sur la rapidité de jeu assure encore aujourd'hui un vif succès à la pièce. ■

227

Le vaudeville

Le genre est à son apogée au XIXᵉ siècle avec, a-t-on pu compter, quelque dix mille pièces ! Il est deux sortes de vaudeville. Les uns sont des héritiers de la farce et du théâtre de foire, où le burlesque frise parfois l'absurde, comme dans la pièce de Labiche, *Si jamais je te pince* (1856). D'autres mettent en scène un fait divers, prétexte à un tableau de mœurs. Eugène Scribe est le grand vaudevilliste du début du siècle (*Les Adieux au comptoir*, 1824) et Feydeau celui de la fin du siècle (*Un fil à la patte*, 1894 ; *La Dame de chez Maxim*, 1899). Longtemps méprisé pour ses facilités et son public populaire, le vaudeville reste de nos jours un genre à la mode.

■ *Le banquier*
Honoré Daumier (1808-1879), caricature, *Le Charivari*, 1835. Collection particulière.

1860	Le Voyage de M. Perrichon		Mort de Labiche	1888	
1860		1870		1880	1890

53 : *Le Pompadour des Percherons*
    1857 : *La Dame aux jambes d'azur*
      1858 : *En avant, les Chinois !*
        1864 : *La Cagnotte*

    1873 : *29 degrés à l'ombre*
    1874 : *Brûlons Voltaire*
      1875 : *Les trente millions de Gladiator*
      1876 : *La Cigale chez les Fourmis*

Hugo lance ses *Misérables* contre l'ordre établi

Commencés en 1845, achevés en 1861 sur le champ de bataille de Waterloo, *Les Misérables* sont une œuvre immense, gravée dans notre imaginaire collectif.

Victor Hugo
1802-1885

Un roman–fleuve

Ancien bagnard devenu un respectable industriel, Jean Valjean ne cesse d'être rattrapé par son passé et poursuivi par l'inspecteur Javert, qui ne croit pas à sa reconversion. À Fantine, l'une de ses ouvrières à l'agonie, il a promis de retrouver sa fille, Cosette, confiée à un sinistre couple d'aubergistes, les Thénardier.

> 66 *Je suis tombé par terre,*
> *C'est la faute à Voltaire,*
> *Le nez dans le ruisseau,*
> *C'est la faute à… [Rousseau]*
> *Il n'acheva point.* »
>
> ■ Victor Hugo, *Les Misérables*, 1862.

Repris, renvoyé au bagne, d'où il s'évade, Valjean retrouve Cosette, se cache avec elle dans un couvent parisien. 1832 : Paris dresse ses barricades, sur lesquelles meurt Gavroche, un « gamin de Paris ». Valjean a juste le temps de sauver Marius, un jeune bourgeois républicain, épris de Cosette. C'est la fuite dans les égouts de la capitale. Les deux jeunes gens entoureront Valjean sur son lit de mort.

228

Un roman inclassable

Par leurs lieux – de l'usine aux bas-fonds de la capitale –, par leurs faibles, leurs pauvres et leurs exploités – Fantine, Cosette, Gavroche –, *Les Misérables* sont un roman social. Ils sont même davantage : c'est une protestation véhémente contre la misère, conséquence non de la fatalité mais d'un ordre social et économique.

Par la reconstitution minutieuse de la bataille de Waterloo, l'évocation de la France de Louis-Philippe, des barricades de 1832, c'est un roman historique. Par la destinée de Jean Valjean – du bagne à la rédemption – c'est un roman du sublime.

Un mythe national

S'insérant entre *Notre-Dame de Paris* (1831) et *Quatrevingt-Treize* (1874), *Les Misérables* ne sont ni le premier ni le dernier roman de Victor Hugo. Ils n'en restent pas moins le plus célèbre. Dès sa parution, l'œuvre connut un énorme succès, qui ne s'est pas démenti depuis.

Ses adaptations cinématographiques, télévisuelles et en comédies musicales sont innombrables. Preuve que *Les Misérables* et leurs personnages, sombres ou lumineux, appartiennent définitivement à notre patrimoine.

Gavroche

Cet enfant, détail du tableau *La Liberté guidant le peuple*, aurait inspiré Hugo pour décrire le « gamin » des *Misérables* qui s'élève sur les barricades.

Eugène Delacroix (1798-1863), huile sur toile, 1830. Paris, musée du Louvre.

Jean Valjean

Figure centrale des *Misérables*, Jean Valjean est devenu un personnage mythique. Le vol d'un pain et de nombreuses tentatives d'évasion lui valent dix-neuf ans de bagne. Devenu notable, il arrache des griffes des sinistres Thénardier la fille d'une de ses ouvrières, Cosette. Comme elle tombe amoureuse de Marius, Valjean sauvera celui-ci, blessé lors de l'insurrection parisienne de 1832, et fuit avec lui par les égouts. L'inspecteur Javert renonce à arrêter un homme capable d'un tel dévouement. Valjean meurt à soixante-quatre ans, heureux du bonheur de Cosette et de s'être à ses propres yeux racheté.■

Les Travailleurs de la mer

Les tonalités sombres du tableau soulignent les épreuves traversées par les matelots que Victor Hugo raconte dans son roman du même nom.

Édouard Manet (1832-1883), huile sur toile, 63 × 79 cm, 1873. Houston, musée des Beaux-Arts.

Les Misérables 1862   Mort de Victor Hugo 1885

| 1850 | 1860 | 1870 | 1880 |

1866 : *Les Travailleurs de la mer*
1869 : *L'Homme qui rit*
1874 : *Quatrevingt-Treize*

Jules Verne voyage au centre de la Terre !

Jules Verne
1828-1905

Jusqu'alors dramaturge à succès, Jules Verne rencontre en 1862 l'éditeur Hetzel, qui le pousse à écrire des romans à la fois modernes et riches en aventures. Avec *Voyage au centre de la Terre*, Verne reçoit la consécration internationale.

Une expédition extraordinaire

24 mai 1863 : à Hambourg, le professeur Lidenbrock et Axel, son neveu, découvrent le texte d'un alchimiste du XVIᵉ siècle révélant le moyen d'atteindre le centre de la Terre. Malgré les objections et les ricanements de la communauté scientifique, les deux hommes décident de tenter l'aventure.

S'enfonçant dans les entrailles d'un volcan éteint, ils atteignent, au prix de mille dangers, un océan primitif, encore peuplé de monstres préhistoriques. 28 août : une éruption volcanique les rejette à la surface de la terre, aux abords de l'île de Stromboli, en Méditerranée.

Un roman mythique et énigmatique

Que l'œuvre soit un roman d'aventures, genre alors très à la mode, ne fait aucun doute. Qu'elle soit passée pour un roman d'anticipation scientifique est probable. Qu'elle en soit véritablement un est en revanche plus contestable. Malgré quelques considérations géologiques et paléontologiques, l'habillage scientifique reste très léger.

Plus curieusement surtout, ce « voyage » présenté comme géographique se transforme le plus souvent en une remontée dans le Temps : est-ce en définitive un « voyage » ou un retour aux origines de l'Humanité, au ventre maternel ?

Un succès mondial

Comme les soixante-quatre autres romans de la série des *Voyages extraordinaires* à laquelle il appartient, le *Voyage au centre de la Terre* connut un succès immédiat, et même mondial. Du vivant de son auteur, il fut traduit en vingt langues. Il est encore de nos jours très lu et il a été plusieurs fois porté à l'écran.

Dans notre imaginaire collectif, Jules Verne reste synonyme d'aventure et d'extrapolation technologique.

> *Regarde, me dit-il, regarde bien ! Il faut prendre des leçons d'abîme. »*

■ Jules Verne, *Voyage au centre de la Terre*, 1864.

Vingt Mille Lieues sous les mers (1870)

Un «monstre» parcourt les océans et terrorise les marins. Un bateau part à sa poursuite. Il coule. Les rares survivants du naufrage se retrouvent à bord d'un mystérieux sous-marin, le *Nautilus*, commandé par l'inquiétant capitaine Nemo, à la fois génie scientifique et maître sans scrupules. Commence alors un extraordinaire et dangereux voyage, qui passe par la cité engloutie de l'Atlantide et le pôle Sud.

C'est l'un des romans les plus célèbres de la littérature française, l'un des plus traduits dans le monde, l'un des plus adaptés à l'écran. ■

231

Le roman s'appuie sur la science

Le Cours de Philosophie positive d'Auguste Comte publié de 1830 à 1842, le *Dictionnaire* d'Émile Littré publié de 1863 à 1872, les progrès de la médecine et de la biologie, les théories évolutionnistes de Darwin (*De l'origine des espèces*, 1859) engendrent un intérêt de plus en plus marqué pour la science.

Le roman subit l'influence de ce scientisme. Tout roman digne de ce nom doit désormais s'appuyer sur la science, qu'elle soit plus ou moins bien assimilée. La documentation scientifique devient une preuve de crédibilité.

Affiche réalisée pour les *Voyages extraordinaires* en 1889 : on y reconnaît l'écrivain entouré de ses héros et machines imaginaires.

Œuvres complètes de Jules Verne, 1889.

Émile Gaboriau invente le roman policier

Émile Gaboriau
1832-1873

Cette année-là paraît *L'Affaire Lerouge*. Son auteur est un modeste écrivain, jusque-là passablement méconnu. Le voici soudain célèbre. Gaboriau vient d'écrire le premier véritable roman policier.

Et l'assassin est...

Une veuve, Claudine Lerouge, est retrouvée assassinée dans sa maison isolée de Bougival. Pas de témoin, pas d'indice, pas de mobile apparent : l'inspecteur Lecoq se perd en conjectures. Le père Tabaret, dit « Tirauclair », s'en mêle. Il n'est pas de la police, mais adore la seconder. Noël Gerdy, un avocat qu'il héberge, lui apprend par hasard la vérité sur sa naissance.

> ❝ *Canailles, va ! murmura le brigadier de gendarmerie, n'auraient-ils pas pu la voler sans l'assassiner, cette pauvre femme ?* »
>
> ■ Émile Gaboriau, *L'Affaire Lerouge*, 1866.

Lui, Noël, est le fils légitime du comte et de la comtesse de Commarin. Quant à Albert, le fils officiel du comte et de la comtesse, il est en réalité le fils du comte et de sa maîtresse d'alors, Mme Gerdy ! Témoin de cette substitution, Claudine Lerouge en a conservé les preuves par devers elle. Qui donc l'a tuée ? Noël, pour récupérer l'héritage de son père ? Albert pour, à l'inverse, le conserver ? La comtesse, par vengeance ? L'inspecteur comprend que tous ont désormais un mobile.

Le créateur du roman policier moderne

Avec *L'Affaire Lerouge*, Gaboriau met en place tous les invariants du roman policier moderne : un crime inexplicable, une enquête qui piétine, puis des témoins, bientôt des suspects, enfin un coupable. Même s'il se fait aider par le père Tabaret, l'inspecteur Lecoq procède par déduction logique et analyse psychologique. Les milieux sociaux – la noblesse, la petite bourgeoisie, la magistrature – sont en outre décrits pour eux-mêmes, dans une veine souvent réaliste.

Ce qu'on appelait jusqu'ici le roman judiciaire, simple récit d'un fait divers, devient roman policier, à la fois roman d'intrigue et roman de mœurs. Des écrivains comme l'Anglais Conan Doyle, père de l'inspecteur Sherlock Holmes, ou comme Georges Simenon, avec son célèbre commissaire Maigret, s'en souviendront. *L'Affaire Lerouge* fait ainsi date dans l'histoire littéraire.

L'Affaire Lerouge

Le Petit Journal

Comédie policière.

Adaptation et mise en scène
Jean-Marie BOUTINOT

■ Affiche de la mise en scène de Jean-Marie Boutinot, Pause Théâtre, 2011.

1832 Naissance de Gaboriau

1830 · · · · · · · · · · · 1840 · · · · · · · · · · · 1850

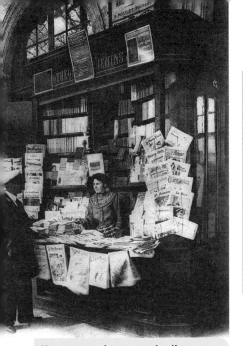

Un nouveau réseau pour les livres

En 1852, Louis Hachette crée les Bibliothèques de Gare qui suscitent des remous dans toute la profession du livre.

Bibliothèque Hachette sur le quai de la gare de Libourne, vers 1900.

Le procès de la littérature populaire

Le roman policier et le roman-feuilleton nourrissent le procès, non complètement éteint de nos jours, de la littérature dite de « gare » (en référence au monopole que l'éditeur Hachette obtient en 1852 de Napoléon III d'installer des kiosques dans les gares).

Les uns – Balzac notamment – parlent, déjà ! de crise de littérature. D'autres, à l'inverse, se réjouissent de l'extension du lectorat aux couches populaires. Pour répondre à leurs aspirations, naissent des ateliers d'écriture (comme de nos jours pour les séries télévisées) qui fleurissent dans tous les genres.

66 *Après avoir cru à l'infaillibilité de la justice, il ne vit plus partout qu'erreurs judiciaires. »*

■ Émile Gaboriau, *L'Affaire Lerouge*, 1866.

233

L'essor du roman policier

Avec le développement de la presse, le public s'intéresse de plus en plus aux affaires judiciaires et aux faits divers. De là vient l'essor d'un genre où l'enquête criminelle devient le sujet même de l'œuvre.

Après Gaboriau, des auteurs comme Eugène Chavette (*La Chambre du crime*, 1875), Adolphe Belot (*Le Drame de la rue de la Paix*, 1867), Fortuné du Boisgobey (*Le Crime de l'omnibus*, 1881), aujourd'hui oubliés, s'assurent alors de très beaux succès.

La popularité du genre ira croissant jusqu'à nos jours.

Paris et, plus largement, toutes les grandes villes deviennent littérairement des lieux de criminalité.

Couverture illustrée par Gino Starace, Éditions Fayard, 1935.

Lautréamont ose *Les Chants de Maldoror*

Isidore Ducasse, faux comte de Lautréamont
1846-1870

Sous le nom de comte de Lautréamont, pseudonyme d'Isidore Ducasse, *Les Chants de Maldoror* paraissent à Bruxelles. Leur vente est aussitôt interdite en France : l'œuvre respire trop le satanisme.

Un héros désespéré du Mal

Comme l'indique la première syllabe de son nom, Maldoror est un héros du Mal, et du Mal absolu. Voir les autres souffrir l'enchante, et plus encore les faire souffrir. Viol, meurtre, torture, sévices en tous genres, nécrophagie : aucun acte contre-nature ne lui est étranger. Maldoror fait souffrir parce que lui-même souffre d'être né ! La vie lui est une blessure à jamais ouverte. En punissant les hommes qu'il hait, il punit Dieu, leur créateur et le sien. Maldoror, c'est Satan au sommet de sa révolte. Il meurt paralysé, dévoré par la vermine, une épée fichée dans le dos : enfin libre, enfin heureux !

> 66 *Moi, je fais servir mon génie à peindre les délices de la cruauté.* »
>
> ■ Comte de Lautréamont, *Les Chants de Maldoror*, 1869.

234

Une brillante écriture de cruauté

La violence de Maldoror est à la hauteur de l'écriture de Lautréamont. Ses *Chants* sont uniques, inclassables : s'agit-il, comme leur auteur l'affirme, de poésie, de récits, d'un roman, d'un poème en prose ? On ne sait. Restent un style et une langue éblouissants. Le fantastique le dispute à l'horreur. L'absurde côtoie l'insanité. Les invectives au lecteur se doublent d'une constante ironie.

Libéré des contraintes de la logique, de la morale et de la rhétorique, le langage se nourrit de trouvailles et d'inventions. *Les Chants de Maldoror* sont un choc. Nul ne sort indemne de leur lecture.

Une réhabilitation tardive

Lautréamont fut ignoré de son vivant et ses *Chants* ne connurent qu'une diffusion limitée, presque confidentielle. C'est le surréalisme qui, au XXe siècle, va réhabiliter l'homme et l'œuvre. André Breton, sensible à sa révolte, en publiera en 1920 la première grande édition moderne. Lautréamont est alors mort depuis cinquante ans.

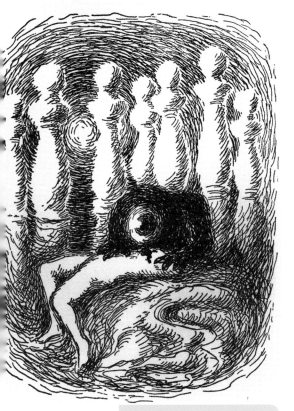

> Je suis le fils de l'homme et de la femme, d'après ce qu'on m'a dit. Ça m'étonne, je croyais être davantage. »
>
> ■ Comte de Lautréamont,
> *Les Chants de Maldoror*, 1869.

Les poètes maudits

■ L'expression, devenue célèbre, est d'abord le titre d'un ouvrage de Verlaine, publié en 1884. Elle qualifie à l'origine les poètes «décadents»: Tristan Corbière, Rimbaud, Mallarmé et lui-même sous l'anagramme du «Pauvre Lelian».

La liste s'allonge en 1888 avec Marceline Desbordes-Valmore et Villiers de l'Isle-Adam. L'expression désigne aujourd'hui des poètes longtemps incompris, en révolte contre la société, avant que leur génie ne soit reconnu, souvent après leur mort. Elle peut ainsi s'appliquer aussi bien à Villon qu'à Lautréamont. C'est au fond une notion très romantique. ■

235

Maldoror

Comme souvent dans ses tableaux, Magritte cherche le choc visuel: ici entre la nudité, la violence, la torture, les objets.

René Magritte (1898-1967), illustration pour *Les Chants de Maldoror*, 1948. Houston, Menil Collection.

Victoire de l'imaginaire

Image surréaliste et irrationnelle pour évoquer l'une des thématiques chères aux surréalistes: la victoire de l'imaginaire sur le réel.

Salvator Dali (1904-1989), une des 42 illustrations des *Chants de Maldoror*, Éditions Argillet, Paris, 1934.

Le père spirituel du surréalisme

Ce n'est pas un hasard si les surréalistes réhabilitent Lautréamont. Il est leur aïeul ou leur père spirituel, comme on voudra. La radicalité de sa révolte, son utilisation du langage comme créateur d'un monde nouveau et révélateur d'abîmes intérieurs, son abomination du « genre faux » qu'est le roman, sa conviction que la poésie est d'abord la vie: ce sont autant d'idées et d'attitudes que le surréalisme reprendra à son compte.

Les Chants de Maldoror 1869   1870 **Mort de Lautréamont**

1870

1870: *Poésies, Préface à un livre futur*

Mallarmé part
à la recherche de l'Absolu

Stéphane
Mallarmé
1842-1898

Discret professeur d'anglais, Mallarmé s'impose comme le chef de file des poètes symbolistes. Ses « mardis » où il reçoit chez lui, rue de Rome à Paris, deviennent vite célèbres. On admire son exigence poétique élevée à la dignité d'un sacerdoce.

En haine de la vie, en acceptation du néant

Ses premières poésies sont d'inspiration baudelairienne. Leurs thèmes sont ceux des *Fleurs du mal* : la laideur du monde (*Le Guignon, Les Fenêtres*), la fuite vers un ailleurs (*Brise marine*), l'aspiration à l'Idéal (*L'Azur*). Mais cet Idéal demeurant inaccessible, Mallarmé conclut à son inexistence. Ne reste dès lors que le Néant.

Long poème inachevé campant la figure biblique de Salomé, *Hérodiade* (1871) symbolise la stérilité et le refus de la vie. *L'Après-midi d'un faune* (1876) n'est qu'une rêverie sur le désir, d'autant plus belle que celui-ci demeure inassouvi. *Igitur* (1884) proclame froidement la mort de Dieu.

La quête d'une poésie pure

236

Ses poèmes ultérieurs consacrent une double disparition : celle de toute réalité ; et celle du poète, de son moi. Ne subsistent que les mots, à qui Mallarmé entend pleinement céder l'initiative. La Poésie n'existe plus que dans le langage, mais un langage travaillé, ciselé, grammaticalement disloqué le cas échéant.

Il ne s'agit plus de dire, encore moins de décrire ou de nommer, mais de suggérer, d'atteindre à l'essence des choses. Son dernier poème, au titre célèbre, *Un coup de dés jamais n'abolira le hasard* (1897), représente à cet égard l'expérience la plus élaborée du symbolisme.

Une poésie exigeante

Une réputation d'hermétisme s'attache à Mallarmé, selon laquelle sa poésie serait réservée aux seuls initiés. Qu'elle soit difficile d'accès est une évidence ; qu'elle soit réservée à un petit nombre est un contresens. Le langage est pour Mallarmé une réalité quasi sacrée : on ne peut s'en approcher et se l'approprier que progressivement. La poésie moderne – dont celle de Paul Valéry qui fut son disciple – lui doit d'avoir enfin trouvé sa patrie : le langage redevenu pur.

> 66 *La chair est triste, hélas ! et j'ai lu tous les livres.*
> *Fuir ! là-bas fuir ! Je sens que des oiseaux sont ivres*
> *D'être parmi l'écume inconnue et les cieux ! »*
>
> ■ Stéphane Mallarmé, *Poésies*, « Brise marine », 1870.

1842 Naissance de Mallarmé

| 1840 | 1850 | 1860 |

L'Après-midi d'un faune

Grande œuvre symboliste de Mallarmé, ce long poème est celui du désir, de la sensualité, de l'hédonisme, mais aussi du rêve, le faune ne sachant qui choisir, des nymphes réelles ou de celles, sublimes, entrevues en songe. Son ami Manet a illustré la première édition.

Édouard Manet (1832-1883), gravure sur bois. 1876.

66 *Donner un sens plus pur aux mots de la tribu.*»

■ Stéphane Mallarmé, *Poésies*, « Le Tombeau d'Edgar Poe »,1877.

Un coup de dés jamais n'abolira le hasard

Ce poème retient d'abord l'attention par sa disposition typographique. Illustration de l'effort de la pensée pour maîtriser le chaos de l'univers, mots et phrases se dispersent sur la page. Du même coup, le mode traditionnel de lecture (de haut en bas, de gauche à droite) s'en trouve bouleversé.

Proche des recherches picturales de l'avant-garde qui s'épanouira au siècle suivant, le poème répond aussi à des préoccupations métaphysiques : comment atteindre l'Infini, but ultime de la poésie, par la suppression du hasard ?

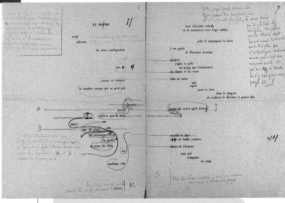

Ne laissant rien au «hasard», Mallarmé conçoit la composition typographique de son poème : *Un coup de dés jamais n'abolira le hasard.*

Stéphane Mallarmé, épreuves corrigées, pages 6 et 7, 1897. BNF, réserve des livres rares.

Zola compose sa fresque des Rougon-Macquart

Émile Zola
1840-1902

En 1871 paraît *La Fortune des Rougon*, premier volume de la série, dont le vingtième et dernier, *Le Docteur Pascal*, sort en 1893. Cette fresque représente, pour Zola, vingt-deux ans de travail quotidien, acharné. C'est l'œuvre de sa vie.

Une saga familiale

Les *Rougon-Macquart* retracent l'histoire, sur quatre générations, des deux branches d'une même famille : la branche, légitime, des Rougon, issue du mariage d'Adélaïde Fouque et du paysan Marius Rougon ; et la branche, illégitime, issue d'une liaison, jamais officialisée, d'Adélaïde avec le contrebandier Macquart. Au fil du temps, ses membres se retrouvent dans toutes les strates de la société du Second Empire.

> *Nous sommes, en un mot, des moralistes expérimentateurs, montrant par l'expérience de quelle façon se comporte une passion dans un milieu social.* »
>
> ■ Émile Zola, *Le Roman expérimental*, 1880.

Le maître incontesté du naturalisme

Cette saga fait de Zola le chef de file du naturalisme. Trois adjectifs – scientifique, expérimental, social – caractérisent sa doctrine et son œuvre. Zola emprunte à la science de son temps son culte de l'observation et ses théories médicales sur l'hérédité. Adélaïde étant une névrosée et Macquart un alcoolique, que deviennent leurs descendants ? En fonction du milieu social dans lequel ils évoluent, comment se manifestent les tares de leur hérédité ?

Chaque roman de la saga devient dès lors une expérimentation ainsi que le volet d'une vaste peinture sociale, depuis les plus hautes sphères du pouvoir jusqu'aux milieux les plus pauvres.

Un réalisme visionnaire

Si les romans de Zola s'imposent par la vérité qui s'en dégage, ils marquent aussi et surtout par le souffle qui les porte. La révolte des mineurs, dans *Germinal*, se pare par exemple d'accents épiques et révolutionnaires. Chez lui, deux forces, puissantes, lyriques, tragiques, s'affrontent constamment : celles de la vie et de la mort.

Zola décède en 1902, officiellement asphyxié par une défaillance de son chauffage, vraisemblablement victime d'un assassinat maquillé en accident. Trop de gens le haïssaient pour avoir pris la défense de Dreyfus ! Ses cendres seront transférées au Panthéon en 1908.

238

1840	Naissance de Zola		Les Rougon-Macquart	1871-1893
1840	1850	1860		1870

1871 : *La Fortune des Rougon* ; *La Curée*
1873 : *Le Ventre de* ▸

La Grève au Creusot

« Le salariat est une forme nouvelle de l'esclavage… La mine doit être au mineur, comme la mer est au pêcheur, comme la terre est au paysan. » Émile Zola, *Germinal*, 1885.

Jules Adler (1865-1952), huile sur toile, 231 × 302 cm, 1899. Le Creusot, Écomusée.

« L'Assommoir » est l'enseigne d'un café populaire. Symboliquement, c'est l'alcool qui assomme.

Affiche de Théophile Alexandre Steinlen (1859-1923) pour la mise en scène de *L'Assommoir* au théâtre de la Porte Saint-Martin, Paris, 1900.

En 1894 éclate l'affaire Dreyfus, du nom de ce capitaine condamné au bagne à perpétuité pour espionnage au profit de l'Allemagne. Convaincu de son innocence, Zola publie le 12 janvier 1898 dans *L'Aurore*, dirigé par Clemenceau, sa célèbre lettre ouverte : « J'accuse ! », dans laquelle il incrimine l'état-major de faux en écriture.

Son intervention lui coûtera sa Légion d'honneur, son élection à l'Académie française et… la vie. Dreyfus sera d'abord gracié en 1899, puis réhabilité en 1906. ■

1880	1890	1900	1902 Mort de Zola

1880 : *Nana* 1883 : *Au bonheur des dames* 1890 : *La Bête humaine*
1882 : *Pot-Bouille* 1885 : *Germinal* 1891 : *L'Argent*
877 : *L'Assommoir* 1886 : *L'Œuvre* 1892 : *La Débâcle* 1893 : *Le Docteur Pascal*

Rimbaud revient d'une saison en enfer

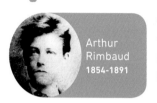

Arthur
Rimbaud
1854-1891

Rimbaud a dix-neuf ans quand il publie *Une saison en enfer*. C'est l'unique recueil qu'il publiera de lui-même, et, entre horreur, provocation et aveu d'échec, c'est l'un des plus grands textes poétiques qui soient.

Une confession infernale

Dédié à Satan, le recueil possède un fondement autobiographique. La saison en enfer, ce sont les douze mois que Rimbaud vient de vivre avec Verlaine. Le couple a couru l'aventure en Angleterre et en Belgique, ne dédaignant aucun encrapulement : drogue, alcool, sexe, violences. Le 10 juillet 1873, à Bruxelles, Verlaine, ivre de jalousie, blesse Rimbaud au poignet de deux coups de revolver. Il est arrêté, écroué. Rimbaud rentre en France. C'est la fin de l'enfer.

« *Je devins un opéra fabuleux : je vis que tous les êtres ont une fatalité de bonheur : l'action n'est pas la vie, mais une façon de gâcher quelque force, un énervement.* »

■ Arthur Rimbaud, *Une saison en enfer*, « Délires II, Alchimie du verbe », 1873.

L'adieu à une utopie poétique

Même si pour Rimbaud la poésie est inséparable de la vie, le recueil ne saurait pourtant se réduire à cette seule dimension. Il signe aussi l'échec de l'idéal poétique du « Voyant » qui, à dix-sept ans, prônait le dérèglement de tous les sens, par tous les moyens, pour parvenir à l'Inconnu. Ce désordre l'a conduit aux portes de la folie, dont témoignent deux chapitres intitulés « Délires I et II ». Sa santé en fut menacée, il a frôlé la mort, mais surtout cet « Inconnu » tant recherché ne recelait pas toutes les promesses espérées. À vingt-deux ans, Rimbaud met un terme à son aventure poétique. Le recueil se clôt significativement sur le texte d'« Adieu ».

La promesse d'une aurore

Cet adieu ne fut pourtant pas définitif. En 1886, paraissent les *Illuminations*, où les mots évoluent dans une totale liberté. Rimbaud est quelque part dans les déserts d'Éthiopie, dans l'espoir de faire fortune. Sait-il que les fulgurances de son Verbe,

« *J'ai embrassé l'aube d'été. J'ai marché, réveillant les haleines vives et tièdes, et les pierreries regardèrent, et les ailes se levèrent sans bruit.* »

■ Arthur Rimbaud, *Illuminations*, « Aube », 1886.

entre délire et désir, entre mirage et illogisme, vont durablement marquer la poésie ? Il meurt à trente-sept ans, amputé d'une jambe, dans un hôpital de Marseille.

1854 Naissance de Rimbaud

Une saison en enfer **1873**

1850

1860

1870

1871 : *Le Bateau ivre ; Lettre du Voyant*

■ Verlaine
et Rimbaud,
par Henri Fantin-
Latour (1836-1904),
Coin de table (détail),
huile sur toile,
160 × 225 cm, 1872.
Paris, musée d'Orsay.

Le 15 mai 1871, Rimbaud adresse à son ami Paul Demeny une lettre appelée à demeurer dans les annales littéraires. «JE est un autre»; «Il faut être voyant»; «Le poète est vraiment voleur de feu»: autant de formules devenues célèbres.

Sur le fond, cette voyance se rattache au vieux courant illuministe qui fait du poète un prophète et un guide pour l'humanité. La nouveauté – radicale – tient à sa source: non plus à une inspiration divine, mais à un «dérèglement de tous les sens», producteur d'hallucinations qui, seules, permettent au poète de «faire sentir, palper, écouter ses inventions».

L'Enfer

L'imagination fantastique de Jérôme Bosch n'aurait pas déplu à Rimbaud qui souhaitait se faire «voyant par un long, immense et raisonné dérèglement de tous les sens».

Jérôme Bosch (1450-1516), *Le Jugement dernier*, détail du panneau central du triptyque, huile sur bois, 163 × 247 cm, 1500. Vienne, académie des Beaux-Arts.

Verlaine compose un impressionnisme poétique

Paul
Verlaine
1844-1896

Marié, bourgeoisement installé, père de famille, poète apprécié pour son recueil des *Fêtes galantes* (1869), Verlaine rencontre un jour Rimbaud : il abandonne tout pour suivre ce compagnon d'enfer, cet adolescent de dix–huit ans, de dix ans son cadet. Il en tirera ses *Romances sans paroles*.

Entre deux amours

Les *Romances sans paroles* sont en effet insé-parables de cette rencontre. La deuxième section – « Paysages belges » – comprend cinq poèmes écrits entre juillet et septembre 1872. Leurs titres retracent l'errance des deux poètes : « Walcourt », « Charle-roi », « Bruxelles I, II », « Malines ». La passion homosexuelle que Verlaine éprouve pour Rimbaud ne va pas toutefois sans remords ni déchirement. Le long poème « Birds in the night » est tout de tendresse douloureuse pour sa femme, Mathilde.

> *Il pleure dans mon cœur*
> *Comme il pleut sur la ville.* »
>
> ◼ Paul Verlaine, *Romances sans paroles*, 1874.

Poésie, musique et peinture

S'il partage la vie de Rimbaud, Verlaine n'épouse pas pour autant les délires poé-tiques de son compagnon. Légère et subtile, sa poésie crée un climat musical, sou-vent tout de douceur. Le titre même du recueil ainsi que sa première section inti-tulée « Ariettes oubliées » invitent le lecteur à établir des correspondances entre poésie et musique. La dernière section – « Aquarelles » – renvoie quant à elle à la peinture impressionniste. Comme les peintres de cette école, Verlaine privilégie les contours flous, les couleurs adoucies et cherche à saisir le fugace et l'incertain.

Un art de la suggestion

Cet univers, autant musical que pictural, est celui des sensations immédiates. Les êtres, les pay-sages et les objets ne sont jamais dépeints pour eux-mêmes, mais pour les émotions ou les sentiments qu'ils éveillent. Tout vit en osmose, sans bar-rière infranchissable. De là vient l'apaisement que procure la poésie verlainienne. Le recueil paraît en mars 1874 quand, pour avoir tiré sur Rimbaud, Verlaine est en prison à Mons où, entre remords et dépression, il s'oriente vers un mysticisme qui sera à la source de *Sagesse* (1881), son autre recueil majeur.

> *De la musique avant toute chose,*
> *Et pour cela préfère l'Impair*
> *Plus vague et plus soluble dans l'air*
> *Sans rien en lui qui pèse ou qui pose.* »
>
> ◼ Paul Verlaine, *Jadis et Naguère*, « Art poétique », 1884.

1844 Naissance de Verlaine

1840   1850   1860

1866 : *Poèmes saturniens*

Impression, soleil levant

En 1872, Monet peint *Impression, soleil levant*, à l'origine du mot « impressionnisme » : atmosphère fugace, jeux de lumière, paysages subtils se retrouvent aussi dans les poèmes de Verlaine.

Claude Monet (1840-1926), huile sur toile, 48 × 63 cm, 1872. Paris, musée Marmottan Monet.

Sagesse (1881)

Composé pendant et après sa détention consécutive à sa rixe avec Rimbaud, cet autre recueil de Verlaine est d'inspiration mystique, le poète ayant opéré en prison une double conversion morale et religieuse. Avec ses vers réguliers et ses sonnets, la facture en est traditionnelle. Ce classicisme, joint peut-être à sa tonalité religieuse, explique l'accueil mitigé qu'il reçut à sa parution. Le recueil comporte pourtant de réels bijoux, encore incrustés dans les mémoires : « Écoutez la chanson bien douce... » Mallarmé, lui, estimait fort *Sagesse*.

> *Les sanglots longs*
> *Des violons*
> *De l'automne*
> *Blessent mon cœur*
> *D'une langueur*
> *Monotone.* »

Paul Verlaine, *Poèmes saturniens*, « Chanson d'automne », 1866.

Maupassant réhabilite Boule de suif !

Guy de
Maupassant
1850-1893

Boule de suif est la plus connue des quelque trois cents nouvelles qu'écrivit Maupassant. Elle fut à sa parution la plus scandaleuse : une prostituée y devenait meilleure que bien des honnêtes gens !

De fausses vertus outragées

1870 : les Prussiens occupent Rouen. Dans une diligence en partance pour Dieppe s'embarquent trois couples de notables, deux religieuses, un marginal républicain et Boule de suif. On s'indigne de la présence de cette prostituée, mais on finit par accepter ses provisions de voyage, qu'elle est la seule à avoir emportées. Un matin, après une nuit dans un hôtel, un officier prussien interdit à la diligence de repartir. Les voyageurs s'affolent, Boule de suif les rassure : l'officier veut simplement coucher avec elle. Et tous de l'y pousser : n'est-ce pas son métier ? Le pire est à venir pour Boule de suif. Et ce ne sera pas de la part de l'occupant !

244

Illustration de *Boule de Suif*,
1re édition, Ollendorf, 1907.

Une veine réaliste

Longtemps rouennais, Maupassant décrit avec exactitude les lieux, les événements et ses concitoyens. Dans le huis clos de la diligence, les masques tombent : la bourgeoisie révèle son absence de scrupules. Plus elle s'avilit, plus, à l'inverse, Boule de suif devient digne, généreuse et même patriote.

On comprend que Maupassant ait craint les réactions des Rouennais ! Cette figure de la prostituée, Maupassant la réhabilitera de nouveau dans *Mademoiselle Fifi* (1882) et dans *Le Lit 29* (1884).

Du réalisme au fantastique

Ses nouvelles, tout comme ses principaux romans que sont *Une vie* (1883) et *Pierre et Jean* (1888), ne constituent qu'un aspect de son œuvre. Névroses et débauches le conduisent progressivement au bord de la folie.

Maupassant en fera la matière de nouvelles angoissantes, comme *Le Horla*, le plus connu de ses récits fantastiques, et qui se présente comme le journal d'un homme obsédé par son double maléfique.

Maupassant meurt à quarante-trois ans dans la clinique parisienne du docteur Blanche où il a été interné.

1850 Naissance de Maupassant

| 1850 | 1860 | 1870 |

Mademoiselle Fifi

Filles de joie et demi-mondaines deviennent des héroïnes romanesques à l'époque naturaliste, comme dans ce tableau de Delahaye.

Ernest Jean Delahaye (1855-1921), huile sur toile, 140 × 182 cm, 1889. Collection particulière.

Bel-Ami (1885)

■ Ce roman de Maupassant est le roman de l'arrivisme. Ancien hussard sans le sou, Georges Duroy devient reporter, pigiste, directeur politique d'un journal, financier, bientôt homme politique.

Sa méthode ? La séduction, les femmes, les affaires véreuses, l'argent, l'absence de scrupules. L'avenir s'annonce radieux pour celui qui est désormais Du Roy de Cantel. L'esthétique naturaliste imprègne encore le roman. Il s'en dégage pourtant un pessimisme certain, une sorte de vide intellectuel ou spirituel, dont la « décadence » fera son terreau. ■

L'essor de la nouvelle

À l'instar de Maupassant, de nombreux écrivains pratiquent le genre de la nouvelle (qu'alors on ne distingue pas toujours du conte) : Nodier, Mérimée, Gautier, L'Isle-Adam…

La brièveté, la concentration de l'action qu'elle implique et la surprise finale sont les caractéristiques majeures du genre. Comme *Le Horla* de Maupassant, les unes exploitent des thèmes fantastiques. Comme *Un cœur simple* de Flaubert ou *Histoire d'une fille de ferme* de Maupassant, les autres se rattachent à la veine réaliste.

❝ *Elle se sentait noyée dans le mépris de ces gredins honnêtes qui l'avaient d'abord sacrifiée, rejetée ensuite, comme une chose malpropre et inutile.* »

■ Guy de Maupassant, *Boule de suif*, 1880.

Huysmans **trahit Zola**
avec son roman À rebours

Joris-Karl Huysmans
1848-1907

Familier de Zola, Huysmans inscrit ses premières œuvres dans le sillage du naturalisme. *À vau-l'eau* (1882) marquait pourtant une première prise de distance. *À rebours* consacre la rupture. Zola crie à la trahison. Il n'a pas tort. Huysmans vient de le renier.

Un roman du dégoût

À rebours, Jean Floressas, duc des Esseintes, l'est de son temps, et de toutes les façons imaginables. À contre-courant du scientisme triomphant, lui est atteint d'une maladie de l'âme. Contre les Modernes, il cultive les auteurs latins, décadents de préférence. La maison où il entretient sa solitude est un musée d'un raffinement extrême, qui lui permet d'oublier les horreurs et la vulgarité de la nature. Entre rêves et paradis artificiels, hallucinations morbides et fantasmes érotiques, le duc tente en vain de tromper son ennui.

Le roman des ruptures

Rompant avec le naturalisme zolien, Huysmans nie le primat du corps, l'importance de l'hérédité et la peinture complaisante ou apitoyée des milieux populaires. La décadence qu'il exalte est un esthétisme porté à son incandescence, condition nécessaire au réveil des sens, mais insuffisante pour échapper à une insatisfaction permanente.

À rebours est un précis raffiné de décomposition de l'âme. C'est aussi une déconstruction de l'écriture romanesque traditionnelle. Toute intrigue disparaît. Chaque chapitre traite un thème différent. La phrase cède la place au mot, souvent un adjectif inusité ou un néologisme.

Le salut par la foi

Après avoir lu le livre, l'écrivain Barbey d'Aurevilly déclara que Huysmans n'avait plus le choix qu'entre le suicide et le mysticisme. Après un détour par le satanisme et la magie dans *Là-bas* (1891), celui-ci choisira de se convertir au catholicisme, au terme d'un cheminement évoqué dans *En route* (1895).

Les décadents

La « décadence » est une réaction : contre le progrès, jugé aliénant, contre le positivisme, trop desséchant, contre les nouveaux « Barbares » que sont les banquiers et les bourgeois. Convaincus d'assister à l'agonie de la civilisation, les décadents se réfugient dans un passé idéalisé, dans le blasphème (Gourmont, *Le Fantôme*, 1893) ou, à l'inverse, dans le mysticisme (Bloy, *Le Désespéré*, 1887), ou encore dans un érotisme plus ou moins sophistiqué (Mirbeau, *Le Jardin des supplices*, 1899).

1848 Naissance de Huysmans

| 1840 | 1850 | 1860 | 1870 |

Salomé dansant devant Hérode

« Entre tous, un artiste existait dont le talent le ravissait en de longs transports, Gustave Moreau. Il [des Esseintes] avait acquis ces deux chefs-d'œuvre et, pendant des nuits, il rêvait devant l'un d'eux, le tableau de la Salomé, [...]. La face recueillie, solennelle, presque auguste, elle [Salomé] commence la lubrique danse qui doit réveiller les sens assoupis du vieil Hérode. » Joris-Karl Huysmans, *À rebours*, 1884.

Gustave Moreau (1826-1898), huile sur toile, 232 × 161 cm, 1876. Los Angeles, The Armand Hammer Collection.

> *Tout n'est que syphilis, songea des Esseintes. [...] Et il eut la brusque vision d'une humanité sans cesse travaillée par le virus des anciens âges. »*
>
> ■ Joris-Karl Huysmans,
> *À rebours*, 1884.

247

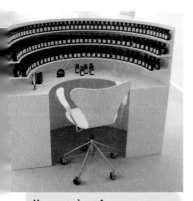

Un orgue à parfums

« L'orgue à parfums » à Grasse a été imaginé en 1884 par Huysmans dans *À rebours*. Quelques laboratoires l'ont fait fabriquer, des photographes s'en firent l'écho et le popularisèrent.

L'esprit fin de siècle

Le millénarisme marque cet esprit, traversé par de puissantes contradictions entre tradition et modernité. Malgré les attraits vénéneux de la « décadence », les grandes écoles littéraires subsistent et conservent leurs adeptes. Le théâtre se cherche entre académisme (Rostand, *Cyrano de Bergerac*, 1897) et les expériences d'Antoine et de Lugné-Poe. Une avant-garde poétique apparaît : Apollinaire commence à composer dès 1898. Le roman explore des voies en dehors du réalisme. De jeunes noms surgissent : Proust, Gide, Claudel, Valéry... qui vont marquer le siècle suivant.

Le mouvement
symboliste

Le symbolisme naît officiellement en 1886 avec la publication
dans *Le Figaro* du « Manifeste du symbolisme » de Jean Moréas
et la parution du premier numéro de la revue *Le Symboliste*.
En fait, le mouvement existait avant d'être ainsi baptisé.

Une quête idéaliste

Percer le secret de la création

Comme les décadents, les symbolistes s'insurgent contre le matérialisme positiviste
de leur époque : le monde n'est pas, à leurs yeux, réductible à sa seule matière ;
derrière le visible il y a l'Invisible. Leur but est d'en déceler les signes, d'en faire
sentir la présence.

L'enjeu de la poésie se révèle ainsi le plus
élevé qui soit : comprendre l'univers, entrevoir l'Idée primitive qui est à sa source.
Le symbolisme s'inscrit dans la longue
quête, spirituelle ou métaphysique, d'un
autre monde, inaugurée par Platon et son
univers des Idées.

> *[« Les phénomènes
> concrets »] sont des apparences
> sensibles destinées à représenter
> leurs affinités ésotériques avec
> les Idées primordiales. »*
>
> ■ Jean Moréas, « Manifeste du symbolisme »,
> *Le Figaro,* 18 septembre 1886.

Le symbole, outil privilégié et particulier

Le symbole – d'où le mouvement tire son nom – constitue la voie royale de cette exploration. Représentant concrètement une réalité abstraite, invisible, il comporte
deux éléments : un comparant (l'abstrait) et un comparé (le concret) : l'« étoile »
symbolise ainsi chez Hugo l'espérance, et l'« albatros », la condition du poète chez
Baudelaire.

Les symbolistes en font toutefois un usage particulier : ils atténuent autant que
possible l'élément concret (le comparé). Le poème gagne alors en mystère ce qu'il
perd en intelligibilité immédiate. De là vient le reproche d'obscurité qu'on leur a
si souvent adressé. Le symbolisme, ennemi du didactisme et de la vulgarisation, est
avant tout un art de la suggestion et de l'intuition.

ANNÉE. — N° 1.   15 Centimes.   DU 7 AU 14 OCTOBRE 1886.

E SYMBOLISTE

JOURNAL HEBDOMADAIRE PARAISSANT LE JEUDI

GUSTAVE KAHN Directeur.	JEAN MORÉAS Rédacteur en chef.	PAUL ADAM Secrétaire de la Rédaction.

ABONNEMENTS

On s'abonne chez M. SOIRAT, rue Montmartre, 146
où les Bureaux

PARIS...... un an.....	**10** Fr.
Id.	six mois **5** Fr.
DÉPAR^{ts}... un an.....	**12** Fr.
Id.	six mois **6** Fr.
ÉTRANGER.. un an.....	**15** Fr.
Id.	six mois **7** Fr. **50**

Une quête formelle

La libération du vers

Même s'il y a débat pour savoir qui en est le vrai père, le vers libre est sa création. Son emploi n'est pas impératif : Mallarmé continuera de privilégier l'alexandrin ! Mais par sa souplesse, le vers libre est plus apte à épouser les modalités de la pensée et les vibrations de l'émotion : il est l'instrument par excellence de la suggestion. Recourir à l'« Impair », comme le soutient Verlaine dans son *Art poétique* – ou aux nombres premiers (7, 9, 11, 13…), comme le dit Moréas dans son vocabulaire scientifique – est une autre façon de traduire les ondulations du rêve ou de la conscience.

249

Le langage de la musicalité

Quelle que soit sa nature, le vers se fonde désormais sur ses propres mesures rythmiques. « Il faut reprendre à la musique son bien », professait Mallarmé. La formule est tout à la fois définition, revendication et déclaration d'autonomie de la poésie : celle-ci est par essence musique. C'est, outre Verlaine, Stuart Merrill qui affirme dans son *Credo* : « Par le Verbe, elle [la Poésie] dit et pense, par la Musique, elle chante et rêve ».

Silence

D'origine belge, Fernand Khnopff est l'un des peintres symbolistes par excellence. Couleurs douces, souvent délavées, impression de mystère, de religiosité : ses tableaux suggèrent plus qu'ils ne représentent.

Fernand Khnopff (1858-1921), pastel sur papier, 87,8 × 44,3 cm, 1890. Bruxelles, musée royal des Beaux-Arts.

Une quête de l'art total

Le symbolisme des musiciens et des peintres

Pelléas et Mélisande
Affiche pour la représentation de l'opéra de
Debussy à l'Opéra comique de Paris en 1902.
Georges-Antoine Rochegrosse (1858-1938).

Séduits par les rythmes et les sonorités de la poésie symboliste, nombreux sont les musiciens qui vont s'en inspirer. En 1887, *Le Clair de lune* marque le début de la collaboration entre Gabriel Fauré et Verlaine. Claude Debussy compose son *Après-midi d'un faune* d'après le poème de Mallarmé et son opéra *Pelléas et Mélisande* (1902) d'après la pièce de Maeterlinck. Ravel compose ses *Jeux d'eau* (1901) dont les arabesques sont la traduction sonore du vers libre.

Les peintres, notamment impressionnistes, se sentent proches du symbolisme. Redon (1840-1916) cherche à pratiquer une peinture « musiciste » ; Whistler (1834-1903) donne à ses toiles des titres musicaux (*Symphonie en gris et vert* ; *Harmonie en bleu et argent*).

Le théâtre symboliste

Le symbolisme s'épanouit aussi sur la scène. Le refus de tout réalisme est le caractère essentiel de son esthétique. L'action elle-même est analogique : son intérêt est de renvoyer à une signification cachée. Servi par une langue souvent somptueuse mais recherchée et épurée, le drame symboliste reste avant tout poésie. C'est Maeterlinck écrivant *La Princesse Maleine* (1890) ; Villiers de L'Isle-Adam donnant *Axel*, resté inachevé ; ou encore Claudel et ses deux versions de *Tête d'or* (1889 et 1894), de *La Ville* (1891 et 1898), ou de *La Jeune Fille Violaine* (1892 et 1898).

Dès 1895, le symbolisme commence à s'essouffler. Ghil puis Moréas contestent son idéalisme par trop désincarné et obscur. Il n'en a pas moins ouvert les portes de la modernité du début du XXᵉ siècle.

Aurélien Lugné, dit Lugné-Poe (1869-1940)

■ Acteur, celui-ci appartient d'abord à la troupe du Théâtre-Libre d'André Antoine, paradoxalement revendiqué par les naturalistes et les symbolistes, des ennemis acharnés. Avec le dramaturge et poète Paul Fort (1872-1960), Lugné-Poe fonde en 1890 le théâtre des Arts puis, sous sa seule direction, le théâtre de l'Œuvre en 1893.
Associé au poète Camille Mauclair et au peintre Édouard Vuillard, son ambition est de promouvoir le mouvement symboliste tant en littérature qu'en peinture, auquel son nom reste associé. Situé rue de Clichy dans le IXᵉ arrondissement de Paris, le théâtre de l'Œuvre existe toujours. ■

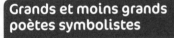

Harmonie en bleu et argent
Tout en nuance et en estompage, la peinture est pour Whistler une pure expérience esthétique au-delà des valeurs de la représentation.

James Whistler (1834-1903), huile sur toile, 80,6 × 101,9 cm, 1865. Boston, Isabella Stewaet Gardner Museum.

Grands et moins grands poètes symbolistes

Le symbolisme possède ses grands noms : Paul Verlaine et Stéphane Mallarmé en premier lieu. Il ne se limite pourtant pas à ces grandes figures. Jules Laforgue avec ses *Complaintes* (1885), Francis Vielé-Griffin (*Joies*, 1889), Georges Rodenbach (*Le Miroir du ciel natal*, 1898), mais aussi de manière plus inattendue Alfred Jarry dont le cycle de ses *Ubu* (1896-1906) se moque des excès du symbole, appartiennent à la mouvance symboliste.

❝ *Le symbolisme ? [...] Qu'est-ce que ça peut bien vouloir dire ? Moi, d'ailleurs, je m'en fiche. Quand je souffre, quand je jouis ou quand je pleure, je sais bien que ce n'est pas du symbole [...]. Ils m'embêtent à la fin, les cymbalistes !* ❞

▪ Paul Verlaine, réponse à l'*Enquête sur l'évolution littéraire* de Jules Huret, 1891.

❝ *Nommer un objet, c'est supprimer les trois quarts de la jouissance du poème qui est faite du bonheur de deviner peu à peu ; le suggérer, voilà le rêve.* ❞

▪ Stéphane Mallarmé, réponse à l'*Enquête sur l'évolution littéraire* de Jules Huret, 1891.

Le XXᵉ siècle

La littérature en question

De Marcel Proust à Marguerite
Duras, de Céline à Jean-Paul Sartre,
d'Albert Camus à Claude Simon,
le roman se célèbre, se questionne
et se réinvente. De Paul Claudel
à Samuel Beckett et Eugène Ionesco,
le théâtre s'interroge sur la nature
de ses échanges et sur le langage qui
les véhicule. De Guillaume Apollinaire
à Philippe Jaccottet, Paul Éluard
et Louis Aragon, la poésie fait
sa révolution.

Agité par les remous du surréalisme
et du Nouveau Roman, mais aussi
par l'âpreté des guerres et de toutes
les entreprises de libération,
le XXᵉ siècle est, en littérature,
le siècle de l'éclatement
et du questionnement des genres.

Les nouveaux romanciers
En 1959, le photographe Mario Dondero réunit les nouveaux romanciers
devant les éditions de Minuit.

Le siècle des avant-gardes

Si le XIXe siècle est considéré comme le siècle
du progrès, le XXe siècle est celui des avant-gardes.
Les vers libres d'Apollinaire chantent l'amour
de la modernité. Le poète est l'homme de toutes
les audaces langagières ou formelles.
Lorsque émerge le mouvement dada de Tristan Tzara
et, dans son sillage, les surréalistes conduits
par André Breton, la révolution poétique se dessine
sous le signe de la nouveauté et de la provocation.
Ivre de progrès, la littérature entreprend
de renouveler la manière de voir le monde.
Mais, dans les années 1930, ce modernisme militant
bute sur la montée des périls politiques.

Le siècle de l'engagement

Siècle le plus meurtrier de l'histoire, le XXe siècle
est celui de l'engagement politique.
Après le charnier de la Première Guerre mondiale,
devant le déferlement des fascismes
et les révolutions communistes, se pose la question
de la fonction de la littérature et de ses acteurs.
Pour rester en phase avec la société, ils désirent
être de tous les combats.
Ainsi naît l'engagement de Sartre, porté par
l'existentialisme, qui clame la puissance politique
de l'écriture. C'est le temps de l'homme révolté
imaginé par Camus en réaction à l'absurdité du
monde. C'est aussi celui des poètes de la Résistance,
tels Aragon, René Char et Éluard qui, face à
l'Occupation allemande, combattent pour la liberté.
C'est enfin le siècle de toutes les revendications :
Simone de Beauvoir ouvre la voie au féminisme,
Aimé Césaire clame sa négritude.
Acteur de l'histoire, l'écrivain devient,
à l'instar d'André Malraux, l'intellectuel
et l'homme politique d'une France qui cherche
à se remettre de la Seconde Guerre mondiale.

Le siècle de l'écriture

Si Sartre imagine le rôle triomphant
de la littérature dans l'Histoire, le Nouveau Roman
voit en elle le témoin passif et impuissant
de la Shoah qu'elle n'a pas su empêcher.
Réunis autour d'Alain Robbe-Grillet, un groupe
de jeunes romanciers, décidés à renouveler les lois
du récit, refusent de voir dans l'écriture un simple
moyen de livrer un message. S'ouvre alors l'ère
du soupçon.
Encouragés par Samuel Beckett et Marguerite Duras,
les « auteurs de Minuit » sonnent le glas
du roman néobalzacien et de la vision humaniste
de la littérature. La mort du personnage
et la disparition de l'intrigue marquent
la prédominance du travail sur la forme.

Vers une crise de la modernité

Au tournant des années 1980, les idéologies sont
en crise, les avant-gardes s'épuisent. Le formalisme
cède du terrain, supplanté par un retour en grâce
du récit linéaire.
Claude Simon rouvre ses archives familiales,
Robbe-Grillet interroge sa famille, Nathalie Sarraute
évoque ses souvenirs d'enfance, et Duras triomphe
avec L'Amant.
Une nouvelle génération de romanciers clôt
le siècle : Pierre Michon, Annie Ernaux
et Pierre Bergounioux retracent leur filiation.
Le théâtre de l'absurde de Beckett et de Ionesco
laisse la place au théâtre plus rageur et plus libre
de Bernard-Marie Koltès.
La poésie oublie les jeux de l'OuLiPo et gagne
en sérénité avec Jaccottet.
La modernité entre dans une crise qui prend,
à l'horizon du XXIe siècle naissant,
des allures de deuil.

1913
Apollinaire,
Alcools

1920
Colette, *Chéri*

1938
Sartre,
La Nausée

1939
Césaire, *Cahier
d'un retour
au pays natal*

1925
Gide,
Les Faux-Monnayeurs

1927
Mauriac, *Thérèse Desqueyroux*

1942
Aragon,
Les Yeux d'Elsa

1935
Giraudoux,
*La Guerre de Troie
n'aura pas lieu*

1942
Camus,
L'Étranger

1931
Simenon,
Pietr-le-Letton

IIIᵉ République	Vichy	GPRF*

1940   1944   1945

1914-1918
Première
Guerre
mondiale

1939-1945
Seconde
Guerre
mondiale

1918-1939 : Le surréalisme

* Gouvernement provisoire de la République française

1942
Ponge,
Le Parti pris des choses

1913
Proust, *Du côté
de chez Swann*

1924
Breton, *Manifeste
du surréalisme*

1947
Genet, *Les Bonnes*

1947
Vian, *L'Écume des jours*

1926
Éluard, *Capitale
de la douleur*

1947
Antelme,
L'Espèce humaine

1929
Claudel,
Le Soulier de satin

1932
Céline,
Voyage au bout de la nuit

1948
Char,
Fureur et Mystère

1933
Malraux,
La Condition humaine

1949
De Beauvoir,
Le Deuxième Sexe

1991
Quignard, *Tous les
matins du monde*

1950
Ionesco,
La Cantatrice chauve

1986
Koltès,
*Dans la solitude
des champs de coton*

1951
Gracq, *Le Rivage
des Syrtes*

1983
Sarraute,
Enfance

1957
Robbe-Grillet,
La Jalousie

ᵉ **République** | **Vᵉ République**

1958

1946-1962 Décolonisation

1947-1991 Guerre froide

Depuis 1948 Construction européenne

1957-1981 : Le Nouveau Roman

1952
Beckett,
*En attendant
Godot*

1965
Perec,
Les Choses

1977
Jaccottet,
À la lumière d'hiver

1959
Queneau,
Zazie dans le métro

1978
Modiano, *Rue des
Boutiques Obscures*

1960
Simon, *La Route
des Flandres*

1984
Ernaux, *La Place*

1984
Duras, *L'Amant*

1984
Michon,
Vies minuscules

Apollinaire révolutionne la poésie

Guillaume Apollinaire
1880-1918

En avril 1913 paraît *Alcools*. Dans ce recueil, le jeune Guillaume Apollinaire bouleverse les codes de la poésie qu'il fait entrer définitivement dans la modernité.

Le mal-aimé

En 1912, Apollinaire est un homme désespéré : Marie Laurencin, son grand amour depuis bientôt cinq ans, vient de le quitter. Cette rupture, qui ravive le douloureux souvenir de sa première expérience amoureuse avec l'insaisissable Annie Playden, lui donne le sentiment d'être un mal-aimé.

Pour lutter contre le chagrin, Apollinaire décide de rassembler en un recueil l'ensemble des poésies qu'il compose depuis plus de quinze ans. Mais, alors qu'il en corrige les premières épreuves d'imprimerie, il est bouleversé par la modernité du nouveau poème de son ami Blaise Cendrars, *La Prose du Transsibérien et de la petite Jehanne de France* (1913). À l'instar de ce dernier, Apollinaire supprime la ponctuation de son recueil dont il modifie radicalement la composition. *Alcools* paraîtra en 1913.

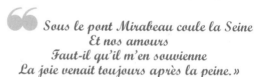

*Sous le pont Mirabeau coule la Seine
Et nos amours
Faut-il qu'il m'en souvienne
La joie venait toujours après la peine.»*

■ Guillaume Apollinaire, *Alcools*, « Le Pont Mirabeau », 1913.

Un chant d'amour au monde moderne

S'il s'inspire d'une large tradition poétique, *Alcools* s'impose surtout comme un hymne à la modernité. Apollinaire y chante les louanges du monde contemporain et vante ses innovations, tels les aéroplanes et les automobiles. Il déclare sa flamme à la tour Eiffel, symbole d'un avenir prometteur, susceptible de lui faire oublier le passé et ses déceptions amoureuses.

Par son usage original du vers libre et par ses images surprenantes, *Alcools* s'impose comme le manifeste de l'avant-garde poétique du début du xxe siècle.

Un poète au cœur de la Grande Guerre

Cependant, en 1914, la Première Guerre mondiale éclate. Le poète apatride – russe d'origine polonaise, né Wilhelm Apollinaris de Kostrowitzky – fait une demande de naturalisation pour être engagé sur le front. Il est affecté dans un régiment d'artillerie mais, en 1916, il est grièvement blessé et trépané. Apollinaire ne s'en remettra pas.

En novembre 1918, après la publication de *Calligrammes*, le poète meurt emporté par la grippe espagnole.

1880 Naissance d'Apollinaire

1880	1890	1900

1905 : *Premiers poème*

Groupe d'artistes

On distingue de gauche à droite :
Picasso, Marie Laurencin,
Apollinaire, Fernande Olivier.

Marie Laurencin (1885-1956),
huile sur toile, 65,1 × 81 cm, 1908.
Baltimore, musée d'Art.

```
        S
        A
      LUT
        M
      O  N
      D    E
      DONT
     JE SUIS
    LA LAN
    GUE   É
    LOQUEN
   TE  QUESA
   BOUCHE
  O  PARIS
  TIRE ET TIRERA
  TOU      JOURS
  AUX        A L
  EM        ANDS
```

Apollinaire et Marie Laurencin, une liaison artistique

Dès leur rencontre en 1907, à l'initiative du peintre Pablo Picasso, Apollinaire et Marie Laurencin entament une liaison à la fois amoureuse et artistique. Les deux amants s'inspirent mutuellement : Apollinaire fait de la jeune femme sa muse qui lui inspire de célèbres poèmes, comme « Zone » ou « Le Pont Mirabeau ».

À son tour, le poète devient le sujet de nombreux tableaux de la jeune peintre. Leur relation, tumultueuse, prend fin en 1912. ◼

> « À la fin tu es las de ce monde ancien
> Bergère ô tour Eiffel le troupeau des ponts
> bêle ce matin
> Tu en as assez de vivre dans l'antiquité
> grecque et romaine »

◼ Guillaume Apollinaire, *Alcools*, « Le Pont Mirabeau », 1913.

Le poète de la tour Eiffel et des calligrammes
Érigée, dans *Alcools*, comme un symbole de la modernité, la tour Eiffel incarne l'image de la France en lutte contre l'ennemi allemand dans *Calligrammes*.

Alcools | **1913**
1910

1918 Mort d'Apollinaire
1920

1909 : *L'Enchanteur pourrissant*
1913 : *Les Peintres cubistes*

1916 : *Poèmes à Lou ; Le Poète assassiné*
1917 : *Les Mamelles de Tirésias*
1918 : *Calligrammes*

Marcel **Proust** invente le **roman moderne**

Marcel
Proust
1871-1922

En 1913, dans l'indifférence générale, paraît à compte d'auteur, après le refus de nombreux éditeurs, *Du côté de chez Swann* de Marcel Proust. Ce premier roman d'un mondain devenu écrivain marque l'avènement du roman français moderne.

Du mondain à l'écrivain

En 1905, la mère de Proust meurt subitement. Son « petit loup », comme elle le surnommait affectueusement, est inconsolable. Désemparé, ce mondain frivole délaisse les salons du faubourg Saint-Germain, décidé à vivre en reclus. Il fait capitonner sa chambre de liège afin de s'isoler définitivement des bruits du monde.

> *Longtemps, je me suis couché de bonne heure. Parfois, à peine ma bougie éteinte, mes yeux se fermaient si vite que je n'avais pas le temps de me dire : "Je m'endors."* »
>
> ◼ Marcel Proust, *Du côté de chez Swann*, 1913.

Loin des regards, il s'est lancé à corps perdu dans l'écriture de sa « cathédrale », une somme romanesque à laquelle il assigne un but suprême : ressusciter sa mère. Jusqu'à l'épuisement, Proust écrit, secondé par Céleste Albaret, sa fidèle gouvernante. Il achève fin 1912 *Du côté de chez Swann*, le premier tome de sa grande œuvre.

Un roman de la mémoire

Du côté de chez Swann est un roman aux accents autobiographiques. Il raconte l'enfance à Combray de Marcel, le narrateur qui, comme Proust, éprouve un amour maladif pour sa mère. Marcel, devenu adulte, retrouve tous ses souvenirs en trempant une madeleine dans sa tasse de thé : la passion malheureuse de Charles Swann pour Odette de Crécy, la grand-tante Léonie, Françoise la bonne et enfin Gilberte, son premier amour. C'est le miracle de la mémoire involontaire. À rebours de l'omniscience réaliste et annonçant le récit moderne, Proust conçoit son roman comme la patiente reconstitution par la mémoire du temps perdu.

Une écriture menacée par la mort

En 1914, Proust perd son grand amour Alfred Agostinelli. Inconsolable, il le fera revivre dans son œuvre sous les traits de l'insaisissable Albertine. Mais, très affaibli, il meurt en 1922 non sans achever *À la recherche du temps perdu*.

260

1871 Naissance de Proust

1870   1880   1890

1896 : *Les Plaisirs et les jours*
1908 : *Contre Sainte-Be[...]*

Proust, le romancier de la Belle Époque

Dans *À la recherche du temps perdu*, Proust, fin observateur des mœurs, livre le testament d'une société promise à la disparition : la Belle Époque. À travers les premiers pas de son narrateur dans la vie mondaine, l'écrivain analyse les mutations de son temps en construisant son roman sur la disparition des figures de l'aristocratie, comme la duchesse de Guermantes, progressivement supplantées par la bourgeoisie, incarnée par Mme Verdurin.

« Une heure n'est pas qu'une heure, c'est un vase rempli de parfums, de sons, de projets et de climats. »

▨ Marcel Proust, *Le Temps retrouvé*, 1927.

▨ Marcel Proust et un groupe d'amis au tennis du boulevard Bineau à Neuilly en 1892.

261

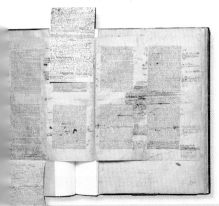

À la recherche du temps perdu, l'œuvre d'une vie

Homme d'une seule œuvre de plus de cinq mille pages dont il eut l'idée dès 1908 et qu'il n'a cessé de remanier jusqu'en 1922, Proust complétait ses manuscrits grâce à ses « paperolles », bandes de papier pliées en accordéon pouvant atteindre jusqu'à deux mètres de long.

Manuscrit autographe. Paris, BNF.

Alfred Agostinelli, l'amour impossible de Proust

En 1907, en vacances à Cabourg, Proust fait la connaissance d'Alfred Agostinelli. L'écrivain tombe immédiatement amoureux de ce jeune chauffeur qu'il prendra à son service en 1912.
Leur passion est orageuse et Agostinelli quitte son amant en 1913. Pour faire revenir le jeune homme, Proust lui offre un avion sur lequel il fait graver un poème de Mallarmé. Mais Agostinelli se tue accidentellement en vol en 1914. ▨

À la recherche du temps perdu | **1913-1927** | | **1922** Mort de Proust

1900	1910	1920

1913 : *Du côté de chez Swann*   1918 : *À l'ombre des jeunes filles en fleurs* (Prix Goncourt)   1922 : *Sodome et Gomorrhe II*
1923 : *La Prisonnière*
1920 : *Le côté de Guermantes I et II* 1925 : *Albertine disparue*
1921 : *Sodome et Gomorrhe I*   1927 : *Le Temps retrouvé*

Colette lance la mode des garçonnes

En 1920, au début des Années folles, la romancière provocatrice, Colette, s'affiche en garçonne et fustige la lâcheté masculine dans *Chéri*.

Sidonie-Gabrielle Colette, dite Colette
1873-1954

Une femme insoumise

Dès 1906, Colette défraie la chronique en divorçant d'avec Willy, un écrivain à la mode qui partageait sa vie depuis 1893. La jeune Bourguignonne, dont l'accent rocailleux fait les délices des salons parisiens, obtient le droit, qui lui était jusque-là dénié, de signer de son propre nom *Dialogues de bêtes* en 1905. C'est le début d'une nouvelle vie. Bravant tous les préjugés, elle porte les cheveux courts comme un homme et multiplie les liaisons féminines. Romancière mais aussi actrice de music-hall, Colette incarne la garçonne, un modèle d'émancipation au féminin.

Contre toute attente, en 1912, Colette épouse Henry de Jouvenel. Mais le mari infidèle délaisse rapidement son épouse. Le divorce est prononcé en 1922. Durant ces années de souffrance et d'humiliation, Colette mûrit *Chéri*, une autobiographie à peine voilée, qui paraît en 1920.

Colette, une femme libre à la Belle Époque

Sulfureux et scandaleux : tels sont les qualificatifs de la presse pour évoquer le spectacle de music-hall livré par Colette, de 1906 à 1912, avec son amie et maîtresse Mathilde de Morny, dite Missy. Exhibant des danseuses nues qui exécutent des pantomimes orientales, le spectacle, donné au Moulin Rouge et au Bataclan, est interdit par la préfecture de Police. Au-delà du divertissement, Colette offre à ses contemporaines l'image d'une femme libre.

Un roman de la revanche féminine

Chéri raconte la tumultueuse liaison de Léa de Lonval, demi-mondaine fortunée mais déjà âgée, avec le jeune et fougueux Fred Peloux, dit Chéri. Leur liaison passionnée se révélera cependant un échec, Chéri délaissant Léa pour la très jeune Edmée.

Dans ce drame d'une femme d'âge mûr, Colette prend sa revanche sur les hommes dont elle dénonce vigoureusement l'égoïsme et la lâcheté.

Une romancière de renom

Chéri fait scandale et apporte la gloire à son auteur qui enchaîne les romans sulfureux, comme *Le Blé en herbe* (1923), ou nostalgiques, comme *Sido* (1930).

Figure majeure de la vie culturelle française, Colette s'éteint en 1954 et devient la première femme à recevoir des obsèques nationales.

1873 Naissance de Colette

| 1870 | 1880 | 1890 | 1900 | 1910 |

1900-1903 : Série des *Claudine*

1908 : *Les Vrilles de la vigne*

■ Colette posant sur une peau de lion et recouverte de panthère en 1909.

> « *Une femme qui se croit intelligente réclame les mêmes droits que l'homme. Une femme intelligente y renonce.* »

■ Colette.

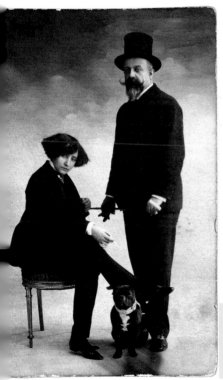

Rachilde, l'autre garçonne

Surnommée la Marquise de Sade, Rachilde (1860-1953) est l'auteur de sulfureux romans dont le célèbre *Monsieur Vénus* (1889) qui explore les ambiguïtés sexuelles. Jouant de son image, la jeune femme fait scandale en se coiffant et en s'habillant comme un homme. Première garçonne, elle inspirera Colette, Coco Chanel ou encore l'actrice Louise Brooks. ■

> « *Le vice, c'est le mal qu'on fait sans plaisir.* »

■ Colette, *Claudine en ménage*, 1902.

Willy et Colette, une liaison littéraire

En 1891, alors qu'elle vit encore en Bourgogne, Colette, âgée de dix-huit ans, rencontre Henry Gauthier-Villars, dit Willy, journaliste à la mode et écrivain à succès, de quinze ans son aîné. Établi à Paris, le couple se sépare en 1906.

1920	*Chéri*		Mort de Colette	1954
1920	**1930**	**1940**	**1950**	
1923 : *Le Blé en herbe*	1933 : *La Chatte*	1944 : *Gigi*		
1930 : *Sido*	1934 : *Duo*			

André **Breton** devient le **pape du surréalisme**

André
Breton
1896-1966

Dans son *Manifeste du surréalisme*, André Breton prône une poésie qui défie les lois de la logique et qui puise aux sources de l'écriture automatique. Le texte, paru en 1924, marque l'avènement du mouvement surréaliste.

> " *Le langage a été donné à l'homme pour qu'il en fasse un usage surréaliste.* »
>
> ■ André Breton, *Manifeste du surréalisme*, Éditions du Sagittaire, 1924.

Un médecin poète

En 1916, alors qu'il n'est encore qu'un tout jeune médecin, André Breton, mobilisé auprès des grands blessés de guerre, fait la rencontre de l'écrivain Jacques Vaché (1896-1919) hospitalisé pour traumatisme. Le praticien, fervent lecteur du poète Stéphane Mallarmé (1842-1898), découvre, grâce à son patient, les recherches de Sigmund Freud (1856-1939) sur l'inconscient et la puissance créative de la folie.

À la fin de la guerre, Breton renonce à la médecine pour se consacrer à la poésie. Il devient le secrétaire de Marcel Proust (1871-1922) et fréquente le milieu littéraire, se liant d'amitié avec Guillaume Apollinaire (1880-1918) et Philippe Soupault (1897-1990), avec qui il écrit son premier poème, *Les Champs magnétiques* (1920).

La poésie de l'écriture automatique

Le surréalisme naît en 1924, lorsque Breton en expose les principes fondateurs dans le premier *Manifeste du surréalisme*. Il privilégie la force de l'inconscient pour renouveler la poésie. Incité à se soustraire au primat de la raison, le poète, sujet à de libres associations inspirées du rêve, s'adonne à l'écriture automatique et produit des images susceptibles de révolutionner la société.

En publiant ce texte provocateur, Breton s'érige en chef de file du groupe surréaliste.

Le pape du surréalisme

Cependant, la personnalité très autoritaire du poète suscite de graves querelles avec les autres membres du groupe surréaliste. Malgré sa notoriété mondiale, le pape du surréalisme demeure un homme isolé qui s'éteint en 1966.

André Breton, poète et mage

■ Composée sous hypnose selon le principe de l'écriture automatique, la poésie de Breton repose sur un appel à l'imagination et à la toute-puissance du rêve.

Dans des recueils aux titres aussi surprenants que *Poisson soluble* ou *Le Revolver à cheveux blancs*, Breton, à l'instar d'Arthur Rimbaud (1854-1891), clame que le poète est un mage qui doit, par sa parole aux pouvoirs occultes, révéler aux hommes la richesse ignorée du monde. ■

1896 Naissance de Breton   *Manifeste du surréalisme* | **1924**

| 1890 | 1900 | 1910 | 1920 | 193 |

1920 : *Les Champs magnétiques*   1923 : *Clair de terre*

1924 : *Les Pas perdus ; Poisson soluble*   1928 : *Nadja*

1931 : *L'Union libre*

1932 : *Le Revolver à cheveux blan*

*Qui suis-je ?
Si par exception je m'en rapportais à un adage : en effet pourquoi tout ne reviendrait-il pas à savoir qui je "hante" ?»*

■ André Breton, *Nadja*, © Gallimard, 1928.

Dessin de Nadja intitulé «De manière à pouvoir varier l'inclinaison de la tête...» exécuté en 1926 : la jeune femme représente par des dessins et collages insolites ses visions extra-lucides.
Collection particulière.

Nadja, le grand récit du surréalisme

Le récit d'André Breton, paru en 1928, retrace l'aventure sentimentale et mystique du poète avec Nadja, une jeune femme aux dons de voyance rencontrée par hasard dans les rues de Paris, et qui finit ses jours dans un asile.
À rebours du genre romanesque qu'il juge artificiel, Breton cherche, à travers ce récit autobiographique enrichi de documents photographiques, à saisir la part de rêve et d'hallucination fantastique propre à chacun.

*Ma femme à la chevelure de feu de bois
Aux pensées d'éclairs de chaleur
À la taille de sablier
Ma femme à la taille de loutre entre les dents du tigre.»*

■ André Breton, *L'Union libre*, © Gallimard, 1931.

1966 Mort de Breton

1940	1950	1960

1937 : *L'Amour fou*   1947 : *Arcane 17*   1961 : *Le La*

1940 : *Anthologie de l'humour noir*

Le mouvement
surréaliste

Le surréalisme naît après la Première Guerre mondiale en réaction aux valeurs bourgeoises de l'époque. Initié par André Breton, ce mouvement appelle à une révolution politique et poétique pour libérer les forces créatrices.

Un mouvement révolutionnaire

Un combat poétique et politique

Issu du mouvement poétique dada porté depuis 1916 par Tristan Tzara, le surréalisme s'affirme à sa suite comme une violente réaction à l'absurdité et à l'horreur de la guerre.

Devant un tel désastre humain, André Breton, séduit par les espoirs révolutionnaires communistes de la Russie en 1917, remet en cause, de manière virulente, la société bourgeoise qu'il juge aliénante. Conquis par les théories psychanalytiques de Freud, il en appelle à une libération des préjugés par l'inconscient, le rêve et l'imagination. L'amour fou et l'érotisme contribuent à métamorphoser un monde qui était au bord de l'apocalypse.

Une libération culturelle

À la suite de Rimbaud qui voulait « changer la vie », Breton voit dans le surréalisme l'occasion de renouveler les formes artistiques contre les pesantes conventions académiques dominées par la raison et la logique. De la poésie à la peinture, en passant par le cinéma bientôt, le surréalisme préconise une révolution culturelle et sociale.

Après la parution en 1920 du premier poème surréaliste, *Les Champs magnétiques*, Breton fédère autour de lui, à la manière d'un groupe d'action politique, des poètes tels que Paul Éluard, Louis Aragon, Robert Desnos, et des peintres comme Max Ernst, Man Ray ou Salvador Dalí. Majoritairement communistes, tous s'engagent à œuvrer pour une nouvelle société et une libération artistique.

« SURRÉALISME, n.m. *Automatisme psychique pur par lequel on se propose d'exprimer, soit verbalement, soit par écrit, soit de toute autre manière, le fonctionnement réel de la pensée.* »

André Breton, *Manifeste du surréalisme*, Éditions du Sagittaire, 1924.

Au rendez-vous des amis

De gauche à droite, au premier plan : René Crevel, Max Ernst, Dostoïevski,
Théodore Fraenkel, Jean Paulhan, Benjamin Péret, Baargeld, Robert Desnos.
À l'arrière-plan : Philippe Soupault, Jean Arp, Max Morise, Raphaël, Paul Éluard,
Louis Aragon, André Breton, Giorgio De Chirico, Gala Éluard.

Max Ernst (1891-1976), huile sur toile, 130 × 195 cm, 1922. Cologne, Ludwig Museum.

Le mouvement dada, précurseur du surréalisme

S'ils considèrent Guillaume Apollinaire, qui a forgé en 1917 le mot « surréaliste », comme leur père spirituel, les surréalistes, qui se réclament par ailleurs d'illustres prédécesseurs comme Sade, Nerval et Rimbaud, reconnaissent le caractère précurseur du mouvement dada.

Fondé en 1916, et emmené par le charismatique Tristan Tzara (1896-1963), ce mouvement se caractérise notamment par son goût de la provocation et par sa propension à déconstruire le langage.

« Placez-vous dans l'état le plus passif, ou réceptif, que vous pourrez. Faites abstraction de votre génie, de vos talents et de ceux de tous les autres. Dites-vous bien que la littérature est un des plus tristes chemins qui mènent à tout. »

André Breton, *Manifeste du surréalisme*, Éditions du Sagittaire, 1924.

Une poésie du rêve et de l'inconscient

L'écriture automatique

Définie en 1924 par Breton dans son retentissant *Manifeste du surréalisme*, l'écriture automatique est une pratique quotidienne qui vise à échapper aux contraintes logiques. Le poète, plongé dans un état proche de l'hypnose, doit alors retranscrire les libres associations d'images dictées par son inconscient et ses rêves.

Constituée de vers libres, la poésie produit des images inattendues, comme chez Lautréamont, qui définissait le beau « comme la rencontre fortuite sur une table de dissection d'un parapluie et d'une machine à coudre. »

Des jeux collectifs d'écriture

À rebours du triomphe romantique de l'individualité, le surréalisme développe une poésie collective : guidés par Breton, les poètes se réunissent pour se livrer à des séances d'écriture communes. Avec l'humour noir qui les caractérise, ils inventent le jeu du « cadavre exquis » consistant à commencer un vers qu'un autre vient poursuivre. Le premier énoncé qui est ressorti, « Le cadavre exquis boira le vin nouveau », a donné son nom à ce jeu désormais célèbre.

De l'amitié à la dispute

Une rupture politique

Si le surréalisme naît de l'espoir révolutionnaire du communisme auquel adhèrent les membres du mouvement, c'est la politique qui va les séparer. Dès 1929, Breton prend ses distances avec le Parti, qui réclame plus d'engagement politique et moins d'esthétique. Volontiers autoritaire, Breton se fâche aussi successivement avec René Char, Louis Aragon et Robert Desnos. Seul René Crevel reste fidèle jusqu'au bout au surréalisme.

L'entrée dans la Seconde Guerre mondiale achève enfin de dissoudre le groupe : certains s'engagent dans la Résistance comme Éluard et Char, d'autres, tel Breton, partent aux États-Unis.

« La Centrale surréaliste »
De gauche à droite, au premier plan : Pierre Naville, Simone Collinet-Breton, Max Morise, Marie-Louise Soupault.
À l'arrière-plan : Charles Baron, Raymond Queneau, André Breton, Jacques Boiffard, Giorgio De Chirico, Roger Vitrac, Paul Éluard, Philippe Soupault, Robert Desnos, Louis Aragon.

Man Ray (1890-1976), photographie de 1924. © Man Ray Trust.

Un rayonnement sans précédent

Après la guerre, et en dépit d'une exposition internationale en 1947, le surréalisme s'éteint, dépassé par de nouveaux courants, comme l'existentialisme, le Nouveau Roman ou encore l'OuLiPo. Mais grande demeure l'influence de ce groupe inventif et sauvage dont beaucoup encore se réclament, comme Raymond Queneau et Julien Gracq.

Le Porte-bouteilles

Artiste surréaliste, Marcel Duchamp institue en œuvres d'art certains objets du quotidien. Ce porte-bouteilles, comme son fameux urinoir renversé, intitulé *Fontaine* (1917), sont des *ready-made.*

Marcel Duchamp (1887-1968), fer galvanisé, 59 × 37 cm, 1914-1964. Collection particulière.

La Lampe philosophique

Par le biais de l'humour, René Magritte provoque des rapprochements et des déstructurations d'objets inattendus. Ses œuvres, délibérément provocatrices, amènent à réfléchir sur le rapport entre image et langage.

René Magritte (1898-1967), huile sur toile, 50 × 60 cm, 1936. Londres, E.L.T. Menses.

> « Cette période de la vie parisienne a été traversée par cette bande sauvage, agressive, animée d'un étrange mélange d'humour et de gravité sombre, dont on gardera le souvenir. »

■ Louis Aragon, *Pour expliquer ce que j'étais,* © Gallimard, 1989 (édition posthume.).

Le surréalisme, une aventure plastique

Multiple, inventif et ludique, le surréalisme a voulu révolutionner la vie en métamorphosant tous les arts plastiques.

Dans le domaine de la peinture, Max Ernst, Salvador Dalí ou encore René Magritte, par leurs collages et leurs images oniriques, ont questionné la perception d'un réel à la frontière de la folie. Le cinéma a notamment été marqué par Luis Buñuel dont les visions provocatrices et poétiques sont illustrées dans *L'Âge d'or* (1930).

Avec ses *ready-mades* l'artiste Marcel Duchamp a également contribué à modifier le regard porté sur l'objet d'art.

André **Gide** « met en abyme » le **roman**

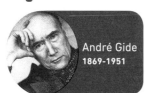
André Gide
1869-1951

André Gide est déjà l'auteur d'une œuvre considérable lorsqu'il publie, en 1925, *Les Faux-Monnayeurs*. Le texte surprend. La mise en abyme d'un roman à l'intérieur de l'intrigue bouscule les codes traditionnels et fait souffler un vent nouveau sur la littérature de l'entre-deux-guerres.

De la libération morale à la libération artistique

> 66 *Familles, je vous hais !* »
> ■ André Gide, *Les Nourritures terrestres*,
> © Gallimard, 1897.

Être inquiet, André Gide a longtemps été tiraillé entre sa sensualité précoce et son puritanisme religieux. Ce fils de protestants, qui vivait dans la hantise du péché, poursuit, depuis la publication en 1891 de son premier récit, *Les Cahiers d'André Walter*, son intransigeante quête de liberté.

Le retentissement auprès de la jeunesse de son époque des *Nourritures terrestres* (1897), hymne à la sensualité, témoigne des aspirations de son auteur à « s'exiger tel que l'on est ». Dans cette entreprise de libération, Gide combat aussi le conformisme religieux dans *L'Immoraliste* (1902) et dans *Les Caves du Vatican* (1914).

Mais, depuis plusieurs années, l'homme s'interroge sur sa pratique d'écrivain. Alors que *Paludes* (1895) amorçait sa libération artistique confirmée par l'originalité de ses écrits postérieurs, Gide aspire à écrire un « roman pur ». En 1925, paraissent *Les Faux-Monnayeurs*.

Un roman dans le roman

L'intrigue foisonnante des *Faux-Monnayeurs* mêle l'histoire de Bernard, qui se découvre fils illégitime, à celle de son camarade, Olivier, partagé entre son admiration pour un écrivain à la mode et son oncle romancier, Édouard.

Dans ce récit qui dénonce les faux sentiments, Gide engage une réflexion sur la création littéraire à travers le journal d'Édouard, qui rédige un roman intitulé *Les Faux-Monnayeurs*. Roman sur le roman, le texte s'appuie sur le procédé de la mise en abyme pour permettre à l'œuvre, réfléchissant sur elle-même, de se libérer des faux-semblants.

Les engagements et la consécration

Poursuivant son examen de conscience dans son *Journal* (1939-1950), Gide s'engage contre le colonialisme, les dérives du communisme et le pacifisme. Lauréat du prix Nobel en 1947, il s'éteint en 1951.

1869	Naissance de Gide				
1870	1880	1890	1900	1910	

1891 : *Les Cahiers d'André Walter*   1893 : *Le Voyage d'Urien*   1902 : *L'Immoraliste*
1895 : *Paludes*   1897 : *Les Nourritures terrestres*
1909 : *La Porte étroite*
1914 : *Les Caves du Vatican*

❝ *Il me semble parfois que je n'existe pas vraiment, mais simplement que j'imagine que je suis.* ❞

■ André Gide, *Les Faux-Monnayeurs*, © Gallimard, 1925.

André Gide, cofondateur des Éditions Gallimard

■ En 1909, porté par sa notoriété grandissante, André Gide fonde *La Nouvelle Revue française (NRF)* dans laquelle il réunit tous les jeunes talents littéraires de l'époque, avec l'aide de l'écrivain et éditeur Jean Schlumberger (1877-1968).

Le succès de la revue permet à Gide de fonder en 1911, avec son ami, le dandy et homme d'affaires Gaston Gallimard (1881-1975), les Éditions Gallimard.

Multipliant les succès commerciaux et les prix littéraires, la maison s'impose au long du xxᵉ siècle comme un véritable empire éditorial. ■

Paul Valéry, l'ami de l'exigence intellectuelle

■ Ami de longue date de Gide, Paul Valéry (1871-1945) se distingue par l'extrême exigence de son œuvre poétique et critique. L'exercice poétique ouvre, chez lui, sur une vaste réflexion sur l'art d'écrire, consignée dans ses imposants *Cahiers*.

Après l'avoir délaissée pour la critique, Valéry revient à la poésie sur les conseils de Gide en 1917 avec «La Jeune Parque», poème sur l'inconscient qui préfigure le surréalisme.

En 1922, il livre *Charmes*, un recueil où figure son célèbre poème, «Le Cimetière marin», en hommage à la ville de Sète dont il est originaire. ■

	1925 *Les Faux-Monnayeurs*			Mort de Gide **1951**
1920	**1930**		**1940**	**1950**

1919 : *La Symphonie pastorale*

1924 : *Corydon ; Si le grain ne meurt*

1936 : *Retour de l'URSS*

1939-1950 : *Journal*

1927 : *Voyage au Congo*

Paul Éluard dévoile la *Capitale de la douleur*

Membre actif du groupe surréaliste, Paul Éluard part à la reconquête poétique et amoureuse de sa femme Gala dans son recueil majeur, *Capitale de la douleur*.

Paul Éluard
1895-1952

Le surréaliste amoureux

En 1914, Paul Éluard, de son vrai nom Eugène Grindel, rencontre dans le sanatorium, où il est soigné pour la tuberculose, une jeune femme russe en exil, Helena Diakonova (1894-1982), qu'il surnomme Gala. Elle le séduit immédiatement par sa grande culture en lui faisant découvrir Gérard de Nerval (1808-1855), Charles Baudelaire (1821-1867), Lautréamont (1846-1870), Arthur Rimbaud (1854-1891) et Guillaume Apollinaire (1880-1918).

> « *J'ai la beauté facile et c'est heureux.* »
> ■ Paul Éluard, *Capitale de la douleur*, © Gallimard, 1926.

■ Gala et Paul Éluard en février 1917.

Une période d'intense créativité poétique s'ouvre pour Éluard, qui chante la plénitude de son amour pour Gala et qui rejoint le groupe surréaliste, désireux comme ses congénères de changer la vie.

Mais en octobre 1921, le couple fait la connaissance du peintre Max Ernst (1891-1976) avec qui Gala entame une liaison. Éluard souffre de voir la femme qu'il aime s'éloigner et consigne sa détresse dans son premier grand recueil : *Capitale de la douleur*.

La renaissance poétique

D'abord intitulé « L'Art d'être malheureux », *Capitale de la douleur* retrace le parcours sentimental et poétique de l'écrivain surréaliste. Associant différents recueils déjà parus à des poèmes inédits, le poète désespéré confie, dans une tonalité élégiaque, sa peine.

Transfiguré par l'écriture, Éluard parvient à transcender sa crise amoureuse. Il renaît au monde et célèbre ses retrouvailles avec Gala dans un langage libéré qui lui permet d'inventer une poésie nouvelle.

272

1895 Naissance d'Éluard

1890   1900   1910   1920

1917 : *Le Devoir et l'inquiétude*
1920 : *Les Animaux et leurs hommes*
1924 : *Mourir de ne pas mouri*

Sur mes cahiers d'écolier
Sur mon pupitre et les arbres
Sur le sable sur la neige
J'écris ton nom

Sur toutes les pages lues
Sur toutes les pages blanches
Pierre sang papier ou cendre
J'écris ton nom

Sur les images dorées
Sur les armes des guerriers
Sur la couronne des rois
J'écris ton nom

Sur la jungle et le désert
Sur les nids sur les genêts
Sur l'écho de mon enfance
J'écris ton nom

Sur les merveilles des nuits
Sur le pain blanc des journées
Sur les saisons fiancées
J'écris ton nom

Illustration pour le poème « Liberté », réalisée pour la commémoration du premier anniversaire de la mort d'Éluard.

Fernand Léger (1881-1955), *Liberté j'écris ton nom*, huile sur bois, 144 × 541 cm, 1953. Biot, musée national Fernand-Léger.

 La terre est bleue comme une orange. »

■ Paul Éluard, *L'Amour, la poésie*, © Gallimard, 1929.

Nusch et Dominique, les autres inspiratrices

À chaque femme qu'Éluard a épousée correspond une période différente de son œuvre. Gala est la muse de l'amour fou et de l'exaltation surréaliste. Elle cède la place, après leur rupture en 1928, à la jeune Maria Benz (1906-1946), une artiste de music-hall qu'Éluard rebaptise « Nusch ». Avec elle, sa poésie devient politique et milite pour la défense des révolutions qui agitent alors le monde. Après la mort subite de Nusch en 1946, Éluard épouse Dominique, de son vrai nom Odette Lemort (1914-2000), qui lui inspire une ode à la paix retrouvée dans le monde.

Le poète de la Résistance

■ Dès 1936, Éluard délaisse la poésie amoureuse et s'engage politiquement. Longtemps communiste, il lutte activement contre la montée des fascismes en Europe, s'oppose au régime de Vichy et scelle son engagement, en mai 1940, en entrant dans la Résistance.

En 1942, il en devient le chantre : son célèbre poème « Liberté », publié dans le recueil *Poésie et Vérité*, est un hymne contre l'oppression nazie.

Fidèle à ses convictions, il demeure jusqu'à sa mort, en 1952, un ardent défenseur des libertés. ■

1926	Capitale de la douleur		Mort d'Éluard	1952

1926 — 1930 — 1940 — 1950

1929 : *L'Amour, la poésie* 1936 : *Les Yeux fertiles* 1942 : *Poésie et Vérité*

1930 : *L'Immaculée conception* 1939 : *Donner à voir* 1946-1953 : *Poésie ininterrompue*

1932 : *La Vie immédiate* 1944 : *Au rendez-vous allemand*

1927

François **Mauriac** livre un chef-d'œuvre du **roman catholique**

François
Mauriac
1885-1970

Romancier catholique, François Mauriac offre avec *Thérèse Desqueyroux* l'âpre récit d'une femme martyre égarée dans le désert spirituel de l'étouffante bourgeoisie de province.

Une fervente quête spirituelle

Né en 1885 dans une famille puritaine de la haute bourgeoisie bordelaise, François Mauriac connaît une adolescence marquée par sa quête personnelle de la foi catholique. Écœuré

> ❝ *Le christianisme ne fait pas sa part à la chair : il la supprime.* ❞
>
> ■ François Mauriac, *Souffrance et bonheur du chrétien*, © Grasset, 1931.

par l'hypocrisie qui entoure la mort de sa grand-mère en 1902, il rejoint le mouvement catholique ouvrier car, pour ce grand lecteur de Claudel et Maurice Barrès, l'amour de Dieu doit dépasser la charité pour s'ouvrir à l'action sociale.

Mauriac se lance alors dans une carrière de romancier vite couronnée par de grands succès. Dès 1922 avec *Le Baiser au lépreux*, il se fait le pourfendeur de la bourgeoisie de province qu'il étrille dans des portraits de personnages déchirés entre le péché de chair et le désir d'une impossible grâce dans un univers sans Dieu. En 1927, avec *Thérèse Desqueyroux*, il élabore le modèle du roman catholique.

Une criminelle sans foi

Dans le milieu étouffant de la bourgeoisie landaise, Thérèse Desqueyroux a tenté d'empoisonner Bernard, son mari. Jugée à Bordeaux, la jeune femme bénéficie d'un non-lieu qui permet à la famille d'éviter le scandale. Mais Bernard est décidé à se venger : il séquestrera son épouse jusqu'à sa fuite salvatrice à Paris.

Au-delà du fait divers sordide, Mauriac livre, dans une langue classique aux accents raciniens, le roman psychologique de la cruauté autour d'un drame conjugal. Victime de ses désirs, Thérèse devient l'héroïne de son propre martyre et attend sa rédemption par la foi chrétienne que Mauriac lui offre en 1935 avec la suite de son roman, *La Fin de la nuit*.

Un engagement social

Reçu en 1933 à l'Académie française, Mauriac traverse la Seconde Guerre mondiale en prenant parti pour le général de Gaulle. Toujours fervent pratiquant d'un catholicisme engagé socialement, il reçoit en 1952 le prix Nobel de littérature. Mauriac s'éteint en 1970.

1885 Naissance de Mauriac

| 1880 | 1890 | 1900 | 1910 | 1920 |

1913 : *L'Enfant chargé de chaînes*

1922 : *Le Baiser au lépreux*

1923 : *Genitrix*

1925 : *Le Désert de l'am*◄

Une héroïne empoisonneuse

L'implacable force dramatique de *Thérèse Desqueyroux* a suscité de nombreuses adaptations cinématographiques.
Le roman a notamment été porté à l'écran par Georges Franju en 1962 et par Claude Miller en 2012, qui a choisi Audrey Tautou pour incarner Thérèse.

❝ *Le juif est un homme qui lit depuis toujours, le protestant est un homme qui lit depuis Calvin, le catholique est un homme qui lit depuis Ferry.* ❞

■ Charles Péguy, «Note conjointe sur M. Bergson»,
© Gallimard, 1935.

Charles Péguy, poète catholique et patriote

■ Aux côtés de François Mauriac et Paul Claudel (1868-1955), Charles Péguy (1873-1914) est l'une des figures du catholicisme en littérature. D'abord socialiste et dreyfusard, le poète opère sa conversion à la foi chrétienne avec *Le Mystère de la charité de Jeanne d'Arc* (1910). Pour lui, l'amour du Christ génère une exaltation de l'amour patriotique. ■

Georges Bernanos, romancier catholique de la révolte

■ Le parcours de Georges Bernanos (1888-1948) vers le catholicisme est plus tourmenté. Romancier à la vocation tardive, il développe, dès 1926 avec *Sous le soleil de Satan*, puis en 1936 avec *Journal d'un curé de campagne*, une œuvre où la quête de la foi se transforme en chemin de croix pour une humanité qu'il veut délivrer de tout conformisme. ■

| 1927 | Thérèse Desqueyroux | | | | Mort de Mauriac | 1970 |

1930 — 1932 : *Le Nœud de vipères* — 1933 : *Le Mystère Frontenac* — 1935 : *La Fin de la nuit* — **1940** — 1942 : *La Pharisienne* — **1950** — **1960** — 1959 : *Mémoires intérieurs*

Le Soulier de satin renoue avec le théâtre baroque

Paul Claudel
1868-1955

Dramaturge catholique, Paul Claudel illustre, à travers l'ample *Soulier de satin*, le drame poétique et lyrique de l'amour sacrifié sur l'autel de la foi. Cette pièce, dont la représentation s'étend sur deux journées, reflète, par sa démesure, sa filiation avec le théâtre baroque.

Une conversion catholique et poétique

Le 25 décembre 1886, Paul Claudel pénètre, par hasard, dans la cathédrale Notre-Dame de Paris. Ébloui par la liturgie catholique, il se découvre une foi qui ne le quittera plus. La puissance mystique qui s'empare de lui tranche avec la philosophie matérialiste de cette fin de siècle et fait écho à la poétique d'Arthur Rimbaud (1854-1891), dont il goûte les fulgurances. Cette conversion religieuse et poétique se reflète dans son premier drame, *Tête d'or* (1890), traversé par un souffle lyrique et biblique.

Lorsqu'il embrasse, en 1893, une carrière de diplomate, l'ambassadeur Paul Claudel poursuit son travail de dramaturge guidé par sa foi chrétienne. Il publie en 1906 le *Partage de midi*, un drame de la passion face à la foi. En 1929, il signe, avec *Le Soulier de satin*, une pièce somptueuse et gigantesque.

« *J'ai soif de ces mots destructeurs ! Encore ! Je suis avide de ce néant qu'elle veut établir en moi. Car je sais que c'est seulement dans le vide absolu de toute chose que je la rencontrerai.* »

■ Paul Claudel, *Le Soulier de satin*, « première journée », scène VII, © Gallimard, 1929.

Un drame baroque démesuré

L'action du *Soulier de satin* se déroule sur quatre journées, dans l'Espagne aristocratique de la fin du xvie siècle. Rodrigue, le héros de la pièce, est amoureux de Prouhèze, mariée à Pélage. Mais lorsque son mari meurt, Prouhèze lui préfère, par obligation religieuse, don Camille.

Pièce phare de Paul Claudel, *Le Soulier de satin* est un drame sentimental doublé d'une tragédie mystique qui questionne le péché de chair. Démesurée, comme le théâtre baroque revendiqué par Claudel, cette pièce, dont la représentation s'étend sur plus de onze heures, prend les allures de fresque historique et allégorique.

Un dramaturge à l'Académie française

Malgré son retrait de la vie publique à partir de 1936, Claudel, qui vit reclus dans son château de Brangues en Isère, est élu à l'Académie française en 1946. Il meurt avec les honneurs en 1955.

1868	Naissance de Claudel				
1860	1870	1880	1890	1900	
			1890 : *Tête d'or*	1900 : *Connaissance de l'Es*	
				1906 : *Partage de midi*	

Un *Soulier de satin* noir et romantique
En 1987 au festival d'Avignon, Ludmila Mikaël
et Aurélien Recoing s'illustrent dans la mise
en scène d'Antoine Vitez (1930-1990) qui, au-
delà du drame catholique, dévoile la noirceur
romantique de Claudel.

Le Soulier de satin, l'histoire d'une mise en scène

Conçu comme un drame baroque espagnol du Grand Siècle, *Le Soulier de satin*
multiplie les changements de lieux, rendant toute représentation problématique,
sinon impossible.

Il faut attendre les années 1980 pour
que la pièce soit montée en intégralité,
sur une durée de vingt-quatre heures,
par Jean-Louis Barrault (1910-1994).
Mais c'est surtout la mise en scène d'Antoine Vitez, au festival d'Avignon en 1987,
qui marque les esprits par sa puissance
romantique.

Plus récemment, en 2003 et 2009, Olivier
Py (né en 1965) met en scène la pièce
intégralement dans un spectacle alliant
sublime et grotesque.

Saint-John Perse, poète et diplomate

De son vrai nom Marie-
René Alexis Leger, Saint-
John Perse (1887-1975)
naît à la Guadeloupe où
il passe son enfance.
En 1899, il part pour la
métropole où il fait de
brillantes études.
Devenu diplomate comme Claudel
dès 1916, Saint-John Perse est l'auteur d'une œuvre poétique inaugurée, en 1911, par le recueil *Éloges*
dont les versets amples et solen-
nels sont marqués par un certain exotisme. D'*Exil* (1942) à *Amers* (1957),
sa poésie sensuelle et mystique est
en quête d'une vérité cosmique.
Exilé aux États-Unis à partir de
la Seconde Guerre mondiale, il
demeure peu connu en France
jusqu'en 1960, où lui est attribué le
prix Nobel de littérature. ▓

Le Soulier de satin **1929**   Mort de Claudel **1955**

| 1910 | 1920 | 1930 | 1940 | 1950 |

1911 : *L'Otage*   1920 : *Le Père humilié*   1938 : *Jeanne d'Arc au bûcher*
1912 : *L'Annonce faite à Marie*
1918 : *Le Pain dur*

Simenon insuffle le renouveau du roman policier

Georges
Simenon
1903-1989

Avec *Pietr-le-Letton*, la première enquête du commissaire Maigret, Simenon renouvelle profondément l'art du roman policier. Il invente un polar peuplé de personnages à la psychologie complexe, évoluant dans des atmosphères sombres et poétiques.

Un romancier populaire

Après une brève carrière de journaliste à *La Gazette de Liège* où il se passionne pour les faits divers et les enquêtes policières, le jeune Belge s'établit en France en 1922. Pour subvenir aux besoins de son ménage, il se lance dans une abondante production littéraire.

Pendant dix ans, sous plus de dix-sept pseudonymes, il livre près de deux cents romans, mêlant aventures galantes et intrigues policières pour des collections destinées au grand public. En 1931, le romancier publie *Pietr-le-Letton* où apparaît, pour la première fois, le commissaire Maigret.

> « *Le commissaire Maigret, de la Première Brigade mobile, leva la tête, eut l'impression que le ronflement du poêle de fonte planté au milieu de son bureau et relié au plafond par un gros tuyau noir faiblissait.* »
>
> ■ Georges Simenon, *Pietr-le-Letton*, incipit,
> © Fayard, 1931.

Le renouveau du roman policier

Pietr-le-Letton, escroc tristement célèbre, débarque à Paris. Mais le commissaire Maigret, prévenu de son arrivée, l'attend déjà de pied ferme à la gare du Nord. Cependant, au moment de commencer sa filature, un employé de gare lui signale un mort dans un compartiment. Le cadavre ressemble à Pietr : est-ce lui ou son sosie ? Commence alors une suite d'aventures où Maigret va jusqu'à risquer sa vie...

Avec ce premier épisode de la série des *Maigret*, Simenon renouvelle le genre du roman policier. Loin des enquêtes scientifiques et des énigmes de Gaston Leroux (1868-1927), il choisit d'explorer la psychologie de ses personnages qu'il intègre dans des décors d'une rare puissance poétique.

Une renommée internationale

Avec plus de cent trois enquêtes, réparties sur plus de soixante-quinze romans et vingt-huit nouvelles, les aventures du commissaire Maigret passionnent la France et le monde entier. Simenon, qui a vendu plus de cinq cents millions d'ouvrages, demeure l'une des figures majeures d'une littérature à la fois populaire et exigeante.

278

| 1903 | Naissance de Simenon | | | | *Pietr-le-Letton* | 1931 | |
| 1900 | | 1910 | | 1920 | | 1930 | 1940 |

1931 : *Le Chien jaune*   1932 : *L'Affaire Saint-Fiacre*
1940 : *Les inconnus dans la maison*
1942 : *La Vérité sur Bébé Donge ; La Veuve Couderc*

Maigret, un personnage de cinéma

Les célèbres enquêtes de Maigret ont connu de nombreuses adaptations à l'écran. Jean Gabin (1904-1976) demeure parmi les interprètes les plus populaires du commissaire à la pipe, qu'il a incarné à trois reprises dans *Maigret tend un piège* (1958), *L'Affaire Saint-Fiacre* (1959) et *Maigret voit rouge* (1963). Pour la télévision, Jean Richard (1921-2001) et Bruno Cremer (1929-2010) immortalisent à leur tour le policer à l'implacable flair.

Jean Gabin dans *Maigret et l'affaire Saint-Fiacre*, film de Jean Delannoy, 1959.

Simenon est un romancier de génie et le plus vraiment romancier que nous ayons dans notre littérature d'aujourd'hui. »

André Gide, *Journal*, 1926-1950, © Gallimard, 1939.

Rouletabille et Arsène Lupin, deux autres figures du roman policier

Dans le sillage d'Émile Gaboriau (1832-1873), l'inventeur du roman policier, Gaston Leroux contribue à la popularité du genre avec son célèbre héros Rouletabille. Révélé par *Le Mystère de la chambre jaune* (1907), ce reporter mène l'enquête dans une dizaine de romans à énigme.
En 1907 surgit Arsène Lupin, gentleman cambrioleur, créé par Maurice Leblanc (1864-1941), qui deviendra le héros d'une triomphale saga policière. ▉

Le roman policier, source d'inspiration de la modernité

Le roman policier a inspiré plusieurs écrivains de la modernité qui vont jouer des rouages de son intrigue. Dans *Les Gommes* (1953), Alain Robbe-Grillet parodie, avec l'inspecteur Wallas, les règles de l'enquête. Patrick Modiano fait de l'identité de son narrateur l'objet de ses investigations dans *Rue des Boutiques Obscures* (1978). Enfin, Tanguy Viel, dans *L'Absolue Perfection du crime* (2001), interroge, à travers ses mafieux bretons, les codes du roman noir.

Mort de Simenon **1989**

1950	1960	1970	1980

▪46 : *Trois chambres à Manhattan* — 1967 : *Le Chat* — 1981 : *Mémoires intimes*
▪ 1947 : *Lettre à mon juge* — 1956 : *En cas de malheur*
▪ 1948 : *La Neige était sale* — 1959 : *Maigret aux assises*

Céline raconte l'horreur de la Grande Guerre

Louis-Ferdinand Destouches, dit Céline
1894-1961

L'année 1932 est marquée par la parution de *Voyage au bout de la nuit*, premier roman sombre et violent d'un inconnu sur la guerre de 14. Céline fait une entrée fracassante en littérature.

Du maréchal des logis au médecin de banlieue

Engagé volontaire en 1912, Louis-Ferdinand Destouches est blessé au cours d'une mission périlleuse. Le 24 novembre 1914, le jeune maréchal des logis se voit décoré de la Croix de guerre et démobilisé. Il concevra dès lors une haine tenace pour la guerre. En 1916, il part pour le Cameroun comme surveillant de plantation d'une compagnie française mais est rapatrié pour raison de santé.

Il s'établit à Rennes en 1919 et entreprend des études de médecine. En 1927, le docteur Destouches ouvre un cabinet médical dans la modeste banlieue de Clichy et se lance parallèlement dans la rédaction d'un roman, portant notamment sur son expérience de la guerre : *Voyage au bout de la nuit* paraît en 1932 sous le pseudonyme de Céline.

> 66 *Arthur, l'amour c'est l'infini mis à la portée des caniches et j'ai ma dignité moi ! »*
>
> ■ Céline, *Voyage au bout de la nuit*,
> © Denoël et Steele, 1932.

280

Une sombre épopée des années de la Grande Guerre

Dans *Voyage au bout de la nuit*, Ferdinand Bardamu, double littéraire de Céline, raconte, à la première personne, ses aventures. Entraîné dans un « voyage » qui le conduit des tranchées de la Première Guerre mondiale à l'Afrique coloniale, puis aux États-Unis où règne l'âpre loi de l'argent, le narrateur revient en France. Médecin, il exerce dans une banlieue aussi affligée que le reste du monde.

Dans une langue singulière, à la fois parlée et poétique qui bouscule tous les registres, Céline dénonce le militarisme, le colonialisme et le capitalisme. Il en livre une vision empreinte d'un pessimisme radical : pour le romancier, la lâcheté de Bardamu semble la seule attitude raisonnable dans ce monde chaotique.

Du triomphe à la disgrâce

Roman d'une génération, *Voyage au bout de la nuit* connaît un succès foudroyant, couronné en 1932 par le prix Renaudot. Publié quatre ans plus tard, en 1936, *Mort à crédit* confirme le talent de l'écrivain malgré l'accueil plus réservé de la critique.

Cependant, ses prises de positions antisémites pendant la Seconde Guerre précipitent Céline dans la disgrâce. Contraint à l'exil durant plusieurs années, il revient en France et s'installe à Meudon en 1951 où il s'éteint dix ans plus tard.

1894 Naissance de Céline					Voyage au bout de la nuit	1932
1890	1900	1910		1920		1930

Céline, romancier de génie ou auteur infréquentable ?

Si le romancier a suscité l'admiration, le virulent pamphlétaire antisémite de *Bagatelles pour un massacre* (1937) fut longtemps censuré après la Libération. Pourchassé pour ses sympathies avec le régime de Vichy, Céline prendra la fuite en Europe, notamment en Allemagne et au Danemark, et fera état de ses errances dans ses récits autobiographiques *D'un château l'autre* (1957), *Nord* (1960) et *Rigodon* (1969). Céline ne sera autorisé à rentrer en France qu'en 1951. ▪

❝ *Si c'est sans doute un pauvre type, c'est certainement un grand écrivain.* ❞

▪ André Malraux à Claude Gallimard, le 26 mai 1951.

À l'opposé de Céline, l'héroïsme flamboyant de Saint-Exupéry

Loin des personnages veules de Céline, Antoine de Saint-Exupéry (1900-1944) incarne un héroïsme moral et humaniste caractéristique du roman de l'entre-deux-guerres.

Aviateur de métier, passionné d'aéronautique depuis l'âge de douze ans, Saint-Exupéry est l'auteur d'une œuvre qui, de *Vol de nuit* (1931) au *Petit Prince* (1943), en passant par *Terre des hommes* (1939), célèbre la vision d'une humanité dominée par la fraternité et la solidarité.

Cet aventurier du dépassement de soi disparaît tragiquement en mer en 1944 lors d'un ultime vol.

«La guerre. Cette boucherie.»
Le dessinateur Jacques Tardi, auteur de bandes dessinées, illustre en noir et blanc *Voyage au bout de la nuit*, soulignant le pessimisme de l'univers de Céline.

© Futuropolis-Gallimard, 1988.

1961   Mort de Céline

1940	1950	1960

1936 : *Mort à crédit*   1944 : *Guignol's band*   1952 : *Féerie pour une autre fois I*   1969 : *Rigodon*

1937 : *Bagatelles pour un massacre*   1950 : *Casse-pipe*   1957 : *D'un château l'autre*

1938 : *L'École des cadavres*   1954 : *Normance (Féerie pour une autre fois II)*

1941 : *Les Beaux Draps*   1960 : *Nord*

Malraux s'engage pour la liberté dans *La Condition humaine*

En 1933, l'académie Goncourt couronne *La Condition humaine* d'André Malraux, roman sur la révolution chinoise. Le texte est signé d'un jeune esthète, tout à la fois écrivain, homme politique et intellectuel engagé.

André Malraux
1901-1976

Un jeune aventurier en Asie

Le 23 décembre 1923, alors qu'il séjourne à Phnom Penh, dans la capitale du Cambodge, Malraux est arrêté pour trafic d'œuvres d'art. Finalement acquitté, l'autodidacte prend conscience des injustices du système colonial et se tourne vers l'action politique. Il fonde le quotidien *L'Indochine enchaînée* dans lequel il couvre, en 1927, la révolution chinoise. De retour en Europe, Malraux se lance dans la rédaction d'œuvres militantes inspirées des soulèvements asiatiques, décidé à combattre toute forme d'oppression. *La Condition humaine* paraît en 1933.

> 66 *Il ne faut pas neuf mois, il faut soixante ans pour faire un homme, soixante ans de sacrifices, de volonté, de... de tant de choses ! Et quand cet homme est fait, quand il n'y a plus en lui rien de l'enfance, ni de l'adolescence, quand vraiment, il est homme, il n'est plus bon qu'à mourir. »*
>
> ■ André Malraux, *La Condition humaine*, © Gallimard, 1933.

Un éloge de l'héroïsme révolutionnaire

Dernier volet d'une trilogie asiatique inaugurée par *Les Conquérants* (1928), suivis de *La Voie royale* (1930), *La Condition humaine* illustre le destin tragique d'un groupe de militants communistes chinois préparant le soulèvement de Shanghai en 1927. Kyo, Tchen, May et Katow tentent de faire triompher la révolution en tuant le général Tchang Kaï-chek, chef des nationalistes. Mais leur projet tourne court.

Dans ce récit, Malraux s'inspire des techniques de montage cinématographique pour demeurer au plus près de l'action et peindre, entre lucidité et désespoir, le martyre des héros de la liberté.

Du résistant à l'homme d'État

Couronnée en 1933 par le prix Goncourt, *La Condition humaine* apporte à son auteur une renommée mondiale. Mais l'homme, qui privilégie l'action politique, s'engage quelques années après dans la guerre d'Espagne qui lui inspire *L'Espoir* (1937).

En 1944, Malraux rejoint la Résistance. À la Libération, il rencontre le général de Gaulle et délaisse l'écriture pour devenir son ministre des Affaires culturelles de 1959 à 1969. Reconnu pour son action politique ambitieuse, Malraux s'éteint en 1976.

1901 Naissance de Malraux				*La Condition humaine* **1933**	
1900	1910	1920	1930		1940
	1921 : *Lunes en papier*	1926 : *La Tentation de l'Occident*	1937 : *L'Espoir*		
		1928 : *Les Conquérants*			
		1930 : *La Voie royale*			

Un critique d'art passionné

Cette photo, prise en 1947 à son domicile parisien, montre Malraux choisissant les illustrations de son essai intitulé *Le Musée imaginaire de la sculpture mondiale*.
En collectionneur et esthète avisé, Malraux engage, dans *La Métamorphose des dieux* (1957-1976), une réflexion d'ampleur sur le rôle de l'art comme unique moyen d'apprivoiser la mort.

Paris Match, 1947.

Un brillant orateur

Malraux est conduit en tant que ministre d'État à prononcer de nombreux discours. Son style à la fois lyrique et épique marqua durablement son époque. L'oraison funèbre accueillant au Panthéon le résistant Jean Moulin est l'un de ses discours les plus emblématiques. ■

> « Entre ici, Jean Moulin, avec ton terrible cortège. Avec ceux qui sont morts dans les caves sans avoir parlé, comme toi — et même, ce qui est peut-être plus atroce, en ayant parlé. »

■ André Malraux, discours du transfert des cendres de Jean Moulin au Panthéon, 19 décembre 1964.

Un mémorialiste de son temps

Témoin privilégié des grands hommes de son temps et porté par un destin hors du commun, Malraux se livre dans les dernières années de son existence à l'écriture de ses mémoires.

Regroupés sous le titre du *Miroir des limbes* (1967-1976), ces « antimémoires », comme Malraux les appelle, s'offrent comme une épopée critique des soubresauts du xxᵉ siècle.

1976 Mort de Malraux

| 1950 | 1960 | 1970 |

1952-1956 : *Le Musée imaginaire de la sculpture mondiale*
1957-1976 : *La Métamorphose des dieux*
1967 : *Le Miroir des limbes I. Antimémoires*
1976 : *Le Miroir des limbes II. La Corde et les souris*

1935

Jean Giraudoux met en scène la montée des périls

Jean
Giraudoux
1882-1944

Inquiet de la montée des fascismes en Europe, le diplomate et dramaturge Jean Giraudoux offre, avec *La Guerre de Troie n'aura pas lieu*, une pièce prophétique de l'imminence de la Seconde Guerre mondiale.

Un écrivain au Quai d'Orsay

Né en 1882 dans la Haute-Vienne de parents modestes, Jean Giraudoux intègre en 1903 l'École normale supérieure. Dès 1910, il embrasse la carrière diplomatique au ministère des Affaires étrangères et occupe, après la Première Guerre mondiale, des postes clés au Quai d'Orsay.

Parallèlement, avec ses spirituelles *Provinciales* (1909), Giraudoux se lance dans une carrière littéraire. Sa rencontre déterminante avec le metteur en scène Louis Jouvet (1887-1951) le convainc de devenir dramaturge. Plus que le roman auquel il s'était essayé dans *Siegfried et le Limousin* (1922), le théâtre lui permet de cristalliser ses angoisses politiques. Ainsi, en 1935, sa pièce *La Guerre de Troie n'aura pas lieu*, se fait l'écho de l'inquiétude de la montée des fascismes en Europe.

284

Un théâtre humaniste

À Troie, tous attendent Ulysse à la tête d'une délégation grecque venue demander la raison de l'enlèvement d'Hélène par Pâris. À peine revenu d'une guerre, Hector, le roi troyen, refuse en effet de se lancer dans un nouveau conflit et veut faire confiance à la diplomatie pour dénouer la crise. Mais le poète Démokos incite, par ses discours, les protagonistes à l'affrontement.

Après Euripide (480-406 av. J.-C.) et Racine (1639-1699), Giraudoux reprend la légende troyenne comme cadre dramatique pour se livrer à une réflexion prophétique sur la situation politique contemporaine. Ce théâtre à vocation humaniste met en perspective mythe et histoire afin de souligner l'impuissance diplomatique face aux menaces grandissantes de l'Allemagne hitlérienne.

> 66 *Le privilège des grands, c'est de voir les catastrophes d'une terrasse.* »
>
> ■ Jean Giraudoux, *La Guerre de Troie n'aura pas lieu*, © Grasset, 1935.

Ardent défenseur de la liberté, Giraudoux meurt en janvier 1944 sans avoir vu la libération de Paris.

Ondine

Isabelle Adjani en 1974 dans une mise en scène de Raymond Rouleau d'*Ondine* (1939) de Jean Giraudoux. Dans cette pièce d'inspiration germanique, le dramaturge souligne, à la veille de la Seconde Guerre mondiale, le sombre poids de la fatalité.

Comédie-Française, mars 1974.

Jean Anouilh, dramaturge de l'innocence sacrifiée

À l'instar de Jean Giraudoux, Jean Anouilh (1910-1987) transpose les mythes de l'Antiquité afin d'apporter un éclairage critique et historique sur son époque.

Il connaît en 1944 un triomphe sans égal avec *Antigone*. Dans cette pièce sombre et tragique, Antigone est cette rebelle qui, contre l'autorité de Créon, cherche à offrir une sépulture digne à son frère Polynice, accusé de traîtrise. La jeune héroïne se fait enterrer vivante.

À travers cette pièce, qui met en scène une femme défiant l'autoritarisme, Anouilh livre en pleine Occupation un vibrant appel à la résistance. ▇

❝ *Pauvre Créon ! Avec mes ongles cassés et pleins de terre, et les bleus que tes gardes m'ont faits aux bras, avec ma peur qui me tord le ventre, moi je suis reine !* »

▇ Jean Anouilh, *Antigone*, acte I, scène 3, © La Table ronde, 1944.

La Guerre de Troie n'aura pas lieu **1935**   Mort de Giraudoux **1944**

| 1920 | 1930 | 1940 |

1928 : *Siegfried*   1933 : *Intermezzo*   1939 : *Ondine*

1929 : *Amphitryon 38*   1937 : *Électre*

1931 : *Judith*   1945 : *La Folle de Chaillot*

1938

Jean–Paul **Sartre** fonde l'existentialisme

Jean–Paul Sartre, un jeune professeur de philosophie, marque profondément l'année 1938 en faisant paraître *La Nausée* qui lance le courant existentialiste.

Jean-Paul Sartre
1905-1980

Un normalien surdoué

Au début de 1932, à vingt-sept ans, Sartre pense avoir raté sa carrière. Le normalien surdoué, reçu major à l'agrégation de philosophie, affecté au Havre, étouffe dans une vie de province qu'il a toujours raillée. Épris de gloire intellectuelle, ce professeur iconoclaste, qui ose venir faire cours sans cravate, souffre de voir ses différents manuscrits refusés.

Encouragé par Simone de Beauvoir (1908-1986), sa compagne, Sartre part enseigner à l'institut français de Berlin. Au contact du philosophe Husserl (1859-1938), il nourrit l'idée que l'existence précède l'essence et que l'homme demeure un être libre et responsable. L'existentialisme est né. Sartre en fait l'illustration, en 1938, dans son roman, *La Nausée*, aussitôt accepté par les Éditions Gallimard. En 1943, il expose sa théorie dans son essai philosophique majeur : *L'Être et le Néant*.

Le roman de l'existentialisme

La Nausée relate, sous la forme d'un journal intime, l'histoire d'Antoine Roquentin lors de son séjour à Bouville, où il rédige la biographie du marquis de Rollebon. Un jour, alors qu'il est assis dans un parc, perdu dans la contemplation d'une racine d'arbre, Roquentin est soulevé par la nausée de sa propre existence. Il décide de la conjurer en écrivant un roman.

Ce texte, qui dépeint la solitude de l'homme face à la menace angoissante de l'existence, renvoie à la notion fondamentale de liberté humaine.

Un écrivain multiple

Le succès retentissant de *La Nausée* lance le courant existentialiste. Mais Sartre est un écrivain multiple. Le romancier et essayiste est aussi un nouvelliste et un dramaturge militant, notamment auteur de *Huis clos* (1944) et des *Mains sales* (1948). *Les Mots*, son autobiographie, paraît en 1964.

> « *L'enfer, c'est les autres* »
> ■ Jean-Paul Sartre, *Huis clos*, © Gallimard, 1944.

L'engagement de Sartre pendant la Seconde Guerre, puis ses prises de position politiques font de lui l'intellectuel français le plus considéré. Cette notoriété lui vaut en 1964 le prix Nobel de littérature qu'il refuse cependant. Affaibli par plusieurs attaques cardiaques, Sartre s'éteint en 1980, suscitant une rare émotion populaire.

1905 Naissance de Sartre				*La Nausée* **1938**	
1900	**1910**	**1920**	**1930**		**1940**

1939 : *Le Mur*
1940 : *L'Imaginaire*
1943 : *L'Être et le Néant ; Les Mouches*
1944 : *Huis cl*

Sartre, icône de la lutte sociale

Juché sur un tonneau, Sartre s'adresse aux ouvriers devant l'usine de Boulogne-Billancourt, au cours d'un meeting improvisé le 21 octobre 1970, faisant l'éloge de la « violence populaire ».

> 66 *C'est ça donc la Nausée : cette aveuglante évidence ? Me suis-je creusé la tête ! En ai-je écrit ! Maintenant je sais : J'existe — le monde existe — et je sais que le monde existe. C'est tout. Mais ça m'est égal. »*

Jean-Paul Sartre, *La Nausée*, © Gallimard, 1938.

L'écrivain de l'engagement

L'écrivain « engagé sait que la parole est action », écrit Sartre dans son retentissant essai *Qu'est-ce que la littérature ?* (1948). L'engagement constitue selon lui une nécessité politique pour tout écrivain amené à prendre position dans les débats de société.

Outre son théâtre militant, Sartre se situe au cœur d'une intense activité journalistique. Il est l'un des fondateurs des quotidiens *La Cause du peuple* et *Libération*.

Le couple intellectuel du siècle

Sartre est à peine âgé d'une vingtaine d'années lorsqu'il rencontre, en 1929, Simone de Beauvoir qui, comme lui, prépare l'agrégation de philosophie. De tous les combats, le jeune normalien et celle qu'il surnommera le « Castor » deviendront le couple d'intellectuels de gauche le plus emblématique et le plus populaire du XXᵉ siècle.

Jean-Paul Sartre et Simone de Beauvoir en 1975.

			1980	Mort de Sartre
1950	1960	1970	1980	

45 : *L'Âge de raison ; Le Sursis (Les Chemins de la liberté, I et II)*   1971 : *L'Idiot de la famille*

1946 : *L'existentialisme est un humanisme*   1964 : *Les Mots*

1948 : *Les Mains sales ; Qu'est-ce que la littérature ?*

Aimé **Césaire** milite pour une poésie de la **Négritude**

Aimé
Césaire
1913-2008

Homme de lettres martiniquais, Césaire se saisit de l'écriture poétique pour dénoncer les méfaits de l'aliénation coloniale. Son *Cahier d'un retour au pays natal* offre une tribune au courant de la Négritude définie par le poète comme le « rejet de l'assimilation culturelle ».

Un étudiant martiniquais à Paris

Arrivé à Paris en 1931, après des études secondaires à Fort-de-France, Aimé Césaire fait la rencontre du Sénégalais Léopold Sédar Senghor (1906-2001), au lycée Louis-le-Grand. Très vite liés, les deux jeunes gens considèrent que leur identité africaine est aliénée par l'idéologie colonialiste.

C'est en 1934, un an avant d'intégrer l'École normale supérieure, que Césaire fonde avec Senghor et Léon Damas le journal *L'Étudiant noir* où il défend le concept de la « Négritude ». Il rentre en 1939 en Martinique pour y enseigner le français et achève la rédaction de son *Cahier d'un retour au pays natal* entreprise en 1936.

Un manifeste poétique et politique

Le *Cahier d'un retour au pays natal* est un recueil de réflexions poétiques en trois mouvements, chacun constituant une étape vers la prise de conscience politique de l'oppression colonialiste.

Le premier mouvement brosse le tableau tragique d'une Martinique laissée à l'abandon par les Blancs. Suit un deuxième mouvement où le poète s'identifie à la destinée sordide du plus pauvre des Antillais.

Dans le troisième mouvement, le poète défend la mémoire africaine contre l'oubli destructeur du colonialisme, appelant au renouveau des Antilles.

> *Ma bouche sera la bouche des malheurs qui n'ont point de bouche, ma voix, la liberté de celles qui s'affaissent au cachot du désespoir.* »
>
> ■ Aimé Césaire, *Cahier d'un retour au pays natal*, © Revue *Volontés*, 1939.

Un homme politique respecté

La publication retentissante en 1939 du *Cahier*, amplifiée en 1950 par l'incisif *Discours sur le colonialisme*, confère à Césaire, député et maire de Fort-de-France depuis 1945, une dimension politique internationale.

Célébré comme un héros populaire, Césaire se retire de la vie publique en 2001. À sa mort, en 2008, il reçoit des funérailles nationales.

1913 Naissance de Césaire				1939 *Cahier d'un retour au pays natal*	
1910	1920	1930		1940	1950

1946: *Les Armes miraculeuses*
1948: *Soleil cou coupé*
1950: *Discours sur le colonialisme*

Présence africaine, la revue de la Négritude

La revue *Présence africaine* est fondée en 1947 par Alioune Diop (1910-1980) avec le soutien de Césaire, Damas et Senghor, mais aussi de Gide et de Sartre. Elle devient, pour le monde francophone, le porte-parole politique et artistique de la décolonisation. Issues de la revue, les éditions du même nom, créées en 1949, n'ont cessé depuis de militer en faveur des cultures africaines.

❝ *La raison nègre n'appauvrit pas les choses… elle se coule dans les artères des choses, elle en éprouve tous les contours pour se loger au cœur vivant du réel.* ❞

■ Léopold Sédar Senghor, *Ce que l'homme noir apporte*, © Plon, 1939.

Des poètes de la Négritude

■ **Léopold Sédar Senghor** (1906-2001) est le seul Africain des écrivains francophones à l'origine du courant de la Négritude. Son œuvre poétique célèbre la grandeur de l'homme noir. Ses recueils les plus connus sont *Chants d'ombre* (1945), *Hosties noires* (1948) et *Éthiopiques* (1956). Il a largement contribué à la reconnaissance de la Négritude avec une *Anthologie de la nouvelle poésie nègre et malgache de langue française* (1948), préfacée par Sartre. Président du Sénégal de 1960 à 1980, Senghor est le premier Africain élu à l'Académie française. ■

Léon Gontran Damas (1912-1978) originaire de Guyane, camarade de classe de Césaire, apparaît comme le poète le plus révolté de la Négritude. Son recueil *Pigments* (1937) dénonce avec virulence son rejet de l'homme noir assimilé et «blanchi» par la civilisation coloniale. ■

Mort de Césaire | 2008

960 | 1970 | 1980 | 1990 | 2000

1963 : *La Tragédie du roi Christophe*
1966 : *Une saison au Congo*

1982 : *Moi, laminaire*

1942

Aragon **chante la résistance**
dans *Les Yeux d'Elsa*

Louis
Aragon
1897-1982

En 1942, en pleine Occupation, Aragon fait paraître
Les Yeux d'Elsa, un recueil poétique dédié à sa muse,
Elsa Triolet. Cette ode à l'amour révèle la mutation
du dandy surréaliste en poète de la Résistance.

Un chant d'amour courtois

En avril 1942, Louis Aragon publie clandestinement *Les Yeux d'Elsa* chez son ami Pierre Seghers (1906-1987), un modeste éditeur de Neufchâtel. L'ouvrage, composé de vingt et un poèmes, est dédié à sa muse, Elsa Triolet, qu'il a rencontrée en 1928 et épousée dix ans plus tard.

Hymne à la beauté et à la passion amoureuse, le recueil marque le retour d'Aragon à la poésie après sa violente rupture avec le groupe surréaliste dont il était l'un des cofondateurs. Le poète surprend par son goût pour le vers traditionnel, l'alexandrin et les formes fixes classiques. Mais il emprunte aussi aux codes de la poésie médiévale et de l'amour courtois pour célébrer le charme envoûtant de sa dame.

La chanson de geste de la Résistance

290

Par sa puissance suggestive, le chant d'amour est également une ode à la liberté. Tel un appel patriotique, il se fait incitation à la révolte nationale contre l'occupation allemande, la femme aimée se confondant avec la mère patrie.

Engagé dès le début de la guerre aux côtés des résistants communistes, Aragon déjoue la censure en usant d'une « poésie de contrebande ». À l'instar des chansons de troubadours, chaque poème est une énigme à déchiffrer : l'amoureux devient le chantre d'une épopée dont les héros sont des résistants, qui exhortent le peuple à prendre les armes. *Les Yeux d'Elsa*, considérés par le poète comme une arme de la reconquête, reçut un accueil populaire sans précédent.

Un romancier sous la bannière du réalisme socialiste

Parallèlement à son engagement poétique, Aragon accomplit une carrière de romancier qui connaît son point d'orgue en 1944 avec *Aurélien*. Dans cet ample récit d'inspiration balzacienne, le militant communiste n'hésite pas à dénoncer les méfaits du capitalisme, dans l'espoir d'un monde meilleur. Après *Le Roman inachevé* (1956) et la clôture du cycle d'*Elsa*, Aragon s'éloigne du réalisme socialiste dans ses derniers romans.

> *Quand tu fais les grands yeux je ne sais si tu mens*
> *On dirait que l'averse ouvre des fleurs sauvages »*

■ Louis Aragon, *Les Yeux d'Elsa*, © Seghers, 1942.

1897	Naissance d'Aragon					
1890	**1900**	**1910**	**1920**		**1930**	

1920 : *Feu de joie*   1926 : *Le Paysan de Paris*

1934 : *Les Cloches de Bâle (Le Monde réel, I)*

1935 : *Pour un réalisme socialiste*

❝ *La première fois qu'Aurélien vit Bérénice, il la trouva franchement laide.* ❞

■ Louis Aragon, *Aurélien*, © Gallimard, 1944.

Elsa Triolet, de la muse à l'écrivain

Elsa Triolet (1896-1970) n'est pas seulement la muse et l'épouse d'Aragon. D'origine russe, cette talentueuse romancière est devenue, en 1945, la première femme distinguée par le prix Goncourt pour son recueil de nouvelles *Le premier accroc coûte deux cents francs*.

Romancière communiste, engagée, comme son époux, dans les combats et débats de son époque, Elsa Triolet poursuit sa réflexion sur le rôle de l'individu dans l'histoire à travers le cycle de *L'Âge de Nylon* (1959-1963) où figure notamment *Roses à crédit* (1959). ■

Jacques Prévert, poète troubadour

Compagnon de route du surréalisme, Jacques Prévert (1900-1977) se situe dans la lignée des poètes troubadours qui célèbrent le quotidien. S'il se fait connaître comme dialoguiste avec *Quai des brumes* (1938) de Marcel Carné (1906-1996), ses recueils *Paroles* et *Histoires*, en 1946, le consacrent comme poète populaire.

Très marqué par l'héritage poétique des chansonniers, Prévert se fait le chantre de la simplicité. Dans sa poésie, chargée d'humour et de tendresse, percent des accents mélancoliques, comme dans le célèbre poème «Barbara». ■

| 1942 | Les Yeux d'Elsa | | Mort d'Aragon | 1982 |

1942 *Les Yeux d'Elsa*   Mort d'Aragon **1982**

940 — 1950 — 1960 — 1970 — 1980

1944: *Aurélien (Le Monde réel, IV)*   1959: *Elsa*   1967: *Blanche ou l'Oubli*

1949-1951: *Les Communistes*   1963: *Le Fou d'Elsa*

1956: *Le Roman inachevé*   1969: *Je n'ai jamais appris à écrire ou les Incipit*

Albert **Camus** défraie la chronique avec *L'Étranger*

En pleine occupation allemande paraît *L'Étranger*. Ce premier roman d'Albert Camus fait grand bruit : il raconte froidement le meurtre d'un Arabe.

Albert
Camus
1913-1960

Le grand roman de l'absurde

L'Étranger relate à la première personne l'histoire de Meursault, un employé de bureau sans histoire qui vit à Alger. Le jeune homme vient d'apprendre la mort de sa mère mais, contre toute attente, ce décès ne l'émeut pas.

Un jour d'été, sur une plage, l'homme tue, sans raison précise, un Arabe. Il ne réussit pas davantage à expliquer les raisons de son meurtre au tribunal, qui le condamne à mort. Dans une écriture neutre, le roman dépeint, sous les traits de Meursault, un être, comme déshumanisé, soumis à l'absurdité de l'existence.

Premier volet du cycle de l'absurde, qui comprend l'essai intitulé *Le Mythe de Sisyphe* (1942) et les pièces de théâtre *Le Malentendu* (1944) et *Caligula* (1945), *L'Étranger* est immédiatement salué comme un roman novateur. Devenu, au fil des années, un véritable phénomène de librairie, il s'est vendu, depuis sa parution, à près de huit millions d'exemplaires.

De l'homme révolté au prix Nobel de littérature

Après *La Peste* (1947), roman sur la montée des fascismes, l'œuvre de Camus s'oriente vers le théâtre avec notamment sa pièce *Les Justes* (1949) où il dénonce une fois de plus l'absurdité de l'existence. Mais Camus prend peu à peu ses distances avec cette vision de l'absurde. Dans son essai polémique, *L'Homme révolté* (1951), il récuse toute servitude et préconise la révolte qui permet de dépasser la condition humaine.

L'œuvre de Camus, également nourrie par une intense activité journalistique, est consacrée par le prix Nobel de littérature en 1957. Mais, le 4 janvier 1960, l'écrivain décède dans un accident de voiture.

Albert Camus, un homme tourmenté

Albert Camus s'est peu exprimé sur sa vie. Né en Algérie, il a très tôt perdu son père, mort durant la Grande Guerre. Après une enfance très pauvre où il fut cependant choyé par sa mère, à qui il rend hommage dans son ultime récit, *Le Premier Homme* (1960), Camus effectue de brillantes études secondaires, interrompues par la tuberculose. Jeune divorcé, il devient journaliste et fuit en France où il se lie avec Malraux (1901-1976), notamment. Mais les années 1950 sont marquées par une rechute de tuberculose et par des drames personnels qui laissent l'écrivain sombre et dépressif à la veille de sa mort. ■

La Peste, un roman contre le nazisme

Dans les années 1940, à Oran, le docteur Rieux combat une peste galopante qui décime massivement la population. Dans ce roman, Camus brosse le portrait humaniste de son époque menacée par la « peste brune », à savoir le nazisme. Ce roman, paru en 1947, exalte toute forme de résistance.

Vercors, le romancier de la Résistance

Porté par le même humanisme fraternel que Camus, Vercors (1902-1991), pseudonyme de Jean Bruller, marque également l'année 1942 avec son roman *Le Silence de la mer* qui connaît un succès considérable.

Publié clandestinement aux Éditions de Minuit qu'il a fondées un an plus tôt, ce récit poignant relate la bravoure de Français qui préfèrent se murer dans un silence plutôt que de céder à l'occupant durant la Seconde Guerre mondiale. ■

1942	L'Étranger		1960	Mort de Camus

1940		1950		1960

939 : *Noces* 1942 : *Le Mythe de Sisyphe* 1949 : *Les Justes* 1956 : *La Chute*

1944 : *Le Malentendu* 1945 : *Caligula* 1951 : *L'Homme révolté* 1957 : *L'Exil et le royaume*

1947 : *La Peste* 1960 : *Le Premier Homme* (inachevé, posth. 1994)

Francis Ponge prend le parti poétique des choses

En les redéfinissant de manière ludique et savante, Francis Ponge réhabilite les objets ordinaires et bat en brèche les clichés dans *Le Parti pris des choses*.

Francis
Ponge
1899-1988

Un art de la définition poétique

Trop longtemps ignorés par la littérature, le cageot, la bougie, la cigarette, la crevette, le galet, le pain, l'huître et même la porte et sa poignée accèdent enfin à la reconnaissance poétique en 1942. Dans *Le Parti pris des choses*, premier des grands recueils poétiques de Ponge, le poète tresse en effet les lauriers des objets parfois les plus insignifiants du quotidien.

Chaque poème est l'occasion d'un inventaire détaillé et méticuleux de toutes les caractéristiques de l'objet évoqué. Dans toute définition se lit l'espoir de dépasser les clichés pour retrouver la véritable nature des choses que l'homme a fini par oublier.

Héritier du fabuliste Jean de La Fontaine (1621-1695) dont il loue la fantaisie, de l'écrivain naturaliste Buffon (1707-1788) dont il goûte le souci de nomenclature et du poète latin Lucrèce (vers 94-54 av. J.-C.) dont il admire l'art de la description, Ponge restitue ces objets en autant de textes, entre prose et poème, qu'il nomme « proêmes ».

Un maître de la modernité

Si *Le Parti pris des choses* peine à trouver immédiatement son public, Ponge peut en revanche compter sur l'amitié de Jean-Paul Sartre (1905-1980) qui, dès 1944, le reconnaît comme un poète existentialiste.

Au fil des décennies, le poète de la cruche et du savon s'impose comme le maître de la modernité poétique, tant auprès de l'OuLiPo que des écrivains de la revue *Tel Quel*, qui admirent son combat enragé contre le langage.

Francis Ponge, un poète discret

Francis Ponge a toujours mené une existence discrète entièrement vouée à son œuvre. Après de brillantes études secondaires en Avignon, il s'établit à Paris et épouse, en 1931, Odette Chabanel dont il aura une fille. Afin de subvenir aux besoins du ménage, il occupe un emploi aux Messageries Hachette qui lui laisse peu de temps pour écrire.

Durant la Seconde Guerre mondiale, il s'engage dans la Résistance aux côtés des militants communistes. Il rencontre alors Camus et Sartre qui contribuent à le faire connaître. Son œuvre est couronnée en 1984 par le grand prix de poésie de l'Académie française. ■

La Table

Sous l'impulsion de Picasso et de Braque, la peinture cubiste a célébré et questionné les objets du quotidien, inspirant directement Ponge.

Georges Braque (1882-1963), huile sur toile, 81,3 × 130,8 cm, 1928. Washington, National Gallery of Art.

> « À mi-chemin de la cage au cachot la langue française a cageot, simple caissette à claire-voie vouée au transport de ces fruits qui de la moindre suffocation font à coup sûr une maladie. »

▪ Francis Ponge, *Le Parti pris des choses*, « Le Cageot », © Gallimard, 1942.

Yves Bonnefoy ou la poésie du sensible

À l'instar de Ponge, le poète Yves Bonnefoy (né en 1923) entend retrouver la nature sensible des choses à condition de se défaire de tout intellectualisme.

D'abord passionné par le surréalisme qu'il découvre pendant la Seconde Guerre mondiale, Bonnefoy s'oriente dans les années 1950 vers une poésie très personnelle dominée par la toute-puissance de l'image.

Son premier grand recueil, *Du mouvement et de l'immobilité de Douve*, paru en 1953, livre une méditation sur la mort.

Essayiste et traducteur de Shakespeare, Bonnefoy a longtemps occupé la chaire de poésie au Collège de France. ▪

> « J'ai porté ma parole en vous comme une flamme,
> Ténèbres plus ardues qu'aux flammes sont les vents. »

▪ Yves Bonnefoy, *Du mouvement et de l'immobilité de Douve*, « Une voix », © Mercure de France, 1953.

Mort de Ponge **1988**

1950	1960	1970	1980

1949 : *Proêmes*

1952 : *La Rage de l'expression*

1961 : *Le Grand Recueil ; Méthodes ; Lyres*

1965 : *Pour un Malherbe*

1967 : *Le Savon ; Nouveau recueil*

1971 : *La Fabrique du pré*

1977 : *Comment une figue de paroles et pourquoi*

1983 : *Petite Suite vivaraise*

1984 : *Pratiques d'écriture*

Robert **Antelme** raconte
sa **déportation** dans les camps

En 1947, Robert Antelme, résistant déporté à Dachau, livre, dans *L'Espèce humaine*, un bouleversant témoignage sur l'horreur des camps.

Robert Antelme 1917-1990

Résistant et déporté

Le Ier juin 1944, Robert Antelme, intellectuel et résistant, époux de Marguerite Duras, est arrêté à Paris lors d'un guet-apens tendu par la Gestapo. Il est déporté au camp de Buchenwald puis à celui de Dachau. Après maintes tentatives d'évasion, Antelme, atteint du typhus, est laissé pour mort par les Américains à la libération de Dachau le 27 avril 1945.

Mais François Mitterrand, son compagnon de résistance, le retrouve deux jours plus tard et le rapatrie en France. La présence et la ténacité de Marguerite Duras aident Antelme à se rétablir. En 1946, il décide de témoigner de sa déportation : *L'Espèce humaine* paraît en 1947.

Le récit du « mangeur d'épluchures »

Dans sa sobriété, le récit, dédié à la mémoire de sa sœur Marie-Louise, morte en déportation, est édifiant. Antelme y fait froidement état du quotidien des déportés, décrivant avec minutie l'univers concentrationnaire et l'organisation des SS.

Ce témoignage, souvent cru, est étayé par une réflexion politique et morale qui dénonce la volonté des nazis de nier l'humanité des prisonniers en les réduisant à des « espèces » qui « mangent des épluchures ».

L'Espèce humaine s'impose comme l'un des plus bouleversants textes sur les camps et sur l'acharnement des prisonniers à survivre.

> *Il n'y a pas des espèces humaines, il y a une espèce humaine. C'est parce que nous sommes des hommes comme eux que les SS seront en définitive impuissants devant nous.* »
>
> ■ Robert Antelme, *L'Espèce humaine*, © Cité Universelle, 1947.

La Douleur ou le retour d'Antelme vu par Marguerite Duras

En 1985, Marguerite Duras retrouve les carnets de guerre qu'elle a tenus dans l'attente du retour d'Antelme.

Elle y avait noté au jour le jour l'espoir de revoir son mari vivant et la douleur de l'imaginer mort dans l'Allemagne reconquise par les Alliés.

Au retour d'Antelme, le récit devient le journal de sa longue convalescence : Duras y révèle comment son époux revient progressivement à la vie. ■

1917 Naissance d'Antelme	*L'Espèce humaine* (Éditions de la Cité universelle) **1947**

1910	1920	1930	1940	1950

Le petit camp à Buchenwald

Boris Taslitzky, inscrit dans le courant du réalisme socialiste, a exécuté cette toile de mémoire, après sa libération, en s'aidant de ses dessins clandestins effectués au camp.

Boris Taslitzky (1911-2005), huile sur toile, 300 × 500 cm, 1945. Paris, musée d'Art moderne.

❝ *On n'existe plus à côté de cette attente. Il passe plus d'images dans notre tête qu'il y en a sur les routes d'Allemagne.* ❞

▨ Marguerite Duras, *La Douleur*, © P.O.L., 1985.

Les écrivains des camps

D'autres écrivains ont fait de leur douloureuse expérience de la déportation la question centrale de leurs œuvres.

Jean Cayrol (1911-2005), romancier et poète déporté en 1942 publie *Poèmes de la nuit et du brouillard* (1945) et écrit, en 1956, le scénario de *Nuit et Brouillard*, le documentaire majeur d'Alain Resnais sur les camps.

Charlotte Delbo (1913-1985), déportée elle aussi en 1942, publie vingt ans plus tard *Aucun de nous ne reviendra* (1965), affirmant que la poésie peut exister après la barbarie de la Shoah.

Jorge Semprun (1923-2011) raconte, en 1994 dans *L'Écriture ou la vie*, sa tragique expérience de la déportation à Buchenwald en 1943, où il eut le sentiment de «vivre sa mort».

1947

Boris Vian réinvente l'amour fou dans *L'Écume des jours*

Boris Vian
1920-1959

Le jeune ingénieur, amateur de jazz, a vingt-sept ans lorsqu'il publie *L'Écume des jours*. Ce texte fantaisiste, que Boris Vian considère comme son premier roman, réinvente l'amour fou mâtiné de désespoir.

Un ingénieur amateur de jazz tourmenté

Le krach boursier de 1929 met brutalement fin à l'enfance insouciante de Boris Vian, en précipitant sa famille dans la ruine. Le jeune homme, marqué par cette épreuve, cherchera à échapper à ses tenaces tourments matériels, dans une activité frénétique.

Lorsqu'il sort diplômé de l'École centrale en 1942, Boris Vian n'éprouve aucun attrait pour le métier d'ingénieur. Ce grand amateur de jazz, qui joue de la trompette, se lance à corps perdu dans la vie nocturne de Saint-Germain-des-Prés où il ouvre, en 1944, plusieurs clubs de jazz.

> 66 *Ce qui m'intéresse, ce n'est pas le bonheur de tous les hommes, c'est celui de chacun.* »
> ■ Boris Vian, *L'Écume des jours*, © Gallimard, 1947.

Cependant, dès 1945, Vian semble rechercher l'apaisement dans l'écriture. Il rédige dans la foulée *Vercoquin et le plancton*. Mais la publication de ce dernier récit tarde. Pour patienter, de janvier à juin 1946, Vian rédige *L'Écume des jours*.

Un roman d'amour fantaisiste et désespéré

À la manière d'un conte merveilleux, *L'Écume des jours* présente l'histoire de deux couples : celui que forme Colin, un jeune homme à la richesse fabuleuse, avec Chloé dont il tombe éperdument amoureux et celui formé par Chick, l'ami de Colin avec Alise.

Colin entraîne sa compagne dans son univers fantaisiste et poétique. Le couple coule des jours heureux. Mais Chloé, victime d'un nénuphar qui pousse dans sa poitrine, se meurt malgré les efforts de son époux qui se suicide par désespoir. Les sorts de Chick tué par des policiers venus perquisitionner chez lui, et d'Alise, qui disparaît dans l'incendie d'une librairie, ne sont pas moins cruels.

Ce roman, qui glisse du rêve éveillé au conte cruel, reflète l'héritage surréaliste de son auteur. Pour ce peintre de l'amour fou, le bonheur n'est qu'une parenthèse dans la marche inéluctable de l'homme vers le malheur. Est-ce ce regard sombre et désespéré qui explique le cinglant échec du roman à sa sortie ?

> 66 *J'ai eu peur, dit Colin, un moment, tu as fait une fausse note, heureusement c'était dans l'harmonie.* »
> ■ Boris Vian, *L'Écume des jours*, © Gallimard, 1947.

1920 Naissance de Vian

| 1920 | 1930 | 1940 |

L'*Écume des jours* au cinéma

Une histoire poétique et surréelle, entre Colin et Chloé, qui tourne à l'amertume... L'écume des jours est « l'écume dorée, tremblante et fragile de nos jours sensuels et menacés qui s'enfuient », disait Boris Vian.

Romain Duris (Colin) et Audrey Tautou (Chloé) dans le film de Michel Gondry, 2013.

J'irai cracher sur vos tombes, un récit de Vernon Sullivan ?

En juin 1946, Jean d'Halluin, jeune éditeur, rencontre Boris Vian au café de Flore. Il lui propose d'écrire des romans noirs érotiques à la mode outre-Atlantique. Vian compose alors, en quinze jours, *J'irai cracher sur vos tombes*, prétendument traduit de l'américain et publié sous le pseudonyme de Vernon Sullivan.

Menacé de poursuites pénales, le roman connaît un succès à scandale au point que Vian est contraint de cacher qu'il en est l'auteur. ▮

Un musicien populaire, inventeur du mot « tube »

S'il a contribué à la découverte du jazz en France et a été l'inventeur du mot « tube » pour désigner une chanson à succès, Boris Vian a également été directeur artistique dans une maison de disques. Il a composé des textes pour des vedettes de la chanson, comme Édith Piaf et Henri Salvador. En 1954, il fait scandale avec sa chanson antimilitariste *Le Déserteur*, contre la guerre d'Indochine, interprétée par Mouloudji.

Il a composé les textes de bien d'autres chansons célèbres comme *La Complainte du progrès*, *La java des bombes atomiques* ou *On n'est pas là pour se faire engueuler*. Sur des rythmes jazz, il déroule un impressionnant répertoire où humour caustique et critique corrosive de la société se conjuguent.

❝ *Monsieur le Président*
Je ne veux pas la faire
Je ne suis pas sur terre
Pour tuer des pauvres gens. »

▮ Boris Vian, *Le Déserteur*, 1954.

1947 L'Écume des jours	**1959** Mort de Vian
1950	1960

1946 : J'irai cracher sur vos tombes ; Vercoquin et le plancton   1958 : En avant la zizique
1947 : L'Automne à Pékin ; Les morts ont tous la même peau   1962 : Je voudrais pas crever (posthume)
949 : Les Fourmis   1950 : L'Équarissage pour tous ; L'Herbe rouge
1953 : L'Arrache-Cœur

Jean Genet fait scandale avec des bonnes criminelles

En 1947, au théâtre de l'Athénée, Louis Jouvet met en scène *Les Bonnes*, la pièce sulfureuse de Jean Genet qui présente deux sœurs fascinées par le crime.

Jean Genet
1910-1986

Du mauvais garçon à l'écrivain sulfureux

Menteur, mythomane, affabulateur : les termes ne manquent pas pour qualifier la manière dont Genet a réinventé sa vie pour alimenter sa propre légende. Né en 1910 de père inconnu, cet enfant, confié par sa mère à l'Assistance publique, aurait été placé chez un compositeur parisien chargé de lui apprendre la musique. Mais en 1925, il aurait été accusé de vol et envoyé en maison de redressement pendant trois ans. De cette période date sa fascination pour l'univers carcéral des réprouvés.

En 1928, Genet se serait engagé dans la Légion étrangère mais, dans les années 1930, il aurait été, selon ses dires, de nouveau incarcéré, puis libéré en 1942.

C'est au cours de cette année que, vivement encouragé par Jean Cocteau (1889-1963), Genet se lance dans l'écriture. Un fait divers, déjà ancien, l'inspire. Neuf ans plus tôt, les sœurs Papin, accusées d'un double meurtre, ont défrayé la chronique. Genet tient sa première grande pièce de théâtre : *Les Bonnes*, qui exhalent un parfum de scandale.

Un théâtre de la sanctification du crime

Montée par Louis Jouvet, en 1947, la pièce composée d'un acte unique met en scène Solange et Claire, deux sœurs au service de Madame et Monsieur. Dès le lever du rideau, les deux domestiques endossent le rôle de Madame : elles empruntent ses vêtements, se fardent comme elle, exprimant le dégoût et la fascination qu'elles éprouvent pour leur maîtresse. Mais, coup de théâtre ! Monsieur sort de prison, où il avait été incarcéré sur dénonciation de Claire. Pour ne pas être découvertes, les sœurs projettent d'empoisonner Madame.

❝ *Maintenant, j'ai ma robe et je suis votre égale. Je porte la toilette rouge des criminelles.* ❞
■ Jean Genet, *Les Bonnes*, © Gallimard, 1947.

À travers ce réquisitoire contre la servitude, Genet met en lumière sa passion pour les criminels et charge le théâtre de les sacraliser, comme dans une célébration du Mal.

❝ *J'en ai assez. Assez d'être l'araignée, le fourreau de parapluie, la religieuse sordide et sans Dieu, sans famille !* ❞
■ Jean Genet, *Les Bonnes*, © Gallimard, 1947.

1910 Naissance de Genet				Les Bonnes 1947	
1910	1920	1930	1940		195

1942 : *Le Condamné à mort* 1948 : *Le Funambule*
1944 : *Notre-Dame-des-Fleurs*
1947 : *Querelle de Brest*
1949 : *Journal du voleur* ; *L'Enfant criminel*

Les Paravents, une pièce scandaleuse ?

En 1966, Jean-Louis Barrault, alors directeur du théâtre de L'Odéon, met en scène *Les Paravents* de Genet qui dénonce les exactions de l'armée française en Algérie. Les premières représentations provoquent de violents affrontements avec des groupes d'extrême droite. Malraux, alors ministre des Affaires culturelles, prend publiquement la défense de Genet. ■

L'homme des engagements radicaux

Même s'il triomphe encore sur scène avec *Le Balcon* (1956), Genet, accompagné ici de Michel Foucault, délaisse peu à peu l'activité littéraire pour privilégier, dans les années 1970, l'engagement politique. Il milite au côté des Black Panthers et des Palestiniens, comme en témoigne son ultime récit, *Un captif amoureux*, paru en 1986, après sa mort.

Jean Cocteau, un théâtre de la subversion poétique

■ Dandy provocateur, Jean Cocteau (1889-1963) est un artiste aux multiples talents. Le cinéaste reconnu de *La Belle et la Bête* (1946), comme le célèbre romancier des *Enfants terribles* (1928), livre une œuvre onirique qui esthétise le laid et le mal.

Le dramaturge de *La Machine infernale* (1934) déploie, dans cette tragédie moderne, une vision tout à la fois subversive et poétique de l'existence. ■

Jean Cocteau travaillant à la décoration de la chapelle Saint-Pierre de Villefranche-sur-Mer en 1957.

Antonin Artaud : le « théâtre de la cruauté »

Antonin Artaud (1896-1948), figure incandescente du surréalisme, s'éloigne assez vite du mouvement d'André Breton. Sa quête d'une poésie mentale et violente, illustrée par son recueil *Le Pèse-Nerfs* (1928), privilégie un art total qui le conduit aux frontières de la folie.
Ancien acteur, Artaud défend, dans *Le Théâtre et son double* (1938), l'idée d'un « théâtre de la cruauté » qui se doit de placer le spectateur en état d'hallucination et de peur. De Jean Genet à Bernard-Marie Koltès, nombre d'écrivains a subi son influence.

1986 Mort de Genet

| 1960 | 1970 | 1980 |

1956 : *Le Balcon*
1959 : *Les Nègres*
1961 : *Les Paravents*
1986 : *Un Captif amoureux*

1948

René **Char** déchaîne la **fureur** et le **mystère poétiques**

René Char
1907-1988

Affranchi de ses premières influences surréalistes, René Char compose, dans *Fureur et Mystère*, une poésie « sans maître » qui cherche à percer l'énigme de l'existence humaine.

Un poète solitaire et « sans maître »

En 1941, René Char s'engage activement dans la Résistance, et entend renoncer à toute publication tant que dure l'Occupation. Celui qui, dans le maquis provençal, se fait appeler « Capitaine Alexandre » refuse de céder à la poésie engagée d'Aragon. Car Char ne se reconnaît aucun maître. Depuis qu'il a quitté le groupe surréaliste en 1934, à la parution de son recueil *Le Marteau sans maître*, cet ami d'Éluard souhaite tracer sa route poétique en toute indépendance.

Revenu après la guerre dans son Vaucluse natal, Char reprend son activité poétique. Il se fond dans la nature et cultive sa solitude comme une ascèse, affirmant sa volonté d'apprendre à se connaître spirituellement. *Fureur et Mystère*, qui paraît en 1948, est le témoin de cette introspection.

> *Le poème est l'amour réalisé du désir demeuré désir.* »
> ■ René Char, *Fureur et Mystère*, © Gallimard, 1948.

Un art de la fulgurance poétique

Pour Char, la vie oscille entre la fureur du monde qui détruit toute cohérence et le mystère de la parole poétique qui, au-delà de toutes les contradictions, redonne l'espoir.

Le voyage intérieur qu'effectue le poète, dans *Fureur et Mystère*, pour donner sens à cette existence morcelée, est restitué par une « parole en archipel ». Marquée par sa fulgurance poétique, elle s'appuie sur un vers concis, dépouillé et fragmentaire, proche des aphorismes philosophiques d'Héraclite (vers 535-475 av. J.-C.) et du verbe énigmatique et flamboyant des *Illuminations* d'Arthur Rimbaud (1854-1891).

Salué par Albert Camus (1913-1960), Maurice Blanchot (1907-2003) et par le philosophe Martin Heidegger (1889-1976) comme un poète majeur, René Char a bénéficié, jusqu'à sa mort en 1988, d'une vive reconnaissance populaire.

> *Impose ta chance, serre ton bonheur, et va vers ton risque. À te regarder, ils s'habitueront.* »
> ■ René Char, *La Parole en archipel*, © Gallimard, 1962.

302

1907	Naissance de Char			
1900	1910	1920	1930	1940

1929 : Arsenal
1934 : Le Marteau sans maître

66 *On naît avec les hommes, on meurt inconsolé parmi les dieux.* »

■ René Char, *La Parole en archipel*, © Gallimard, 1962.

303

Henri Michaux, poète conquistador des pays imaginaires

À l'instar de René Char, Henri Michaux (1899-1984), né en Belgique, s'impose comme l'une des grandes figures de la modernité poétique. De *Qui je fus* (1927) à *La Vie dans les plis* (1949), sa poésie aborde des terres inconnues pour conjurer une réalité décevante.

Conquistador de pays réels, comme l'Équateur, et de contrées fictives, Michaux se proclame ethnologue et linguiste de l'imaginaire. Ses poèmes témoignent d'un goût pour le dépaysement et la dérive. Sa quête de liberté est le moyen d'accéder à la connaissance de l'homme. ■

■ Henri Michaux par Claude Cahun en 1925.

Simone de **Beauvoir** fonte
la **pensée féministe**

Simone de
Beauvoir
1908-1986

Intellectuelle engagée, Simone de Beauvoir offre, dans *Le Deuxième Sexe*, une réflexion décisive sur l'émancipation des femmes. L'essai fait scandale mais l'impose comme la figure de proue du féminisme en France.

Une jeune femme en quête d'émancipation

En 1929, alors qu'elle est toute à la joie d'être reçue à l'agrégation de philosophie, Simone de Beauvoir est terrassée par le décès d'Élisabeth Lacoin, surnommée « Zaza ». Plus que sa meilleure amie, la jeune fille était la complice de son émancipation intellectuelle.

Beauvoir poursuit seule sa quête d'indépendance. Elle rejette, en 1931, la demande en mariage de Jean-Paul Sartre (1905-1980) et mène, dès 1936, après sa nomination au lycée Molière à Paris, une vie sentimentale très libre.

Toujours liée à Sartre, elle fait la synthèse, dès 1946, de ses réflexions sur la reconnaissance du rôle de la femme au sein de la société française dans *Le Deuxième Sexe*, qui paraît en 1949.

304

L'essai fondateur du féminisme

Disposer de son corps, pouvoir avorter et accéder pleinement au travail, tels sont les fondements d'une nouvelle et véritable égalité avec les hommes.

La pensée féministe formalisée par Simone de Beauvoir, dans *Le Deuxième Sexe*, s'appuie sur une réflexion philosophique et sociologique sur la place des femmes dans la civilisation occidentale. Rien dans la nature ne justifie que la femme soit considérée comme inférieure à l'homme. Or, historiquement, elle a toujours été dépréciée par les hommes mais, paradoxalement, aussi par les femmes elles-mêmes, qui se sont souvent contentées d'un rôle subalterne par soumission et par passivité.

La romancière des années existentialistes

Inaugurée en 1943 avec *L'Invitée*, l'œuvre romanesque de Beauvoir connaît la consécration en 1954 avec *Les Mandarins*, chronique des années existentialistes.
Couronné par le prix Goncourt, ce roman constitue un précieux témoignage sur les engagements des intellectuels de gauche et leurs hésitations entre les deux superpuissances de l'après-guerre.
Après des récits autobiographiques, Beauvoir fait un retour remarqué au roman en 1966, avec un texte novateur: *Les Belles Images*. ■

Succès immédiat, vendu depuis à plusieurs millions d'exemplaires, *Le Deuxième Sexe* confère un rayonnement intellectuel mondial à Simone de Beauvoir. Aux côtés de Sartre, la philosophe restera engagée pour la cause féministe jusqu'à sa mort en 1986.

1908 Naissance de Beauvoir

| 1900 | 1910 | 1920 | 1930 | 1940 |

1943: *L'Invitée*
1945: *Le Sang des au*

COMITÉ INTERNATIO
DU DROIT DES FEM

COMITÉ INTERNATIONAL
DU DROIT DES FEMMES

> *On ne naît pas femme :*
> *on le devient.* »
> ■ Simone de Beauvoir, *Le Deuxième Sexe,*
> © Gallimard, 1949.

Militer pour affranchir la femme

Les idées défendues par Simone de Beauvoir marqueront le combat des femmes des années 1970. Le prix Simone-de-Beauvoir est créé en 2008 pour la liberté des femmes en son honneur.

Simone de Beauvoir en conférence de presse dans les années 1970.

Deux figures classiques de l'écriture au féminin

À côté du féminisme frondeur de Beauvoir, émergent des figures plus traditionnelles de l'écriture au féminin.

Marguerite Yourcenar (1903-1987) ravive le roman historique dans les *Mémoires d'Hadrien* (1951) alliant érudition et humanisme. Elle sera la première femme reçue à l'Académie française.

Françoise Sagan (1935-2004), héritière de l'écriture moraliste, défraie la chronique en publiant à dix-huit ans *Bonjour tristesse* (1954). Le roman devient un phénomène de société appelant à une libération des mœurs. ■

Une mémorialiste entre intimité et débat de société

Très tôt, l'œuvre de Beauvoir s'oriente vers une écriture autobiographique. Publiant *Mémoires d'une jeune fille rangée* (1958), l'écrivain revient sur son parcours de femme et sur sa quête d'indépendance.

Retraçant ses années de formation intellectuelle, elle entend rendre hommage à ses proches, comme « Zaza » ou son cousin Jacques.

Elle poursuit cette exploration de soi tout en menant son questionnement de la société dans *Une mort très douce* (1964), où elle évoque le décès de sa mère par euthanasie.

> *Pourquoi existe-t-on ? Ce n'est pas mon problème.*
> *On existe. Il s'agit de ne pas s'en apercevoir, de prendre*
> *son élan, de filer d'un trait jusqu'à la mort.* »
> ■ Simone de Beauvoir, *Les Belles Images,* © Gallimard, 1966.

1949 | *Le Deuxième Sexe*   Mort de Beauvoir | **1986**

1950	1960	1970	1980

46 : *Tous les hommes sont mortels*   1960 : *La Force de l'âge*   1968 : *La Femme rompue*   1981 : *La Cérémonie des adieux*

1954 : *Les Mandarins*   1957 : *La Longue Marche*   1966 : *Les Belles Images*

8 : *Mémoires d'une jeune fille rangée*   1963 : *La Force des choses*

1964 : *Une mort très douce*

1950

Ionesco donne naissance au théâtre de l'absurde

Eugène Ionesco 1909-1994

La Cantatrice chauve, pièce phare d'Eugène Ionesco pourtant boudée à sa sortie en 1950, signe la naissance du théâtre de l'absurde et demeure à l'affiche depuis des décennies.

Un étudiant roumain à Paris

C'est en 1938 qu'Eugène Ionesco, étudiant en littérature française de l'université de Bucarest, quitte sa Roumanie natale avec son épouse Rodica, pour venir s'établir à Paris. Il compte soutenir une thèse sur la poésie. Mais la guerre l'oblige à y renoncer pour subvenir aux besoins de son couple.

En 1948, Ionesco décide d'apprendre l'anglais grâce à la méthode Assimil. Il est frappé et amusé par l'absurdité du langage qui «fonctionne à vide». Les dialogues du couple, qui revient de leçon en leçon, semblent gratuits et conventionnels. Il a alors l'idée de les transposer dans une pièce. *La Cantatrice chauve* sera portée sur la scène en 1950.

> *Prenez un cercle, caressez-le, il deviendra vicieux !* »
>
> ■ Eugène Ionesco, *La Cantatrice chauve*, scène XI, © Collège de Pataphysique, 1950.

Une farce tragique

M. et Mme Smith, les principaux personnages de la pièce, viennent de finir de dîner. La soirée se passe en échanges de banalités quand Mary, la bonne, annonce l'arrivée d'un couple ami, les Martin qui, curieusement, ne paraissent pas se connaître. Arrive également le capitaine des pompiers sommé d'expliquer de mystérieux coups de sonnette.

Dans cette farce, où les personnages parlent pour ne rien dire et où les rapports humains sont superficiels, Ionesco met en évidence le caractère dérisoire et tragique d'une parole où domine le désespoir. Le titre de la pièce, dans laquelle jamais aucune cantatrice n'apparaît, en est la première illustration.

La naissance du théâtre de l'absurde

Représentée seulement vingt-cinq fois, la pièce connaît un échec cuisant. Mais, à sa reprise en 1957 au théâtre de la Huchette, elle est reconnue comme l'acte de naissance du théâtre de l'absurde. Jouée sans interruption depuis, *La Cantatrice chauve* est l'un des plus grands succès théâtraux du xxᵉ siècle.

> *Contre tout le monde, je me défendrai ! Je suis le dernier homme, je resterai jusqu'au bout ! Je ne capitule pas !* »
>
> ■ Eugène Ionesco, *Rhinocéros*, © Gallimard, 1960.

1909 Naissance de Ionesco				La Cantatrice chauve	1950
1910	1920	1930	1940		1950

1951 : *La Leçon*
1952 : *Les Chaises*

La Cantatrice chauve

Farce tragique, *La Cantatrice chauve* appelle des mises en scène débridées où la folie du langage génère comique et extravagances.

Mise en scène de Jean-Luc Lagarce au théâtre de l'Athénée, Paris, 2009.

Rhinocéros, une satire théâtrale contre les totalitarismes

Rhinocéros, autre célèbre pièce de Ionesco, est montée pour la première fois en 1960 en France, au théâtre de l'Odéon à Paris par Jean-Louis Barrault. Elle met en scène Bérenger qui assiste, impuissant, à la propagation de la « rhinocérite ». L'épidémie transforme peu à peu tous les habitants en rhinocéros, détruisant tout ce qui ne leur ressemble pas. Cette satire politique permet à Ionesco de dénoncer la montée des totalitarismes et de fustiger les ravages de la lâcheté humaine.

Jean Tardieu ou la comédie du langage

Comme Ionesco, Jean Tardieu (1903-1995) participe, au début des années 1950, au renouvellement du langage dramatique.  Poète, ses jeux de mots inventifs suscitent l'admiration de l'OuLiPo. Mais Tardieu se caractérise surtout par son théâtre qui pousse jusqu'à l'absurde la comédie du langage.

Dans ses « drames éclairs », comme *Un mot pour un autre* (1951), surgit, au travers de la fantaisie poétique, un tragique sans issue. ■

Mort de Ionesco **1994**

Julien Gracq refuse le prix Goncourt

En 1951, le prix Goncourt est attribué au *Rivage des Syrtes* mais, à la surprise générale, il est refusé par son auteur, un discret professeur de géographie.

Julien
Gracq
1910-2007

Le rejet des milieux littéraires

Rien ne destinait Louis Poirier, discret professeur de géographie jusqu'à sa retraite en 1970, à devenir romancier. Se qualifiant d'écrivain tardif, cet admirateur de Stendhal (1783-1842) s'est toujours tenu à distance des milieux littéraires. En 1938, il fait paraître *Au château d'Argol*, son premier roman, sous le pseudonyme de Julien Gracq, hommage à Julien Sorel, héros du roman *Le Rouge et le Noir* de Stendhal, et aux Gracques, célèbres réformateurs dans la Rome antique.

Le roman est salué d'emblée par André Breton (1896-1966). Mais Gracq refuse de rejoindre les surréalistes, dont il se sent pourtant proche, pour rester en marge de toutes les modes.

En 1950, dans un retentissant pamphlet, *La Littérature à l'estomac*, il condamne les institutions de la vie littéraire. C'est dans ce climat de tension que paraît *Le Rivage des Syrtes*. Le succès est foudroyant ! Le roman obtient le prix Goncourt que Gracq, fidèle à ses idées, refuse.

Gracq, grand lecteur et essayiste

Si Gracq apparaît comme un polémiste de talent avec *La Littérature à l'estomac*, son activité d'essayiste, loin de se limiter au refus du prix Goncourt, prend une importance croissante à mesure qu'il délaisse la fiction dans le courant des années 1960. À travers *Préférences* (1961), *En lisant en écrivant* (1981) et les deux volumes de *Lettrines* (1967-1974), Gracq développe une réflexion critique d'ampleur. Dans un style vif multipliant les formules acérées, il affirme ses préférences de lecteur. Écrire signifiant avant tout, pour lui, aimer lire. ■

Un roman poétique de l'attente

Le Rivage des Syrtes raconte, à la première personne, l'histoire d'Aldo, issu d'une famille ancestrale de la Seigneurie d'Orsenna. Envoyé dans une forteresse militaire sur le rivage des Syrtes, il y surveille les côtes du Farghestan, pays avec lequel Orsenna entretient une étrange relation, dans l'attente d'un conflit qui n'éclate pas. Mais Aldo commet l'irréparable en s'aventurant jusqu'au Farghestan.

Déployant une géographie imaginaire, *Le Rivage des Syrtes* est le récit poétique d'un temps suspendu où l'avenir s'offre comme la contemplation impuissante d'une catastrophe imminente.

1910 Naissance de Gracq				*Le Rivage des Syrtes* **1951**	
1910	**1920**	**1930**	**1940**	**1950**	
			1938 : *Au château d'Argol*	1950 : *La Littérature à l'estomac*	
			1945 : *Un beau ténébreux*		
				1958 : *Un balcon en fo.*	

Julien Gracq refuse le prix Goncourt en 1951

C'est parmi une nuée de journalistes et de photographes que Gracq annonce publiquement son irrévocable refus du Goncourt.

« *Ainsi surgie des brumes fantomatiques de ce désert, au bord d'une mer vide, c'était un lieu singulier que cette Amirauté.* »

■ Julien Gracq, *Le Rivage des Syrtes*,
© José Corti, 1951.

Fiche signalétique des personnages de mes romans

Époque : *quaternaire récent*
Lieu de naissance : *non précisé*
Nationalité : *frontalière*
Parents : *éloignés*
État civil : *célibataires*
Enfants à charge : *néant*
Profession : *sans*
Activités : *en vacances*
Situation militaire : *marginale*
Moyens d'existence : *hypothétiques*
Domicile : *n'habitent jamais chez eux* »

■ Julien Gracq, *Lettrines*, © José Corti, 1967.

Jean Giono, le romanesque de la Provence

Jean Giono (1895-1970) est un romancier également marqué, comme Gracq, par le souffle romanesque de Stendhal. Mais, à la différence de Gracq, il répugne à puiser toute la matière de ses récits dans l'imaginaire.

L'œuvre de ce natif de Manosque, qui débute dans l'entre-deux-guerres avec des romans rustiques comme *Regain* (1930), choisit sa Provence comme le théâtre d'un humanisme païen et d'un retour à la nature.

Mais c'est en 1951, avec *Le Hussard sur le toit*, que Giono, plus ironique et moderne, reçoit la consécration du grand public. ■

Mort de Gracq **2007**

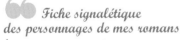

960	1970	1980	1990	2000

1961 : *Préférences*   1981 : *En lisant en écrivant*   1992 : *Carnets du grand chemin*

1967-1974 : *Lettrines I et II*   1985 : *La Forme d'une ville*

Samuel **Beckett** met en scène l'absurde

En attendant Godot paraît en 1952. La pièce est signée Samuel Beckett, qui consacre avec ce drame de l'incommunicabilité, de l'attente et du néant, le théâtre de l'absurde.

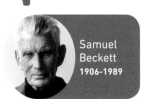

Samuel Beckett 1906-1989

Un auteur maudit

À l'automne 1950, Samuel Beckett ne croit plus à la publication de son œuvre. L'éditeur de *Murphy*, son roman qui a essuyé plus d'une trentaine de refus avant d'être publié, ne veut pas s'engager sur *Molloy*, *Malone meurt* et *L'Innommable*, les trois nouveaux manuscrits de Beckett.

L'auteur irlandais, établi à Paris depuis plus de vingt ans, devra attendre sa rencontre déterminante avec Jérôme Lindon (1925-2001), le jeune directeur des Éditions de Minuit, pour voir son œuvre publiée. En 1952, paraît *En attendant Godot*, pièce en gestation depuis 1947.

Un théâtre de l'absurde ?

Monté en 1953 par Roger Blin (1907-1984), *En attendant Godot* est une pièce en deux actes mettant en scène deux vagabonds, Vladimir et Estragon qui, sur le bord d'une route, attendent un dénommé Godot. Or, celui-ci tarde à venir. Durant leur interminable attente, les deux comparses croisent le tyrannique Pozzo et son valet Lucky.

> 66 ESTRAGON. – *Allons-nous-en.*
> VLADIMIR. – *On ne peut pas.*
> ESTRAGON. – *Pourquoi ?*
> VLADIMIR. – *On attend Godot.*
> ESTRAGON. – *C'est vrai.* »

■ Samuel Beckett, *En attendant Godot*, acte I, © Minuit, 1952.

La pièce de Beckett, accueillie comme une révolution dramaturgique, consacre le théâtre de l'absurde en représentant des hommes déguenillés qui parlent pour ne rien dire, ne savent pas qui ils sont et semblent survivre dans un univers dénué de sens. Si Beckett s'est toujours défendu de toute symbolique, les interprétations métaphysiques ont été pourtant nombreuses, soulignant une attente allégorique de Dieu représenté par Godot, « God » signifiant Dieu en anglais.

La consécration d'un auteur discret

Dès 1954, le théâtre de Beckett est joué partout dans le monde. Auteur discret qui a toujours refusé d'accorder des entretiens, il reçoit en 1969 le prix Nobel de littérature. Le célèbre dramaturge s'éteint en 1989.

1906 Naissance de Beckett

| 1900 | 1910 | 1920 | 1930 | 1940 |

1938: *Murphy*

En attendant Godot
Plus de soixante ans après sa création, la pièce de Beckett continue d'être représentée. Bernard Lévy la met en scène en 2009 au théâtre de l'Athénée à Paris.

Fin de partie, autre pièce maîtresse de Beckett

Créé en 1957, *Fin de partie,* deuxième pièce de Beckett, radicalise sa vision pessimiste et désespérée de la condition humaine.

Dans une maison, dont l'unique fenêtre donne sur un monde déserté, vivent Hamm, aveugle paraplégique et Clov, son domestique et fils adoptif. Les deux hommes ne cessent de s'entredéchirer, Clov menaçant constamment de quitter Hamm sans pourtant jamais passer à l'acte. Sans véritable intrigue, *Fin de partie* dépeint une humanité en ruine, proche de la fin et dont la vie, dénuée de sens, semble n'avoir que la mort pour seul horizon.

311

Oh les beaux jours
Madeleine Renaud dans le rôle de Winnie, le personnage enlisé jusqu'aux épaules de *Oh les beaux jours* (1963), discourt sans fin avec Willie, son mari fantomatique.

Mise en scène de Roger Blin en 1963, au théâtre de l'Odéon à Paris.

| 1952 | En attendant Godot | | | Mort de Beckett | 1989 |

| 1950 | 1960 | 1970 | 1980 |

1951 : *Molloy ; Malone meurt*   1960 : *La Dernière Bande*   1976 : *Pour en finir encore et autres foirades*

'53 : *L'Innommable*   1957 : *Fin de partie*   1965 : *Dis Joe*   1978 : *Pas suivi de Quatre esquisses*

1963 : *Oh les beaux jours*   1980 : *Mal vu mal dit*   1988 : *L'Image*

1989 : *Le Monde et le pantalon*

Alain **Robbe–Grillet** devient
le **pape du Nouveau Roman**

Alain
Robbe-
Grillet
1922-2008

En 1957, Alain Robbe–Grillet s'impose comme le chef de file du Nouveau Roman en publiant *La Jalousie*, un roman dont l'audace formelle est inédite. Le texte, rejeté à sa sortie, est désormais considéré comme le modèle du Nouveau Roman.

Le nouveau romancier

Fin 1945, alors qu'il traverse Berlin en ruine comme volontaire des «brigades internationales de reconstruction», le jeune Alain Robbe-Grillet prend conscience, devant ce spectacle de désolation, que si le monde est à rebâtir, la littérature doit être aussi repensée. Ce grand lecteur de Kafka décide de consacrer à l'écriture le temps libre que lui laisse son emploi d'ingénieur agronome. Il achève en 1949 *Un régicide*, roman nourri des paysages bretons de son enfance, que Gallimard juge trop complexe et refuse.

Nommé de 1950 à 1951 à l'Institut des fruits et agrumes coloniaux, il continue néanmoins à écrire et séjourne aux Antilles, dans le futur décor de *La Jalousie*, pour y étudier les bananiers. En 1953, il publie *Les Gommes* aux Éditions de Minuit où il devient conseiller littéraire. Après le scandale du *Voyeur*, Robbe-Grillet, qui désire renouveler l'art du récit, fait paraître en 1957 *La Jalousie* signant l'acte de naissance du Nouveau Roman.

> ❝ *L'homme regarde le monde, et le monde ne lui rend pas son regard.* ❞
>
> ■ Alain Robbe-Grillet, *Pour un nouveau roman*, © Minuit, 1963.

Un roman de forme nouvelle

La Jalousie raconte l'histoire d'A..., une jeune femme dont la maison coloniale domine une bananeraie. Elle reçoit à dîner Franck qui semble être son amant. Ensemble, ils évoquent notamment Christiane, l'épouse de ce dernier. Soir après soir, la scène paraît se répéter sous l'œil inquisiteur du mari jaloux d'A..., caché derrière les stores de sa jalousie.

Jouant du double sens du mot, *La Jalousie* offre une forme nouvelle du récit, fondée sur une chronologie entre répétition et variation et sur une série de descriptions géométriques. Mais sa singularité repose principalement sur l'omniprésence d'un narrateur dont le point de vue se veut objectif, alors qu'il n'est autre que le mari jaloux.

L'homme du «ciné-roman»

Encouragé par le succès de *L'Année dernière à Marienbad* (1961) d'Alain Resnais dont il signe le scénario et les dialogues, Robbe-Grillet s'engage, au cours des années 1960, dans une carrière de cinéaste. De *L'Immortelle* (1963) à *C'est Gradiva qui vous appelle* (2007), ses films s'inscrivent dans le prolongement de ses innovations romanesques. Édités sous la forme de «ciné-romans», ils témoignent du même souci de déconstruction du récit.

312

1922 Naissance de Robbe-Grillet				*La Jalousie* 1957	
1920	**1930**	**1940**	**1950**		**1960**

1949 : *Un régicide*

1953 : *Les Gommes*

1955 : *Le Voyeur*

1961 : *L'Année dernière à Marienbad*

1963 : *Pour un nouveau roman*

Delphine Seyrig (1932-1990) dans *L'Année dernière à Marienbad* réalisé par Alain Resnais d'après un scénario d'Alain Robbe-Grillet (Lion d'or à Venise en 1961).

Michel Butor, expérimentateur du Nouveau Roman

Michel Butor (né en 1926) est une autre figure majeure du Nouveau Roman. Inlassable expérimentateur, il explore de nouvelles formes du récit en déconstruisant le roman policier dans *L'Emploi du temps* (1956).
Il reçoit la consécration en 1957 avec le prix Renaudot attribué à *La Modification*. Son écriture, toujours inventive, se révèle d'une érudition ludique. ■

66 Je n'ai jamais parlé d'autre chose que de moi.»
■ Alain Robbe-Grillet, *Le Miroir qui revient*,
© Minuit, 1984.

66 Les fenêtres de sa chambre sont encore fermées. Seul le système de jalousies qui remplace les vitres a été ouvert, au maximum, donnant ainsi à l'intérieur une clarté suffisante.»
■ Alain Robbe-Grillet, *La Jalousie*,
© Minuit, 1957.

313

Maurice Blanchot, l'homme de la disparition

Maurice Blanchot (1907-2003) se singularise par son œuvre de critique littéraire parmi les plus importantes du siècle. De *La Part du feu* (1949) jusqu'à *L'Entretien infini* (1969) en passant par *Le Livre à venir* (1959), sa pensée exigeante défend l'idée d'une modernité absolue. Secret au point de n'être jamais pris en photo, Blanchot se fait le chantre d'une écriture de l'inquiétude et de la mort qui influence durablement le Nouveau Roman. ■

Le Nouveau Roman

Le Nouveau Roman naît de l'impuissance de la littérature de l'après-guerre à traduire le désastre de la Seconde Guerre mondiale. Regroupés autour d'Alain Robbe-Grillet, les nouveaux romanciers questionnent les fondements du roman et proclament la mort du personnage.

L'ère du soupçon

Un scandale littéraire

En 1955, l'attribution du prix des Critiques à Alain Robbe-Grillet pour *Le Voyeur* crée le scandale, entraînant la démission d'une partie du jury. S'engage alors une vive polémique entre les partisans de la modernité révolutionnaire de Robbe-Grillet, comme Maurice Blanchot et Roland Barthes, et ses farouches adversaires, tel Émile Henriot qui réclame la prison pour le sulfureux romancier.

Dès 1956, Robbe-Grillet est rejoint dans son combat par Nathalie Sarraute qui, avec *L'Ère du soupçon*, annonce l'entrée de la littérature dans une ère de renouvellement formel sans précédent.

La photo Minuit

Alors que les formules comme « anti-roman » et « alittérature » circulent pour désigner les textes des jeunes romanciers, c'est Émile Henriot qui, malgré lui, trouve la dénomination retenue par la postérité. Le 22 mai 1957, dans un virulent article du journal *Le Monde*, le critique raille en effet la parution simultanée aux Éditions de Minuit de *La Jalousie* de Robbe-Grillet et de *Tropismes* de Sarraute en la qualifiant ironiquement de « Nouveau Roman ». Jérôme Lindon, directeur des Éditons de Minuit, détourne alors l'expression qui devient l'étiquette du groupe naissant.

L'appellation gagne en notoriété avec l'attribution du prix Renaudot en 1957 à Michel Butor pour *La Modification*, du prix Médicis en 1958 à Claude Ollier pour *La Mise en scène* et du prix de *L'Express* en 1960 à Claude Simon pour *La Route des Flandres*, toutes parues aux Éditions de Minuit.

C'est devant le seuil de la jeune maison que le groupe est immortalisé dans un cliché réunissant Simon, Robbe-Grillet, Beckett, Pinget, Sarraute et Ollier. Le Nouveau Roman est lancé.

> ❝ *Le Nouveau Roman n'est pas une théorie, c'est une recherche.* ❞
>
> ■ Alain Robbe-Grillet, *Pour un nouveau roman*, © Minuit, 1963.

Les nouveaux romanciers

En 1959, à l'initiative du magazine italien *L'Espresso*, le photographe Mario Dondero réunit les nouveaux romanciers devant les Éditions de Minuit.

De gauche à droite : Alain Robbe-Grillet, Claude Simon, Claude Mauriac, Jérôme Lindon, Robert Pinget, Samuel Beckett, Nathalie Sarraute et Claude Ollier. Souvent rattachés au Nouveau Roman malgré eux, Marguerite Duras n'avait pas été conviée et Samuel Beckett était venu poser par amitié pour Jérôme Lindon. Quant à Michel Butor, il est arrivé trop tard !

Les Éditions de Minuit

Fondées clandestinement en 1941 sous l'Occupation, les Éditions de Minuit sont reprises en 1948 par Jérôme Lindon (1925-2001).

Le jeune éditeur fait le choix d'une politique éditoriale novatrice. Sur les conseils de Robbe-Grillet, il devient l'éditeur phare du Nouveau Roman.

D'une exigence rare, il redessine au tournant des années 1980 le paysage littéraire en découvrant Jean Echenoz et Eugène Savitzkaya.

Si les Éditions Gallimard dominent la littérature d'avant-guerre, les Éditions de Minuit marquent la seconde moitié du XXe siècle.

> *Un roman est moins l'écriture d'une aventure que l'aventure d'une écriture.* »
> ■ Jean Ricardou, 1963.

Claude Ollier

Figurant parmi les premiers nouveaux romanciers, Claude Ollier (né en 1922) est l'auteur de la suite romanesque, *Le Jeu d'enfant*. Il obtient le prix Médicis en 1958 pour *La Mise en scène*, son premier roman.

Une école du refus

La mort du personnage

S'ils se sont toujours défendus de former un groupe, renonçant notamment à la rédaction dès 1960 d'un dictionnaire collectif, les nouveaux romanciers partagent cependant les mêmes refus. Rejetant le réalisme néobalzacien d'après-guerre, ils bousculent les lois du récit en proclamant la mort du personnage. Pur flux de conscience anonyme chez Sarraute, il est réduit à une initiale chez Robbe-Grillet et chez Ollier, dépourvu d'identité, voire inconnu dans un monde instable et inquiétant.

Le refus d'une histoire

À la mort du personnage vient s'ajouter le refus d'une histoire et d'un récit linéaire, caractéristique majeure du roman néobalzacien. Pour Robbe-Grillet et Simon, après la Seconde Guerre mondiale, les récits ne peuvent plus être que fragmentés, répétitifs ou contradictoires, tant l'homme est perdu dans l'Histoire.

Faisant le pari de la subjectivité, le Nouveau Roman choisit de mettre en scène l'impossibilité à raconter objectivement des histoires. Seule l'écriture permet de redonner sens au monde. Ainsi, selon la célèbre formule de Jean Ricardou (né en 1932), le Nouveau Roman est devenu « moins l'écriture d'une aventure que l'aventure d'une écriture ».

La fin d'une histoire

Une radicalisation formelle

Si les années 1960 consacrent le triomphe international des nouveaux romanciers amenés à donner des conférences à l'étranger, les années 1970 sont marquées d'un progressif reflux et d'un formalisme de plus en plus radical.

Les nouveaux romanciers sur scène

En 2012, s'inspirant de la fameuse « photo Minuit », le dramaturge et cinéaste Christophe Honoré (né en 1970) rend hommage à l'inventive radicalité du mouvement mené par Robbe-Grillet dans *Nouveau Roman*, pièce jouée au festival d'Avignon.

C'est en 1981 avec *Les Géorgiques*, roman d'inspiration autobiographique, que Claude Simon délaisse les jeux formels au profit d'une quête plus intime. C'est le début de la « nouvelle autobiographie » et la fin d'une avant-garde.

Le dernier mouvement littéraire

En dépit des polémiques, le Nouveau Roman demeure la dernière grande aventure intellectuelle collective du XXe siècle. Par son questionnement du récit, il constitue encore une source d'inspiration contemporaine majeure pour des auteurs comme Camille de Toledo ou Tanguy Viel.

Sous l'impulsion de Philippe Sollers, Julia Kristeva et Jacques Henric, têtes pensantes de la revue, *Tel Quel* a défendu des écrivains à l'exigence formelle certaine comme Pierre Guyotat.

De gauche à droite : Jacques Henric, Jean-Joseph Goux, Philippe Sollers, Julia Kristeva, Thérèse Réveillé, Pierre Guyotat, Catherine et Marc Devade. Fête de *L'Humanité*, 1970.

Le groupe Tel Quel

Dans cette période d'effervescence intellectuelle naît également un autre groupe littéraire autour de la revue *Tel Quel*, fondée en 1960 et animée par le charismatique romancier Philippe Sollers (né en 1936). Spécialisée dans les questions de théorie littéraire soulevées par les nouveaux romanciers, la revue s'impose durant plus de vingt ans comme un haut lieu de réflexion sur l'écriture.

Roland Barthes, *Le Degré zéro de l'écriture*

☐ Figure intellectuelle majeure de la seconde partie du XXe siècle, Roland Barthes (1915-1980) s'impose tout d'abord comme un brillant théoricien de la littérature.

Auteur du *Degré zéro de l'écriture* (1953), il avance l'idée d'une écriture neutre qu'illustrent Alain Robbe-Grillet et Michel Butor.

Après avoir analysé en sémiologue la France dans *Mythologies* (1957), c'est en 1975 que son œuvre prend un tour inattendu avec son autobiographique *Roland Barthes par Roland Barthes*, où il ouvre la voie à l'autofiction. ■

Queneau s'amuse à réinventer le langage avec Zazie

Raymond Queneau
1903-1976

Zazie dans le métro consacre Raymond Queneau en 1959 comme écrivain populaire et l'espiègle Zazie, petite sœur de Gavroche, comme l'un des plus célèbres personnages de la littérature française.

Un enfant de la littérature

Marqué dès sa naissance, en 1903, par le traumatisme d'avoir été confié à une nourrice, Queneau connaît une enfance taciturne et solitaire qui le conduit à se réfugier dans l'amour des livres. À huit ans, le garçonnet se passionne pour l'apprentissage des langues et commence déjà à écrire. À dix-sept ans, il fréquente les surréalistes.

C'est lors de son service militaire, de 1925 à 1927, que Raymond Queneau découvre la culture populaire et la richesse de l'argot. Il puisera dans ce matériau pour alimenter ses jeux de mots. Car l'écrivain est un expérimentateur du langage. *Le Chiendent* (1933), son premier roman, contient déjà de nombreuses inventions langagières. Tout aussi expérimental est *Pierrot mon ami* (1942) ou encore ses célèbres *Exercices de style* (1947). Mais le roman, *Zazie dans le métro*, qu'il mûrit de 1945 à 1959, en est l'illustration la plus aboutie.

> ❝ *Un jour de canicule sur un véhicule où je circule, gesticule un funambule au bulbe minuscule.* ❞
>
> ■ Raymond Queneau,
> *Exercices de style*, © Gallimard, 1947.

Un conte poétique et mathématique

> ❝ *Doukipudonktan, se demanda Gabriel excédé.* ❞
>
> ■ Raymond Queneau, *Zazie dans le métro*,
> © Gallimard, 1959.

Zazie, petite fille provinciale espiègle et au franc-parler, est confiée par sa mère pour deux jours à son oncle Gabriel, chargé de lui faire découvrir Paris. La fillette veut voir le métro mais, à son grand dam, celui-ci est en grève. Zazie fugue alors pour visiter Paris seule et rencontre dans son extravagante balade une troupe de personnages pittoresques tels : Pédro-Surplus, le faux policier qui se fait appeler aussi Trouscaillon ou Aroun Arachide ; Turandot et son perroquet bavard Laverdure ; Charles le taximan, Mado Ptits-Pieds et l'irrésistible veuve Mouaque. Marquée par ces différentes rencontres, Zazie perd ses illusions d'enfant et se dit « vieillie » à l'issue de son édifiant parcours initiatique.

Dans ce conte de fées moderne, Queneau retrouve la joie poétique de l'enfance, à travers la figure de son héroïne, et l'allie à la rigueur d'un roman mathématique qui permet de déchiffrer le réel.

1903 Naissance de Queneau

1900	1910	1920	1930	1940

1933 : *Le Chiendent*

1937 : *Chêne et chien*

1938 : *Les Enfants du Limon*

1942 : *Pierrot mon ami*

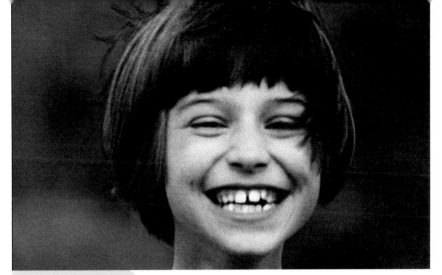

Zazie dans le métro

Suite à son considérable succès de librairie, *Zazie dans le métro* est adapté à l'écran en 1960 par Louis Malle, avec Catherine Demongeot dans le rôle de Zazie et Philippe Noiret dans celui de l'oncle Gabriel.

❝ *Tu causes, dit Laverdure, tu causes, tu causes, c'est tout ce que tu sais faire.* ❞

▨ Raymond Queneau, *Zazie dans le métro*, © Gallimard, 1959.

Une figure de proue de l'édition française

Raymond Queneau joue un rôle prépondérant dans la vie littéraire et éditoriale de son époque. Son œuvre est une source d'inspiration pour des écrivains comme Alain Robbe-Grillet ou Jean Echenoz.

Dès les années 1930, il intègre le comité de lecture des Éditions Gallimard avant d'en devenir, en 1939, le secrétaire général. Découvreur de talents, il révèle Marguerite Duras. En 1951, Queneau devient juré du prix Goncourt, puis, en 1956, directeur de la prestigieuse Encyclopédie de la Pléiade.

Figure emblématique de Saint-Germain-des-Prés, l'homme est aussi l'ami de nombreux écrivains, notamment Boris Vian et Jean-Paul Sartre. ▨

Raymond Queneau, à l'origine de l'OuLiPo

En 1960, reconnu pour son travail sur la langue, Queneau participe à un colloque organisé à Cerisy-la-Salle sur l'ensemble de son œuvre. Au terme de la rencontre, il fonde, avec le mathématicien et écrivain François Le Lionnais (1901-1984), le groupe poétique de l'OuLiPo, acronyme pour Ouvroir de Littérature Potentielle. Mêlant ludisme et mathématiques, l'OuLiPo rassemble autour de Queneau des auteurs tels que Georges Perec et Jacques Roubaud, qui s'adonnent allègrement à des écritures à contraintes.

Queneau tire de cette expérience le recueil *Cent Mille Milliards de poèmes* (1961), véritable machine algébrique pour fabriquer soi-même des poésies, ainsi que *Les Fleurs bleues* (1965), roman qui interroge et qui parodie l'art du récit.

Claude Simon raconte la débâcle de mai 1940

Claude Simon
1913-2005

Remarqué pour le formalisme de son roman *Le Vent*, paru quelques années plus tôt, Claude Simon connaît la consécration en 1960. Cette figure du Nouveau Roman s'impose avec *La Route des Flandres*, un récit sur la Seconde Guerre mondiale.

Du soldat en déroute au nouveau romancier

En mai 1940, Claude Simon est témoin de la débâcle de l'armée française devant les Allemands sur la route des Flandres. Fait prisonnier puis déporté, il est convaincu de l'absurdité du monde. À la Libération, l'homme se consacre à l'écriture.

À la différence de son premier roman, *Le Tricheur* (1945), de facture existentialiste, les écrits ultérieurs de Simon renouvellent l'art du récit, sous l'influence de Marcel Proust (1871-1922) et du romancier américain William Faulkner (1897-1962). Paru en 1954, *Le Sacre du printemps* confirme le formalisme d'une écriture marquée par la longueur de la phrase.

Encouragé par Robbe-Grillet, Simon publie, en 1957 aux Éditions de Minuit, *Le Vent*, qui le rapproche du Nouveau Roman. Mais c'est avec *La Route des Flandres* (1960), évoquant la guerre de 1940, que son style s'affirme.

> *Le monde lui-même tout entier et non pas seulement dans sa réalité physique mais encore dans la représentation que peut s'en faire l'esprit [...] était en train de se dépiauter se désagréger.* »
>
> ◼ Claude Simon, *La Route des Flandres*, © Minuit, 1960.

Une tentative de restitution de la débâcle

Le capitaine de Reixach est abattu par un parachutiste allemand. Mais Georges, l'un de ses cousins, trouve cette mort suspecte : à l'instar de leur ancêtre, ne se serait-il pas plutôt suicidé en raison de l'infidélité de Corinne, son épouse ? C'est ce que Georges, secondé par son ami Blum, cherche à découvrir.

Simon tisse, dans ce roman, un réseau d'images pour tenter de restituer, avec le plus d'exactitude, un monde en décomposition où la mort reste une énigme.

La consécration d'une œuvre intransigeante

Publiée en 1960, *La Route des Flandres* apporte à Claude Simon la consécration. Salué par la critique, le texte est suivi quelques années plus tard du roman *Histoire*, qui obtient en 1967 le prix Médicis. En 1985, l'œuvre exigeante de Claude Simon, plus connue à l'étranger qu'en France, est distinguée par le prix Nobel de littérature.

1913 Naissance de Simon

1910	1920	1930	1940	1950

1945 : *Le Tricheur*
1947 : *La Corde raide*

1954 : *Le Sacre du printemps*

1957 : *Le Vent*

1958 : *L'Herbe*

> « Ce que l'écriture nous raconte, même chez le plus naturaliste des romanciers, c'est sa propre aventure et ses propres sortilèges. »
>
> ■ Claude Simon,
> *Discours de Stockholm*, 1985.

321

La bataille de la phrase

Depuis son roman *Le Vent* (1957), Claude Simon se singularise par ses phrases longues, riches en subordonnées et en parenthèses, s'étendant parfois sur plusieurs pages. Simon recherche la phrase parfaite.

En quête de vérité, il s'autocorrige en permanence dans ses romans pour s'approcher au plus près du mot juste et de la sensation la plus exacte.

Du Nouveau Roman à la Nouvelle Autobiographie

Si l'œuvre de Simon se caractérise, dans les années 1970, par son formalisme radical, elle prend, en 1981, un tour nouveau avec *Les Géorgiques*, roman plus intime.

Avec cette histoire familiale, Simon inaugure la Nouvelle Autobiographie qui succède au Nouveau Roman : en 1983, Sarraute raconte son enfance ; en 1984, Duras révèle sa jeunesse et, en 1985, Robbe-Grillet revient sur son passé pétainiste.

En 1989, Simon publie *L'Acacia*, un roman amplement nourri de ses archives familiales. ■

1965

Perec fustige la société de consommation

Georges Perec
1936-1982

Encouragé par Roland Barthes, Georges Perec publie *Les Choses*, son premier roman. Dans cette radiographie de la société d'abondance des années 60, il démontre, avec drôlerie, que le consumérisme ne fait pas le bonheur.

Une chronique sociologique des années 1960

Jérôme et Sylvie sont deux psychosociologues issus de la classe moyenne. Enquêteurs dans des agences de sondages, les époux, qui disposent de revenus modestes, vivent dans un deux-pièces parisien exigu et ne peuvent s'offrir tout ce qu'ils désirent. Ainsi, comme les couples qu'ils fréquentent, les deux jeunes gens passent leur vie à rêver d'une multitude de choses que leur fait miroiter la société de consommation.

> « *Ils se laissaient aller de merveille en merveille, de surprise en surprise. Il leur suffirait de vivre, d'être là, pour que s'offre le monde entier. Leurs navires, leurs trains, leurs fusées sillonnaient la planète entière.* »
>
> ■ Georges Perec, *Les Choses*, © Julliard, 1965.

À l'instar de *Mythologies* (1957) de Roland Barthes (1915-1980), mentor de Perec, *Les Choses* proposent une chronique sociologique de la société et dénoncent l'illusion consumériste tendant à laisser croire que la possession de biens matériels permet d'accéder au bonheur.

Au-delà de cette visée critique, le roman se révèle d'une grande inventivité formelle. Comme dans le Nouveau Roman, s'y multiplient descriptions et pastiches, témoignant d'un goût du jeu chez cet artisan du verbe qui s'impose, dans chacun de ses romans, une contrainte différente.

De l'OuLiPo au prix Médicis

Les Choses, couronnées par le prix Renaudot, lancent la carrière de Perec. Membre de l'OuLiPo dès 1967, Perec relève, dans chacun de ses textes, un nouveau défi : la suppression de la voyelle « e » dans *La Disparition* (1969) ; sa présence exclusive dans *Les Revenentes* (1972) ; la reconstitution d'un puzzle, dans *La Vie mode d'emploi* (1978).

D'inspiration autobiographique, ce dernier roman, récompensé par le prix Médicis en 1978, apporte à son auteur la reconnaissance publique. Perec s'éteint prématurément en 1982 alors qu'il composait *53 jours*, un ultime défi romanesque.

> « *Je n'ai pas de souvenirs d'enfance.* »
>
> ■ Georges Perec, *W ou le souvenir d'enfance* © Denoël, 1975.

1936 Naissance de Perec

1930   1940   1950

Un homme qui dort

Dans le courant des années 1970, Perec se tourne vers le cinéma. Il écrit et réalise, en 1974, *Un homme qui dort* avec Jacques Spiesser : l'histoire d'un étudiant qui traverse une période de désintérêt total pour le monde.

Une enfance et une œuvre hantées par la disparition

Né en 1936 de parents juifs, Perec est bouleversé, durant son enfance, par la disparition de son père mort au combat en juin 1940 et par la déportation de sa mère en 1942.

Confié à sa tante, l'orphelin grandit dans la douleur, hanté par les fantômes de cet impossible deuil, qui le poursuivront dans toute son œuvre.

Si *La Disparition* (1969), fondée sur un lipogramme (absence d'une lettre), paraît à première vue un exercice ludique, il n'en est rien : la suppression de la lettre « e » renvoie à « eux », les parents disparus.

Cette veine autobiographique alimente aussi *W ou le souvenir d'enfance* (1975), poignant récit dédié à « e » (comme enfance), où Perec évoque son enfance tragique.

La façade retirée d'un immeuble

« J'imagine un immeuble parisien dont la façade a été enlevée [...] laissant voir l'intérieur de quelque vingt-trois pièces. » Georges Perec parle de son projet de son roman *La Vie mode d'emploi* dans *Espèces d'espaces*, 1974.

Dessin de Saül Steinberg, *The Art of living*, 1952. Londres, Hamish Hamilton.

323

Jaccottet renaît à la vie dans *À la lumière d'hiver*

Loin de la tonalité sombre qui caractérisait jusqu'alors l'œuvre d'un homme endeuillé, le recueil *À la lumière d'hiver* de Philippe Jaccottet appelle à la renaissance et à l'espoir.

Philippe Jaccottet
né en 1925

Un poète du deuil

En juin 1941, Philippe Jaccottet, alors âgé de seize ans, fait la rencontre décisive du poète Gustave Roud (1897-1976). Avec lui, le jeune Suisse découvre les poètes Arthur Rimbaud (1854-1891), Stéphane Mallarmé (1842-1898) et Friedrich Hölderlin (1770-1843) dont les œuvres l'invitent à considérer les limites de la parole poétique face à la mort.

Décidé à consacrer sa vie à l'écriture, Jaccottet publie en 1953 *L'Effraie*, son premier grand recueil. Cette même année, il s'unit à la peintre Anne-Marie Haesler et s'installe à Grignan dont il évoquera les paysages.

Alors que *L'Obscurité* (1961) questionne l'utilité de la poésie, sa réflexion critique se radicalise avec le décès de son beau-père, Louis Haesler, puis celui de sa mère. Évoqués dans *Leçons* (1969) puis *Chants d'en bas* (1974), ces deuils successifs génèrent chez le poète, incapable de surmonter son choc affectif, une crise du langage. Mais, au fil des années, il recherche une voie vers l'apaisement qui le mènera *À la lumière d'hiver*.

> 66 *Les mots devraient-ils donc faire sentir ce qu'ils n'atteignent pas, ce qui leur échappe, dont ils ne sont pas maîtres, leur envers ? »*
>
> ■ Philippe Jaccottet, *À la lumière d'hiver*, © Gallimard, 1977.

324

Vers une poésie de la réconciliation

Composé entre 1974 et 1976 et publié en 1977, *À la lumière d'hiver* exprime, tout au long des quatorze poèmes en vers libres qui le composent, une patiente quête de réconciliation.

Pour mieux se retrouver après la « déchirure » de la mort, le poète doit opérer un double mouvement : s'ouvrir au monde et se recentrer sur lui-même sous l'égide de la parole poétique.

Une reconnaissance unanime

> 66 *J'aurais voulu parler sans images. »*
>
> ■ Philippe Jaccottet, *Chants d'en bas*, © Payot, 1974.

L'exigence de sa poésie a valu à Jaccottet une reconnaissance unanime. Couronné par de nombreux prix, il poursuit son œuvre avec *Taches de soleil, ou d'ombre*, recueil publié en 2013.

La Boîte bleue

Proche de Pierre Bonnard (1867-1947) et de Paul Cézanne (1839-1906), la peinture d'Anne-Marie Jaccottet offre des natures mortes qui célèbrent, avec humilité, la joie d'être au monde.

Anne-Marie Jaccottet (née en 1931), aquarelle et crayon, 23 × 21 cm.

La Semaison, une somme poétique et critique

Encouragé par les écrits théoriques des romantiques allemands qu'il admire, Jaccottet a toujours mené parallèlement à son activité de poète une réflexion critique sur la poésie.

Publiés sous le titre de *La Semaison II* (1996), ses carnets tenus entre 1954 et 1994 constituent une somme de fragments et de notations, dans laquelle il expose sa vision de la poésie. Il y exprime le souhait que le poète devienne, par son expérience, le porte-voix de l'universel.

Jacques Dupin, la violence d'une voix poétique

À l'instar de Jaccottet, Jacques Dupin (1927-2012) est un poète majeur de sa génération. Galeriste d'art reconnu, ce protégé de René Char (1907-1988) élabore une poésie exigeante qui s'élève contre les clichés poétiques.

Ses recueils *Contumace* (1986) et *Le Grésil* (1996), véritables déflagrations, violentent le vers. Jouant avec la ponctuation, Dupin cherche à retrouver les paysages torturés de son Ardèche natale ainsi que les œuvres minimalistes des peintres de la modernité. ▪

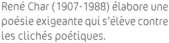

1977 À la lumière d'hiver

| 70 | 1980 | 1990 | 2000 | 2010 |

70 : *Paysages avec figures absentes*   1984 : *La Semaison I*   1994 : *Après beaucoup d'années*   2008 : *Ce peu de bruits*

1974 : *Chants d'en bas*   1983 : *Pensée sous les nuages*   2001 : *Et, néanmoins*

2013 : *Taches de soleil, ou d'ombre*

Rue des Boutiques Obscures,
Modiano enquête sur son identité

Dans ce sixième roman, couronné par le prix Goncourt, l'écrivain retrace une quête d'identité au cœur de l'Occupation.

Patrick Modiano
né en 1945

Une émission d'*Apostrophes* et un prix Goncourt

Rue des Boutiques Obscures vient de paraître en cette rentrée littéraire 1978, lorsque son auteur est invité par Bernard Pivot dans une émission spéciale d'*Apostrophes* avec François Mitterrand. Quelques mois plus tard, le roman est couronné par le prix Goncourt. Qui est donc ce jeune écrivain, alors âgé de trente-trois ans, qui bénéficie d'une telle reconnaissance ?

Une adolescence blessée

Fils d'Albert Modiano, un affairiste d'origine juive qu'il n'a jamais véritablement connu, Patrick Modiano a vécu une adolescence malheureuse, marquée par l'expérience du pensionnat et des fugues, le divorce de ses parents et le décès de son frère cadet, Rudy.

> *Je ne suis rien.*
> *Rien qu'une silhouette claire,*
> *ce soir-là, à la terrasse d'un café.* »
>
> ■ Patrick Modiano, *Rue des Boutiques Obscures*,
> © Gallimard, 1978.

C'est sa rencontre décisive avec Raymond Queneau en 1960 qui l'oriente vers l'écriture. Dès 1968 paraît *La Place de l'Étoile*, un étonnant récit dans lequel le héros, Raphaël Schlemilovitch, un Juif français hanté par la guerre et ses persécutions, raconte sur un ton violemment ironique son histoire, mêlant réalité et fictions personnelles.

À la recherche d'une identité perdue

L'action de *Rue des Boutiques Obscures* se situe en 1965. Le héros et narrateur Guy Roland est un détective, amnésique depuis quinze ans, qui décide d'enquêter sur son passé afin de retrouver son identité. Il apprend alors qu'il est en réalité Jimmy Pedro Stern, un Grec d'origine juive, qui a vécu à Paris durant l'Occupation. Mais qu'est devenue sa compagne, Denise Coudreuse, pendant leur fuite vers la Suisse en 1941 ? Poursuivant les pistes ténues de son passé, Guy Roland se retrouve au 2, rue des Boutiques Obscures, dans le ghetto juif de Rome…

Suivant la trame d'un roman policier, Modiano livre, avec ce récit, une quête des origines d'une rare intensité. Pour l'écrivain, celle-ci s'inscrit dans le travail de mémoire collectif sur l'Occupation, une période encore largement taboue dans la société française.

1945 Naissance de Modiano — *Rue des Boutiques Obscures* **1978**

| 1940 | 1950 | 1960 | 1970 | 19 |

1968 : *La Place de l'Étoile*
1969 : *La Ronde de nuit*
1972 : *Les Boulevards de ceint*
1975 : *Villa triste*
1977 : *Livret de famille*
1982 : *De si braves garço*

Lacombe Lucien
Pierre Blaise dans le rôle de Lucien Lacombe, scénario de Patrick Modiano, film de Louis Malle, 1974.

Un écrivain hanté par l'Occupation

En 1974, c'est au cinéma que Modiano évoque la période de l'Occupation en signant le scénario de *Lacombe Lucien* de Louis Malle. Parce qu'il raconte, sans jamais le juger, le parcours de Lucien, devenu collaborateur pour n'avoir pu rejoindre la Résistance, le film est accueilli à sa sortie par une vive polémique.

Modiano poursuit sa carrière de scénariste en revenant sur la question de la quête d'identité dans *Généalogies d'un crime* de Raoul Ruiz (1998) où il tient le rôle d'un patient à la mémoire défaillante. Il explore de nouveau l'Occupation, mais de manière plus légère cette fois, avec le scénario de *Bon voyage* (2003) de Jean-Paul Rappeneau.

> 66 *Pour ma part, j'ai décidé d'être le plus grand écrivain juif français après Montaigne, Marcel Proust et Louis-Ferdinand Céline.* »

■ Patrick Modiano, *La Place de l'Étoile*, © Gallimard, 1968.

Romain Gary-Émile Ajar ou la tentation d'être un autre

■ Romain Gary (1914-1980), de son vrai nom Romain Kacew, est né en Lituanie et a grandi à Nice. Après des études de droit, il est mobilisé en tant qu'aviateur et rejoint, en 1940, les Forces françaises libres.

Profondément humaniste, le jeune homme d'origine juive, devenu diplomate, poursuit son travail d'écrivain marqué par la mémoire de l'Occupation et des camps.

En 1956, il obtient le prix Goncourt pour *Les Racines du ciel*, roman de facture classique. En 1975, *La Vie devant soi*, récit truculent et naïf, paru sous le pseudonyme d'Émile Ajar, obtient aussi le prestigieux prix.

Romain Gary entre dans l'histoire pour être le seul écrivain à avoir obtenu deux fois le prix Goncourt ! L'homme, obsédé en permanence par le besoin d'être un autre, se suicide en 1980. ■

Nathalie Sarraute évoque ses souvenirs d'enfance

Nathalie Sarraute
1900-1999

Figure de proue du Nouveau Roman, Nathalie Sarraute est âgée de quatre-vingt-trois ans lorsqu'elle publie *Enfance*, son autobiographie. Dans une écriture fragmentaire qui fait éclater les conventions du langage, elle interroge les non-dits de ses premières années.

La nouvelle romancière de *L'Ère du soupçon*

Nathalie Sarraute, née Natacha Tcherniak, est âgée d'à peine deux ans lorsque ses parents divorcent. La fillette partage alors son enfance entre Paris, où elle vit avec sa mère, et sa Russie natale où réside son père. À partir de 1932, la jeune femme, devenue avocate, plaide mais se consacre de plus en plus à l'écriture.

En 1939, elle publie dans l'indifférence générale son premier livre, *Tropismes*, regroupant des textes brefs qui dissèquent le langage. *Portrait d'un inconnu* (1948), son premier roman, n'obtient guère plus de succès malgré la préface de Jean-Paul Sartre (1905-1980).

La reconnaissance arrive en 1956, à la parution de *L'Ère du soupçon*. Le texte, qui regroupe dans une série d'articles ses réflexions critiques et esthétiques sur le roman, suscite l'attention du futur pape du Nouveau Roman, Alain Robbe-Grillet (1922-2008). L'écrivain s'affirme alors comme une figure de proue du mouvement en publiant en 1959 *Le Planétarium*, puis en 1963 *Les Fruits d'or*, autant de romans qui, au-delà de l'intrigue et de ses personnages, mettent à nu les stéréotypes du langage.

En 1983, alors qu'elle est toujours parvenue à éviter toute référence à sa vie, Sarraute surprend avec *Enfance*, son autobiographie.

Une autobiographie critique

De ses vacances en Suisse avec son père à son entrée en sixième, Nathalie Sarraute rassemble, dans son récit autobiographique, les souvenirs de ses onze premières années. Au travers de brèves séquences, elle évoque son enfance tiraillée entre sa mère sèche et froide et son père aimant à qui elle finit par être confiée mais dont elle redoute la nouvelle femme, Véra, ainsi que leur enfant.

> ❝ *Voici enfin le moment attendu où je peux étaler le volume sur mon lit, l'ouvrir à l'endroit où j'ai été forcée d'abandonner…*
> *je m'y jette, je tombe…* ❞
>
> ◾ Nathalie Sarraute, *Enfance*,
> © Gallimard, 1983.

Sous la forme d'un dialogue critique avec elle-même, restitué dans une écriture fragmentaire, Sarraute interroge l'autobiographie en démasquant ses clichés, ses mensonges et ses doutes. Fidèle à son œuvre, elle révèle enfin les tropismes de l'enfance, c'est-à-dire sa part d'indicible et d'informulé.

1900 Naissance de Sarraute

1900	1910	1920	1930	1940

1939 : *Tropismes*
1948 : *Portrait d'un incor*

La dramaturge d'un nouveau théâtre

Alors qu'elle s'est toujours montrée hostile au théâtre qui, selon elle, est incapable par son caractère spectaculaire de rendre la nature intimiste des tropismes, Nathalie Sarraute livre sa première pièce en 1964. C'est le début d'une œuvre dramaturgique qualifiée souvent de «Nouveau Théâtre» où, plus encore que dans ses romans, l'auteur de *L'Usage de la parole* étudie la science des non-dits entre personnages.

Pour un oui ou pour un non (1982), qui dévoile les échanges violents entre deux écrivains, constitue l'aboutissement de son exploration théâtrale de la «sous-conversation».

> 66 *Alors, tu vas vraiment faire ça ? "Évoquer tes souvenirs d'enfance"... Comme ces mots te gênent, tu ne les aimes pas. Mais reconnais que ce sont les seuls mots qui conviennent. Tu veux "évoquer tes souvenirs"... il n'y a pas à tortiller, c'est bien ça.*»

■ Nathalie Sarraute, *Enfance*, © Gallimard, 1983.

La sous-conversation
Sami Frey et Jean-François Balmer dans *Pour un oui ou pour un non* de Nathalie Sarraute.
Mise en scène de Simone Benmussa. Paris, théâtre Marigny, 1998.

La romancière des tropismes

■ Influencée par l'art de l'analyse psychologique de Marcel Proust (1871-1922), et des romancières britanniques Virginia Woolf (1882-1941) et Ivy Compton-Burnett (1884-1969), Nathalie Sarraute s'attache à pénétrer les méandres de la conscience. Renonçant à construire des personnages, qu'elle juge dépassés et inutiles, ses romans traquent ce qu'elle nomme les «tropismes», ces moments indéfinissables, infimes et intimes, qui sont à l'origine de tous les gestes et paroles.

Définis dans *L'Ère du soupçon* (1956) comme la source secrète de l'existence, ils révèlent un langage indirect où les mots jusqu'alors tus émergent, retranscrits sous forme d'images. ■

			Enfance 1983	Mort de Sarraute 1999
950	1960	1970	1980	1990

1953 : *Martereau*   1963 : *Les Fruits d'or*   1972 : *Vous les entendez ?*   1989 : *Tu ne t'aimes pas*
      1956 : *L'Ère du soupçon*   1967 : *Le Silence*   1980 : *L'Usage de la parole*   1995 : *Ici*
          1959 : *Le Planétarium*   1982 : *Pour un oui ou pour un non*   1997 : *Ouvrez*
      1968 : *Entre la vie et la mort*

Annie **Ernaux** rend hommage à son père

Annie
Ernaux
née en 1940

En 1984, Annie Ernaux remporte le prix Renaudot pour *La Place*. Ce bref récit rend hommage à son père de condition modeste et ouvre la voie à l'exploration ethnologique de soi.

L'« amour séparé »

En 1967, deux mois après avoir été reçue au concours de professeurs de lettres, Annie Ernaux perd son père. Elle décide de prendre la plume pour évoquer sa relation avec cet ancien ouvrier devenu propriétaire d'un modeste café-épicerie en Normandie. Mais pour la future agrégée, mariée depuis 1964 à un jeune homme issu de la bourgeoisie, écrire permet aussi de témoigner de son arrachement à son milieu d'origine.

Toutefois, l'approche entre roman et autobiographie, adoptée dans ses premiers écrits et notamment dans *Les Armoires vides* parues en 1974, atteint ses limites. Soucieuse d'échapper au « piège de l'individuel », Annie Ernaux souhaite, dans une « écriture plate » garante de neutralité, évoquer « l'amour séparé ». Après plusieurs tentatives avortées, elle publie en 1983 *La Place*, en hommage à ce père qu'elle a profondément aimé.

Une réconciliation symbolique entre père et fille

La Place retrace la vie et la mort du père d'Annie, la narratrice. Ce paysan devenu ouvrier puis petit commerçant s'est efforcé toute son existence de conserver cette place sociale, si durement gagnée. Porté par le souci de réussir, il encourage sa fille à faire des études qui, inexorablement, les éloigneront culturellement et socialement.

Optant pour une autobiographie sociologique, Annie Ernaux expose les facteurs sociaux qui déterminent cet éloignement. Mais, par-delà les différences, l'écriture apparaît comme le moyen de réconcilier symboliquement père et fille.

« Ethnologue de moi-même »

Couronné par le prix Renaudot, *La Place* marque un tournant dans l'œuvre d'Annie Ernaux, orientée désormais vers une exploration ethnologique de soi.

À la manière d'une scientifique, elle rassemble des documents pour traquer la honte sociale qui taraude son milieu. Autorisée à évoquer l'indicible, *La Honte*, publiée en 1997, viendra parachever le portrait du père.

Annie Ernaux, *La Place*, © Gallimard, 1983.

En quête d'une « écriture plate »

Loin du déferlement d'images violentes de ses trois premiers romans autobiographiques, *La Place* inaugure ce que Ernaux nomme « l'écriture plate ». Rejetant explicitement le parti de l'art, cette écriture neutre et dépouillée, proche de celle de Camus dans *L'Étranger* (1942), refuse toute charge émotionnelle afin d'atteindre à une objectivité visant à mettre à distance les événements.

De *Passion simple* (1991) à *L'Événement* (2000), en passant par *Journal du dehors* (1993), Annie Ernaux cherche, avec son style dépassionné, à servir un projet moral : écrire sans trahir les siens.

Les Années : une autobiographie impersonnelle

En 2008, Annie Ernaux publie *Les Années*, ample récit où elle mêle aux descriptions de photos la représentant entre 1941 et 2006, la peinture sociologique des différentes époques au cours desquelles elles ont été prises. Mûri pendant plus de vingt ans, ce roman de la mémoire individuelle et collective constitue l'aboutissement de l'œuvre d'Ernaux : écrit à la troisième personne, il adopte la forme, longtemps recherchée, d'une « autobiographie impersonnelle » enfin capable, selon l'auteur, d'ouvrir à l'ethnologie de soi. ■

« Comme le désir sexuel, la mémoire ne s'arrête jamais. Elle appareille les morts aux vivants, les êtres réels aux imaginaires, le rêve à l'histoire. »

Annie Ernaux, *Les Années*, © Gallimard, 2008.

L'amour suggéré

Dans ce journal écrit à quatre mains, les amants évoquent leur vie sexuelle en offrant leurs vêtements éparpillés plutôt que leurs corps nus.
Annie Ernaux et Marc Marie, *L'Usage de la photo*, © Gallimard, 2005.

Marguerite Duras reçoit le prix Goncourt pour *L'Amant*

Marguerite Duras
1914-1996

Découverte dans les années 1950 avec *Un barrage contre le Pacifique*, Marguerite Duras reçoit la consécration avec *L'Amant*, roman couronné par le prix Goncourt, et qui ravive les souvenirs de son enfance en Indochine.

Une enfance indochinoise

En 1950, Marguerite Duras connaît son premier véritable succès avec *Un Barrage contre le Pacifique*. Ce roman aux accents autobiographiques revient déjà sur son enfance en Indochine. Il relate les déboires de Suzanne et de sa famille ruinée, dans cette ancienne colonie française, par l'achat malencontreux d'une concession régulièrement envahie par les eaux du Pacifique.

Minimale et poétique, l'écriture de Marguerite Duras remet en cause l'art du récit à partir de *Moderato cantabile* (1958) où son formalisme la rapproche du Nouveau Roman. Mais, réfractaire à toute école, elle s'attache à brouiller les genres. Cinéaste, dramaturge et écrivain engagé, elle s'éloigne, à la fin des années 1960, de l'écriture romanesque mais y revient, en 1980, avec *Les Yeux verts* où elle interroge à nouveau ses souvenirs de l'Indochine qu'elle a quittée en 1931. C'est alors que, à la demande de Jean Mascolo, son fils, elle commente un album de photographies de famille. Le texte paraît en 1984, sans les photos, sous le titre de *L'Amant*.

Un album de famille sans photos

Dans l'Indochine des années 1920, « la petite » narratrice de quinze ans et demi se souvient de sa rencontre avec son futur amant, un riche Chinois de douze ans son aîné, sur le bac qui traverse le Mékong. En rébellion contre sa mère, qui lui préfère son frère aîné, l'adolescente entretient avec cet homme une liaison torride et scandaleuse qui déchire la famille et agite la communauté coloniale.

Initialement intitulé *La Photographie absolue*, ce récit, qui s'ordonne autour de photos absentes, permet à Duras d'évoquer la tragédie d'un amour fou et de retraverser le cours de son œuvre.

Une consécration publique

Dès sa sortie, *L'Amant* rencontre un foudroyant succès, renforcé par l'attribution du prix Goncourt : en moins d'un an, s'en écoulent plus d'un million d'exemplaires ! Considérée jusque-là comme un auteur difficile, Duras bénéficie depuis d'une reconnaissance publique et médiatique.

1914 Naissance de Duras

1910	1920	1930	1940	1950

1943 : *Les Impudents*
1950 : *Un barrage contre le Pacifique*
1952 : *Le Marin de Gibraltar*

Marguerite Duras, cinéaste

■ En 1959, en signant le scénario très remarqué d'*Hiroshima mon amour* d'Alain Resnais (1922-2014), Duras entame un profond renouvellement du langage cinématographique. Elle devient réalisatrice à partir de 1969 avec *Détruire, dit-elle*. Avec des films comme *Nathalie Granger* (1972) et *Le Camion* (1977), elle poursuit sa remise en cause de la représentation traditionnelle en privilégiant la parole au détriment de l'image.

India Song (1975), poème visuel et incantatoire de la passion amoureuse, marque l'aboutissement de son travail filmique. ■

Marguerite Duras et son frère
Cette photographie de la jeune Marguerite Duras en compagnie de son terrible frère aîné, dans le Saigon des années 1930, constitue sans doute l'une des photos évoquées par la narratrice dans *L'Amant*.

❝ *Très vite dans ma vie il a été trop tard. À dix-huit ans, il était déjà trop tard. Entre dix-huit ans et vingt-cinq ans mon visage est parti dans une direction imprévue. À dix-huit ans j'ai vieilli.* »
■ Marguerite Duras, *L'Amant*, © Minuit, 1984.

EMMANUELE RIVA

HIROSHIMA MON AMOUR

■ Affiche du film avec Emmanuelle Riva et Eiji Okada, 1959.

Le Ravissement de Lol V. Stein, roman de la sidération amoureuse

En 1964, Duras confirme son virage vers une modernité romanesque avec *Le Ravissement de Lol V. Stein*. Elle y raconte l'histoire de la jeune Lola Valérie Stein qui, le soir d'un bal à S. Tahla, perd la raison lorsqu'elle voit Michael Richardson, son fiancé depuis six mois, l'abandonner subitement pour Anne-Marie Stretter. Des années plus tard, après avoir épousé Jean Bedford, Lol reviendra sur les lieux du bal tragique qui la hante.

Dans ce roman de la folie amoureuse, Duras explore à travers son personnage un état d'absence à soi-même, qui aura un retentissement considérable.

L'Amant **1984**   Mort de Duras **1996**

| **1960** | **1970** | **1980** | **1990** |

1958 : *Moderato cantabile*   1969 : *Détruire, dit-elle*   1980 : *Les Yeux verts*   1987 : *Emily L.*   1993 : *Écrire*
1959 : *Hiroshima mon amour*   1975 : *India Song*   1982 : *La Maladie de la mort*
1964 : *Le Ravissement de Lol V. Stein*   1985 : *La Douleur*   1990 : *La Pluie d'été*
1966 : *Le Vice-consul*   1991 : *L'Amant de la Chine du Nord*

1984

Pierre Michon évoque des vies minuscules

Pierre Michon
né en 1945

Michon se fait connaître à la publication de *Vies minuscules*. Ce récit autobiographique, qui retrace la difficile genèse de sa vocation d'écrivain et réhabilite des vies modestes, bouleverse profondément la littérature au tournant des années 1980.

Une vocation majuscule

En 1984, à l'âge de trente-neuf ans, Pierre Michon fait une entrée tardive mais remarquée en littérature avec *Vies minuscules*. Cet originaire de la Creuse s'investit tout entier dans un recueil de huit récits, en hommage à quelques-uns de ses ancêtres de condition modeste.

> *Avançons dans la genèse de mes prétentions. Ai-je quelque ascendant qui fut beau capitaine, jeune enseigne insolent ou négrier farouchement taciturne ?* »
>
> ■ Pierre Michon, *Vies minuscules*, © Gallimard, 1984.

À travers ces récits de vie, Michon dessine son autobiographie en creux et revient sur la difficile genèse de son entrée en littérature. Dans une langue ciselée, tour à tour soutenue et populaire, *Vies minuscules* dépeint la lutte acharnée du futur écrivain, contraint de s'affranchir de ses origines paysannes pour accéder à la vocation majuscule de l'écrivain capable de transfigurer la vie des plus humbles.

Un auteur majeur

Récompensé par le prix France-Culture à sa parution en 1984, *Vies minuscules* n'offre pourtant pas à son auteur le succès attendu. Ce n'est que quelques années plus tard, avec les publications successives de *Vie de Joseph Roulin* (1988) et de *Rimbaud le fils* (1991), que Michon suscite l'admiration de ses contemporains.

En rompant avec le formalisme du Nouveau Roman pour lui préférer la trame plus linéaire des

La peinture, modèle de la littérature

En 1988, à la parution de *Vie de Joseph Roulin*, Michon affirme son goût pour la peinture à travers la figure de ce facteur dont Van Gogh (1853-1890) réalisa de nombreux portraits. Pour Michon, qui rend encore hommage à Goya (1746-1828) et à Watteau (1684-1721) dans *Maîtres et serviteurs* (1990), la littérature doit s'inspirer de la capacité de la peinture à magnifier les êtres les plus humbles.

Dans *Les Onze* (2009), la peinture devient, par l'entremise de l'artiste fictif François-Élie Corentin, le support d'une réflexion sur le sens de l'histoire.

récits de vie, Pierre Michon est couronné par de nombreuses récompenses, dont le Grand Prix du roman de l'Académie française en 2009 pour *Les Onze*. Il s'impose comme l'un des auteurs majeurs de sa génération.

1945 Naissance de Michon

1940 — 1950 — 1960 — 1970 — 19

> *Nous sommes des crapules romanesques. Non nous ne lisons pas, moi pas plus que les autres. C'est un poème que nous écrivons.* »

■ Pierre Michon, *Rimbaud le fils*, © Gallimard, 1991.

Les récits de filiation de Pierre Bergounioux

Pierre Bergounioux, né en 1949 à Brive-la-Gaillarde, quitte prématurément les plateaux de la Haute-Corrèze où il a grandi, pour suivre à Paris des études de lettres. Il fera de ce déracinement la source d'inspiration majeure de son œuvre marquée, comme son premier roman *Catherine* (1984), par sa quête des origines.

Dans un style violent hérité de Faulkner, Bergounioux poursuit son exploration du monde rural de son enfance dans *Le Grand Sylvain* (1993) et *Miette* (1995). Il est aussi l'auteur du riche *Carnet de notes* (2006-2011), témoin de trente ans de vie intellectuelle, que Pierre Michon admire avec ferveur. ■

984	Vies minuscules		
	1990	**2000**	**2010**
1988 : *Vie de Joseph Roulin*	1996 : *La Grande Beune* ; *Le Roi du bois*		2009 : *Les Onze*
	1990 : *Maîtres et serviteurs*	1997 : *Mythologies d'hiver* ; *Trois Auteurs*	
		2002 : *Corps du roi* ; *Abbés*	2007 : *Le roi vient quand il veut. Propos sur la littérature*
1 : *Rimbaud le fils*			

1986

Koltès fustige la violence sociale

Bernard-Marie Koltès
1948-1989

Dans la solitude des champs de coton illustre un dialogue entre un dealer et son client, emblématique de la violence des rapports sociaux tant réprouvée par Bernard-Marie Koltès. Mise en scène par Patrice Chéreau, la pièce fait un triomphe.

Un dramaturge en lutte contre la société

En 1964, alors qu'il suit le rigoureux enseignement des frères jésuites, Bernard-Marie Koltès découvre la poésie d'Arthur Rimbaud (1854-1891). À l'instar du poète, il veut s'arracher au conformisme de sa famille bourgeoise en faisant de lointains voyages. En 1968, il découvre New York où il s'enthousiasme pour William Shakespeare (1564-1616). Mais c'est un an plus tard, en voyant Maria Casarès (1922-1996) jouer dans *Médée* de Sénèque, qu'il entreprend d'écrire pour le théâtre.

Il obtient la reconnaissance de la critique en 1977, avec le monologue poétique de *La Nuit juste avant les forêts*. En 1982, il connaît le succès public, lorsque Patrice Chéreau (1944-2013) met en scène son *Combat de nègre et de chiens*, qui accuse la barbarie de la société postcoloniale. En 1986, Koltès poursuit sa dénonciation virulente des codes sociaux avec *Dans la solitude des champs de coton*.

Un dialogue philosophique entre un dealer et son client

Dialogue à deux voix, *Dans la solitude des champs de coton* met en scène le dealer et son client, un Blanc et un Noir. Mais quel est l'objet de leur échange ? Le client désire-t-il de la drogue ou quelque chose qu'il ne peut s'offrir ? Et si paradoxalement le dealer était à la merci du bon vouloir du client et si l'échange ne constituait que les prémices d'un violent conflit ?

S'inspirant des dialogues philosophiques du XVIIIᵉ siècle, Koltès livre, dans une langue ciselée et poétique, une réflexion pessimiste sur la violence des rapports humains. Il dénonce l'aliénation d'un monde crépusculaire où les échanges sont essentiellement lucratifs, condamnant l'homme à la solitude et rendant sa parole inapte à la communication.

Une mort prématurée

Montée triomphalement en 1987 par Chéreau, la pièce apporte une reconnaissance internationale à Koltès qui, malade, meurt en 1989, juste après avoir achevé sa dernière pièce, *Roberto Zucco*.

336

1948 Naissance de Koltès

1940   1950   1960

Dans la solitude des champs de coton

En 1995, au théâtre du Havre, Patrice Chéreau monte de nouveau la pièce de Koltès où il joue lui-même le rôle du dealer, et Pascal Greggory celui du client.

> 66 *Nous ne sommes pas, vous et moi, perdus seuls au milieu des champs. Si j'appelais de ce côté, vers ce mur, là-haut, vers le ciel, vous verriez des lumières briller, des pas approcher, du secours.* »
>
> ■ Bernard-Marie Koltès, *Dans la solitude des champs de coton*, © Minuit, 1986.

Patrice Chéreau, metteur en scène de Koltès

Patrice Chéreau (1944-2013) se fait connaître par ses mises en scènes audacieuses, qui revisitent les auteurs dramatiques Marivaux et Eugène Labiche ou encore le compositeur Richard Wagner.

Directeur du théâtre des Amandiers dès 1982, il y monte avec inventivité les pièces de Koltès qu'il contribue à rendre populaires.

Parallèlement à une carrière de cinéaste avec *L'Homme blessé* (1983) ou *La Reine Margot* (1994), Chéreau poursuit ses mises en scène théâtrales, de plus en plus minimalistes. Après *Coma* de Pierre Guyotat (2011), il travaillait à la réalisation de *Des Hommes* (2009), adapté du roman de Laurent Mauvignier, au moment de sa mort. ■

Roberto Zucco, un testament théâtral

Ultime pièce de Koltès, *Roberto Zucco* (1990) s'inspire de la figure de Roberto Succo, meurtrier en série qui avait défrayé la chronique en 1987 en semant la terreur en France, en Italie et en Suisse. Le dramaturge provoquera le scandale en faisant de l'assassin sanguinaire un être fabuleux et surnaturel, en quête de pureté.

Héritier d'Hamlet et d'Arthur Rimbaud, *Roberto Zucco* offre enfin à Koltès son testament théâtral où la violence du langage poétique défie les codes dramaturgiques.

Dans la solitude des champs de coton 1986 | Mort de Koltès 1989

1970   1980

1971 : *Procès ivre*   1977 : *La Nuit juste avant les forêts*   1984 : *La Fuite à cheval très loin dans la ville*   1985 : *Quai ouest*

1979 : *Combat de nègre et de chiens*   1988 : *Le Retour au désert*

1990 : *Roberto Zucco*

Quignard érige la musique en langage idéal

Pascal Quignard
né en 1948

Pascal Quignard triomphe avec *Tous les matins du monde*, un roman historique où la musique apparaît comme le langage idéal pour apaiser les âmes meurtries. Porté à l'écran, le film coécrit par Quignard et Corneau relance la mode de la musique baroque.

Un lettré des temps modernes

En 1964, à l'âge de seize ans, Pascal Quignard est frappé de longues périodes de mutisme comme dans son enfance. Devant la violence de ce langage impossible à maîtriser, l'adolescent, né dans une famille de linguistes et d'organistes, décide de se réfugier dans la musique et l'écriture. En 1969, après des études de philosophie, il publie un essai intitulé *L'Être du balbutiement*.

Passionné par l'Antiquité et le XVIIe siècle, Quignard révèle sa fascination pour le silence dans des fictions lettrées et historiques comme *Carus* paru en 1979. Cet écrivain mélomane, fondateur du festival de musique baroque de Versailles, publie en 1991 un roman sur la musique baroque : *Tous les matins du monde*.

Le roman musical du Grand Siècle

Au XVIIe siècle, M. de Sainte-Colombe, un éminent joueur de viole de gambe qui vient de perdre sa femme, entretient un dialogue avec elle par le biais de la musique, le langage idéal pour exprimer ses sentiments. Reclus, l'homme élève seul ses deux filles jusqu'au jour où arrive chez lui Marin Marais, un jeune garçon qui ambitionne de devenir musicien de renom. Mais Marin Marais va décevoir son maître.

Écrit dans une langue musicale et ouvragée, *Tous les matins du monde* réhabilite Sainte-Colombe et Marin Marais, deux figures oubliées du XVIIe siècle.

> *Tous les matins du monde sont sans retour.* »
>
> ■ Pascal Quignard, *Tous les matins du monde*, © Gallimard, 1991.

Le triomphe d'un écrivain discret

Amplifié par le film d'Alain Corneau (1943-2010), le succès de *Tous les matins du monde* permet à Quignard de se retirer de la vie publique pour se consacrer exclusivement à l'écriture. Homme discret, il se voit décerné en 2002 le prix Goncourt pour *Les Ombres errantes*, premier tome du *Dernier Royaume*, un recueil de textes brefs poétiques et philosophiques.

	1948 Naissance de Quignard			
1940	**1950**	**1960**	**1970**	**19**

1969 : *L'Être du balbutiement*
1974 : *La parole de la D*
1976 : *Le Lecteur*
1979 : *Carus*
1981-1990 : *Petits Traités*

L'érudition poétique des *Petits traités*

Conçus musicalement comme une suite de variations baroques, les huit volumes des *Petits Traités* (1981-1990) mêlent à des récits de vie d'auteurs connus et méconnus des réflexions sur l'art de lire. S'inspirant du janséniste Pierre Nicole (1625-1695), Quignard prône, à travers ses interrogations sur le silence et sur la mort, le rejet du contemporain au profit des Anciens et du XVIIe siècle.

Plus tard, les huit tomes du *Dernier Royaume* (2002-2014) radicalisent ce choix, l'auteur considérant que seule la valorisation du passé permet d'apprivoiser l'avenir.

J'espère être lu en 1640. »

■ Pascal Quignard, *Petits Traités*, © Clivages, 1981.

Gérard Macé, l'encyclopédie d'un rêveur

Né à Paris en 1946, Gérard Macé explore la puissance créatrice de la mémoire. Du *Jardin des langues* (1974) à *Illusions sur mesure* (2004), son œuvre, entre prose et poésie, se présente comme l'encyclopédie d'un homme qui rêve sa propre vie.

Adepte des formes brèves et des biographies imaginaires, Macé est un colporteur d'histoires qui interroge, au-delà de ses propres souvenirs, la puissance des fantômes du passé à hanter les hommes, comme dans *Vies antérieures* (1991). ■

Le XXIᵉ siècle

Une ère nouvelle ?

Dans un monde secoué par
de violentes crises économiques
et politiques, la littérature française
reflète, en ce début de millénaire,
l'inquiétude des écrivains hantés
par les atrocités du XXᵉ siècle
et par la fin des idéologies.
Jean Echenoz, Marie NDiaye,
Antoine Volodine, Laurent Mauvignier
ou Tanguy Viel, tous et bien d'autres
interrogent cette époque troublée,
ouvrant une ère nouvelle où la réalité
sociale et l'histoire, teintées
de romanesque et de mélancolie,
font un retour en force
dans la littérature.

Salon du livre, 2014.

Un retour au réel ?

Accusée dans le sillage du Nouveau Roman, qui privilégiait le formalisme, de ne plus décrire le réel, la littérature retrouve aujourd'hui une vocation populaire en se faisant l'écho des soubresauts de la société comme dans le roman social de François Bon. Alors qu'Emmanuel Carrère interroge l'actualité à travers des faits divers, Michel Houellebecq invente un nouveau naturalisme qui reflète la réalité de l'homme contemporain. Polémique et virulente, la littérature n'est pas en crise mais dépeint la crise.

Le goût du romanesque

La littérature renoue aussi avec le plaisir de raconter. Jean Echenoz, Éric Chevillard et Julia Deck s'amusent des codes de la littérature populaire. Le romanesque déferle dans les histoires identitaires et sombres de Marie NDiaye comme dans les sagas de Sylvie Germain, quand Jean-Marie Gustave Le Clézio se fait le conteur humaniste des peuples oubliés.

Une écriture de la mélancolie

Parallèlement s'affirme une écriture mélancolique qui témoigne d'une inquiétude profonde face à un monde apocalyptique. Le post-exotisme d'Antoine Volodine et les filiations impossibles de Frédéric-Yves Jeannet engagent une réflexion désenchantée sur l'histoire. La parole théâtrale de Valère Novarina dénonce les dérives du langage. Par sa virulence, la quête existentielle acharnée de Pierre Guyotat, Dominique Fourcade et Christine Angot révèle le besoin inaltérable de recouvrer le goût de vivre.

Une nouvelle génération d'écrivains

Inquiète, la littérature est aussi porteuse d'espoir. De Tanguy Viel à Camille de Toledo émerge une « génération discrète » qui entend faire de la littérature l'espace d'expression de toute une communauté. Écrivains d'inventaire plus que d'invention, ils désirent dépasser les déchirures de l'histoire. Entre héritage et renouvellement, le XXIe siècle a bel et bien commencé en littérature.

1999
Echenoz, *Je m'en vais*

2006
Novarina, *L'Espace furieux*

2008
Le Clézio reçoit
le prix Nobel de littérature

2009
Mauvignier, *Des hommes*

2013
Viel, *La Disparition
de Jim Sullivan*

V⁰ **République**

Depuis 1948 Construction européenne

2010
Bouquet,
Nos amériques

2010
Houellebecq,
La Carte et le Territoire

2001
NDiaye, *Rosie Carpe*

2011
Toledo,
Vies pøtentielles

1999
Volodine, *Des anges mineurs*

2012
Angot, *Une semaine
de vacances*

Jean **Echenoz** réinvente le **roman d'aventures**

Jean Echenoz
né en 1947

Avec *Je m'en vais*, son huitième roman, Jean Echenoz revisite, entre ironie et mélancolie, le roman d'aventures. L'ouvrage est consacré par le prix Goncourt en 1999 et marque le tournant du siècle en littérature.

Un écrivain qui revisite la littérature

En 1957, à l'âge de dix ans, alors qu'il passe ses après-midi à lire, Jean Echenoz s'enthousiasme pour la fantaisie verbale d'*Ubu roi* d'Alfred Jarry (1873-1907). Adolescent, la découverte de Gustave Flaubert (1821-1880) puis de Raymond Queneau (1903-1976) confirme son goût pour l'écriture.

Mais c'est à l'âge de trente-deux ans qu'il publie son premier roman, *Le Méridien de Greenwich* (1979), une parodie de récit picaresque. En 1983, *Cherokee*, hommage au jazz et au roman policier, reçoit le prix Médicis. Après *Nous trois* (1992), une variation sur le roman d'anticipation, puis *Un an* (1996), Echenoz explore en 1999 le roman d'aventures avec *Je m'en vais*.

Un roman géographique et mélancolique

Félix Ferrer, marchand d'art parisien, part, sur les conseils de Delahaye son associé, à la recherche d'un trésor inuit enfoui dans le *Nechilik*, navire échoué depuis un demi-siècle dans les glaces du Grand Nord. Mais les rebondissements s'enchaînent : voyages, vol du trésor, disparition de Delahaye, enquête, multiplication des aventures sentimentales de Ferrer.

Je m'en vais détourne avec humour et ironie les codes stéréotypés du roman d'aventures, du roman policier et du roman de mœurs. De ces réécritures naît un roman géographique où l'espace, de Paris au Grand Nord en passant par le sud-ouest de la France et le Pays basque, est le véritable héros. Mais derrière le détournement ludique perce la mélancolie d'un héros malade, condamné à la solitude et à l'ennui, emblématique du mal qui ravage le monde.

La consécration du prix Goncourt

Succès public, *Je m'en vais*, qui remporte le prix Goncourt, marque un tournant dans l'œuvre en plein essor d'Echenoz. En témoigne la fortune de *Ravel* (2006), le premier tome d'un triptyque sur la vie imaginaire d'hommes illustres, qui se poursuit avec *Courir* (2008) sur l'athlète Emil Zàtopek et s'achève avec *Des éclairs* (2010) sur l'inventeur Nikola Tesla. Porté par cet engouement, Echenoz interroge l'Histoire dans *14* (2012), sa fresque sur la Grande Guerre.

La Grande Réserve

Echenoz dépeint longuement ce tableau roman-tique dans *Cherokee* (1983). Son souvenir hante les descriptions du pôle Nord dans *Je m'en vais* et renvoie à la photo de l'épave du *Nechilik* pris dans la glace, à l'origine du roman.

Caspar David Friedrich (1774-1840) huile sur toile, 73,5 × 102,5 cm, 1833. Dresde, Gemäldegalerie.

> « *Je m'en vais, dit Ferrer, je te quitte. Je te laisse tout mais je pars. Et comme les yeux de Suzanne, s'égarant vers le sol, s'arrêtaient sans raison sur une prise électrique, Ferrer abandonna ses clefs sur la console de l'entrée.* »

◼ Jean Echenoz, *Je m'en vais*, © Minuit, 1999.

Jean-Philippe Toussaint, l'élégance d'aimer

En 1985, ce jeune Belge (né en 1957) fait une entrée remarquée en littérature à la parution de son roman minimaliste, *La Salle de bains*. Après plusieurs récits écrits avec la même distanciation ironique et burlesque, Toussaint entame, en 2002, « Le cycle de Marie », vaste fresque romanesque en quatre volumes : *Faire l'amour* (2002), *Fuir* (2005), *La Vérité sur Marie* (2009) et *Nue* (2013). À travers la figure insaisissable de Marie, l'écrivain dépeint, entre mélancolie et élégance, les atermoiements des passions contemporaines. ◼

Les « romanciers impassibles », une nouvelle école ?

En 1989, Jérôme Lindon, directeur des Éditions de Minuit, désireux de renouer avec le succès du Nouveau Roman, regroupe, sous l'appellation de « romanciers impassibles », de jeunes auteurs comme Jean Echenoz, Jean-Philippe Toussaint, Éric Chevillard, Christian Oster et Christian Gailly. Considérés comme des « écrivains minimalistes », ils semblent partager le goût de la parodie des codes romanesques et de l'ironie. Rejoint par Éric Laurrent et Patrick Deville, le nouveau groupe, qui revendique l'originalité de chaque œuvre, ne connaît pas la même fortune médiatique que son aîné, chacun se défendant d'appartenir à une quelconque école.

Je m'en vais **1999**

1990	2000	2010

1986 : *L'Équipée malaise*   1995 : *Les Grandes Blondes*   2003 : *Au piano*   2008 : *Courir*   2014 : *Caprice de la reine*

1989 : *Lac*   1996 : *Un an*   2001 : *Jérôme Lindon*   2010 : *Des éclairs*

1992 : *Nous trois*   2006 : *Ravel*   2012 : *14*

Des anges mineurs incarnent le **post-exotisme**

Antoine
Volodine
né en 1949
ou 1950

À rebours de l'exotisme qui permet de s'évader,
le post-exotisme inventé par Volodine évoque l'envers
mélancolique et sombre d'un ailleurs imaginaire.
Des anges mineurs sont l'archétype de cette littérature
étrange et étrangère qui tente de faire oublier
les traumatismes de la civilisation occidentale.

Un écrivain post-exotique

Discret sur sa vie, Antoine Volodine, dont on ignore jusqu'au véritable nom, s'est toujours effacé derrière son œuvre. Né en 1949 ou 1950, il grandit à Lyon, enseigne le russe pendant quinze ans, voyage en Asie et se consacre à l'écriture dès 1985, sous le pseudonyme de Volodine. Après avoir longtemps vu ses manuscrits refusés par les maisons d'édition qui les jugeaient trop atypiques, Volodine accepte d'être publié sous l'étiquette SF. En 1987, *Rituel du mépris* obtient le Grand Prix de la science-fiction.

Son univers poétique et étrange, constitué de déserts apocalyptiques, de steppes russes, de forêts sud-asiatiques et de décombres, mêle à son goût du surnaturel un sens aigu du polar. À ce primat de l'imaginaire sur un réel réduit à néant s'ajoute la mise à mort des notions de narrateur et d'auteur.

Cette forme romanesque inédite qui se déploie dans *Lisbonne, dernière marge* (1990), est une arme politique pour l'écrivain post-exotique. Car refuser toute compromission avec la littérature revient, pour Volodine, à rompre avec un système qu'il rend responsable des traumatismes historiques du xxe siècle.

Des anges mineurs, parus un an après la codification de cette pratique dans *Le Post-exotisme en dix leçons, leçon onze* (1998), illustrent cette prise de position.

Le monde mélancolique du post-exotisme

Au milieu d'immeubles dévastés par la guerre, Enzo Mardirossian, Fred Zenfl et Sophie Gironde cherchent à se faire entendre avant l'anéantissement de l'humanité. Emprisonnés ou cachés dans les gravats, ces poètes et musiciens mélancoliques tentent de reconstituer l'histoire de leur civilisation disparue. En quarante-neuf brèves séquences nommées « narrats », Volodine crée un univers où le désespoir d'hommes appelés à mourir s'allie à l'humour le plus noir.

Couronnés par le prix Wepler et par le prix du Livre Inter, *Des anges mineurs* consacrent une œuvre entre fantastique et contestation politique qui culmine en 2014 avec *Terminus radieux*.

1949 ou 1950 Naissance de Volodine

1950	1960	1970	1980

1985 : *Biographie comparée de Jorian Murgr*

*Sous le pseudonyme de Lutz Bassmann

346

> *Je ne cache pas
> que je crisperai le poing
> sur un billet où j'aurais
> pris soin de spécifier,
> pour le cas où l'affaire
> tournerait mal : Quoiqu'il
> arrive, qu'on n'accuse
> personne de ma vie.* »

▪ Antoine Volodine, *Des anges mineurs*, © Seuil, 1999.

Fasciné par la culture asiatique, Volodine s'associe au photographe Olivier Aubert dans *Macau* : les clichés de la ville délabrée de Macao font écho aux ruines de son univers post-exotique.

Antoine Volodine, Olivier Aubert, *Macau*, © Seuil, 2009.

Le post-exotisme : une communauté d'auteurs imaginaires

En 1998, dans *Le Post-exotisme en dix leçons, leçon onze*, son manifeste théorique et poétique, Volodine dévoile une longue liste d'écrivains imaginaires qui, selon lui, composent la littérature post-exotique et peuplent ses récits.

Parmi eux figurent Lutz Bassmann, Manuela Draeger, Elli Kronauer ou encore Ingrid Vogel, autant d'hétéronymes d'Antoine Volodine lui-même.

Il publie certaines de ses œuvres sous leurs noms respectifs : Lutz Bassmann pour *Haïkus de prison* (2008) ou Manuela Draeger pour *Onze rêves de suie* (2010). Unis par leur peinture d'un univers dantesque, ces romanciers imaginaires constituent une communauté qui survit par le rêve et le comique le plus sombre.

Éric Chevillard, romancier ludique des ruines

Héritier de Samuel Beckett et de Georges Perec, Éric Chevillard (né en 1964) traite sur un mode ludique des sujets graves, ainsi que l'illustre son premier roman *Mourir m'enrhume* (1987), hanté par la destruction et le suicide.

Dans ses romans *L'Œuvre posthume de Thomas Pilaster* (1999) et *Le Désordre azerty* (2014), il ne cesse de questionner les codes narratifs pour livrer, entre dérision et désespoir, la vision d'un monde apocalyptique dont l'avènement menace l'humanité. ▪

Des anges mineurs **1999**

1990	2000	2010

86 : *Rituel du mépris*   1996 : *Le Port intérieur*   2004 : *Bardo or not Bardo*   2014 : *Terminus radieux*

1990 : *Lisbonne, dernière marge*   1998 : *Le Post-exotisme en dix leçons, leçon onze*   2010 : *Les aigles puent*

1991 : *Alto Solo*   2009 : *Macau*   2012 : *Danse avec Nathan Golshem*

2008 : *Haïkus de prison ; Avec les moines-soldats*

Marie **NDiaye** dévoile le **destin** chaotique **de Rosie Carpe**

Marie
NDiaye
née en 1967

Distingué par le prix Fémina en 2001, *Rosie Carpe*
illustre, à travers le destin chaotique de son héroïne,
l'un des thèmes les plus caractéristiques de l'univers
romanesque de Marie NDiaye : le déracinement.

Une romancière précoce

En 1984, Marie NDiaye, en terminale au lycée Lakanal de Sceaux,
n'a que dix-sept ans lorsque Jérôme Lindon, le directeur des Éditons de Minuit, publie
son premier roman, *Quant au riche avenir*. Trois ans plus tard, l'adolescente originaire
de Pithiviers, de mère française et de père sénégalais, conforte son statut d'écrivain
en publiant *Comédie classique*, roman d'une seule phrase, salué par la critique.

Mais c'est en 1989, avec *La Femme changée en bûche*, que Marie NDiaye affirme la
singularité de son univers romanesque, entre réalisme social et onirisme fantastique. Après *En famille* (1991), influencé par le roman américain, *La Sorcière* (1996)
qui explore un réel mystérieux, son originalité se confirme en 2001 avec *Rosie Carpe*,
vaste roman dont l'écriture s'étend sur cinq ans.

348

Le destin d'une femme brisée

Rosie Carpe raconte le sombre destin de Rose-
Marie Carpe, qui passe son enfance à Brive-
la-Gaillarde avec son frère Lazare. Lorsque,
pour ses études, Rosie monte à Paris, la vie
prend un tour inattendu : elle perd trace de
son frère et échoue à ses examens. Devenue
hôtesse d'accueil dans un sinistre hôtel de
banlieue tenu par un homme dont elle a un
fils non désiré, Rosie décide de fuir en Guadeloupe pour retrouver Lazare et ses parents.

> " *Mais elle avait cessé
de croire que son frère Lazare
serait là pour les voir arriver,
elle et Titi, que Lazare, frère
aîné, aurait le bon goût de lui
épargner l'attente inquiète et
légèrement humiliante parmi
la foule de vacanciers que les
hôtes rétribués, eux, venaient
chercher… »*

■ Marie NDiaye, *Rosie Carpe*, © Minuit, 2001.

À travers ce parcours chaotique, Marie NDiaye livre une réflexion sur l'errance
et le déracinement.

L'un des auteurs français les plus lus

Lauréate du prix Goncourt pour *Trois Femmes puissantes*, Marie NDiaye est devenue
l'auteur le plus lu de l'année 2009 et le titre, l'un des livres français les plus populaires de la décennie. Dans son dernier roman, *Ladivine* (2013), elle poursuit son
analyse du déracinement.

| 1967 | Naissance de Marie NDiaye |

| 1960 | 1970 | 1980 |

1985 : *Quant au riche avenir*
1987 : *Comédie classique*
1989 : *La Femme changée en bûche*

Trois Femmes puissantes, roman de la consécration

Trois Femmes puissantes (2009) est un roman polyphonique qui croise trois destins de femmes unies par leur indéfectible puissance morale.

Il s'ouvre sur l'histoire de Norah, l'avocate parisienne qui abandonne les siens pour retrouver son père en Afrique. Suit celle de Fanta, qui a quitté son Sénégal natal, et se morfond avec son époux dans une morne vie de province. Enfin il y a Khady, jeune Africaine, contrainte de fuir clandestinement son pays.

Papa doit manger
En 2003, André Engel met en scène la pièce de Marie NDiaye à la Comédie-Française avec Bakary Sangaré dans le rôle principal.

Sylvie Germain et Marie Darrieussecq, deux autres voix au féminin

Dès son premier roman, *Le Livre des nuits* (1984), Sylvie Germain (née en 1954) affirme son goût du romanesque. Entre histoire et mythologie, elle offre un univers poétique à l'écriture baroque. *Magnus* (2005) explore avec lyrisme les méandres d'une saga familiale. Portée par le même attrait pour la légende, Marie Darrieussecq (née en 1969) connaît le succès avec *Truismes*, l'histoire d'une femme changée en truie. De *Naissance des fantômes* (1998) à *Il faut beaucoup aimer les hommes* (2013), la romancière mêle histoires aux accents fantastiques et récit de soi. ■

	Rosie Carpe	**2001**		
1990		**2000**		**2010**
1991 : *En famille*	1999 : *Hilda*	2003 : *Papa doit manger*	2009 : *Trois Femmes puissantes*
...4 : *Un temps de saison*	1996 : *La Sorcière*	2007 : *Mon cœur à l'étroit*	2011 : *Les Grandes Personnes*
			2013 : *Ladivine*

Novarina entre au répertoire de la Comédie-Française

Amoureux de la langue et dramaturge exubérant, Valère Novarina met en scène sa propre pièce, *L'Espace furieux* à la Comédie-Française. Insigne honneur pour un auteur d'y entrer de son vivant.

Valère
Novarina
né en 1947

Un dramaturge de la démesure

Fils d'un architecte et d'une comédienne, qui lui donne très tôt le goût du théâtre, Valère Novarina grandit en Savoie, sensible au multilinguisme de sa région natale. Dès l'âge de onze ans, il s'attache à écrire tous les jours, fasciné par les mots et la puissance du langage.

À la fin des années 1960, le jeune étudiant en philosophie, qui fréquente les metteurs en scène Roger Blin et Marcel Maréchal, se lance dans l'écriture dramatique. Sa première pièce, *L'Atelier volant*, représentée en 1974, marque le début d'une œuvre foisonnante où le langage règne en maître. Personnage à part entière, il se déverse sur scène avec des torrents de mots, outranciers, familiers, ou forgés de toutes pièces comme dans *Le Babil des classes dangereuses* (1978). Truculents et imagés, les mots sont charriés par une multiplicité impressionnante de personnages : l'imposant *Drame de la vie* (1984) en convoque plus de deux mille.

Auteur, metteur en scène mais aussi peintre et décorateur de ses propres spectacles, ce dramaturge de la démesure questionne et bouscule l'art dramatique. Son audience grandissante culmine en 2006 quand il entre au répertoire de la Comédie-Française avec *L'Espace furieux*.

> *La voix est dans mon cœur, c'est seulement son écho que vous entendiez dans ma bouche.* »
>
> ■ Valère Novarina, *L'Espace furieux*, © P.O.L., 2006.

Un théâtre de paroles

Adaptation scénique de son roman théâtral *Je suis* (1991), *L'Espace furieux*, paru en 1996, met en scène les échanges de six personnages. Désignés par le dramaturge comme des « appelants », chacun d'eux interroge la formule « je suis » pour tenter de savoir ce qu'elle représente. *L'Espace furieux* est une expérience théâtrale radicale et poétique qui évoque les limites de la représentation. Car si le théâtre est bien l'espace où s'expriment les mots, la parole permet-elle seulement aux appelants de communiquer entre eux ?

> *Parler est un drame. Chaque mot est un reste de scène. Le théâtre est l'art de m'ouvrir la tête.* »
>
> ■ Valère Novarina, *Pendant la matière*, © P.O.L., 1991.

1947 Naissance de Novarina

| 1940 | 1950 | 1960 | 1970 | 198 |

1974 : *L'Atelier volant*
1978 : *Le Babil des classes dangereuses*
1979 : *Lettre aux acteurs*
1984 : *Le Drame de*

Jean-Luc Lagarce, un dramaturge redécouvert tardivement

Metteur en scène et comédien, Jean-Luc Lagarce (1957-1995) se fait connaître en montant des pièces d'Eugène Ionesco et de Samuel Beckett dont l'influence se reflète dans sa première œuvre, *Erreur de construction* (1977).

Des *Serviteurs* (1981) au *Pays lointain* (1995), Lagarce offre un théâtre minimaliste où les personnages reviennent parmi les leurs pour se faire reconnaître, souvent en vain. Ce n'est toutefois que dans les années 2000, après sa disparition, qu'il devient l'un des dramaturges les plus joués. ■

L'Espace furieux

Les « appelants » interrogent avec poésie les limites de la représentation en montrant que le langage peut être un obstacle à la communication entre les hommes.

Mise en scène par Valère Novarina à la Comédie-Française en janvier 2006.

351

Arthur Nauzyciel, le renouveau de la mise en scène

Ancien élève d'Antoine Vitez, Arthur Nauzyciel (né en 1967) se fait remarquer, en 1999, dès son premier spectacle, *Le Malade imaginaire ou le Silence de Molière*, qui illustre sa conception du théâtre comme lieu de réconciliation entre vivants et morts. Il rencontre le succès très tôt à l'étranger, avec ses mises en scène plastiques et novatrices de Bernard-Marie Koltès, William Shakespeare et Anton Tchekhov, où s'invite la danse contemporaine. Depuis sa nomination en 2007, il dirige le Centre dramatique national d'Orléans. ■

L'Espace furieux à la Comédie-Française | **2006**

| 1990 | 2000 | 2010 |

1986 : *Pour Louis de Funès*   1995 : *La Chair de l'homme*   2010 : *Le Vrai Sang*
1987 : *Le Discours aux animaux* 1996 : *L'Espace furieux*   2012 : *La Quatrième Personne du singulier*
1989 : *Le Théâtre des paroles*   2000 : *L'Origine rouge*
1991 : *Je suis ; Pendant la matière*

Le Clézio reçoit le prix Nobel de littérature

Au terme de plus de quarante ans d'écriture, Jean-Marie Le Clézio est couronné par le prix Nobel pour l'ensemble de son œuvre humaniste.

Jean-Marie
G. Le Clézio
né en 1940

Un romancier de la révolte

Issu d'une famille d'origine bretonne émigrée au XVIIIᵉ siècle à l'île Maurice, Jean-Marie Gustave Le Clézio grandit à Nice loin de son père, médecin britannique en poste au Nigeria. Encouragé par sa grand-mère et par sa mère qui l'élèvent, il commence à écrire à l'âge de sept ans. Mais c'est en 1948, en partant retrouver son père en Afrique, que naît véritablement sa vocation d'écrivain et son goût pour les horizons lointains.

En 1963 paraît *Le Procès-verbal*, son premier roman influencé par Albert Camus (1913-1960) et par le Nouveau Roman. Le livre est récompensé par le prix Renaudot. De *La Fièvre* (1965) jusqu'aux *Géants* (1973), Le Clézio amorce alors une œuvre romanesque d'une modernité radicale qui exprime sa révolte contre la société consumériste et préconise la fuite loin de la fureur urbaine.

> *Je veux écrire une autre parole qui ne maudisse pas, qui n'exècre pas, qui ne vicie pas, qui ne propage pas de maladie.* »
>
> Jean-Marie Le Clézio, *Mydriase*,
> © Fata Morgana, 1973.

Un virage humaniste

À partir de 1970, l'écrivain décide de changer de vie, s'installe au Mexique et partage le quotidien des Indiens Embera au Panama jusqu'en 1974. Cette expérience bouleversante le marque profondément.

Empreint de sagesse, il élabore une pensée humaniste qui se reflète dans son univers romanesque. *Désert*, publié en 1980, illustre sa quête poétique des origines et son retour mystique à la nature. Dans *Le Chercheur d'or* (1985), *Ourania* (2006) ou encore *La Quarantaine* (1995), Le Clézio exalte la richesse des peuples, clame son amour du monde et son unité retrouvée. Sensible à ce chant d'amour, le grand public ne cache pas son engouement pour l'œuvre du romancier.

Une reconnaissance internationale

L'attribution du prix Nobel en 2008, quelques jours après la parution de son roman *Ritournelle de la faim*, offre à cet écrivain de la réconciliation des peuples une reconnaissance internationale.

Un village indien embera où vécut Le Clézio dans les années 1970.

352

1940	Naissance de Le Clézio				
1940	1950	1960	1970	198

1963 : *Le Procès-verbal* 1966 : *Le Déluge* 1973 : *Les Géants*
1969 : *Le Livre des fuites* 1978 : *Mondo et autres histoires*
1980 : *Désert*

> « *Aujourd'hui, au lendemain de la décolonisation, la littérature est un des moyens pour les hommes et les femmes de notre temps d'exprimer leur identité, de revendiquer leur droit à la parole, et d'être entendus dans leur diversité.* »

▨ Jean-Marie Le Clézio, *Discours de Stockholm*, 2008.

Une trilogie d'inspiration autobiographique

Le Clézio élabore, au tournant des années 1990, une œuvre d'inspiration autobiographique. Poursuivant l'exploration du monde de l'enfance qu'il affectionne tant, il publie en 1991 *Onitsha*, un roman qui, à travers la figure du jeune Fintan parti en Afrique retrouver son père, est une transposition de son propre vécu. Dans *L'Africain* (2004), il livre, sans détour, un portrait de son père médecin. Enfin, en 2008, dans le dernier volet de la trilogie, il évoque la vie de sa mère, issue de la noblesse mauricienne et en butte à la barbarie du régime nazi, sous les traits d'Ethel, l'héroïque protagoniste de *Ritournelle de la faim*. ▨

▨ Jean-Marie Le Clézio lors de la cérémonie de remise du prix Nobel le 7 décembre 2008.

353

Le Clézio, un conteur nomade

L'écrivain, que sa fascination pour l'ère précolombienne a conduit à soutenir, en 1977, une thèse d'histoire sur le Michoacàn, une région du Mexique, fait du nomadisme un art de vivre. Il sillonne le monde, de l'Amérique latine à l'Océanie en passant par l'Afrique, à la rencontre de tribus méconnues dont il s'évertue à transmettre la culture. Ces voyages lui inspirent des recueils de contes – *Mondo et autres histoires* (1978) et *Tempête. Deux novellas* (2014). Si ses contes oniriques célèbrent la joie d'une fraternité entre les hommes, ils appellent aussi à la reconnaissance politique de civilisations négligées ou opprimées par l'Occident.

Ritournelle de la faim **2008**

1985 : *Le Chercheur d'or*	1990	1995 : *La Quarantaine*	2000	2004 : *L'Africain*	2010	2014 : *Tempête. Deux novellas*

1991 : *Onitsha*

2000 : *Cœur brûle et autres romances*

2006 : *Ourania*

Laurent **Mauvignier** raconte la **guerre d'Algérie**

Dans *Des hommes*, roman aux accents épiques, Laurent Mauvignier lève le voile sur le non-dit de la guerre d'Algérie.

Laurent Mauvignier né en 1967

Un écrivain de la parole intérieure

En 1997, Laurent Mauvignier, fraîchement diplômé des Beaux-Arts, connaît une période d'inactivité. Le jeune homme féru de littérature depuis son adolescence est alors encouragé à écrire par ses amis écrivains, François Bon et Tanguy Viel. Il rédige coup sur coup trois textes dont *Loin d'eux*. Publié en 1999, ce premier roman relate la tragique histoire de Luc qui monte à Paris, où il ambitionne de devenir serveur, puis met fin à ses jours. Le succès est immédiat.

Loin d'eux dévoile une parole intime, qui s'appuie sur le monologue intérieur pour traquer les silences liant les êtres humains. Cette exploration de la parole intérieure se poursuit dans *Apprendre à finir* (2000), couronné des prix Wepler et Inter.

Après *Dans la foule* (2006), Mauvignier se lance dans l'écriture de *Des hommes*, roman mûri durant une dizaine d'années qui revient sur un non-dit pesant sur son enfance : la guerre d'Algérie.

Le roman d'une guerre inavouable

Paru en 2009, *Des hommes* s'ouvre sur l'évocation de la fête d'anniversaire de Solange dans la salle communale de La Bassée. Sans y être invité arrive son frère Bernard, dit Feu-de-bois, qui provoque une violente altercation avec Chefraoui en le traitant de « bougnoule ».

Pour expliquer le comportement agressif de son cousin, Rabut évoque le passé : il y a quarante ans, alors que Bernard n'avait que dix-sept ans, il fut, comme lui et comme Février, un appelé de la guerre d'Algérie. Commence alors le récit bouleversant des combats.

> Et puis parce que la guerre c'est toujours des salauds qui la font à des types bien et que les types bien là il n'y en avait pas, c'était des hommes. »
>
> ■ Laurent Mauvignier, *Des hommes*, © Minuit, 2009.

À la manière d'une implacable tragédie, Mauvignier décrit, dans un style épique, la barbarie d'une guerre inavouable dont le souvenir, communément refoulé, hante l'existence de ces hommes meurtris.

1967 Naissance de Mauvignier

1960　　　　　　1970　　　　　　1980

Ce que j'appelle oubli

En 2012, le chorégraphe Angelin Preljocaj (né en 1957) porte à la scène *Ce que j'appelle oubli*, dans un ballet qui illustre la souffrance du protagoniste en butte à l'hostilité de la société et réduit à une solitude extrême.

François Bon, écrivain social

Né en 1953 d'une mère institutrice et d'un père mécanicien, François Bon grandit en Vendée. Après plusieurs années passées dans l'industrie aérospatiale, il relate son expérience de l'âpre vie quotidienne en usine dans son premier roman, *Sortie d'usine* (1982). Du *Crime de Buzon* (1986) à *Autobiographie des objets* (2012), son œuvre militante décrit les violentes mutations de la société contemporaine. François Bon fonde une nouvelle littérature du réel servie par une langue qui reflète la détresse intérieure et influence profondément Laurent Mauvignier et Tanguy Viel. ■

Dans la foule, roman de la tragédie du Heysel

Paru en 2006, *Dans la foule* constitue un tournant dans l'œuvre de Mauvignier. Délaissant les drames intimes, l'auteur évoque la tragédie du stade du Heysel qui, le 29 mai 1985, lors de la finale de la Coupe d'Europe de football entre la Juventus de Turin et Liverpool, fit trente-neuf morts et des centaines de blessés.

Dans ce récit polyphonique, Mauvignier fait entendre la voix d'hommes et de femmes, venus des quatre coins de l'Europe, malheureux témoins ou victimes de la barbarie humaine.

❝ *C'est pas comme un bijou mais ça se porte aussi, un secret. Du moins, lui, c'était marqué sur le front qu'il portait une histoire qu'il n'a jamais dite.* ❞

■ Laurent Mauvignier, *Loin d'eux*, © Minuit, 1999.

Des hommes **2009**

1990	2000	2010
1999 : *Loin d'eux*	2004 : *Seuls*	2006 : *Dans la foule*	2011 : *Ce que j'appelle oubli*
2000 : *Apprendre à finir*	2005 : *Le Lien*		2014 : *Autour du monde*
2002 : *Ceux d'à côté*			

2010

Stéphane **Bouquet** se fait poète des amériques

Avec *Nos amériques*, son quatrième recueil, Stéphane Bouquet poursuit sa quête de fraternité. Résolument démocratique, sa poésie, qui rêve d'une communauté où chacun aurait sa place, s'approprie les amériques plurielles dont il interroge les principes de liberté et d'égalité.

Stéphane Bouquet
Né en 1968

Un poète épris de fraternité

En 1968, peu avant la naissance de Stéphane Bouquet, son père, soldat américain, quitte la France pour ne plus jamais y revenir. Fasciné par cette figure absente qu'il ne retrouvera qu'en 2000, le jeune garçon grandit en nourrissant une passion pour la littérature américaine. Très tôt, il découvre le poète américain Walt Whitman (1819-1892) dont la poésie fraternelle l'impressionne durablement.

Dans les années 1990, il devient critique aux *Cahiers du cinéma* et écrit des scénarios. C'est à partir de 1998 qu'il se consacre exclusivement à la poésie. En 2000 paraît son premier recueil *Dans l'année de cet âge* suivi d'*Un monde existe* (2002), du *Mot frère* (2005) puis d'*Un peuple* (2007). Dans ces ouvrages aux titres évocateurs, Bouquet affirme sa volonté de tendre la main aux choses et aux êtres pour créer cette communauté, ce peuple auxquels aspire le poète. Son recueil *Nos amériques* (2010) prolonge cette quête de fraternité.

L'espoir poétique d'un peuple

À travers le récit de son voyage en Amérique et plus précisément à New York, sur les traces de son père et de son identité perdue, le poète de *Nos amériques*, porté par l'idéal démocratique du Nouveau Monde et par son rêve d'union, recherche les signes d'une possible renaissance dans la communauté des hommes.

Articulé en cinq parties comme autant de jalons d'un parcours existentiel, le recueil, où se mêlent prose et vers, mots rares et triviaux, abat les frontières entre le monde ordinaire et l'idéal paradisiaque. Comme pour faire naître de l'addition et de la juxtaposition de tous ces contrastes l'espoir poétique d'un peuple issu de cette pluralité.

Un poète contemporain des amours

Prolongeant sa quête identitaire, Bouquet renouvelle en 2013 la poésie amoureuse dans *Les Amours suivants*, recueil où l'érotisme constitue la preuve matérielle de l'existence au monde.

1968 Naissance de Bouquet

1960 | 1970 | 1980

La Traversée

En 2001, le cinéaste Sébastien Lifshitz (né en 1968) pour lequel Stéphane Bouquet a écrit de nombreux scénarios dont *Presque rien* (1999), filme le poète dans *La Traversée*, documentaire sur la recherche de son père vivant aux États-Unis.

Un peuple, un art poétique

En 2007, comme une respiration entre ses deux recueils *Le Mot frère* (2005) et *Nos amériques* (2010), Bouquet livre avec *Un peuple* une réflexion critique d'ampleur sur la poésie. Entre hommage, portrait et article de dictionnaire, il évoque, en quatre-vingt-cinq proses poétiques, les écrivains, pour l'essentiel anglo-saxons, à qui il doit sa vocation de poète. De Walt Whitman à William Carlos Williams, en passant par John Keats, Virginia Woolf, Wallace Stevens ou Gertrude Stein, il dévoile implicitement son art poétique. Pour Bouquet, écrire, c'est être porté par la quête d'une communauté d'idées et d'hommes dont le lien le plus fraternel et sensuel se ferait par la poésie.

357

> ❝ *Nous habitons leurs huttes de torse*
> *& faisons des poèmes de fumée*
> *après ils partent vers des conquêtes*
> *plus blanches*
> *le maïs saccagé et nous abandonnés*
> *dans les famines.* ❞

■ Stéphane Bouquet, *Nos amériques*, © Champ Vallon, 2010.

Dominique Fourcade, le langage poétique face à la mort

■ Figure centrale de la poésie contemporaine, Dominique Fourcade (né en 1938), ancien disciple de René Char, privilégie dans ses premiers recueils le même goût de l'aphorisme et de l'abstraction.

Après un long silence, il publie en 1984 *Rose-déclic* où il s'interroge sur la disparition du vers toujours menacé par la mort. Méditant sur la capacité de la poésie à dire l'actualité, il livre en 2005 une magistrale trilogie sur les exactions de l'armée américaine en Irak : *Sans lasso et sans flash, En laisse* et *Éponges modèle 2003*. ▪

> ❝ *Chaque poème*
> *espère quelqu'un,*
> *est la patiente diction*
> *de l'attente, chaque poème*
> *émet le vœu de contenir.* ❞

■ Stéphane Bouquet,
Un peuple, © Champ Vallon, 2007.

Michel **Houellebecq** remporte le **prix Goncourt**

Michel
Houellebecq
Né en 1956

Michel Houellebecq remporte en 2010 le prix Goncourt pour *La Carte et le Territoire*. Loin de ses sulfureuses provocations auxquelles il avait habitué son public, l'écrivain livre une réflexion mélancolique sur le destin incertain de l'art.

Écrivain provocateur ou critique de la société contemporaine ?

De son vrai nom Michel Thomas, Michel Houellebecq est né en 1956 à La Réunion. Après des études d'agronomie et de cinéma, il occupe différents emplois dans l'administration et compose, au début des années 1990, des recueils de poèmes qui passent inaperçus. C'est avec son roman *Extension du domaine de la lutte* (1994), puis avec *Les Particules élémentaires* (1998) qu'il se fait connaître. Son succès est foudroyant !

Son œuvre provocatrice suscite de virulentes polémiques. Sa peinture acerbe de la misère sexuelle et affective de l'homme contemporain et sa dénonciation du libéralisme qui condamne à la solitude, heurtent. Mais l'écrivain persiste et explore des thèmes sulfureux, comme la prostitution infantile dans *Plateforme* (2001) ou le clonage dans *La Possibilité d'une île* (2005). Il reçoit le prix Goncourt en 2010 pour son roman *La Carte et le Territoire*.

> 66 *L'absence d'envie de vivre, hélas, ne suffit pas pour avoir envie de mourir.*»
>
> ■ Michel Houellebecq, *Plateforme*, © Flammarion, 2001.

Un nouveau naturalisme

Plus apaisé et moins provocateur que ses précédents romans, *La Carte et le Territoire* décrit l'histoire de Jed Martin. Ce jeune artiste contemporain à succès dresse, sous une forme plastique, un inventaire raisonné des biens de consommation afin de dénoncer le règne de l'argent. Il rencontre alors Michel Houellebecq, retiré en Irlande, dont il peint le portrait et à qui il demande de rédiger le catalogue de son exposition en veillant à fustiger le mercantilisme contemporain…

Dans ce tableau naturaliste de la société des années 2000, Houellebecq fait un autoportrait sans concession auquel il mêle une réflexion mélancolique sur la place de l'art dans l'histoire. Au cynisme des premiers récits succède une ironie teintée de pessimisme sur le sort d'une humanité désemparée, au sein d'un monde où elle ne trouve plus sa place.

1956 Naissance de Houellebecq

| 1950 | 1960 | 1970 | 1980 |

Lazennec présente

PHILIPPE **HAREL**
JOSÉ **GARCIA**

"Une réussite"
L'EXPRESS

EXTENSION
DU **DOMAINE**
DE LA **LUTTE**

un film de
Philippe Harel
d'après un roman de
Michel Houellebecq
Éditions Maurice Nadeau

ADAPTATION ET DIALOGUES PHILIPPE HAREL ET MICHEL HOUELLEBECQ
AVEC CATHERINE MOUCHET CÉCILE REIGHER PHILIPPE AGAEL ALAIN GUILLO DIRECTRICE DE PRODUCTION EVE MACHUEL
IMAGE GILLES HENRY CADRE OLIVIER RAFFET SON JOËL FLESHER
MONTAGE BÉNÉDICTE TEIGER MIXAGE THIERRY DELOR PRODUCTRICE DÉLÉGUÉE ADELINE LÉCALLIER
PRODUIT PAR LAZENNEC FILMS EN COPRODUCTION AVEC LE STUDIO CANAL+ ET AVEC LA PARTICIPATION DE CANAL+

Amélie Nothomb, romancière singulière et populaire

Aux côtés de Michel Houellebecq, Amélie Nothomb (née en 1966) est l'une des figures les plus populaires du roman contemporain.

Fille de diplomate belge, elle a passé une grande partie de son enfance au Japon. En 1992, elle triomphe avec son premier roman, *Hygiène de l'assassin*, où elle dépeint, avec son humour noir, un univers d'une rare cruauté.

La romancière explore une veine plus autobiographique dans *Stupeur et tremblements* (1999) où elle évoque son expérience ubuesque de vie de salariée au pays du Soleil-Levant.

Au rythme d'un livre par an, elle enchaîne depuis les succès. ■

> 66 *Mon reportage commence bien : planques, clandestinité, tout cela est romanesque au possible.*»
>
> ■ Emmanuel Carrère, *Limonov*,
> © P.O.L., 2011.

359

Emmanuel Carrère, romancier du fait divers

Né en 1957, Emmanuel Carrère se fait connaître avec *La Moustache* (1986), roman où il met en scène un personnage en proie à un malaise identitaire. Prolongeant son interrogation existentielle, il délaisse la fiction au profit du fait divers qui fournit la trame de *L'Adversaire* (2000), où il tente de démêler les fils des mensonges du mythomane devenu criminel, Jean-Claude Romand.

Dans *Limonov* (2011), un récit entre enquête et reportage sur l'énigmatique Édouard Limonov, il questionne la part de mythe et de falsification inhérente à tout homme politique. Il poursuit cette interrogation, sur le Christ, dans *Le Royaume* (2014). ■

2011

Camille de **Toledo** invente des *Vies pøtentielles*

Enfant de deux siècles, Camille de Toledo est hanté par les hontes du XXᵉ siècle et par les inquiétudes du siècle naissant. Pour lutter contre ses fissures, collectives et personnelles, il s'invente des *Vies pøtentielles*, fables lyriques d'une lignée d'orphelins de l'histoire.

Alexis Mital dit Camille de Toledo
Né en 1976

Une jeunesse à la croisée de deux siècles

De son vrai nom Alexis Mital, Camille de Toledo naît à Lyon, en 1976, d'une mère journaliste qui l'initie à la politique et d'un père producteur de cinéma qui lui donne le goût des images. Issu d'une famille cosmopolite d'origine judéo-espagnole, il passe sa jeunesse entre les États-Unis et l'Espagne. Il revient en France en 1996 et fonde la revue *Don Quichotte* où il interroge une époque hantée par la chute du mur de Berlin et par la mondialisation.

Les attentats du 11 septembre 2001 marquent pour lui l'entrée dans la fiction, le tout-images ayant pris le pas sur la vie réelle. Convaincu que l'homme n'a plus prise sur le destin, la politique et l'histoire, il publie *Archimondain jolipunk* (2002), une confession aux accents romantiques où il se définit comme l'enfant de deux siècles : celui de la barbarie et celui de la fin des idéologies.

En butte à ces fissures collectives, Toledo, qui fait face en 2006 aux décès successifs de son frère et de sa mère puis de son père, tente de résister à la fragmentation en engendrant le crépusculaire *Vies pøtentielles*, qui paraît en 2011.

> 66 *Il est nécessaire de se créer un peuple quand chaque objet que l'on croise porte la trace de l'abandon.* »
> ■ Camille de Toledo, *Vies pøtentielles*, © Seuil, 2011.

Le roman des filiations brisées

Ce livre du deuil entremêle, dans un éclatement formel, essai et fiction, roman et poésie, pour retrouver ce qui reste des filiations brisées. Les trois « strates » qui le composent servent un dessein archéologique. Les « histoires » de la première strate présentent des personnages, entre folie et désespoir, qui s'inventent des vies pour ne pas rester des orphelins de l'Histoire. Les « exégè§es » de la deuxième strate permettent à l'auteur d'expliquer que ces personnages sont des bribes de sa vie défaite. Enfin, les « exégè§es » de la troisième strate sont des chants poétiques, qui font resurgir les traces d'un passé impossible à oublier.

Deuxième volet d'une trilogie ouverte par *Le Hêtre et le Bouleau* (2009) et close par *Oublier, trahir, puis disparaître* (2014), ce roman est une pièce maîtresse de la littérature contemporaine.

1976 Naissance de Camille de Toledo

1970	1980	1990

LA CHUTE DE FUKUYAMA

GRÉGOIRE HETZEL   OPERA VIDEO   CAMILLE DE TOLEDO

5 LANGUES, UN CHOEUR, 4 SOLISTES

66 *C'est un temps de l'exil, pensait Oswald, un temps de la nostalgie manufacturée où des gens se sentent fatalement séparés des jours de leur enfance.* »

■ Camille de Toledo, *Vies pøtentielles*,
© Seuil, 2011.

En 2013, sur une musique de Grégoire Hetzel (né en 1972), Camille de Toledo signe le livret de *La Chute de Fukuyama*, opéra qui, à travers l'histoire de voyageurs bloqués dans différents aéroports lors des attentats du 11 septembre 2001, revient sur cette césure dans l'histoire.

Affiche réalisée par Yann Legendre.

Frédéric-Yves Jeannet, une impossible filiation

Né en 1959, Frédéric-Yves Jeannet est hanté par le suicide de son père dans sa prime enfance et par l'éloignement de sa mère. Il quitte définitivement la France en 1975 pour s'installer au Mexique. C'est là qu'il entreprend la rédaction de sa grande œuvre autobiographique.

Dans une prose poétique, l'écrivain en exil analyse les tourments de son impossible filiation et brosse son autoportrait d'homme inquiet. En 1997 paraît *Cyclone* dédié à la figure paternelle, suivi, en 2000, de *Charité*, le livre sur sa mère. *Recouvrance*, le dernier volet de la trilogie est publié en 2007. ■

Un poète de l'inquiétude politique

Dans la foulée des *Vies pøtentielles*, Toledo émet, dans *L'Inquiétude d'être au monde* (2012), un vibrant chant politique sur les soubresauts d'une époque troublée.

La fusillade de Columbine (États-Unis), en 1999, et le massacre d'Utøya (Norvège), en 2011, lui inspirent une méditation poétique et lyrique sur les désastres qui ont jalonné l'histoire de l'Europe.

Le poème invite chacun à l'action pour qu'advienne une Europe nouvelle susceptible de faire face à notre inquiétude d'être au monde.

Vies pøtentielles **2011**

2000   **2010**

2002 : *Archimondain jolipunk. Confessions d'un jeune homme à contretemps*
2005 : *L'Inversion de Hieronymus Bosch*   2009 : *Le Hêtre et le Bouleau. Essai sur la tristesse européenne*
2007 : *Vies et mort d'un terroriste américain*   2012 : *L'Inquiétude d'être au monde*
2008 : *Visiter le Flurkistan ou les illusions de la littérature-monde*   2014 : *Oublier, trahir, puis disparaître*

Christine **Angot** se met à nu
dans *Une semaine de vacances*

Dans sa quête acharnée de soi, Christine Angot revient, en 2012, sur l'inceste dont elle a été victime. Plus cru que le premier récit qui en faisait état, *Une semaine de vacances* adopte un point de vue clinique et défraie une nouvelle fois la chronique.

Christine
Angot
Née en 1959

Une âpre quête d'identité

Christine Schwartz naît en 1959 et grandit à Châteauroux où elle est élevée par sa mère et par sa grand-mère en l'absence de son père. Ce n'est qu'à l'âge de quatorze ans que celui-ci la reconnaît légalement et lui donne son nom. Christine Angot poursuit ses études secondaires à Reims et obtient, dans les années 1980, un DEA de droit européen. Mais la jeune femme désormais établie à Nice, mariée et mère d'une petite fille, abandonne ses études et commence à écrire.

> « *Il lui dit qu'elle ne s'inquiète pas, qu'elle va comprendre, qu'il va lui expliquer. Et que c'est très agréable. Elle va voir.* »
>
> ■ Christine Angot, *Une semaine de vacances*, © Flammarion, 2012.

Après quelques essais infructueux, elle publie en 1990 un bref roman aux accents autobiographiques, *Vu du ciel*. Livré dans une écriture sèche, ce texte, qui interroge la part de vérité et de mensonge inhérent à tout récit de vie, révèle la capacité de Christine Angot à se mettre à nu pour accéder à la connaissance de soi.

En 1999 paraît *L'Inceste*, où elle confesse les violences incestueuses qui lui ont été infligées par son père. Le succès est foudroyant. Christine Angot devient une incontournable figure du paysage médiatique. Poursuivant son âpre quête d'identité, elle livre en 2012 un sulfureux roman, *Une semaine de vacances*.

Le récit nu et cru d'un inceste

Ce court récit sans chapitres et presque sans paragraphes raconte sans détour, l'espace d'une semaine de vacances, les relations incestueuses d'un père avec sa fille. Dépeints dans une langue crue, leurs incessants rapports sexuels ravivent l'insoutenable violence morale et psychologique subie par la jeune fille, victime impuissante et hagarde d'un père tyrannique.

Dans cette réécriture explicite et clinique de *L'Inceste*, Angot décrit la mort intérieure d'une jeune femme qui ne dispose plus que de l'écriture pour se rendre justice. Loin de se limiter au domaine de l'intime, la romancière dresse ici un sombre bilan des rapports sociaux dont elle dénonce à nouveau la brutalité, en 2014, dans *La Petite Foule*.

L'autofiction

C'est en 1977, à propos de *Fils*, le récit de sa vie, que Serge Doubrovsky (né en 1928) forge le terme d'autofiction. Selon lui, ce néologisme désigne toute autobiographie où entre une nécessaire part de fiction et qui emprunte paradoxalement ses procédés à l'écriture romanesque.

Art de s'interroger sur une identité en fuite, l'autofiction connaît, malgré les controverses et débats que la notion a suscités, une grande fortune critique dans les années 2000. Sont notamment qualifiés d'autofictions *Le Siècle des nuages* (2010) de Philippe Forest (né en 1962) ou *Pas son genre* (2011) de Philippe Vilain (né en 1969).

Pierre Guyotat, la violence d'écrire

Né en 1940, Pierre Guyotat se fait connaître en 1967 à l'occasion du scandale provoqué par son roman *Tombeau pour cinq cent mille soldats* qui, dans une langue violente, obscène et poétique, dépeint avec horreur son expérience de la guerre d'Algérie.

Censuré et décrié, ce provocateur féru d'expérimentations formalistes surprend encore en 2006 avec *Coma*. Dans un style toujours aussi acerbe, ce récit plus classique raconte ses années de maladie et considère l'autobiographie comme une voie vers la résurrection et comme un appel permanent à la vie. ∎

> ❝ *Les mots lèvent les pensées comme les chiens lèvent les lièvres.* ❞

∎ Pierre Guyotat, *Explications*, Entretiens avec Marianne Alphant, © Léo Scheer, 2000.

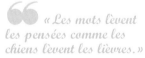

2013

Tanguy Viel devient un romancier américain

Tanguy Viel
Né en 1973

La Disparition de Jim Sullivan est un vrai faux roman américain. Tanguy Viel y interroge les codes du genre dans sa quête obstinée d'un monde nouveau.

Un écrivain cinéphile

En 1993, alors qu'il est objecteur de conscience et qu'il effectue son service civil au Centre dramatique de Tours, Tanguy Viel, à peine âgé de vingt ans, découvre les œuvres de l'écrivain Eugène Savitzkaya (né en 1955) et du philosophe Gilles Deleuze (1925-1995). Bouleversé par leur vision de la littérature conçue comme une expérience absolue, ce cinéphile natif de Brest décide de se consacrer à l'écriture.

Il publie, en 1998, *Le Black Note*, premier roman lyrique et trouble sur l'histoire de jeunes gens fascinés par le saxophoniste et compositeur de jazz américain, John Coltrane (1926-1967). Avec *Cinéma* (1999) puis *L'Absolue Perfection du crime* (2001) et *Paris-Brest* (2009), s'affirme une écriture romanesque cinématographique, nourrie de films de genre.

> ❝ *Comme si parler, pour Paul, ç'avait été rattraper le monde à la vitesse de la langue, refaire le retard sur son histoire.* ❞
>
> ▪ Tanguy Viel, *Le Black Note*, © Minuit, 1998.

Héritier du peintre plasticien Marcel Duchamp (1887-1968), qui conçoit l'art comme la réécriture infinie de ce qui a déjà été dit et vu, Viel, dépassant tout formalisme, fait du roman l'objet d'une quête existentielle. En 2013, *La Disparition de Jim Sullivan* en est la parfaite illustration.

Un vrai faux roman américain

Subjugué par la mode du roman américain, le narrateur, un écrivain français, plante le décor de son récit aux États-Unis. Il relate l'histoire de Dwayne Koster, vétéran de la guerre du Vietnam, devenu professeur de littérature américaine à Detroit. À la dérive, l'homme, que sa femme vient de quitter, traverse l'Amérique au volant de sa Dodge, en écoutant Jim Sullivan, chanteur mystérieusement disparu...

> ❝ *Et Dwayne marche, il marche dans le désert craquelé, et puis voilà c'est l'Amérique, Dwayne disparaît, disparaît dans le lointain.* ❞
>
> ▪ Tanguy Viel, *La Disparition de Jim Sullivan*, © Minuit, 2013.

Viel mêle à l'intrigue de ce vrai faux roman américain le récit de la patiente gestation de son écriture. Cette mise en abyme lui permet de montrer qu'écrire exige de s'effacer devant la plénitude du monde retrouvé.

1973 Naissance de Tanguy Viel

| 1970 | 1980 | 1990 |

Une logique du remake

Le narrateur de *Cinéma* (1999) est obsédé par *Le Limier*, un film de Joseph Mankiewicz (1909-1993), qu'il entend retranscrire en intégralité, scène par scène et image par image, au risque de sombrer dans la folie.

L'Absolue Perfection du crime, un polar mélancolique

En 2001, Tanguy Viel rencontre le succès avec son roman *L'Absolue Perfection du crime* qui revisite, avec mélancolie, les codes du polar.

Il retrace l'histoire de Marin, chef d'un clan de mafieux bretons fatigués, qui décide de faire le casse du siècle au casino le soir du 31 décembre. Mais c'est sans compter sur la rivalité de Pierre le narrateur, son complice.

Dans ce remake de film noir, Tanguy Viel offre un roman cinématographique où les hommes sont habités par un désir absolu de perfection qui les plonge inexorablement dans le crime.

Julia Deck, l'héritière Minuit

■ Née en 1974, Julia Deck exerce différents métiers avant de se consacrer à l'écriture. Cette admiratrice de Samuel Beckett et de Jean Echenoz livre, en 2012, son premier roman *Viviane Élisabeth Fauville*, publié par les Éditions de Minuit. À la manière distanciée de Tanguy Viel, elle y raconte le meurtre d'un psychanalyste par sa patiente, en questionnant le récit. Le succès est immédiat. En 2014, paraît *Le Triangle d'hiver* où Julia Deck, jouant des identités de son héroïne, s'impose de plus en plus comme l'héritière Minuit. ■

La Disparition de Jim Sullivan **2013**

2000 | **2010**

1998 : *Le Black Note*
1999 : *Cinéma*
2001 : *L'Absolue Perfection du crime*
2006 : *Insoupçonnable*
2009 : *Paris-Brest*

Index des auteurs, des œuvres et des notions

Index des auteurs, des œuvres et des notions

Les numéros en rouge renvoient aux auteurs et titres traités.

370

Les numéros en rouge renvoient aux auteurs et titres traités.

Les numéros en rouge renvoient aux auteurs et titres traités.

Les numéros en rouge renvoient aux auteurs et titres traités.

Les numéros en rouge renvoient aux auteurs et titres traités.

S

Les numéros en rouge renvoient aux auteurs et titres traités.

Les numéros en rouge renvoient aux auteurs et titres traités.

Table des illustrations